해커스 감정평가사

최동진
감정평가이론

해커스

서문

감정평가이론은 수험생 입장에서 공부 범위와 방법에 어려움을 겪는 과목이다. 특히 이론과목은 체계를 정리하는 게 쉽지 않다. 교수님들마다 조금씩 다른 목차를 구성하기 때문이다. 따라서 이번 교재는 체계적인 답안을 작성할 수 있도록 목차를 구성하였다. 또한, 일관된 용어의 사용과 짧은 문장을 사용하여 쉽게 읽을 수 있게 집필하였다. 그리고 기출문제를 공부할 때 혼동되지 않도록 같은 용어를 답안에 작성하였다. 감정평가이론은 결국 답안지에 현출할 수 있도록 공부하는 게 무엇보다 중요하기 때문이다. 저자는 교수님들만큼의 지식과 경험이 있는 것은 아니다. 그러나 다년간의 수험생활과 현업을 하면서 답안을 쉽게 작성할 수 있도록 도움을 주기 위해 노력하였다. 본 교재는 이러한 노력이 모두 반영되었다. 그 결과 기본서와 요약서의 중간 형태로 교재가 완성되었다. 교재를 집필하는 과정에서 검토를 함께 한 해커스 관계자분들의 노고에 감사를 드리며, 많은 수험생에게 도움이 되길 바란다.

2024년 12월

저자 최동진

목차

제1편

부동산학 개론

제1장 부동산 기초

제1절 복합개념

1 복합개념

1. 개념

복합개념이란 부동산을 다양한 관점에서 이해하고 사고하는 개념이다. 복합개념은 물리적 개념, 법률적 개념, 경제적 개념 등으로 나눌 수 있다.

2. 필요성

부동산은 부동산을 둘러싼 다양한 요인이 존재한다. 요인은 부동산 현상과 활동에 영향을 미친다. 또한 부동산 문제를 발생시킨다. 일부 요인만으로는 부동산 현상과 활동을 설명하기 어렵다. 따라서 다양한 관점에서 부동산을 이해할 필요가 있다.

2 물리적 개념

1. 자연

토지는 자연물 자체다. 자연물은 인간에게 영구적으로 제공된다. 그러나 양은 고정되어 있다.

2. 공간

토지는 공간이다. 공간은 지표, 공중, 지하로 나뉜다. 지표공간은 지표면과 연계된 수평공간이다. 공중공간은 공중에서 점하고 있는 장소다. 지하공간은 지표에서 지하를 향하는 공간이다. 입체공간은 공중공간과 지하공간을 의미한다.

3. 환경

토지는 환경이다. 환경에는 자연 환경과 인공 환경이 있다. 자연 환경은 자연 자체에서 발생하는 상태이다. 예를 들어, 일조, 강수, 바람, 기온, 습도 등이 있다. 인공 환경은 인공적으로 발생하는 상태이다. 예를 들어, 도로, 철도, 건물 등이 있다. 환경은 부동산 현상과 활동으로 영향을 주고받는다.

4. 위치

토지는 위치를 지닌다. 위치는 절대적 위치와 상대적 위치가 있다. 절대적 위치는 물리적 위치다. 물리적 위치는 변하지 않는다. 상대적 위치는 사회적·경제적·행정적인 위치다. 따라서 주위환경, 시간 등에 따라 변한다.

③ 법률적 개념

1. 협의의 부동산

협의의 부동산은 토지 및 정착물이다(민법 제99조 제1항). 민법에서 토지는 토지대장에 등록된 1필의 토지다. 토지소유자는 법률범위 안에서 토지를 사용하거나 처분할 수 있다. 토지소유권은 정당한 이익이 있는 범위 안에 있다.

정착물은 토지에 부착되어 부동산 일부가 된 물건이다. 정착물과 동산은 구별되며, 구별기준에는 물건이 부동산에 부착된 상태, 물건의 성격, 물건을 설치한 사람, 당사자의 의도 등이 있다. 부착된 물건이 물리적으로 손상 없이 제거될 수 있고 기능적으로 효용이 제한되지 않으면 동산이다. 물건의 성격이 특정위치나 용도에 맞게 구축되었다면 정착물이다. 소유자가 설치했거나 원활한 임대 목적이라면 정착물이다.

2. 광의의 부동산

광의의 부동산은 토지, 정착물, 준부동산이다. 준부동산은 의제부동산이라고도 한다. 준부동산에는 공장재단, 광업재단, 입목, 선박, 항공기, 자동차 등이 있다. 준부동산은 부동산과 성격이나 공시방법 등이 유사하다.

④ 경제적 개념

1. 생산요소

토지는 생산요소다. 즉, 생산을 하는 데 필요한 요소다. 3대 생산요소는 노동, 자본, 토지가 있다. 토지는 생산 과정에 쓰는 생산재다.

2. 자본재 및 소비재

토지는 생산재다. 생산재는 넓은 뜻으로 자본재다. 여기서 자본재는 생산 수단이다. 토지는 상품으로서 생산 수단이 된다. 생산재는 좁은 뜻으로 소비재다. 여기서 소비재는 생산할 때 소비하는 재화다. 토지는 생활필수품으로서 소비재다.

3. 자산

토지는 자산이다. 자산은 경제적 가치가 있는 재산이다. 토지는 일반재화보다 경제적 가치가 크다. 토지는 투자자산이기도 하다. 투자자산은 투자를 목적으로 보유하는 자산이다. 투자자산은 실물자산과 금융자산이 있다. 토지는 실물자산 중 하나다. 투자자산간에는 자금의 이동이 있다. 자금의 이동은 대체 및 경쟁 관계가 따라 변한다. 대체 및 경쟁 관계는 수익과 위험의 수준이나 선호도 등에 따라 달라진다. 토지는 금융자산보다 유동성 부족 등으로 위험하다.

4. 상품

토지는 거래되는 상품이다. 그러나 토지는 고정성이 있다. 따라서 법적으로 보호되는 권리가 이동한다. 즉, 권리를 통해 유통이 이루어진다.

5 사회적 개념

1. 사회 재화

부동산은 사회 재화다. 사회 재화는 공평하게 배분되어야 하는 재화다. 왜냐하면 사회구성원은 부동산에 의지하고 살기 때문이다.

2. 공공 재화

부동산은 공공 재화다. 공공 재화는 합리적으로 배분되어야 하는 재화다. 왜냐하면 부동산은 재생산이 불가능하기 때문이다. 따라서 공익이 요구된다.

제2절 부동산 특성

1 토지 특성

1. 자연적 특성

1) 고정성

(1) 개념

고정성은 위치가 물리적으로 고정되어 있다는 특성이다. 움직이지 않는 성질로 부동성이라고도 한다. 이동하지 않는 성질로 비이동성이라고도 한다.

(2) 파생 현상

① 고정성은 임장활동을 요구한다. 임장활동은 부동산이 소재한 현장에 가는 부동산 활동이다. 임장활동을 하면서 정보활동이 요구된다. 정보활동은 부동산에 대한 정보를 수집하고 정리하는 활동이다. 임장활동과 정보활동을 하면서 해당 지역의 정보를 파악한다. 그 결과 지역분석을 필요로 한다.

② 고정성은 부동산 현상과 활동 공간을 지역에 따라 다르게 한다. 그 결과 부동산 시장과 가격도 지역적으로 달라진다.

③ 고정성은 부동산 시장을 추상적으로 만든다. 부동산 자체가 이동할 수 없으므로 권리로 유통되기 때문이다.

④ 고정성은 부동산 시장과 가격을 개별화한다. 왜냐하면 물리적으로 동일한 위치는 존재할 수 없기 때문이다.

⑤ 고정성은 외부효과를 발생시킨다. 외부효과란 외부요인이 부동산 시장에 영향을 미치는 효과다. 부동산 시장에 미치는 영향은 긍정적 영향과 부정적 영향이 있다. 긍정적 외부효과로는 공원, 유치원, 학교 등이 있다. 그 결과 핌피 같은 현상이 나타난다. 부정적 외부효과로는 유흥업소, 화장터, 소음 및 폐수 배출 공장 등이 있다. 그 결과 님비 같은 현상이 나타난다.

2) 부증성

(1) 개념

부증성은 물리적인 양을 늘릴 수 없다는 특성이다. 자본이나 노동을 투입하더라도 절대량은 늘릴 수 없다는 의미다. 재생산이 불가능하므로 비생산성이라고도 한다.

(2) 파생 현상

① 부증성은 부동산 공급을 비탄력적으로 만든다. 비탄력적 공급은 희소성을 증가시킨다. 이로 인해 수요 경쟁이 발생한다. 그 결과 부동산 가격은 적정가격을 이루기 어렵다. 따라서 적정가격 형성을 위한 감정평가가 요구된다.

② 부증성은 최유효이용을 요구한다. 부동산은 용도 다양성을 지닌다. 이에 따라 용도 경쟁이 발생한다. 사람들은 경쟁에서 경제적 이용을 추구한다. 그 결과 합법적, 합리적, 최고 수익성 관점에서 최유효이용이 필요하다.

3) 영속성

(1) 개념

영속성은 시간 경과 등에 의해 물리적으로 소멸되지 않는다는 특성이다. 계속 이용하더라도 소모되지 않는 내구성이라고도 한다.

(2) 파생 현상

① 영속성은 부동산 활동을 장기적으로 만든다. 부동산 활동은 개발, 관리, 투자, 금융, 감정평가 등이 있다. 장기적인 활동은 부동산 공급을 비탄력적으로 만든다. 또한 소유와 이용에 의한 활동으로 나눈다. 투자에서는 운영수익과 자본수익을 얻는다. 감정평가에서는 가액과 임대료로 구분한다.

② 영속성은 부동산 가치의 본질이다. 부동산 가치는 장래 편익의 현재가치를 의미하기도 하기 때문이다. 그 결과 예측 원칙, 수익환원법 적용근거로 활용된다.

③ 영속성은 최유효이용을 요구한다. 부동산 문제는 비가역성을 지니기 때문이다. 비가역성은 현상 변화가 원래대로 돌아오지 않는 성질이다. 그러므로 사람들은 합리적인 의사결정을 위해 최유효이용을 고려한다.

④ 영속성은 부증성과 관련된다. 토지는 감가상각이 이루어지지 않기 때문에 재생산이 불가능하기 때문이다.

4) 개별성

(1) 개념

개별성은 물리적으로 동일한 토지는 존재하지 않는다는 특성이다. 따라서 비동질성 또는 비대체성이라고도 한다.

(2) 파생현상

① 개별성은 부동산 가치의 형성을 개별화한다. 따라서 일물일가 법칙이 적용되지 않는다. 그러므로 부동산 상품간에 완전한 대체는 불가능하다. 그 결과 부동산 시장도 개별적으로 나타난다.

② 개별성은 부동산 시장을 불완전하게 한다. 시장이 불완전하면 수요와 공급 기능이 제대로 발휘되기 어렵다. 그 결과 적정한 부동산 가격을 파악하기가 어렵다. 그러므로 감정평가가 필요하다. 정부가 개입하는 이유가 되기도 한다.

③ 개별성은 감정평가시 개별분석을 요구한다. 사례선정이나 가치형성요인 비교가 어려워지기 때문이다. 또한 사정보정도 필요하게 된다. 이로 인해 정보 수집이 어렵고 거래비용도 높아질 수 있다.

④ 개별성은 시장참가자의 선호도 및 행태 등을 다양하게 한다.

2. 인문적 특성

1) 용도의 다양성

용도의 다양성은 토지를 다양한 용도로 이용할 수 있다는 특성이다. 다양한 용도로 이용하는 과정에서 여러 개의 용도는 경합한다. 다른 용도로 전환도 가능하다. 그 결과 최유효이용을 모색한다. 최유효이용을 도모함으로써 부동산 가치는 극대화될 수 있다.

2) 분할·합병의 가능성

분할·합병의 가능성은 토지를 분할 또는 합병할 수 있다는 특성이다. 토지는 소유자 등의 계획에 따라 다르게 이용할 수 있기 때문이다. 분할가능성은 부동산 권리를 분할해서 거래할 수 있다는 의미다. 부동산 소유권은 여러 법적 권리의 묶음으로 구성되기 때문이다. 예를 들어, 점유권, 사용권, 수익권, 처분권 등으로 구분할 수 있다. 분할 또는 합병하는 과정은 최유효이용을 찾는 방법으로 활용된다. 이는 한정가격이나 기여원칙에 대한 근거로도 활용된다.

3) 사회적 · 경제적 · 행정적 위치의 가변성

사회적 · 경제적 · 행정적 위치의 가변성은 사회적 · 경제적 · 행정적 위치에 따라 가치가 변한다는 특성이다. 사회적 위치의 변화란 주위 환경의 변화 등으로 인해 부동산에 대한 수요가 변하는 것이다. 경제적 위치의 변화란 소득증감 등으로 인해 부동산 수요 · 공급 상황, 유용성이 변하는 것이다. 행정적 위치의 변화란 정부 규제 변화 등으로 인해 부동산의 상대적 위치가 변하는 것이다.

3. 기타 특성

1) 경제적 특성

(1) 희소성

희소성은 인간의 욕망에 비해 양적 · 질적으로 부족한 성질이다. 고정성과 부증성으로 인해 희소성은 심화된다. 이로 인해 토지의 효율적 이용이 강조된다. 제한된 자원으로 초과수요가 발생하기 때문이다. 따라서 최유효이용이 강조되는 근거로 활용된다.

(2) 개량물의 토지효용가변성

개량물의 토지효용가변성이란 개량물로 인해 토지 효용이 변하는 특성이다. 토지는 고정성으로 인해 사회적 · 경제적 · 행정적 요인의 영향을 받고 개량물의 영향도 받는다. 예를 들어, 공공기관이나 병원 등 편의시설 등으로 지가가 상승하기도 하고, 위험시설이나 혐오시설 등으로 지가가 하락하기도 한다. 개량물에는 토지에 대한 정착물(improvements to land)과 토지상의 정착물(improvement on land)이 있다. 토지에 대한 정착물은 도로나 상하수도와 같이 그 가치가 토지에 화체되어 평가의 대상이 되지 않는다. 그러나 토지상의 정착물은 건물이나 구축물과 같이 토지와 별개로 평가의 대상이 된다.

(3) 투자 고정성

투자 고정성은 부동산에 대한 투하자본 회수 등은 장기간에 이루어진다는 특성이다. 이로 인해 용도전환이나 사회적 · 경제적 · 행정적 요인의 변화에 대해 즉각적인 대처가 어렵다. 그러나 최근 부동산 유동화 및 증권화 등으로 완화되기도 한다.

(4) 위치 선호성

위치 선호성은 시장참가자가 특정 위치를 선호한다는 것이다. 위치 선호성은 다양성과 변동성을 지닌다. 용도적 관점에서 쾌적성, 수익성, 생산성 등이 있다. 또한 시장참가자의 선호도가 변함에 따라 위치 선호성도 달라진다. 위치는 절대적 위치와 상대적 위치가 있다. 절대적 위치는 지리적으로 고정된 물리적 위치다. 상대적 위치는 주변의 토지이용 상황에 따라 변하는 경제적 위치다. 위치에 대한 접근성은 선호성에 중요한 영향을 미친다. 접근성이 좋으면 효용이 커진다. 그 결과 부동산 가치도 상승할 수 있다.

(5) 내구성

내구성은 효용이 장기간 발생하는 성질이다. 생산자 입장에서는 투하자본 회수기간이 길다는 의미다. 소비자 입장에서는 장기 금융이 필요하다는 의미다. 부동산 가치가 장래 기대되는 효용을 현재가치로 환원한다는 의미로 볼 때 근거로 활용된다.

2) 법률적 특성

(1) 규제성

부동산은 사회재 및 공공재이다. 따라서 법에 제한을 받는다. 부동산 소유와 이용에 관한 법은 공법과 사법으로 구분된다. 부동산 공법은 공익을 위한 재산권의 제약 및 소유, 이용, 개발 등에 관한 규제다. 부동산 사법은 개인의 이익을 위한 당사자 자율 등에 관한 규제다. 정부 정책은 부동산 소유와 이용에 제약을 준다. 특히 부동산 투자, 개발 등의 활동과 관련된다.

(2) 사회관습 등

부동산은 거래관행 등의 사회관습에도 영향을 받는다. 관습은 특정 지역의 사고 및 행동양식이다. 그 밖에 금융기관, 협회 등에 의한 업무관행도 영향을 주기도 한다.

기출문제

[제1회 문제 1]
부동산(토지)의 특성이 부동산가격과 부동산시장에 작용하는 관계를 설명하고, 그에 따른 부동산 감정평가의 필요성에 대하여 논하시오. (50점)

---

2 건물 특성

1. 고정성 완화

건물도 고정성을 지닌다. 그러나 최근 건축기술이 발전하면서 이동 가능한 건물이 있다. 그 결과 고정성이 완화되는 특징이 나타난다.

2. 부증성·영속성 완화

건물은 인위적인 구조물로 재생산이 가능하다. 다만, 일정한 내용연수를 가진다. 내용연수에는 물리적·경제적인 내용연수가 있다. 재건축, 리모델링 등 개량행위를 통해 경제적 내용연수가 변할 수 있다. 그 결과 효용성을 높일 수 있다.

3. 개별성 변화

건물은 토지에 비해 개별성이 강하지 않다. 동일한 구조와 자재를 이용하여 생산이 가능하기 때문이다. 그러나 최근 건물도 개별성이 강하게 나타난다. 건물구조, 설계, 커뮤니티 공간 등에 차별화가 있기 때문이다. 그럼에도 건물은 토지에 정착되어 만들어진다. 따라서 토지가 지닌 개별성에 영향을 받는다. 이를 토지 개별성의 건물 지배성이라고도 한다.

❶ 토지와 건물에 따른 분류

1. 토지 분류

1) 공간정보의 구축 및 관리 등에 관한 법률

(1) 관련 개념

① 지목

지목은 토지의 용도에 따라 종류를 구분하여 지적공부에 등록한 것이다. 등록된 토지는 소유권 대상이 된다. 또한 1개의 등기용지에 표시된다. 지목을 지정할 때는 일필일목의 원칙, 주지목추종의 원칙, 등록선후의 원칙 등이 있다.

② 필지(법적 단위)

필지는 공간정보의 구축 및 관리 등에 관한 법률 시행령 제5조에서 정하는 바에 따라 구획되는 토지의 등록 단위다.

③ 획지(경제적 단위)

획지는 자연적 · 행정적 조건 등에 따라 구별되는 토지다. 획지는 부동산 이용 및 가격수준을 구분하기 위한 개념이다.

(2) 지목의 구분

29개의 지목으로 전, 답, 과수원, 목장용지, 임야, 광천지, 염전, 대, 공장용지, 학교용지, 주차장, 주유소용지, 창고용지, 도로, 철도용지, 제방, 하천, 구거, 유지, 양어장, 수도용지, 공원, 체육용지, 유원지, 종교용지, 사적지, 묘지, 잡종지가 있다.

2) 국토의 계획 및 이용에 관한 법률

(1) 관련 개념

① 용도지역

용도지역은 토지의 이용 및 건축물의 용도, 건폐율, 용적률, 높이 등을 제한함으로써 토지를 경제적 · 효율적으로 이용하고 공공복리의 증진을 도모하기 위하여 서로 중복되지 아니하게 도시 · 군 관리계획으로 결정하는 지역이다.

② 용도지구

용도지구는 토지의 이용 및 건축물의 용도, 건폐율, 용적률, 높이 등에 대한 용도지역의 제한을 강화하거나 완화하여 적용함으로써 용도지역의 기능을 증진시키고 경관, 안전 등을 도모하기 위하여 도시 · 군 관리계획으로 결정하는 지역이다.

③ 용도구역

토지의 이용 및 건축물의 용도, 건폐율, 용적률, 높이 등에 대한 용도지역 및 용도지구의 제한을 강화하거나 완화하여 따로 정함으로써 시가지의 무질서한 확산 방지, 계획적이고 단계적인 토지이용의 도모, 토지이용의 종합적 조정 · 관리 등을 위하여 도시 · 군 관리계획으로 결정하는 지역이다.

(2) 국토의 용도 구분

국토는 토지의 이용실태 및 특성, 장래의 토지 이용 방향, 지역간 균형 발전 등을 고려하여 용도지역을 도시지역, 관리지역, 농림지역, 자연환경보전지역으로 구분한다. 도시지역은 주거지역, 상업지역, 공업지역, 녹지지역으로 구분한다. 관리지역은 보전관리지역, 생산관리지역, 계획관리지역으로 구분한다.

2. 건물 분류

건물은 건축법 시행령 별표1에 따라 용도별로 구분한다. 단독주택, 공동주택, 제1종 근린생활시설, 제2종 근린생활시설, 문화 및 집회시설, 종교시설, 판매시설, 운수시설, 의료시설, 교육연구시설, 노유자시설, 수련시설, 운동시설, 업무시설, 숙박시설, 위락시설, 공장, 창고시설, 위험물 저장 및 처리시설, 자동차 관련 시설, 동물 및 식물 관련 시설, 자원순환 관련 시설, 교정 및 군사 시설, 방송통신시설, 발전시설, 묘지 관련 시설, 관광 휴게시설, 장례시설, 야영장 시설이 있다.

2 성격에 따른 분류

1. 시장성 유무

부동산은 시장성이 있는 부동산과 없는 부동산으로 구분할 수 있다. 시장성은 판매가능성 또는 임대가능성을 의미한다. 시장성은 2가지 측면에서 제한된다. 첫째, 법률적 규제에 따른 제한이다. 이러한 경우 매매나 임대 대상이 되지 않는다. 둘째, 시장상황 등에 따른 제한이다. 이러한 경우 시장이 없거나 거래빈도가 낮은 경우다.

2. 수익성 유무

부동산은 수익성이 있는 부동산과 없는 부동산으로도 구분할 수 있다. 수익성은 수익창출을 목적으로 한다. 따라서 비수익성 부동산은 이용 자체에 목적이 있다. 수익성 부동산은 수익 발생유형에 따라 기업용 부동산과 임대용 부동산으로 세분할 수 있다.

3 종별과 유형에 따른 분류

1. 개념

1) 의의

종별은 부동산 용도에 따른 분류다. 유형은 부동산 이용 및 권리관계 태양에 따른 분류다.

2) 판정

종별과 유형은 일본 부동산감정평가기준에 따른 분류다. 이에 따르면 부동산 감정평가에서 용도 관점에서 구분되는 지역이 중요하다. 용도적 지역에 따라 유용성이 달라지기 때문이다. 종별은 용도적 지역을 전제로 판정한다. 유형은 부동산 유용성을 어떻게 향유하는지를 전제로 판정한다. 종별은 가치의 대체적 수준과 범위를 결정한다. 유형은 구체적 가치를 결정한다.

3) 중요성

종별과 유형은 부동산 경제적 가치를 결정한다. 경제적 가치의 본질은 부동산 이용에 따른 효용에서 발생한다. 따라서 종별과 유형에 따라 가치형성요인 분석이 달라지고 감정평가 결과가 달라진다. 그러므로 정확한 감정평가를 위해 종별과 유형에 대한 이해가 중요하다.

4) 분류

(1) 종별에 따른 분류

종별은 자연적·사회적·경제적·행정적 관점에서 합리적인 경우를 상정하여 판단한다. 그 결과 지역종별과 토지종별로 구분한다. 지역종별은 지역적 관점에서 택지지역, 농지지역, 임지지역으로 분류한다. 토지종별은 토지가 속한 지역종별에 따라 택지, 농지, 임지, 예정지, 이행지로 분류한다.

(2) 유형에 따른 분류

유형은 택지, 건물 및 그 부지로 분류한다.

2. 감정평가시 활용

1) 가치형성요인 분석 및 감정평가방법

종별과 유형은 가치형성요인 분석과 감정평가방법에 대한 방향성을 제시한다. 부동산은 복합개념이다. 따라서 종별과 유형에 따른 분류는 다양한 관점에서 이해할 수 있게 해준다. 대상 부동산과 대체·경쟁 부동산과의 상호관련성을 파악할 수 있기 때문이다. 그 결과 가치형성요인 분석 및 감정평가방법 선정에 영향을 미친다. 따라서 종별과 유형에 따른 체계적 분류가 필요하다.

2) 지역분석 및 개별분석

부동산 가격은 지역성과 개별성의 관계 속에서 형성된다. 따라서 종별과 유형에 따른 분류를 통해 대상 부동산이 지닌 지역성과 개별성의 방향을 파악할 수 있다. 종별은 일반요인 및 지역요인을 분석하여 지역성을 분석한다. 유형은 개별요인을 분석하여 개별성을 분석한다. 그러므로 종별과 유형에 따른 분류는 지역분석과 개별분석의 상호 영향관계를 파악할 수 있게 한다.

3) 가치 원칙

종별은 지역적 관점이므로 외부적 측면의 가치 원칙과 관련된다. 특히 종별은 용도적 측면에서 적합의 원칙과 대체·경쟁의 원칙이 연결된다. 유형은 개별적 관점이므로 내부적 측면의 가치 원칙과 관련된다. 특히 유형은 이용적 측면에서 균형의 원칙과 최유효이용의 원칙이 연결된다.

기출문제

[제17회 문제 1]
부동산 감정평가에서 부동산의 종류는 종별과 유형의 복합개념이다. 이와 관련하여 다음 사항을 논하시오. (30점)
1) 부동산의 종별 및 유형의 개념과 분류목적 (10점)
2) 종별 및 유형에 따른 가격형성요인의 분석 (10점)
3) 종별 및 유형에 따른 감정평가 시 유의하여야 할 사항 (10점)

제4절 부동산 현상과 활동

1 부동산학

1. 개념

부동산학은 부동산문제로 인해 나타나는 부동산 현상 해결에 기여하고 바람직한 부동산 활동을 위한 학문이다. 부동산학은 경제학, 법학, 행정학 등 다양한 학문으로서 지원을 받고 있으므로 종합과학의 성격을 가진다. 또한 부동산학은 부동산의 효율적 이용과 활동의 능률화 등을 위한 것으로 응용과학이자 실천과학의 성격을 가진다. 마지막으로 부동산학은 바람직한 부동산 행위를 위해 규범과학의 성격을 가진다.

2. 일반원칙

부동산학은 부동산과 인간과의 관계 개선을 추구한다. 부동산학의 일반원칙은 관계 개선을 위해 부동산활동에서 지켜야 할 원리다. 능률성의 원칙은 부동산 활동이 능률적으로 이루어져야 한다는 원칙이다. 능률성은 실무활동에서 효율성과 연결된다. 안전성의 원칙은 부동산 활동이 안전을 의식해야 한다는 원칙이다. 안전성은 부동산 복합개념 측면에서 연결된다. 경제성의 원칙은 최소 투입으로 최대 산출을 얻는 경제적 합리성이다. 경제성은 최유효이용과 연결된다.

3. 접근방법

분산식 접근방법은 부동산 분야별로 부분적으로 접근하는 방식이다. 중점식 접근방법은 특정 분야에 중점을 두어 접근하는 방식이다. 종합식 접근방법은 다양한 관점에서 종합적으로 접근하는 방식이다.

2 부동산 현상

1. 개념

부동산 현상이란 인간이 부동산을 대상으로 한 행위와 부동산 활동의 결과가 표출되어 발현된 것이다. 따라서 부동산 현상은 부동산 활동의 결과로서 나타나고, 부동산 현상에 대한 환류작용으로서 부동산 활동이 나타난다.

2. 분류

1) 지역적·개별적·동태적 현상

첫째, 부동산 현상은 지역별로 다르게 나타난다. 전이현상은 부동산 현상이 지역 상호간에 이동하는 현상이다. 전이현상은 확대와 수축으로 나타난다. 확대현상은 부동산 현상이 발생한 지역에서 인근지역으로 이동하는 현상이다. 수축현상은 부동산 현상이 광역적으로 확대된 후 규모가 축소되는 현상이다. 둘째, 부동산 현상은 개별적으로 달라진다. 부동산이 지닌 개별성에 의해 차이가 난다. 또한 가격수준, 관리, 수익 등 개별적인 요인에 따라 달라진다. 셋째, 부동산 현상은 끊임없이 변한다. 부동산 현상은 자연적·사회적·경제적·행정적 요인이 변화함에 따라 달라지기 때문이다.

2) 기술적·법적·경제적 현상

부동산은 복합개념이다. 따라서 부동산 현상도 기술적 현상, 법적 현상, 경제적 현상으로 나타난다. 복합개념 측면의 부동산 현상도 끊임없이 변한다.

3 부동산 활동

1. 개념

부동산 활동이란 인간이 부동산을 대상으로 전개하는 관리적 측면의 여러 행위나 태도 등을 말한다. 관리적 측면이란 자연이 인간에게 부여한 부동산을 관리한다는 의미다.

2. 분류

1) 활동주체

부동산 활동주체는 사적 주체와 공적 주체로 분류한다. 사적 부동산 활동은 개발, 금융, 관리, 중개 등이 있다. 공적 부동산 활동은 정책 규제, 조세, 사업 지원 등이 있다.

2) 표준산업

부동산 활동은 표준산업분류에서 임대 및 공급업, 부동산 관련 서비스업으로 나눈다. 임대 및 공급업은 임대업, 개발 및 공급업이 있다. 서비스업은 관리업, 중개업, 감정평가업이 있다.

3) 전문성

부동산 활동은 전문성 정도에 따라 분류할 수 있다. 1차·2차·3차 수준의 활동으로 나눈다.

4) 소유·거래·행정활동

소유활동에는 이용, 관리, 개발 등이 있다. 거래활동에는 투자, 평가, 금융, 경제 및 경영, 마케팅, 시장분석, 중개 등이 있다. 행정활동에는 정책, 조세 등이 있다.

제2장 부동산 시장

제1절 개념

1 개념

부동산 시장이란 부동산 거래를 위해 매도인과 매수인이 만나는 장이다. 또는 수요공급을 통해 경쟁적 이용에 의한 공간배분 및 토지이용패턴을 결정하는 부동산의 교환 및 가격 결정의 공간이라고도 한다. 부동산 시장은 재산권 교환을 매개로 하므로 추상적인 공간이 된다. 부동산 시장은 부동산 특성에 의해 독점경쟁시장의 형태를 지닌다.

2 기능

1. 정보 창출 및 제공

부동산 시장은 거래정보를 창출하고 제공하는 기능을 한다. 거래정보는 다양한 부동산 활동 주체들에게 유용하다. 부동산 활동 주체로는 투자자, 대출자, 감정평가사, 공인중개사, 건축업자, 개발업자 등이 있다.

2. 공간 및 자원 배분

부동산 시장은 공간과 자원을 배분하는 기능을 한다. 공간을 배분하는 기능은 화폐를 원하는 매도자와 공간을 매수자의 선호도에 따라 나타난다. 또한 임대차의 경우 공간수요에 대한 배분활동이 이루어진다. 자원을 배분하는 기능은 건축, 유지, 개발 등으로 나타난다. 부동산에 대한 다른 자원의 배분도 촉진한다.

3. 교환

부동산 시장은 부동산과 현금, 부동산과 부동산 등의 형태로 교환이 가능하게 한다. 교환은 거래 당사자 간에 이익이 있을 때 이루어진다.

4. 양질 조정

부동산 활동 주체는 부동산 유용성이 최고로 발휘될 수 있도록 한다. 예를 들어, 사무실 수요가 증가하면 공업용 부동산을 업무용 부동산으로 전환할 수 있다. 따라서 시장 변화와 수요에 따라 부동산의 양과 질은 변한다.

5. 토지이용 결정

부동산 시장은 지불능력에 따라 토지이용의 유형을 결정한다. 부동산은 여러 용도간의 경합에 따라 최유효이용에 할당되기 때문이다.

6. 가격 창조

부동산가격은 일물일가의 법칙이 성립되지 않는다. 따라서 부동산 시장에서는 동일한 부동산이라고 하더라도 새로운 가격이 창조되고 파괴된다. 세금 및 금융비용 등의 보전 심리와 가치 상승의 기대 심리가 있기 때문이다.

3 특징

1. 국지성

부동산 시장은 고정성으로 인해 공간이 작용하는 범위가 일정한 지역에 한정된다. 따라서 부동산 시장은 지역마다 지역특성을 가진다. 거시경제 요인에 의한 영향도 지역마다 다르게 나타나는 이유다.

2. 수급조절의 곤란성

부동산 시장은 자연적 특성으로 인해 수요와 공급 조절이 어렵다. 특히 부동산 공급은 비탄력적이다. 부동산 공급은 상당한 시간과 비용이 들고, 법적 규제도 받기 때문이다. 그 결과 단기적으로 부동산 가격이 왜곡될 가능성이 있다. 부동산 수요도 대규모 자금이 필요함에 따라 수요자가 제한된다.

3. 비표준성과 비조직성

부동산 시장은 고정성 및 개별성으로 인해 일물일가의 법칙이 적용되기 어렵다. 따라서 부동산 상품을 표준화하기가 어렵다. 또한 부동산 시장은 유형별로 조직화하기 어렵다. 부동산 가격은 지역성과 개별성에 따라 다양하게 나타나기 때문이다.

4. 거래의 비공개성

부동산 시장에서 거래는 개별적으로 발생한다. 부동산의 개별성, 자금의 출처, 행정규제 등은 거래내용의 공개를 방해한다. 특히 세금 등의 거래내용은 당사자간의 이익을 위해 정보를 왜곡시키기도 한다. 즉, 정보를 가진 자는 정상적인 시장 기능을 방해하는 요인이 된다. 따라서 최근에는 투명한 정보 공개를 위한 정책도 증가하고 있다.

5. 자금의 유용성

부동산은 고가성을 지닌다. 따라서 자금 융통은 부동산 수요와 공급에 영향을 미친다. 특히 금융정책은 금융비용에 직접적인 영향을 미친다. 예를 들어, LTV규제, DSR규제, 한국은행 기준금리 및 지급준비율 정책 등은 수요와 공급 활동을 변화시킨다.

6. 제도적 제한성

부동산은 사회성과 공공성을 지닌다. 따라서 부동산에는 다양한 제도적 제한이 있다. 부동산 시장은 제도적 제한으로 인해 불완전성을 가진다. 불완전성은 시장 기능을 방해한다. 따라서 부동산 가격도 왜곡된다.

7. 불완전성

부동산 시장에서 핵심적인 특징은 불완전성이다. 부동산이 지닌 자연적 특성은 시장 기능을 방해하기 때문이다. 또한 고가성으로 인해 시장 진입과 탈퇴가 어렵다. 그 결과 시장참가자를 제한하게 된다. 이처럼 다양한 요인들이 부동산 시장을 불완전하게 한다.

4 분류

1. 위치

부동산은 고정성으로 인해 위치에 따라 분류할 수 있다. 일반적으로 수도권과 지방으로 분류한다. 수도권 시장은 서울, 인천, 경기도로 나눌 수 있다.

2. 용도

부동산은 용도 다양성으로 인해 이용목적에 따라 분류할 수 있다. 일반적으로 주거용, 상업용, 업무용, 공업용, 농업용, 임업용 시장으로 분류한다. 세부적인 용도에 따라 하위시장으로 분류한다.

3. 규모

부동산은 고가성으로 인해 규모에 따라 분류할 수 있다. 금액에 따라 저가, 중가, 고가로 분류한다. 면적에 따라 소형, 중형, 대형으로 분류한다.

4. 가격 유형

부동산 가치는 교환의 대가인 가격과 사용·수익의 대가인 임대료로 구분한다. 따라서 부동산 시장도 매매시장과 임대시장으로 분류할 수 있다. 임대시장은 임대차계약 형태 등에 따라 전세, 보증부 월세, 월세 등으로 구분할 수 있다.

5. 거래 자연성

부동산 거래는 자연성 여부에 따라 일반거래시장과 경·공매시장으로 분류할 수 있다. 일반거래시장은 시장참가자간에 자유로운 의사에 따라 이루어진다. 그러나 경·공매시장은 강제적 힘에 따라 이루어진다. 경매는 대출금을 상환하지 못하는 경우 법원에 의한 강제처분절차다. 공매는 세금을 체납하는 경우 한국자산관리공사에 의한 강제처분절차다.

6. 협상력

부동산 시장은 시장참가자의 협상력에 따라 매도자 우위시장과 매수자 우위시장으로 분류할 수 있다. 부동산 시장상황에 따라 시장참가자의 비중과 역할이 달라지기 때문이다. 호황인 경우 매도자 우위시장이 형성된다. 불황인 경우 매수자 우위시장이 형성된다.

제2절 효율적 시장

1 개념

1. 의의

효율적 시장은 수요와 공급에 의한 균형가격이 성립하는 완전경쟁시장이다.

2. 부동산 시장과 차이점

부동산 시장은 부동산 특성으로 인해 불완전 경쟁시장이다. 따라서 효율적 시장과 차이가 난다. 구체적으로 상품의 동질성, 시장참여자의 영향력, 수요공급의 균형, 시장정보, 시장의 조직성, 유동성, 거래비용, 수요공급의 증감가능성 등에 따라 달라진다.

3. 효율성 향상

1) 부동산 시장

부동산 시장은 불완전 경쟁시장이다. 따라서 효율적 시장을 위한 다양한 방안이 이루어지고 있다. 방안에는 부동산증권화, 부동산 실거래가 신고제도, 정보체계의 구축, 부동산 가격 정보제공 등이 있다.

2) 감정평가

감정평가는 부동산 시장 정보나 부동산 의사결정에 조언 및 정보를 제공한다. 따라서 부동산 시장의 효율성 향상에 기여한다.

2 종류

1. 정보의 효율성

1) 개념

정보의 효율성이란 시장정보가 가치에 반영되는 정도를 말한다. 효율적 시장은 모든 정보가 지체 없이 가치에 반영된다.

2) 약성 효율적 시장

약성 효율적 시장은 과거 정보만 가치에 반영되는 시장이다. 따라서 기술적 분석만으로 초과이윤을 획득할 수 없다. 기술적 분석이란 과거 자료를 토대로 가치 변동을 분석하는 것이다.

3) 준강성 효율적 시장

준강성 효율적 시장은 공표된 정보만 가치에 반영되는 시장이다. 따라서 기본적 분석만으로 초과이윤을 획득할 수 없다. 기본적 분석이란 현재 공표된 자료를 토대로 가치 변동을 분석하는 것이다. 기본적 분석에는 기술적 분석이 포함되어 있다. 따라서 준강성 효율적 시장은 약성 효율적 시장을 포함한다.

4) 강성 효율적 시장

강성 효율적 시장은 모든 정보가 가치에 반영되는 시장이다. 즉, 공표되지 않은 정보도 이미 가치에 반영되어 있다. 따라서 초과이윤은 아무도 획득할 수 없다. 그러므로 강성 효율적 시장은 완전경쟁시장의 가정에 부합하는 효율적 시장이다.

2. 배분의 효율성

1) 개념

배분의 효율성이란 수요와 공급의 한계수익률이 일치하는 지점에서 균형가격이 성립되고 효율적 배분을 가능하게 한다는 것이다. 부동산 투자 수익률과 다른 투자 수익률이 같도록 자금이 할당된 상태를 의미하기도 한다.

2) 불완전경쟁시장

배분의 효율성은 불완전경쟁시장에서도 달성할 수 있다. 불완전경쟁시장에서 발생하는 초과이윤과 정보비용이 일치하는 경우다. 그러나 부동산 시장은 불완전성으로 약성 내지 준강성 효율적 시장이므로 배분의 효율성을 달성하기 어렵다.

3) 정보가치

정보가치는 확실성하의 현재가치에서 불확실성하의 현재가치를 차감하여 구할 수 있다. 확실성하의 현재가치는 확실한 전제하의 미래가치를 현재가치로 환산해서 구한다. 불확실성하의 현재가치는 발생할 가능성과 발생하지 않을 가능성을 고려한 미래의 기댓값을 현재가치로 환산해서 구한다. 정보비용이 정보가치와 일치하게 되는 경우 배분 효율적 시장이 된다.

3. 운영의 효율성

운영의 효율성은 거래 또는 자원 이전이 원활하게 이루어지도록 하는 내부적 효율성이다. 부동산 시장은 사회적 제약 및 법률 규제 등으로 달성이 어렵다. 그러나 운영의 효율성을 달성하기 위해 거래비용의 최소화, 유동성 증가 등이 이루어지고 있다.

제3절 경기변동

1 개념

1. 의의

부동산 경기변동이란 확장 및 수축국면이 반복되어 나타나는 현상을 말한다. 일반적으로 부동산 경기는 건축경기를 의미한다. 협의의 경기변동은 주거용 부동산의 경기변동이다. 광의의 경기변동은 업무용, 산업용, 소매용 부동산 경기를 포함한다.

2. 특징

1) 후순환적, 큰 진폭, 긴 주기

부동산 경기는 일반경기변동에 비해 후순환적이다. 부동산은 착공부터 완공까지 상당한 시간이 소요되기 때문이다. 또한 일반경기변동에 비해 진폭이 크고, 주기가 길다. 부동산은 영속성이 있기 때문이다.

2) 우경사 비대칭구조

일반경기변동은 확장국면이 빠르게 진행되고 수축국면이 천천히 진행된다. 따라서 좌경사 비대칭구조를 가진다. 그러나 부동산 경기는 확장국면이 천천히 진행되고 수축국면이 빠르게 진행된다. 그 결과 우경사 비대칭구조를 가진다.

3) 기타

부동산 경기는 고정성으로 인해 국지성을 지닌다. 또한 부동산 경기는 사회성 및 공공성으로 인해 정책 등의 영향을 크게 받는다. 일반경기변동은 수요의 영향이 크지만, 부동산 경기는 공급의 영향이 크다.

2 유형

1. 순환적

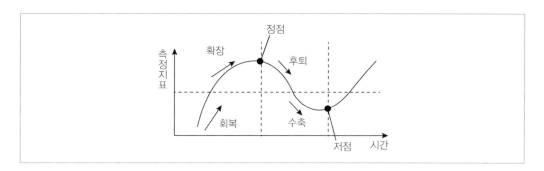

1) 확장

확장 국면에는 제품에 대한 수요가 증가하고, 임금과 소비자 구매력이 높으며, 완전 고용 수준에 이른다. 또한 초과수요로 가격은 상승하고 소비가 증가하여 화폐가치는 하락한다. 동시에 가격상승을 통해 기업의 수익이 증대된다. 그 결과 새로운 자본의 유치가 쉽다. 따라서 제품의 수요증가를 충족시키기 위한 공급이 증가한다.

2) 후퇴

후퇴 국면에는 과잉 공급이 시작될 때 나타난다. 순환 국면의 정점으로 부동산 경기는 침체가 시작된다.

3) 수축

수축 국면에는 제품에 대한 수요가 감소하고, 공급도 감소하며, 실업률이 최고 수준에 이른다. 또한 초과공급으로 가격은 하락하고 소비가 감소하여 화폐가치는 상승한다. 그러나 경기가 완전히 정지하지는 않는다. 최소한의 의식주를 영위하기 위한 필수적인 활동이 계속되기 때문이다.

4) 회복

회복 국면은 소비자가 시장에 다시 투자를 시작할 때 나타난다. 초과 공급된 제품은 모두 소모되고 중요한 구매는 미루지 않는다.

2. 계절적

계절적 변동은 계절 속성과 인간 관습에 의해 나타난다. 계절적 변동은 적어도 2년에 1번 이상은 일정한 기간을 두고 정기적으로 나타난다. 예를 들어, 해변 관광지의 경우 여름 한철이 성수기다. 대학교 근처의 임대주택은 방학을 주기로 공실률이 높아진다.

3. 장기적

장기적 변동은 일반 경제의 전반적인 방향을 의미한다. 일반적으로 50년 또는 그 이상의 기간을 가지고 측정한다. 부동산 경기는 일반 경제보다 짧을 수 있다. 부동산 활동은 재개발처럼 지역마다 불규칙한 간격으로 나타나기 때문이다.

4. 무작위적

무작위적 변동은 자연재해, 전쟁 등과 같이 예측할 수 없는 변동이다. 부동산 경기는 노동조합의 파업, 정책 변화, 자연재해, 전쟁 등에 의해 영향을 받는다.

5. 정책적

정책적 변동은 정부정책 변화에 의해 나타난다. 경제는 급격히 성장하는 것보다 점진적으로 성장하는 것이 바람직하다고 보기 때문이다. 부동산 정책은 부동산 경기에 특히 민감하다. 상승기에는 규제를 강화하고, 하락기에는 규제를 완화하는 인위적인 변동이 이루어지기 때문이다. 그러나 잦은 정책 변화는 신뢰를 낮춘다.

3 부동산 가격 변화로 인한 영향

1. 총수요

1) 국내총생산(GDP)

국내총생산(GDP)는 일정기간 동안 어느 나라에서 생산된 모든 최종 재화와 서비스의 시장가치다. GDP는 소비, 투자, 정부지출, 순수출의 합과 일치한다. 부동산 가격이 변하면 총수요를 구성하는 요인에 영향을 미친다. 정부지출은 정책변수로서 고정된 것으로 가정하여 제외한다.

2) 소비와 저축

소비는 실질가처분소득과 실질자산가치의 함수다. 실질가처분소득이 증가하거나 보유한 실질자산가치가 상승하면 소비를 늘리기 때문이다. 가처분소득이 일정해도 자산효과로 인해 소비는 늘고 저축은 준다. 자산을 매각하지 않더라도 증가한 부동산 가격을 담보로 대출을 받아 소비를 늘릴 수 있기 때문이다. 자산효과란 부동산 가격이 상승하면 가처분소득이 일정해도 소비를 늘리므로 소비재에 대한 수요가 증가하는 현상이다.

3) 투자

기업의 설비투자는 자금 조달비용, 조달가능금액, 기대수익률, 자본재의 상대가격 등에 따라 달라진다. 부동산 가격이 상승하면 자본이득에 대한 기대로 자금이 부동산 시장에 들어온다. 상대적으로 증권 시장은 위축된다. 주식과 채권은 기업이 자금을 확보하는 대표적인 수단이다. 따라서 증권 시장이 위축되면 기업의 투자는 위축된다. 부동산 가격이 하락하면 기업은 담보제공능력이 떨어져 부실채권이 증가할 수 있다. 그 결과 대출이 감소하고 투자는 위축된다.

4) 순수출

순수출도 부동산 가격에 영향을 받는다. 부동산 가격이 상승하면 물가가 상승한다. 물가가 상승하면 국산품의 대외 경쟁력이 떨어진다. 그 결과 실질자산가치가 증가한다. 이로 인해 수입재화 및 해외여행에 대한 수요가 증가한다. 그 결과 수출은 줄고 수입은 늘어 순수출은 감소한다.

2. 총공급

부동산 가격 상승은 생산요소 가격을 높일 수 있다. 부동산 가격 상승은 일정 규모의 건물을 필요로 하는 업종에 대한 신규기업의 진입을 어렵게 한다. 그 결과 독과점 시장이 형성될 수 있고, 생산요소가격 상승이 제품가격에 쉽게 전가될 수 있다. 또한 주택 가격 상승은 근로자의 노동생산성을 떨어뜨릴 수 있다. 노동수요가 많은 지역의 주택 가격이 상승하면 다른 지역의 근로자들이 이주하기 어렵다. 그 결과 지역마다 노동의 초과수요가 달라져 자원배분이 왜곡될 수 있다.

3. 거시경제

부동산 가격과 거시경제 요인은 상호 영향을 미친다. 실질 GDP가 증가하고 경제성장률이 높아지면 부동산 수요가 증가한다. 또한 물가가 상승하면 인플레이션 헷지 역할을 할 수 있는 부동산 자산수요가 증가하여 부동산 가격이 상승한다. 그러나 부동산 가격 상승은 기업에 자금조달비용과 생산요소비용을 상승시켜 투자가 위축되고 생산성이 저하되어 경기침체를 유발할 수도 있다.

4 부동산 경기 측정

1. 측정 지표

1) 가격 변동

(1) 측정

부동산 가격 변동은 경기 흐름을 파악할 수 있는 간접적인 보조지표다. 가격이 상승하면 경기도 확장국면에 있다고 판단할 수 있다. 그러나 가격이 상승한다고 실물경제의 생산도 증가하는 것은 아니기 때문이다. 물가가 상승한다고 실물경제가 성장한다고 보지 않는 것과 같다. 부동산 가격 변동지표는 아파트 실거래가격지수, 지가변동률, 주택 가격지수 등이 있다.

(2) 유의사항

① 주택 가격지수와 아파트 실거래가격지수가 일치하지 않을 수 있음에 유의한다. 주택 가격 지수는 표본주택에 대한 시세 수준이다. 그러나 아파트 실거래가격지수는 실거래 신고된 자료를 기준으로 작성되기 때문에 주택가격지수와 차이가 있을 수 있다.

② 건물 가격 상승이나 투기로 인한 부동산 가격 상승은 부동산 경기 상승으로 볼 수 없음에 유의한다.

③ 부동산 가격 상승만으로 부동산 경기를 판단하는 것은 아님에 유의한다.

④ 연간 소득대비 주택가격비율은 주택구입능력을 측정하기 위한 지표다. 주택구입능력지수 는 가계의 주택대출 원리금 상환능력을 판단하는 지표다. 따라서 부동산 경기를 판단하는 보조지표로 활용될 수 있음에 유의한다.

2) 거래량

(1) 측정

거래량도 부동산 경기를 보여주는 지표다. 거래량은 선행지표로 부동산 경기를 예측할 때 활용한다. 정부는 거래량을 이용하여 정책에 활용한다. 주택 거래량 지표는 주택 매매동향, 미분양 주택 현황, 준공 후 미분양 현황, 임대주택 분양전환 실적 등이 있다.

(2) 유의사항

① 거래량 통계는 행정적 절차에 따라 시차를 두고 발표됨에 유의한다.

② 거래량은 등기실적, 국세·지방세 수입실적 등을 통해 파악할 수 있다. 단, 중간생략등기, 등기 지연 등에 유의한다.

3) 건축량

(1) 측정

건축량은 실질적인 부동산 경기 상황을 파악할 수 있는 지표다. 건축량 지표는 주택인허가 실적, 임대주택건설 실적, 임대주택 현황, 재건축 추진 현황, 주택보급률 등이 있다.

(2) 유의사항

① 착공의 타성현상에 유의한다. 건축허가를 받고 착공을 지연시킬 수 있기 때문이다.

② 주택보급률과 자가 보유율을 함께 분석함에 유의한다. 주택보급률은 총 주택수를 가구 수 로 나눈 비율이다. 주택보급률 통계는 오피스텔 등의 주택 수 포함 여부, 가구 수의 정의, 재개발 멸실 주택 수 등에 따라 달라질 수 있기 때문이다.

③ 건축허가량은 주거용과 비주거용으로 구분하여 파악함에 유의한다. 주거용은 주택법의 사 업계획 승인물량과 건축법의 건축허가물량을 따로 작성한다. 주택법의 주택건설실적은 준 공물량이 아니라 승인량이므로 시차가 존재할 수 있기 때문이다.

4) 택지 분양실적

택지 분양실적은 장래 부동산 경기를 측정할 수 있는 지표다. 택지 분양이 활발하면 경기가 활 발해지는 경향이 있기 때문이다. 따라서 택지 분양실적은 부동산 경기를 선도하는 현상 중 하 나가 된다. 미분양 재고량도 함께 파악한다. 미분양 재고량이 증가하면 가격이 하락하고 공급 이 감소하여 불경기로 볼 수 있기 때문이다.

5) 공가율 및 임대료 수준

공가율과 임대료 수준도 부동산 경기를 측정할 때 유효한 지표다. 공가율이 높아지면 임대료 수준이 낮아진다. 그 결과 신규 건설이 둔화되고 시장상태는 악화될 수 있다.

6) 부동산 금융 상태

부동산 금융 상태도 경기측정에 중요한 지표다. 부동산은 고가의 상품이기 때문이다. 금융 상태가 호전되면 부동산 경기도 좋아질 수 있다. 따라서 대출규제 등을 통해 정부가 자주 활용하는 수단이 된다.

7) 내적 · 외적 · 대체 요인

내적 요인은 부동산 시장의 내부적 구성요소다. 수요요소는 인구 수, 가구 수, 주택보급률 및 부족률 등이 있다. 공급요소는 주택건설 호수 등이 있다. 외적 요인은 부동산 시장의 외부적 구성요소다. 부동산 경기에 간접적 영향을 미친다. 예를 들어, 생산자물가지수, GNP, 수출과 수입량, 통화량 등 거시경제변수가 있다. 대체 요인은 부동산 대체재와 관련한 요소다. 예금, 증권 등이 있다. 예금금리와 주가지수 등은 부동산 경기와 역행하는 특성이 있다.

8) 유의사항

① 사회적 · 경제적 · 행정적 요인이 복합적으로 경기에 영향을 미친다는 점에 유의한다. 따라서 거래량 등의 단순 지표에만 의존하지 않아야 한다. 측정 지표의 단순화가 지나치면 경기의 진퇴 시기나 진퇴사실의 존재 등이 불명확할 수 있기 때문이다.

② 전체 부동산 시장과 지역별 · 유형별 시장 간에는 시간적 · 공간적 괴리가 있음에 유의한다. 건설기간이 장기간 소요되므로 착공과 준공 간 시차가 발생할 수 있기 때문이다.

2. 측정 방법

1) 과거 추세치 연장하는 방법

과거 추세치 연장하는 방법은 과거 자료를 통해 추세를 파악하여 경기를 측정하는 방법이다. 회귀분석과 같은 통계적 기법을 활용한다. 쉽게 적용할 수 있는 장점이 있다. 그러나 미래는 과거 추세 속에서만 움직이지 않기 때문에 한계가 있다.

2) 지수 이용법

지수 이용법은 대표적인 지수를 통해 경기를 측정하는 방법이다. 아파트 실거래가격지수, 거래량 등을 활용한다. 쉽게 사용할 수 있는 장점이 있다. 그러나 대표적 지수만으로 경기흐름을 일반화하는 것은 한계가 있다.

3) 경제 분석법

경제 분석법은 지역 경제 분석 등을 통해 경기를 측정하는 방법이다. 특정 지역이나 도시의 수요요인을 분석하여 활용한다. 정확성이 향상된다는 장점이 있다. 그러나 많은 자료와 비용이 들어가는 한계가 있다.

4) 대체수요 이용법

대체수요 이용법은 부동산 대체재인 예금, 증권 등을 통해 경기를 측정하는 방법이다. 부동산 경기와 역행성을 지닌 지표인 예금금리, 주가지수 등을 활용한다. 사용이 쉬운 장점이 있다. 그러나 시대적 여건이나 정부 정책 등에 따라 상관관계가 달라지는 한계가 있다.

5 감정평가시 유의사항

1. 3방법 적용시 유의사항

1) 원가법 적용시 유의사항

재조달원가는 기준시점 현재 신축원가를 구하고 원가보정에 유의한다. 개발 전 토지가격은 지목전환에 따른 효용 배분에 유의한다. 개발 전 토지에 귀속되는 효용은 부동산의 생산적 공헌도에 따라 달라지기 때문이다.

2) 거래사례비교법 적용시 유의사항

경기 국면에 따른 거래사례는 정당성 판단에 유의한다. 특히 기준시점에 가까운 사례를 많이 수집하여야 한다. 또한 가격형성의 메커니즘, 지역의 장래 동향 분석을 통한 사정보정에 유의한다. 시점수정에서 사용되는 변동률은 일반적 · 지역적 · 개별적 요인으로 분석함에 유의한다.

3) 수익환원법 적용시 유의사항

수익가액은 수축 국면으로 전환하는 경우 비준가액에 대한 검증수단으로 활용함에 유의한다. 환원율은 경기 국면에 따라 조정함에 유의한다. 특히 수익성인 낮은 부동산의 환원율은 안전자산수익률보다 훨씬 높아야 한다.

2. 시산가액 조정시 유의사항

시산가액을 조정하는 경우에는 자료의 채택 여부와 신뢰성, 3방식의 장단점, 경기변동 국면에 맞는 요인 비교의 적절성 등에 유의한다. 또한 가장 합리적이고 객관적인 시장자료가 뒷받침되는 시산가액에 가중치를 둘 수 있도록 유의한다.

기출문제

[제4회 문제 2]
부동산 경기변동의 제 국면에서 거래사례비교법을 채택할 경우의 유의점에 관하여 설명하시오. (20점)

[제8회 문제 2]
부동산 경기변동으로 인한 부동산 시장의 동향을 분석하고, 부동산 감정평가의 유의점을 기술하시오. (20점)

[제11회 문제 6-2]
복합불황에 대하여 약술하시오. (5점)

제4절 부동산 시장의 균형

1 수요

1. 개념

수요는 재화나 용역에 대한 구매 욕구다. 부동산 수요는 고가성으로 인해 유효수요를 의미한다. 즉, 실질적인 구매력이 뒷받침되는 수요다.

2. 분류

1) 실질적 수요와 잠재적 수요

실질적 수요는 부동산 시장에 참여할 수 있는 유효수요다. 잠재적 수요는 유효수요로 전환할 수 있는 예비적 수요다. 즉, 아직 구매능력을 갖추지 못해 유효수요에 해당하진 않지만 상황과 조건이 성숙되면 유효수요로 전환할 수 있다는 의미다.

2) 본원적 수요와 파생수요

본원적 수요는 인간의 욕망을 직접 만족시켜주는 재화를 소비하는 수요다. 직접수요라고도 한다. 파생 수요는 본원적 수요를 충족시키기 위한 수요다. 간접수요라고도 한다.

3) 실수요와 가수요

실수요는 부동산을 실제 이용하는 수요다. 가수요는 부동산 이용의사와 관계없이 미리 구입하려는 수요다. 즉, 부동산 가격이 오를 것을 예상하고 구입하는 투기적 수요다.

4) 개별수요와 시장수요

개별수요는 수요자 각각에 해당하는 개인적 수요다. 시장수요는 모든 수요자의 총합에 대응하는 수요다. 시장수요곡선의 기울기는 개별수요곡선의 기울기보다 완만하다.

3. 특징

부동산 수요는 고정성 및 지역성으로 인해 국지성을 가진다. 부동산 수요는 영속성으로 인해 효용이 장기간에 걸쳐 지속된다. 부동산 수요는 개별성으로 인해 개별적인 양상을 가진다. 부동산 수요는 부동산이 필수재이면서 고가성을 지니므로 비탄력적이다.

4. 수요함수

1) 개념

(1) 수요곡선

수요함수는 어떤 재화에 대한 수요량과 그 재화의 수요량에 영향을 주는 요인들과의 관계를 함수로 나타낸 것이다. 수요곡선은 단위당 가격과 수요량과의 관계를 그래프로 나타낸다. 부동산에 대한 수요량과 가격 반비례하고, 대체효과와 소득효과로 인해 수요곡선은 우하향하는 형태다. 즉, 가격이 상승하면 다른 재화의 가격이 상대적으로 하락했고 소득이 감소했다는 의미다.

(2) 수요량의 변화와 수요의 변화

수요량의 변화는 가격 변화에 따른 수요곡선상의 변화다. 수요의 변화는 수요 자체에 대한 변화다. 수요 자체의 변화는 수요곡선 자체를 상하로 이동시킨다. 수요곡선이 가격과 수요량과의 관계를 그래프로 나타냈기 때문이다.

2) 결정요인

수요량의 변화 요인은 부동산 가격의 변화다. 수요의 변화 요인은 관련 재화가격의 변화, 소득의 변화, 기호 및 선호도의 변화, 당해 부동산에 대한 가격예상의 변화, 이자율, 인플레이션, 세금 등이 있다.

5. 탄력성

1) 개념

탄력성은 원인변수 1%의 변화에 대응하는 반응변수의 변화율이다. 탄력성에는 가격 탄력성, 소득 탄력성, 교차 탄력성이 있다.

2) 가격 탄력성

수요의 가격 탄력성은 가격의 변화율에 대한 수요량의 변화율이다. 탄력성이 1보다 큰 경우 탄력적, 1보다 작은 경우 비탄력적이라 한다. 탄력성이 1보다 큰 경우 임대료가 상승함에 따라 전체 수입은 감소한다. 탄력성에 영향을 주는 요인은 대체재, 지출비중, 상품의 성격, 분류범위, 기간, 부동산 유형 등이 있다. 대체재가 많을수록, 지출비중이 클수록, 사치품일수록, 분류범위가 좁을수록, 기간이 길수록, 주거용 부동산인 경우 탄력적이다.

3) 소득 탄력성

수요의 소득 탄력성은 소득의 변화율에 대한 수요량의 변화율이다. 탄력성이 0보다 큰 경우 탄력적, 0보다 작은 경우 비탄력적이라 한다. 탄력성이 0보다 큰 경우 정상재라 한다. 탄력성이 0보다 작은 경우 열등재라 한다. 탄력성이 1보다 큰 경우 사치재, 1보다 작은 경우 필수재의 성격을 지닌다.

4) 교차 탄력성

수요의 교차 탄력성은 다른 재화의 가격변화율에 대한 해당 재화의 수요량의 변화율이다. 탄력성이 0보다 큰 경우 대체재, 0보다 작은 경우 보완재라 한다. 탄력성이 0인 경우 독립재라 한다.

2 공급

1. 개념

공급은 상품에 대한 판매 욕구다. 부동산 공급은 공급자가 공급의사와 능력을 가져야 한다. 공급자에는 개발업자, 건설업자, 기존 건물이나 주택의 소유자도 포함된다.

2. 분류

1) 물리적 공급과 경제적 공급

물리적 공급은 자연적 측면에서의 절대적 공급이다. 경제적 공급은 경제적 측면에서의 상대적 공급이다. 토지는 용도 다양성으로 공급량을 변화시킬 수 있다.

2) 단기공급과 장기공급

단기공급은 기존 시설이 확장되지 않을 정도의 짧은 기간에 대응하는 공급이다. 단기에는 신규공급은 어렵지만 용도전환을 통한 공급은 가능하다. 장기공급은 새로운 시설이 추가되거나 새로운 기업이 시장에 진입할 정도의 긴 기간에 대응하는 공급이다. 장기에는 신규공급과 용도전환 공급이 가능하다.

3) 개별공급과 시장공급

개별공급은 공급자 각각에 해당하는 개별기업의 공급이다. 시장공급은 모든 공급자의 총합에 대응하는 공급이다. 시장공급곡선의 기울기는 개별공급곡선의 기울기보다 완만하다.

3. 특징

부동산 공급은 공간 및 위치의 공급을 가진다. 부동산 공급은 부증성과 개별성으로 인해 비탄력적이고 독점적이다. 부동산 공급은 수요나 가격의 변화에 대해 반응시간이 길다. 부동산 공급은 영속성으로 인해 기존 공급이 새로운 공급으로 전환되거나, 수요가 공급으로 전환될 수 있다.

4. 공급함수

1) 개념

(1) 공급곡선

공급함수는 어떤 재화에 대한 공급량과 그 재화의 공급량에 영향을 주는 요인들과의 관계를 함수로 나타낸 것이다. 공급곡선은 단위당 가격과 공급량과의 관계를 그래프로 나타낸다. 부동산에 대한 공급량과 가격은 비례하고, 공급량과 생산비도 비례하므로 공급곡선은 우상향하는 형태다. 공급곡선은 공급의 분류에 따라 달라진다. 물리적 공급은 수직선의 형태로, 경제적 공급은 우상향의 형태로 나타난다. 단기공급은 장기공급보다 기울기가 급하다.

(2) 공급량의 변화와 공급의 변화

공급량의 변화는 가격 변화에 따른 공급곡선상의 변화다. 공급의 변화는 공급 자체에 대한 변화다. 공급 자체의 변화는 공급곡선 자체를 상하로 이동시킨다. 공급곡선이 가격과 공급량과의 관계를 그래프로 나타냈기 때문이다.

2) 결정요인

공급량의 변화 요인은 부동산 가격의 변화다. 공급의 변화 요인은 관련 재화가격의 변화, 생산요소가격의 변화, 기술수준, 이자비용 등이 있다.

5. 탄력성

1) 개념

공급의 탄력성은 가격의 변화율에 대한 공급량의 변화율의 정도다. 탄력성이 1보다 큰 경우 탄력적, 1보다 작은 경우 비탄력적이라 한다.

2) 변화요인

탄력성에 영향을 주는 요인은 측정기간, 생산요소, 생산기간, 용도전환 등이 있다. 측정기간이 길수록, 생산요소의 가용성이 쉬울수록, 생산기간이 짧을수록, 용도전환이 쉬울수록 탄력적이다.

3 균형

1. 개념

시장균형이란 수요량과 공급량이 일치하는 상태를 말한다. 즉, 시장에서 초과수요나 초과공급이 발생하지 않는 상태를 의미한다.

2. 단기 균형

1) 수요 변화

수요가 증가하면 수요곡선은 상향 이동한다. 그 결과 균형가격수준에서 초과수요가 발생한다. 초과수요는 가격을 상승시킨다. 가격상승은 공급을 증가시킨다. 따라서 새로운 균형가격은 기존 균형가격보다 높은 수준에서 형성된다.

2) 공급 변화

공급이 증가하면 공급곡선은 하향 이동한다. 그 결과 균형가격수준에서 초과공급이 발생한다. 초과공급은 가격을 하락시킨다. 가격하락은 수요를 증가시킨다. 따라서 새로운 균형가격은 기존 균형가격보다 낮은 수준에서 형성된다.

3) 수요와 공급의 동시 변화

수요와 공급이 동시에 변화하는 경우 증가폭에 따라 균형가격이 달라진다. 수요의 증가폭이 공급의 증가폭보다 큰 경우 균형가격은 상승하고 균형량은 증가한다. 반대의 경우 균형가격은 하락하고 균형량은 증가한다. 그 밖에 증가폭이 동일한 경우, 알 수 없는 경우, 수요는 증가하고 공급이 감소하는 경우, 수요는 감소하고 공급이 증가하는 경우 등에 따라 균형가격은 달라진다.

3. 장기 균형

장기 균형가격은 기존의 단기 균형가격수준으로 돌아간다. 수요가 증가하면 수요곡선이 상향 이동한다. 기존의 균형가격 수준에서는 초과수요가 발생하고 가격상승으로 이어진다. 가격상승에 따라 공급은 증가한다. 이때 공급자는 초과이윤을 획득한다. 초과이윤의 발생은 새로운 공급자가 진입하게 한다. 생산요소 가격이 상승하지 않는다면, 공급곡선은 기존의 가격수준까지 이동한다. 그 결과 기존의 균형가격수준으로 돌아가고, 공급량은 증가한 상태가 된다.

4. 탄력성과 균형

1) 공급의 가격탄력성

수요가 증가하면 공급의 가격탄력성이 작을수록 가격의 상승폭은 크고 균형량의 증가폭은 작다. 수요가 감소하면 공급의 가격탄력성이 작을수록 가격의 하락폭은 크고 균형량의 감소폭은 작다.

2) 수요의 가격탄력성

공급이 증가하면 수요의 가격탄력성이 작을수록 가격의 하락폭은 크고 균형량의 증가폭은 작다. 공급이 감소하면 수요의 가격탄력성이 작을수록 가격의 상승폭은 크고 균형량의 감소폭은 작다.

3) 완전 탄력적이거나 완전 비탄력적인 경우

공급이 완전 탄력적인 경우 수요가 증가하면 균형가격은 불변하고 균형량은 증가한다. 공급이 완전 비탄력적인 경우 수요가 증가하면 균형가격은 상승하고 균형량은 불변한다. 수요가 완전 탄력적인 경우 공급이 증가하면 균형가격은 불변하고 균형량은 증가한다. 수요가 완전 비탄력적인 경우 공급이 증가하면 균형가격은 하락하고 균형량은 불변한다.

제5절　부동산 시장의 증권화

1 개념

1. 의의

부동산 시장의 증권화란 부동산 시장과 자본시장이 통합되는 현상을 말한다.

2. 배경

미국은 1989년 금융기관개혁·회복 및 강화법 시행 이후 자본시장을 고도화하고 활성화하는 경제적 효과를 거두었다. 1990년대 중반 이후 미국의 월가는 2가지 방법으로 부동산에 투자를 했다. 첫째는 MBS나 CMBS의 인수이고, 둘째는 REITs에 대한 투자다. 즉, 부동산은 유동자산으로 변하기 시작했다. 우리나라는 1990년대 말 IMF 재경위기가 부동산 시장에 충격을 주었다. 미국은 2008년 서브프라임 모기지 사태가 발생하여 세계적인 금융위기로 확산되었다. MBS 등에 과도하게 투자한 은행들이 잇달아 파산하면서 나타난 현상이다. 즉, 부동산 시장과 자본시장이 밀접한 관계를 보여주고 있음을 나타냈다.

3. 부동산시장과 자본시장의 연결

부동산 시장은 다양한 시장참가자들이 거래에 참여한다. 투자를 목적으로 하는 시장참가자는 부동산 투자 의사결정을 할 때 부동산 시장만을 분석 대상으로 하지 않는다. 왜냐하면 부동산 시장과 밀접한 관계를 가진 자본시장의 움직임과 투자심리, 향후 전망 등을 고려하기 때문이다. 따라서 부동산 시장은 이자율 또는 수익률을 매개변수로 하여 자본시장과 연결된다.

4. 증권화와 유동화

부동산 증권화는 부동산 저당채권을 자본시장에서 유통시키기 위해 유가증권으로 발행하는 과정이라고도 한다. 부동산 증권화는 부동산 유동화 수단 중 하나다. 부동산 유동화는 유가증권 발행 후 2차 금융기관에 매매하는 것이다. 따라서 부동산 시장에 자금배분을 촉진하는 역할을 한다. 부동산 유동화의 방법은 부동산 저당채권을 금융기관이나 투자자들에게 직접 매각하는 방법과 저당채권을 특수목적회사(SPC) 등에 양도하고 SPC가 유가증권(ABS, MBS 등)을 발행하는 방법이 있다. SPC란 금융기관에서 발생한 부실채권을 매각하기 위해 설립된 특수목적회사다. SPC는 채권매각과 원리금 상환이 끝나면 없어진다.

5. 증권화와 감정평가

통합화 현상은 부동산 종합 서비스 개념으로 이해할 수 있다. 즉, 부동산 서비스인 중개, 컨설팅, 금융, 자산운용 등이 하나의 회사에서 제공되는 현상이다. 최근에는 부동산투자회사 등의 자산 매입·매각 투자자문, 알선·중개, 파이낸싱, 포트폴리오관리, 자산관리·운용 등에 대한 서비스 수요가 증가하고 있다. 즉 부동산서비스 산업은 전문가 중심의 지식정보산업으로 발전하고 있다. 따라서 부동산 가치의 전문가인 감정평가사에 의한 수요도 증가하고 있다.

기출문제

[제10회 문제 1]
부동산 유동화를 위하여 다양한 부동산증권화 방안들이 논의되고 있다. 이와 관련하여 부동산증권화의 도입배경, 원리 및 평가기법을 논하시오. (30점)

---

❷ 공간시장과 자산시장

1. 공간시장

1) 개념

부동산 공간시장은 공간서비스에 대한 수요와 공급에 의해 임대료가 결정되는 시장이다. 공간서비스에 대한 대가인 임대료가 결정되므로 임대시장이라고도 한다. 공간시장은 지리적 위치, 부동산 이용, 거래별 유형에 따라 구분할 수 있다. 공간시장에서 수요자는 소비 또는 생산을 목적으로 공간을 이용하려는 매수인 내지 임차인이다. 공급자는 공간을 임차인에게 임대하여 수익을 올리려는 소유자 내지 임대인이다.

2) 수요와 공급

(1) 수요

공간시장의 수요는 물리적 공간의 필요량을 결정한다. 왜냐하면 국가 및 지방경제 상황을 반영하기 때문이다. 따라서 공간시장은 다양한 수요 요인에 의해 영향을 받는다. 예를 들어, 인구, 소득수준, 고용기회 등이 있다. 특히 인구증가는 잠재적인 수요의 증가와 직결되므로 중요한 요인이다. 고용상태와 소득수준은 주택금융과 연결된다. 따라서 주거용 공간 수요에 미치는 영향이 크다.

(2) 공급

공간시장의 공급은 물리적 공간의 수량을 결정한다. 왜냐하면 건설 산업의 활동에 대한 결과이기 때문이다. 따라서 공간시장은 다양한 공급 요인에 의해서도 영향을 받는다. 예를 들어, 임대료와 공실률, 조세와 토지이용규제, 건설기술과 건물의 질 등이 있다. 임대료가 상승하면 공실률도 높아진다. 공실률이 높다는 의미는 공간에 대한 공급이 초과되었거나 가격이 높다는 것이다. 건설기술과 건물의 질은 수요를 자극한다. 주거의 쾌적성, 상업·업무의 수익성, 공업의 생산성과 연결되기 때문이다. 그 밖에 이용이 가능한 토지의 가격, 노동력, 건축자재의 가격 등도 공급에 영향을 주는 요인이다.

3) 거미집 모형

(1) 개념

거미집 모형은 수요와 공급의 시차를 고려하여 균형가격이 변하는 과정을 동태적으로 분석한 모형이다. 부동산 공급은 단기적으로 비탄력적이다. 그러나 부동산 수요는 탄력적으로 움직인다. 그 결과 수요와 공급의 시간차가 발생한다.

(2) 수급조절 과정

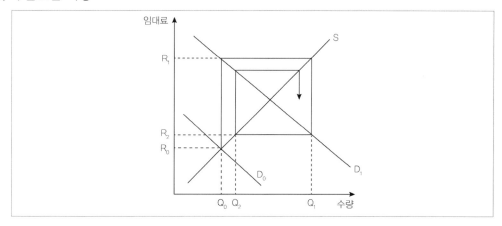

부동산 수요가 급증해도 공급은 즉각적인 반응이 어렵다. 따라서 단기에 가격이 급등하기 쉽다. 가격이 상승하면 공급자는 새로운 건설에 착공한다. 그러나 완공까지는 상당한 시간이 소요되므로 건축 중에도 가격은 계속해서 상승한다. 그 결과 새로운 공급자가 시장에 진입한다. 공급량이 증가하면 수요가 줄어 가격이 하락한다. 이미 착공한 물량은 계속해서 완공이 되므로 초과공급이 나타난다. 그 결과 가격은 더욱 하락한다. 초과공급은 새로운 수요가 창출될 때까지 공실로 남는다. 이런 현상은 주거용보다 상업용에 자주 나타난다.

(3) 한계

부동산 공급은 시간에 따라 구분이 어렵다. 따라서 거미집 모형은 계약기간이 정해진 임대시장, 착공에서 완공까지 시간이 정형화된 신규 주택시장 등에 제한적으로 적용된다. 부동산은 물리적 측면에서 대체가 어렵지만 용도측면에서 대체가 가능하다. 따라서 거미집 모형의 가정 등에 한계가 있다.

2. 자산시장

부동산 자산시장은 부동산 자체에 대한 수요와 공급에 의해 가격이 결정되는 시장이다. 수요자는 운영수익(임대료 등)이나 자본수익(매매차익 등)을 위해 부동산을 매입한다. 따라서 자산의 지분을 늘리거나 더 많은 부동산을 구입하고자 하는 투자자다. 공급자는 자본수익(매매차익)을 실현하거나 자금을 회수한다. 따라서 현재 소유하고 있는 부동산 자산의 일부 또는 전부를 팔고자 하는 투자자다.

3. 공간시장과 자산시장의 분석

1) 공간시장과 자산시장의 상호작용

(1) 부동산 건설 산업의 역할

공간시장과 자산시장을 연결하는 매개체는 부동산 건설 산업이다. 부동산 건설 산업은 금융 및 물적 자원을 동원하여 새로운 공간을 건설하는 산업이다. 따라서 건설 산업은 금융자본을 물적 자본으로 전환하는 역할을 한다.

(2) 부동산 자산가치의 결정

자산시장은 공간시장에서 공급된 부동산 현금흐름이 작동하는 시장이다. 현금흐름은 환원율과 상호작용하여 시장가치를 결정하게 된다. 환원율은 투자자가 위험과 수익률을 판단하여 결정하기 때문이다. 자산가치는 개발비용과 비교하여 결정되기도 한다. 자산가치가 개발비용과 같거나 높다면 개발이 이루어질 수 있기 때문이다. 그 결과 공간시장에서 공급은 증가한다.

(3) 부동산 시스템의 반응고리

부동산 시스템의 반응고리는 자산시장이 개발 산업으로 흐르는 금융자본의 양을 조절하는 것이다. 예를 들어, 신규 개발이 공간시장에서 초과공급이 예상된다면 투자자는 미래 임대수익이 감소할 것으로 예상한다. 그 결과 자산가치는 떨어지고 추가적인 건설이 이루어지지 않게 된다. 따라서 부동산 시스템의 반응고리는 공간시장의 수요와 공급이 균형 상태를 유지할 수 있게 한다.

2) 디파스퀠리 · 위튼의 4사분면 모형에 의한 분석

(1) 개념

4사분면 모형은 공간시장과 자산시장의 작동과 장기균형에 대해 설명하는 모형이다. 1·4사분면은 공간시장이고, 2·3사분면은 자산시장이다. 1사분면 축은 임대료, 2사분면 축은 부동산가격, 3사분면 축은 신규 건설량, 4사분면 축은 재고량을 나타낸다.

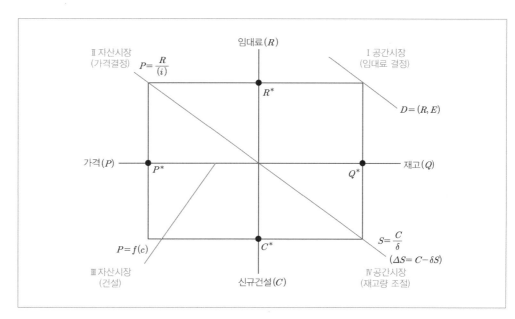

(2) 분석

① 1사분면

1사분면은 단기적으로 공간시장에서 결정되는 임대료를 결정한다. 1사분면의 곡선은 수요 곡선이다. 횡축은 부동산 공간의 물리적 재고량이다. 종축은 단위면적당 연간 임대료다. 따라서 공간시장의 재고량이 수요곡선과 만나는 지점에서 현재 임대료가 결정된다.

② 2사분면

2사분면은 1사분면에서 결정된 임대료를 통해 부동산가격을 결정한다. 2사분면의 원점에서 시작되는 곡선은 자본환원율을 나타낸다. 자본환원율은 임대료와 가격의 비율을 의미한다. 자본환원율은 투자자들이 부동산 자산을 보유하기 위해 요구하는 기대수익률이기도 하다. 자본환원율은 부동산시장의 외부요소인 금융자산(증권, 채권, 단기성예금 등)이 거래되는 자본시장의 이자율과 수익률에 기초하여 결정된다. 1사분면에서 결정된 임대료를 자본환원 율과 만나는 지점과 연결하면 부동산가격을 나타내는 축과 만난다.

③ 3사분면

3사분면은 건설 산업에서 신규 부동산에 대한 공급을 결정한다. 3사분면에서의 곡선은 건 설곡선(부동산 재조달원가곡선)을 나타낸다. 건설곡선은 부동산가격을 나타내는 축의 원점 에서 떨어진 지점부터 시작한다. 왜냐하면 부동산가격이 일정 지점 이하로 떨어지면 개발 자체가 이루어질 수 없기 때문이다. 건설곡선은 좌하향하는 형태다. 왜냐하면 부동산가격 이 높을수록 신규건설이 촉진되고 자본의 이용가능성을 높여 개발과정이 촉진될 수 있기 때문이다. 2사분면에서 결정된 부동산가격이 건설곡선과 만나는 지점과 연결하면 신규로 건설되는 연간 건설량과 만난다.

④ 4사분면

4사분면은 공간시장과 자산시장의 장기적 통합이 달성된다. 공간시장에서 이용 가능한 부 동산 공간의 총량과 신규로 개발되는 건설량을 연결하기 때문이다. 4사분면에서의 곡선은 신규 건설량을 연평균으로 나타낸 것이다. 부동산 공간에서 필요로 하는 재고량이 많을수록 연간 신규건설의 비율이 올라간다. 따라서 3사분면과 4사분면은 시장에서 공급된 총 부동산재고량에 대한 건설 산업의 장기효과를 보여준다. 즉, 연간 신규 건설량은 부동산 장기재고량으로 전환된다. 재고량의 변동은 신규 건설량에서 감가상각률을 적용한 재고감소량을 공제한 것과 같다.

(3) 비교정태 분석

① 개념

비교정태 분석은 최초의 균형과 새로운 균형을 비교하는 것이다.

② 공간서비스 수요 증가

부동산 공간서비스 수요가 증가하면 1사분면의 수요곡선이 오른쪽으로 이동한다. 그 결과 주어진 재고수준에서 임대료는 상승한다. 임대료가 상승하면 자산가격도 상승한다. 자산가격이 상승하면 신규 건축량이 증가하고 공간재고도 증가한다. 따라서 최초의 균형보다 모두 높은 수준이 된다.

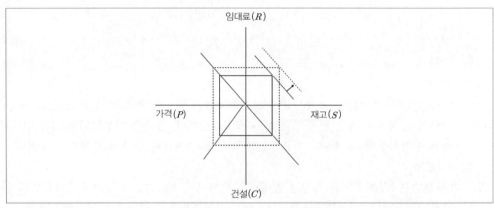

③ 장기이자율 하락

장기이자율이 하락하면 자본환원율도 하락한다. 즉, 2사분면 그래프의 기울기가 시계반대 방향으로 회전한다. 그 결과 주어진 임대료에서 자산가격은 상승한다. 자산가격이 상승하면 신규건축량이 증가하고 공간재고도 증가한다. 공간재고가 증가하면 임대료는 하락한다. 따라서 최초의 균형보다 임대료는 낮아지고, 나머지는 높은 수준이 된다.

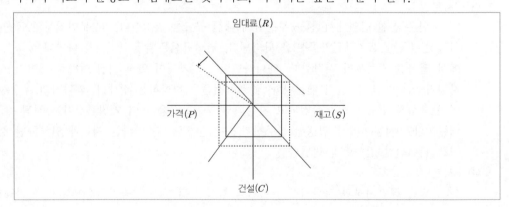

④ 신규 건설비용 상승

신규 건설비용이 상승하면 주어진 자산가격에서 건물공급의 수익성이 낮아지므로 신규 건축량이 감소한다. 즉, 3사분면의 곡선이 위쪽으로 이동한다. 그 결과 장기균형 공간재고가 감소하고 임대료는 상승하며 자산가격은 높아진다. 따라서 최초의 균형보다 임대료와 자산가격은 높아지고, 신규 건축량과 공간재고는 낮아진다.

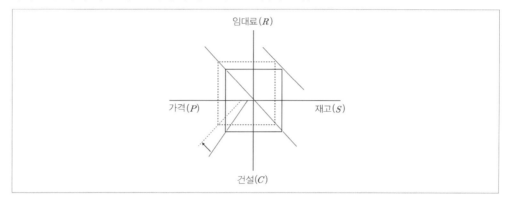

(4) 유용성 및 한계

① DW모형은 부동산 시장의 작동원리를 설명하는 데 유용하다. 작동원리를 살펴보면 공간시장에서 부동산 재고량과 수요가 임대료를 결정한다. 이는 자산시장에서 가격으로 전환되고, 자산가격은 새로운 건설을 유도한다. 그 결과 다시 공간시장에서 새로운 부동산 재고수준을 결정한다. 만약 부동산 재고수준의 처음과 끝이 같다면 공간시장과 자산시장의 결합은 균형을 이룬다.

② DW모형은 몇 가지 한계도 있다. 첫째, 자본환원율은 기대수익과 부동산 가격에 의해 결정됨에도 외생변수로 본다. 둘째, 공실률에 대한 고려가 없다. 셋째, 둘 이상의 변수가 동시에 변하거나 시장 구성요소간 동태적인 상호작용을 설명할 수 없다. 넷째, 정부정책이나 세금 등 제도적 요인이나 환경적 요인에 대한 분석이 없다.

3 자본시장과 화폐시장

1. 자본시장

1) 개념

자본시장은 1년 이상 장기의 자금대차가 이루어지는 장소다. 부동산은 일반재화보다 고가다. 따라서 부동산 구매를 위해서는 돈을 빌리게 된다. 일반적으로 금융기관을 통한 저당대부가 이루어진다. 그러므로 자본시장은 부동산뿐만 아니라 주식, 채권, 예금 등의 수요와 공급 상황에 따라 이자율과 수익률이 결정되는 시장이다.

2) 구성요소

(1) 주식

주식은 주식회사에 대한 주주의 출자다. 즉, 주식회사에 대한 권리와 의무의 단위를 의미한다. 주식은 증권거래소 및 코스닥에서 거래된다. 주식발행은 원금을 갚을 의무가 없고, 배당 형편이 좋지 않으면 하지 않을 수도 있다. 그러나 시세가 높지 않으면 팔리지 않고, 대주주가 자기 몫을 인수할 자금이 마련되어야 한다.

(2) 채권

① 공채

넓은 의미에서 공채는 정부부문의 금전적 채무 전부를 말한다. 좁은 의미에서 공채는 금전적 채무 중에서 재원조달을 목적으로 하는 재정공채만을 말한다. 통상적으로 공채는 좁은 의미로 사용한다. 또한 국채와 같은 개념으로 사용한다. 공채는 재정수입 수단, 자원배분, 소득분배, 경제안정 등의 경제효과를 가진다. 또한 공채는 증권으로 발행규모에 따라 재정수입을 결정하는 재정적 효과를 가진다. 뿐만 아니라, 공채는 만기구성에 따라 유동성을 조절하는 금융적 효과도 가진다. 따라서 공채는 국민경제의 순환과정에 큰 영향을 미친다.

② 사채

사채는 개인이 채주가 되는 채무다. 사채는 균일한 금액으로 분할된 유통증권을 가지고 권리행사를 할 수 있도록 법적 제도가 마련되어 있다. 따라서 사채는 주식의 단점을 피해 기업이 자금을 조달할 때 사용되는 방법이다. 그러므로 사채는 자본시장에서 이자율이 결정되는 중요한 요소로 작용한다. 즉, 부동산 투자와 대체할 수 있는 투자 상품이다.

3) 분류

(1) 공개시장과 비공개시장

① 공개시장은 시장참가자가 동시에 참여하고 가격이 결정되는 과정을 알 수 있는 시장이다. 공개시장은 소유한 자산의 단위(또는 지분)가 작은 시장이기도 하다. 공개시장은 자산거래의 단위당 거래내용이 공개적으로 발표되므로 비공개시장보다 상대적으로 유동성이 높다. 높은 유동성은 가치에 빠르게 반영되므로 정보의 효율성을 지닌다.

② 비공개시장은 매도인과 매수인이 개인적으로 만나 이루어지는 시장이다. 일반적으로 자산 전체(회사 전체, 특정자산 등)가 단일 거래의 대상이 되고, 가격의 규모가 큰 시장이기도 하다. 따라서 자산 가격이 공정한지 확신할 수 없다. 또한 자산을 매도하고자 하는 경우 매수자를 찾아야 하므로 중개인이 개입한다. 그 결과 공개시장보다 상대적으로 유동성이 낮다. 그 결과 정보가 가치에 빠르게 반영되지 못해 정보의 효율성이 떨어진다.

(2) 자기자본과 타인자본

① 자기자본은 창출되는 현금흐름 중 타인자본을 제외한 권리다. 따라서 타인자본보다 상대적 순위가 낮고 위험도는 높다. 그러나 통제권리가 있고 현금흐름이 상승하는 경우 그만큼 이익을 받을 수 있다.

② 타인자본은 채무자가 지불하는 미래의 현금흐름에 대한 권리다. 타인자본은 자기자본보다 우선하고 위험도는 낮다. 또한 채무계약을 기준으로 하므로 자기자본보다 정확한 정보를 알 수 있다. 타인자본에 의한 수익창출은 일반적으로 만기일이 설정되어 있으므로 기간종료 후 현금흐름이 발생하지 않는다.

4) 부동산시장과의 관계

① 부동산은 자본시장에서 거래 대상이 되는 주식, 사채, 국공채, 예금 등의 투자 상품과 경쟁관계를 지닌다. 경쟁관계 속에서 부동산은 투자대상으로서 상대적인 위치가 결정된다. 이는 투자가치나 투자수익률로 나타난다. 따라서 부동산 수익률로서 할인율과 환원율은 자본시장과 대체경쟁과정에서 결정된다.

② 미국 FRB의 기준금리 인상은 세계 자본시장의 금리를 좌우한다. 중앙은행의 금리인상은 자본시장에서 부동산의 투자수익률 하락을 의미한다. 즉, 이자율 상승은 부동산 수요의 기회비용이나 공급비용을 높이면서 대체투자에 자금이 유입되도록 한다. 그 결과 상대적으로 부동산 수요와 공급이 감소되어 부동산 가격은 하락한다. 이 과정에서 금융기관의 보수적인 대출정책은 거래를 위축시키고 가격하락을 심화시킨다.

③ 부동산 가격이 하락하면 총수요가 감소하고, 자산효과로 인해 소비가 감소한다. 또한 기업의 담보능력이 낮아지면서 금융기관의 부실채권이 증가한다. 나아가 대출은 급감하고 투자도 위축된다. 즉, 부동산 가격하락은 총수요 감소, 소득감소, 물가하락 등을 가져온다. 여기서 경기침체가 부동산 가격의 추가적인 하락을 초래하는 악순환을 자산디플레이션이라 한다.

2. 화폐시장

1) 개념

화폐시장은 1년 미만 단기의 자금대차가 이루어지는 장소다. 미국이나 영국은 금융시장을 화폐시장이라 한다. 화폐시장은 이자율과 통화량이 결정되는 공간이기도 하다. 즉, 돈을 빌리는 가격이 결정되는 시장이다. 따라서 화폐시장은 시장상황 및 정부정책 달성을 위해 금융 및 재정정책으로 통제된다. 부동산시장에는 이자율이라는 매개변수를 통해 영향을 주게 된다.

2) 구성요소

(1) 기업어음

기업어음은 신용도가 높은 우량기업이 자금조달을 목적으로 발행하는 단기의 무담보어음이다. 기업어음은 금융시장의 실세금리 수준으로 어음을 발행하고 금융회사가 인수하여 일반 고객에게 판다. 우량기업이 발행하므로 주식에 비해 안정적이다. 또한 실세금리 수준 이상의 수익획득이 가능하다.

(2) 환매조건부채권(RP)

환매조건부채권은 금융기관이 일정기간 후 확정금리를 보태어 다시 구매하는 조건으로 발행하는 채권이다. 경과기간에 따라 확정이자를 지급하는 채권이다. 환매조건부채권은 금융기관이 보유한 국공채, 특수채, 신용우량채권 등을 담보로 발행한다. 또한 환매조건부채권은 실물 거래가 아니라 중앙은행의 기준 예치금으로 거래한다. 따라서 환금성이 보장되어 안정적이다.

(3) 양도성예금증서(CD)

양도성예금증서는 은행의 정기예금에 양도성을 부여한 것이다. 따라서 은행이 발행하고 증권회사와 종합금융회사의 중개를 통해 매매된다. 양도성예금증서는 무기명으로 양도가 자유로워 유동성이 높다. CD금리는 단기금리의 기준금리다. 일반적으로 변동금리채권, 주가지수 선물 및 옵션 시장의 기준금리로 활용된다. 또한 만기 3개월의 CD금리는 은행의 단기대출과 주택담보대출의 시장금리연동 기준으로 활용된다. CD금리는 화폐시장의 이자율을 결정하는 중·장기적 금리지표로 활용된다.

(4) 콜(Call)

콜금리는 90일 이내 단기에 회수되는 금전대차에 적용되는 이율이다. 콜시장은 정부가 화폐시장을 조정할 때 대상이 된다. 콜시장을 조정함으로써 부동산시장과 자본시장과 같은 연관성을 지닌 시장을 통제 및 조정한다.

3) 기준금리

(1) 개념

① 기준금리는 한국은행이 금융기관과 거래를 할 때 기준이 되는 정책금리다. 결정된 기준금리는 시중금리에 영향을 미친다. 즉, 결정된 기준금리는 콜금리, 예금 및 대출금리, 시장금리 등의 변동으로 이어진다.

② 기준금리 변경은 다양한 경로를 통해 경제에 영향을 미친다. 기준금리가 인상되면 첫째, 부채부담이 증가한다. 둘째, 소비감소로 내수시장이 악화된다. 셋째, 디플레이션이 생길 수 있다. 기준금리가 인하되면 첫째, 국내 외국인 자본이 외국으로 유출된다. 둘째, 기업성장이 둔화되고 경제성장률도 낮아진다. 그러나 가계나 기업은 더 낮은 이자율로 대출을 받을 수도 있다. 그 결과 소비가 늘고 내수시장이 다시 성장할 수 있다.

(2) 기준금리 변경과 경제변화

① 금리경로

기준금리 변경은 금융시장의 금리에 영향을 미친다. 예를 들어, 기준금리를 인상하면 단기시장금리는 즉시 상승한다. 또한 은행 예금 및 대출 금리도 대체로 상승하고 장기시장금리도 상승압력을 받는다. 나아가 금리상승은 차입을 억제하고 저축을 늘리며 소비를 감소시켜 투자를 위축시킨다.

② 자산가격경로

기준금리 변경은 자산 가격에 영향을 미친다. 예를 들어, 기준금리를 인상하면 자산을 통해 얻을 수 있는 미래 수익의 현재가치가 낮아져 자산 가격이 하락한다. 나아가 자산 가격이 하락하면 소비가 줄어든다.

③ 신용경로

기준금리 변경은 은행의 대출태도에 영향을 미친다. 예를 들어, 기준금리를 인상하면 은행은 차주의 상환능력에 대한 우려 등으로 대출에 신중해진다. 그 결과 자금을 조달하는 기업의 투자를 위축시키고, 대출자금을 활용하는 가계의 소비도 위축시킨다.

④ 환율경로

기준금리 변경은 환율에 영향을 미친다. 예를 들어, 외국 금리가 변하지 않는 상태에서 우리나라 금리가 상승하면 해외자본이 유입된다. 즉, 원화 가치가 상승한다. 그 결과 수입품에 대한 수요를 증가시키고, 수출품에 대한 해외수요를 감소시킨다. 나아가 기준금리 인상은 총수요를 감소시킨다. 그 결과 소비, 투자, 수출 등 총수요의 감소는 물가 하락압력으로 작용한다.

⑤ 기대경로

기준금리 변경은 기대인플레이션 변화를 통해 물가에 영향을 미친다. 예를 들어, 기준금리 인상은 기대인플레이션을 하락시킨다. 기대인플레이션은 기업의 제품가격 및 임금근로자의 임금 결정에 영향을 미친다. 따라서 실제 물가상승률을 하락시킨다.

4) 부동산시장과의 관계

① 화폐시장은 부동산시장에 직접적으로 거래금액을 공급해준다. 예를 들어, 건물을 신축하는 경우 개발업자는 시중은행의 단기저당으로 시공자금을 조달한다. 단기자금 수요가 많아 대출이 제한되면 시장이자율은 올라가고 건축비도 상승한다. 높아진 건축비는 신축 프로젝트의 경제적 타당성을 낮춘다. 따라서 자금조달비용과 조달가능성은 개발업자에게 매우 중요하다.

② 시장참가자는 화폐시장의 이자율보다 부동산 투자의 수익률이 높으면 자금을 융통하여 참여한다. 통화정책의 영향으로 부동산 시장의 이자율이 상승하면, 시장 이자율을 상회하는 투자수익률을 올리는 부동산을 제외하고 투자대상으로서 매력을 상실한다. 중앙정부는 이자율이라는 매개변수를 통해 부동산시장의 과열을 억제하고, 투기수요를 억제하고자 한다.

기출문제

[제10회 문제 2]
자본시장에서 시장이자율의 상승이 부동산시장에 미치는 영향을 장·단기별로 구분하여 설명하시오. (20점)

[제20회 문제 5]
저금리기조가 지속되는 과정에서 주택시장에 나타날 수 있는 시장변화에 대하여 설명하시오. (10점)

[제27회 문제 4]
한국은행 기준금리가 지속적으로 인하되었다. 금리인하가 부동산시장에 미치는 영향에 관해 설명하시오. (10점)

[제32회 문제 1]
최근 부동산시장에서 경제적, 행정적 환경변화가 나타나고 있다. 다음 물음에 답하시오. (40점)
1) 부동산시장을 공간시장(space market)과 자산시장(asset market)으로 구분할 때 두 시장의 관계를 설명하고, 부동산시장의 다른 조건이 동일할 때 시중은행 주택담보대출 이자율의 상승이 주택시장의 공간시장과 자산시장에 미치는 영향을 설명하시오. (20점)
2) 양도소득세의 상승이 부동산시장에 미치는 영향에 대해 설명하시오. (10점)
3) 3방식에 따른 감정평가를 할 때 부동산 경기변동에 따른 유의사항에 대해 설명하시오. (10점)

제6절 부동산 시장의 분석

1 시장분석과 시장성분석

1. 시장분석

1) 개념

(1) 의의
① 감정평가시 시장분석은 대상 부동산에 대한 시장지역을 획정하고, 가치에 영향을 줄 수 있는 시장상황을 연구하는 것이다.
② 부동산 시장은 고정성으로 인해 지리적 공간을 의미하기도 한다. 그러므로 감정평가시 시장분석은 시장 지역분석을 의미하는 것이 일반적이다.
③ 감정평가시 시장분석은 시장상황을 연구하는 것이므로 가치추계 업무와 컨설팅 업무를 포함한다. 특히 컨설팅 업무는 의사결정을 위한 과정으로서 활용된다.

(2) 목적과 필요성
① 경제재의 특성 고려
부동산은 경제재다. 따라서 부동산 가격은 시장체계 내에서 수요와 공급의 상호작용에 의해 나타난다. 그러므로 시장분석도 수요와 공급의 상호 관계에 대한 분석이 필요하다.
② 부동산 가치형성과정의 특성 고려
부동산은 다른 부동산과 일정한 지역을 구성하고 그 지역에 속한 다른 부동산과의 상호작용 관계를 가지고 있다. 따라서 부동산 가치는 다른 부동산과 지역과의 상호작용에 의해 나타난다. 그러므로 시장분석도 지역성을 파악하고, 다양한 요인이 가치에 어떤 영향을 미치는가에 대한 분석이 필요하다.
③ 부동산 시장 및 시장참가자의 특성 고려
　ⓧ 부동산 시장은 용도, 규모, 지역, 성격 등에 따라 구분할 수 있다. 구분되는 시장별로 다양한 시장참가자의 상호작용이 나타난다. 그러므로 시장분석도 시장 및 시장참가자의 특성에 따른 분석이 필요하다. 왜냐하면 시장 및 시장참가자의 특성에 따라 현 상황과 장래에 대한 변화 가능성 등을 예측할 수 있기 때문이다. 예를 들어, 투자자는 신축 건물에 투자할 때 예상 임대료, 관리비를 파악해야 사업타당성을 분석할 수 있다. 개발업자는 부동산 개발의 타당성 검토, 매매가능성 등을 판단하기 위해 시장분석이 필요하다.
　ⓛ 감정평가시 시장분석에서는 매매시장과 임대시장에 따라 분석이 달라진다. 매매시장에서는 매도인 시장과 매수인 시장을 분석한다. 임대시장에서는 소유자(임대인) 시장과 점유자(임차인) 시장을 분석한다.

(3) 한계
부동산 시장분석은 의사결정을 위한 정보로 활용된다. 따라서 시장분석을 위한 자료 수집과 분석은 중요하다. 그러나 자료는 과거의 현상만을 보여준다는 한계가 있다. 또한 관련이 없는 자료가 활용되는 경우 잘못된 의사결정을 할 가능성이 있다. 그리고 시장분석 과정에서 중요한 현상이나 변수를 고려하지 않는 경우도 발생한다. 이런 경우 객관적이고 신뢰성 있는 분석결과를 기대할 수 없는 한계가 있다. 따라서 예측과 분석 목적에 적합한 분석기법의 적용은 시장분석의 전제조건이 된다.

2) 분석 수준

(1) 유추분석(일반시장분석)

일반시장분석이란 거시적 관점에서 지역 전체의 부동산시장을 분석하는 것이다. AI에서는 유추분석 또는 추세분석이라고 한다. 유추분석은 다시 A, B 수준의 분석으로 세분한다. 이는 일반적 경제기반분석 자료를 이용하여 대상 부동산의 시장 현황과 과거동향을 검토한다. 또한 시장성 및 잠재적 용도의 위치결정요인을 추정하여 장래 수요공급 상황을 예측한다.

(2) 기초분석(부분시장분석)

부분시장분석이란 미시적 관점에서 특정부동산이 다른 부동산과 경쟁하는 부동산시장을 분석하는 것이다. AI에서는 기초분석이라고 한다. 기초분석은 다시 C, D 수준의 분석으로 세분한다. 이는 A, B 수준의 시장분석을 포함하면서 경제기반분석을 수행한다. 또한 대상 부동산과 경쟁하는 부동산들이 속하는 부분시장(특정시장)의 수요추정치를 계량화한다. 아울러 실제 재고조사 및 공급계획의 조사를 통해 공급추정치를 계량화한다. 부동산이나 개발사업의 규모가 커지고 위험이 증대될수록 C, D 수준의 시장분석이 필요하다.

3) 분석 단계

(1) 생산성분석

생산성 분석은 시장지역 내 부동산 특성을 분석하여 대상 부동산의 잠재적 용도를 분석하는 단계다. 즉, 대상 부동산과 경쟁 부동산들의 물리적·법적·입지적 특성을 조사하여 대상 부동산이 공급할 수 있는 입지적 효용이나 서비스능력을 연구하는 것이다. ① 물리적 특성은 토지의 경우 획지 크기, 형태, 지형, 지세 등, 건물의 경우 디자인, 외관, 구조, 규모 등을 조사한다. ② 법적 특성은 공법 및 사법상 규제 내용, 소유권과 사용·수익·처분권을 제한하는 거래관행 등을 조사한다. ③ 입지적 특성은 지역 내 부동산 용도와 경제적 특성을 확인하고 위치적 수요 변화를 조사한다. 이를 통해 대상 부동산의 시장성과 잠재적 용도의 위치 결정요인을 예측할 수 있기 때문이다.

(2) 시장획정

시장획정은 부동산 유형, 용도, 위치 등에 따라 세분하여 연구하는 단계다. 시장 세분화는 소비자의 특성에 따라 소비자를 범주화하여 다른 사람과 구별하는 것이다. 시장 차별화는 상품의 특성에 따라 부동산을 범주화하여 다른 부동산과 구별하는 것이다. 부동산 유형 및 용도에 따라 주거용, 상업용, 공업용 등으로 세분할 수 있다. 또한 접근성, 대체성, 경쟁성과 관련하여 시간, 거리, 위치 등에 따라서도 시장획정이 가능하다.

(3) 수요분석

수요분석은 세분 시장별로 대상 부동산의 잠재적 수요자를 조사하는 단계다. 수요분석은 수요자의 특성, 선호도와 행태 등을 조사한다. 수요분석의 요인들은 부동산 유형에 따라 다르다. 하지만 인구(가구 구성, 연령 분포 등), 유효 구매력(소득 수준 등), 도시의 성장추세(토지이용양상 등), 접근성(교통 인프라 등), 지원시설의 매력도 등은 공통적으로 중요하다.

(4) 공급분석

공급분석은 시장지역 내 기존 및 신규 부동산의 공급을 조사하는 단계다. 조사 내용은 경쟁 부동산의 목표시장, 건축의 질, 내부시설 수준, 주차시설 등 경쟁력을 파악할 수 있도록 한다. 분석 수준은 시장에서 직접 구하였는지에 따라 달라진다. 기초분석에서는 조사 자료를 직접 시장에서 구하였으므로 보다 정교한 분석이 가능하다.

(5) 균형분석(수요공급 상호작용분석)

균형분석은 현재와 미래 수요공급의 상호작용을 분석하는 단계다. 이론적으로 수요와 공급은 단기적으로 불균형이지만, 장기적으로 균형을 이룬다. 그러나 현실에서는 시장의 불완전성 등으로 인해 균형을 이루기 어렵다. 따라서 한계수요가 세분 시장 내에 존재하는지, 공급이 초과되고 있다면 어느 시기에 균형점에 도달하는지를 예측해야 한다.

(6) 포착률 예측

포착률 예측은 세분 시장 내에서 차지하는 대상 부동산의 경쟁력을 분석하는 단계다. 포착률이란 유추분석과 기초분석을 통한 대상 부동산의 예상 시장점유율을 의미한다. 즉, 유추분석과 기초분석의 결과를 비교하여 대상 부동산의 시장조건하에 특정 유형 부동산의 전체 시장에서 차지할 것으로 예상되는 시잠점유율이다.

(7) 타당성분석(예정 부동산의 경우)

타당성분석은 대상 부동산(개발사업)의 경제적 성공 가능성을 분석하는 단계다. 타당성분석은 물리적·법률적·경제적 측면에서 이루어진다. 예정 부동산은 수익과 비용 추계가 미래의 예상치를 근거로 한다. 따라서 불확실성이 높다. 그러므로 개발 후 예상되는 거래가격, 건축비용, 투자자의 요구수익률 등에 대해 다양한 상황을 고려해야 한다. 이 과정에서 투자분석이 함께 이루어진다. 투자분석은 다양한 투자 대안을 분석하여 최고의 수익성을 창출하는 대안을 선택하는 것이다. 다양한 투자 대안에 대해서는 순현재가치법, 내부수익률법, 수익성지수법 등과 같은 투자분석기법을 활용한다.

4) 경제기반분석

(1) 개념

경제기반분석은 경제기반산업과 해당 지역의 지역경제, 고용, 인구 성장간의 관계를 분석하는 것이다. 핵심 내용은 기반산업으로 유입되는 현금이 지역경제, 고용, 인구 성장의 원동력이 된다는 것이다. 이는 고용과 부동산 수요의 관계이론을 바탕으로 한 도시경제기반이론이다. 부동산 경제학자들은 고용을 부동산 수요의 예측기준으로 삼고 있다. 왜냐하면 고용은 사람들을 끌어들임으로써 부동산 수요를 일으키는 촉매 역할을 하기 때문이다.

(2) 절차

경제기반분석은 크게 현재의 경제상황을 분석하는 단계(1~4단계)와 미래의 경제상황을 분석하는 단계(5~7단계)로 이루어진다.

① 1단계(경제기반산업 파악)

경제기반산업 파악은 입지지수(LQ)를 산출하는 단계다. 입지지수가 1보다 작으면 지역에서 소비되는 재화 또는 서비스를 지역 자체에서 충족하지 못하는 산업으로 외부에서 수입해야 하는 비기반산업이다. 입지지수가 1이면 지역에서 소비되는 재화 또는 서비스만 생산하는 산업으로 비기반산업이다. 입지지수가 1보다 크면 지역에서 소비되는 재화 또는 서비스를 충족할 뿐만 아니라 잉여고용인력(입지지수가 1을 초과하는 부분)은 지역 외부로 수출하는 기반산업이다. 입지지수 산식은 다음과 같다.

$$LQ = \frac{e(\text{산업}\chi\text{의 지역고용인구비})}{E(\text{산업}\chi\text{의 전국고용인구비})}$$

$$e = \frac{\text{지역산업}\chi\text{의 고용지수}}{\text{지역의 총고용지수}}, \quad E = \frac{\text{산업}\chi\text{전국고용자수}}{\text{전국총고용자수}}$$

② 2단계(기반고용인구 산출)

기반고용인구(BE)는 지역산업 중 수출부문에 종사하는 고용인구다. 기반고용인구는 다음과 같이 산출한다.

$$BE_x = LTE_x \times \frac{(LQ-1)}{LQ}$$

BE_x = 지역 내 χ산업 종사자 중 기반고용인구
LTE_x = 지역 내에서 χ산업에 종사하는 총고용인구

여기서 경제기반이론의 전제가 되는 가정이 있다. 특정산업에 종사하는 고용자들의 노동생산성은 동일하다는 것이다. 또한 지역에서 어떤 산업이 기반산업에 해당된다면 그 산업이 생산하는 재화와 용역이 지역 내에서 우선적으로 소비되고 나머지는 지역 외로 전량 수출된다고 본다. 위의 식에 의해서 개별 기반산업별(a, b, c ……z)로 계산된 기반고용이 전부 더하여져서 한 지역 혹은 한 도시의 기반고용이 된다.

$$BE = BE_a + BE_b + BE_c + \cdots + BE_z$$

③ 3단계(총고용인구 및 경제기반승수 산정)

경제기반승수란 특정지역의 기반고용인구가 1단위 증가할 때 지역전체의 고용이 증가하는 비율을 나타낸다. 산식은 다음과 같다.

$$\text{경제기반승수}(EBM) = \frac{\text{지역전체 고용자수}}{\text{지역의 기반무문 고용자수}}$$

④ 4단계(총인구, 고용인구비 산정)

4단계는 지역의 총인구에 대한 고용인구비를 산출하는 단계다. 이때 고용인구는 15~64세에 해당하는 경제인구 중에서 산업에 고용된 인력통계를 말한다. 산식은 다음과 같다.

$$\text{총인구} \cdot \text{고용인구비}(PER) = \frac{\text{총인구}}{\text{고용인구수}}$$

⑤ 5단계(미래 기반고용인구 예측)

5단계는 미래의 경제상황에 대한 예측을 기초로 하여 미래 일정시점의 기반고용인구를 추정하는 단계다.

⑥ 6단계(총고용인구 산정)

6단계는 장래총고용인구를 구하는 단계다. 산식은 다음과 같다.

$$\text{장래기반고용인구} \times \text{경제기반승수} = \text{장래총고용인구}$$

⑦ 7단계(미래총인구 산정)

7단계는 미래 총인구를 구하는 단계다. 산식은 다음과 같다.

$$장래총고용인구 \times 총인구 \cdot 고용인구비 = 미래총인구$$

(3) 유형별 부동산 수요추정 절차

부동산 유형에 따라 단계별 수요추정 절차는 달라진다.

부동산 유형	단계별 수요추정 절차
공통	Step 1. 경제기반산업 파악 Step 2. 기반고용인구(BE) 산정 Step 3. 경제기반승수(EBM) 및 총인구·고용인구비(PER) 산출 Step 4. 장래 기반고용인구 변동 예측 Step 5. 경제기반승수(EBM)과 고용인구비(PER)를 활용하여 총인구 선정
업무용 부동산	Step 6. 현재 총고용인구에서 사무실사용 고용인구를 산정 Step 7. 1인당 평균 사무실사용 면적 사용 Step 8. 장래에 사무실을 사용하는 고용인구 증가수 산정 Step 9. 장래 사무실사용 고용인구 증가수(Step 8)에 1인당 평균 사무실 사용면적(Step 7)을 곱하여 업무용 부동산 수요추정
산업용 부동산	Step 6. 현재의 총고용인구에서 공장근무 고용인구비를 산정 Step 7. 1인당 평균 공장사용 면적 사용 Step 8. 장래에 공장을 사용하는 고용인구 증가수 산정 Step 9. 장래 공장사용 고용인구 증가수(Step 8)에 1인당 평균 공상사용 면적(Step 7)을 곱하여 공장용 부동산 수요추정
주거용 부동산	Step 6. 현재의 가구당 인구 산정 Step 7. 총인구를 가구당 인구로 나누어 총가구수 산정 Step 8. 장래 예측인구를 가구당 인구로 나누어 가구수 측정 Step 9. 가구수 증가에 따라 미래에 예측되는 주거용 부동산의 수요추정
소매용 부동산	Step 6. 1인당 또는 가구당 지출하는 소비액 지출 Step 7. 장래 예측인구 또는 가구수에 1인당 또는 가구당 소비액을 곱하여 총소비액 산정 Step 8. 총소비액 증가에 따른 상업용 부동산의 수요측정

(4) 한계

경제기반분석은 기반고용의 변화가 지역의 인구증가와 부동산 수요증가에 직접적인 영향을 준다는 가정에서 출발한다. 그러나 분석 지역을 특정하기 어려운 경우, 제품수명주기가 변동성이 심한 경우 등에는 적용이 어렵다. 또한 지역 범위 설정에 따라 기반부문과 비기반부문 구분이 어려운 경우에도 적용이 어려운 한계가 있다.

2. 시장성분석

1) 개념

(1) 의의

시장성분석은 대상부동산의 매매나 임대가능성을 분석하는 것이다. 먼저 대상부동산과 경쟁부동산의 임대료수준, 흡수율, 시장지역의 수요와 공급, 공실률의 유형 등을 분석한다.

이를 토대로 개발된 부동산이 현재나 미래의 시장상황에서 매매되거나 임대될 수 있는 잠재력을 조사한다.

(2) 필요성

시장성분석은 특정 부지나 부동산 자체의 특성에 대한 분석을 통해 대상 부동산에 대한 위치, 유형, 질, 양 등을 구체적으로 분석한다. 시장분석을 통해서는 지역의 상태나 변화를 예측할 수 있다. 그러나 지역의 모습과 구체적인 부동산의 모습이 항상 일치하는 것은 아니다. 따라서 시장분석을 구체화한 시장성분석이 필요하다.

(3) 시장분석과의 관계

시장분석은 시장 전반의 수요와 공급 상황을 분석한다. 따라서 시장성분석에 비해 거시적이다. 시장성분석은 시장상황을 기초로 하므로 시장분석은 시장성분석에 선행한다. 또한 시장분석과 시장성분석은 일련의 부동산 분석 절차로 연결된다. 즉, 시장분석을 통해 대상 부동산에 대한 시장을 차별화·세분화하여 구체적 자료 수집과 정밀한 분석이 가능해진다.

2) 입지분석

(1) 개념

① 관련 개념

입지란 부동산이 점하고 있는 위치다. 입지선정이란 입지주체가 추구하는 목적에 적합한 입지조건을 구비한 토지를 발견하는 일련의 행위다. 입지분석은 새로운 토지를 선정하는 것과 이미 보유한 토지를 어떤 용도와 규모로 이용할 것인가를 결정하는 것을 말한다.

② 지역분석과의 차이

㉠ 분석 대상

지역분석은 지역 및 지역특성을 분석 대상으로 한다. 그러나 입지분석은 개개의 부동산을 중심으로 입지를 결정할 수 있도록 하는 입지주체에 대한 분석이다.

㉡ 분석 내용

지역분석은 지역분포, 지역특성, 지역간의 관계 등을 분석한다. 그러나 입지분석은 입지인자를 분석한다. 입지인자는 입지주체에 따라 입지조건을 구성하는 요소 또는 항목이다. 상권분석의 경우 지역분석은 인근 시·군·구 등의 인구분석 등 광역적인 지역을 대상으로 한다. 그러나 입지분석은 상권 구성범위 내 개개 상점들에 대한 구체적인 상권의 범위, 상권인구, 상권 내 경쟁관계 등을 대상으로 한다.

㉢ 동태적 분석

지역분석은 지역간 상호작용과 지역변화를 분석한다. 그러나 입지분석은 입지조건의 변화와 입지적용을 분석한다.

③ 핵심 요인

상업시설은 소득 및 소비 성향(소비지출, 소득변화 등)이 핵심요인이다. 업무시설은 경기(고용, 신규창업 등)가 핵심요인이다. 주거시설은 가구특성(가구 수 증가, 결혼관, 주거형태 변화 등)이 핵심요인이다.

(2) 분석 기법

① 토지유효이용 접근법

토지유효이용 접근법은 특정 계획지에 대한 최유효이용 용도를 결정하는 방법이다. 특정

계획지 및 주변 시장지역에 대한 분석을 통해 입지 가능한 여러 업종을 선정한다. 그리고 비교·검토를 통해 최적의 업종이나 업태를 선정한다.

② 최적입지선정 접근법

최적입지선정 접근법이란 이미 특정 업종이나 업태가 정해져 있는 경우 특정 계획지가 적합한지, 적합한 입지조건을 가진 다른 장소가 있는지를 선정하는 방법이다.

③ 체크리스트법

체크리스트법은 특정부지에서 특정사업의 수익과 비용을 평가하여 부지의 적정성에 대해 판단하는 방법이다. 주요 항목은 법률적 요소, 지역 및 인구, 소매구조, 교통 및 접근성, 부지특성 등이 있다. 법률적 요소는 도시계획, 용적률, 건폐율, 임대의 제한 요소 등이 있다. 지역 및 인구는 인구현황과 변화추이, 성별·연령별 인구구조, 가구당 소비지출액, 지역의 소득잠재력 등이 있다. 소매구조는 차량통행 및 종류, 대중교통 이용편의성, 보행자 수, 주요 간선도로 접근성, 보행로 혼잡수준 및 접근성 등이 있다. 부지특성은 주차가능 대수, 필지의 규모·형태, 주차장까지의 거리, 주변의 토지이용, 부지의 가시성, 출입의 편의성 등이 있다.

④ 입지유추법

입지유추법이란 대상 신규점포와 유사한 점포를 선정하여 그 점포의 상권범위를 추정한 결과를 적용하여 상권규모를 측정하는 방법이다.

(3) 입지결정 절차

입지결정은 특정용도에 맞는 최유효부지를 선택하는 단계다. 절차는 사용의도에 맞는 입지기준 설정, 입지의 평가, 일반 시장경제 상황 분석, 입지 내 부지선정, 부지의 기술적 분석, 부지의 기능적 분석, 최적 부지 선정, 해당 부지 특정이용의 재무적 타당성으로 이루어진다.

3) 부지분석

(1) 개념

부지분석은 특정부지 자체를 분석하는 것이다. 입지분석과 부지분석은 입지가 타당한지를 결정하기 위한 과정이라는 점에서 유사하다. 그러나 입지분석은 특정부지를 포함하여 일정지역을 분석한다는 점에 차이가 있다.

(2) 분석 요소

① 기술적 요소

기술적 요소란 대상토지가 용도에 적합하게 활용될 수 있는 조건을 갖추고 있는지에 대해 조사하는 요소다. 항목으로는 접근요소(주 출입구의 위치, 각지 여부, 접근로의 교통여건, 중심시설과의 거리 등), 토지요소(부지의 크기, 쾌적성, 기반시설, 주차, 조망 등), 규제요소(용도지역, 고도제한, 건축선후퇴, 인허가조건 등)가 있다.

② 기능적 요소

기능적 요소란 부지에 시설이 건축될 경우 그 시설이 적합한 용도인지에 대해 조사하는 요소다. 항목으로는 관리(입주자의 질, 품질과 명성 등), 건물특성(건물구조 및 상태, 규모 및 높이, 편리성, 외관 조망, 주차, 보안시설 등), 임대차(임차인의 질, 흡인력 및 매력도, 임차기간 및 회전 등), 비용(보험 및 세금, 유지비용 등)이 있다.

(3) 계량화

부지분석 요소에 대한 조사가 완료되면 이를 평가하여 계량화한다. 평가항목에 따라 가중치와 점수를 부여하여 객관화하는 분석이다.

4) 갭분석

(1) 개념

갭분석은 시장지역 내 특정유형의 부동산에 대한 유효수요면적과 실제공급면적간의 차이를 분석하는 기법이다. 즉, 부동산 공간의 수요와 공급의 차이를 평가하는 것이다. 수요가 공급을 초과한다면 갭은 양수가 된다. 양의 갭은 성공적인 부동산 거래의 잠재기회가 존재함을 의미한다.

(2) 분석 절차

① 상권 획정, ② 기술적 분석(물리적·법적 가능성), ③ 수요분석(상권 내 수요 파악), ④ 공급분석(상권 내 공급 파악), ⑤ GAP분석(입지결정 또는 개발프로젝트의 타당성 검증)으로 이루어진다.

5) 흡수율 분석

(1) 개념

흡수율 분석은 흡수율이나 흡수기간 등을 통해 부동산의 수요와 공급을 조사하는 것이다. 흡수율은 시장에서 공급된 부동산이 단위시간 동안 시장에서 흡수되는 비율이다. 흡수기간은 공급된 부동산이 시장에서 임대, 분양 등 완전히 흡수될 때까지 걸리는 시간이다. 흡수율은 과거의 흡수율을 그대로 차용하지 않도록 유의한다. 흡수율분석은 장래 지역의 변화와 매매 및 임대가능성을 분석하고 예측하는 것이기 때문이다.

(2) 분석 내용

흡수율은 부동산시장의 추세를 파악하는 데 지표가 된다. 이론적으로 "지역성장률 × 수요 패러미터 × 점유율"로 구한다. 미국처럼 자료가 풍부하고 시장상황이 안정되어 있는 경우 부동산업계 종사자들이 직접 일정기간 동안의 변동량을 조사하여 공표한다.

기출문제

[제9회 문제 6-1]
부동산의 시장흡수율에 대해 약술하시오. (5점)

[제10회 문제 5]
감정평가에 있어 시장분석과 시장성분석의 목적과 내용을 설명하시오. (10점)

[제14회 문제 1]
부동산평가를 위한 시장분석(market analysis)과 시장성분석(marketability analysis), 그리고 생산성분석(productivity analysis)에 대한 다음 질문에 답하시오(여기서의 생산성은 인간의 필요, 주거경제활동, 공급 만족 및 쾌적성을 충족시킬 수 있는 서비스를 제공하는 부동산의 역량을 의미한다). (40점)
1) 부동산 시장분석과 시장성 분석을 비교·설명하시오.
2) 부동산의 생산성을 도시 성장 및 발전과 연계하여 설명하시오.

[제24회 문제 2]
시장분석(market analysis)과 지역분석(regional analysis)에 대한 다음의 물음에 답하시오. (30점)
1) 시장분석(market analysis)의 의의 및 필요성을 설명하고, 시장분석 6단계를 단계별로 설명하시오. (20점)
2) 부동산감정평가에서 행하는 지역분석(regional analysis)을 설명하고, 시장분석(market analysis)과의 관계를 설명하시오. (10점)

2 지역분석과 개별분석

1. 지역분석

1) 일반분석

(1) 의의

일반분석이란 일반경제사회에 있어 부동산의 이용 및 가격수준에 전반적으로 영향을 미치는 제반 요인을 분석하는 것이다. 일반요인은 대상물건이 속한 전체 사회에서 대상물건의 이용과 가격수준 형성에 전반적으로 영향을 미치는 일반적인 요인이다.

(2) 지역지향성

부동산은 지역성으로 인해 지역마다 특성을 가진다. 특히 용도적 지역에 따라 지역특성이 상이하고 영향력이 차이가 난다. 따라서 일반분석은 지역지향성으로 지역분석과 연결된다.

2) 개념

(1) 의의

지역분석이란 지역 내 표준적 이용, 가격수준, 변동추이를 판정하는 것이다. 즉, 대상 부동산이 어떤 지역에 존재하는지, 그 지역이 어떤 지역특성을 가지는지, 그 특성은 지역 내 부동산 이용형태와 가격형성에 어떤 영향을 미치는지를 분석하고 판정한다.

(2) 필요성

① **지역성**

지역성이란 부동산이 다른 부동산과 함께 특정 지역을 구성하고 그 지역과 상호 의존·보완관계에 있으며, 그 지역 내 다른 부동산과 협동, 대체, 경쟁 등의 상호관계를 통해 사회적·경제적·행정적 위치를 차지하게 되는 특성이다. 이러한 지역성으로 인해 지역분석이 필요하다.

② **지역특성 및 지역의 변화**

지역특성은 각 지역마다 다른 지역과 구별되는 특성을 말한다. 또한 부동산이 속한 지역은 경제사회의 변화에 따라 변화한다. 따라서 이를 파악하기 위해 지역분석이 필요하다.

③ **인근지역의 상대적 위치 파악**

대상 부동산이 속한 인근지역뿐만 아니라 대체·경쟁관계에 있는 유사지역과 동일수급권까지 분석이 필요하다. 이를 통해 인근지역의 상대적 위치를 파악함으로써 지역분석이 요구된다.

④ **최유효이용 판정방향의 제시**

지역특성은 표준적 이용에 의해 나타난다. 표준적 이용은 최유효이용을 판정하는 기준이 된다. 따라서 표준적 이용을 파악하여 최유효이용에 대한 판정방향을 위해 지역분석이 필요하다.

(3) 목적

지역분석은 다음과 같은 목적을 지닌다.

① 지역분석을 통해 지역특성 및 표준적 이용을 파악한다. 이는 대상지역의 상대적 위치와 가격수준을 파악하기 위함이다.

② 당해 지역의 표준적 이용과 대상 부동산의 잠재적 이용 대안과의 관계를 파악하기 위함이다.
③ 지역분석을 통해 감정평가시 이용할 사례자료의 수집범위를 파악하기 위함이다.

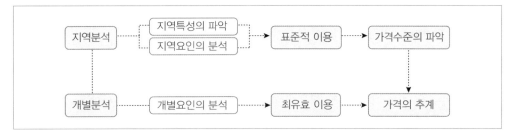

3) 절차

(1) 관련 규정

표준지의 선정 및 관리지침
제4조(지역분석의 방법)
　② 지역분석은 다음 각 호의 순서에 따라 실시한다.
　1. 해당지역의 전반적인 지역요인의 분석
　2. 지역특성을 고려하여 해당지역을 용도지역이나 용도지대별로 구분하여 이를 지역적 특성에 따라 적절하게 세분
　3. 제2호에 따라 세분된 지역(이하 "세분된 지역"이라 한다)에 대한 지역요인의 변동추이 및 주요 변동원인과 지가수준에 미치는 영향을 분석
　4. 세분된 지역 내 토지의 표준적인 이용 및 가격수준을 다음 각목에 따라 판정
　　가. 표준적인 이용의 판정은 감정평가의 일반원칙에 따르되 개발현황, 토지수급의 변동현황, 인접지역 간의 대체관계 등을 고려
　　나. 가격수준의 판정시에는 객관적인 가격자료를 검토·분석하여 상급지, 중급지 및 하급지로 구분하여 가격수준을 판정
　5. 기존 표준지의 활용실적을 분석하고 지역요인 등의 변화를 고려하여 인근지역별로 표준지의 분포를 적절하게 조정

(2) 대상지역의 획정

지역분석의 대상지역은 인근지역, 유사지역, 동일수급권이다. 부동산은 지역성을 지니므로 감정평가의 정확성을 위해 대상지역을 먼저 획정해야 한다. 또한 부동산이 속하는 지역은 계속해서 변한다. 따라서 대상 부동산이 속하는 시장 특성, 지역요인, 표준적 이용, 가격수준의 현상과 장래 동향을 함께 분석해야 한다.

(3) 지역요인의 분석

지역요인은 대상물건이 속한 지역의 가격수준의 형성에 영향을 미치는 자연적·사회적·경제적·행정적 요인이다. 시장 특성을 분석하는 경우 시장참가자의 선호도 및 행태, 시장의 수급동향을 파악해야 한다. 즉, 시장참가자가 어떤 속성을 지니고, 어떤 관점에서 이용을 선택하며, 가치형성요인에 대한 판단을 내리는지를 파악해야 한다. 또한 시장참가자는 시장의 수급동향을 예상하여 거래 여부, 거래가격, 거래조건 등의 의사를 결정한다. 따라서 전형적인 시장참가자 관점에서 수급의 추이 및 동향이 대상 부동산의 가치형성에 미치는 영향의 내용과 정도를 파악해야 한다.

(4) 표준적 이용의 분석

표준적 이용은 인근지역의 지역특성에 의한 개별 부동산의 일반적이고 평균적인 이용이다. 지역특성은 그 지역 내 부동산의 표준적 이용에 의해 나타난다. 표준적 이용은 최유효이용을 판정하는 기준이 되므로 분석이 필요하다.

(5) 가격수준의 파악

가격수준은 지역 내 부동산의 평균적인 가격이다. 실질적인 지역간의 격차를 나타낸다. 가격수준은 지역 내 표준적 이용 상태와 장래동향 등을 파악하여 확인할 수 있다. 가격수준은 개별적·구체적 가치를 판단하는 기준이 되므로 분석이 필요하다.

4) 대상지역

(1) 인근지역

① 의의(감칙 제2조 제13호)

인근지역이란 감정평가의 대상이 된 부동산이 속한 지역으로서 부동산의 이용이 동질적이고 가치형성요인 중 지역요인을 공유하는 지역을 말한다.

② 특징

인근지역은 대상 부동산이 속하는 용도적 지역이다. 따라서 대상 부동산의 가치형성에 직접적인 영향을 준다. 지역은 시간의 흐름에 따라 주기를 가진다. 따라서 지역분석시 인근지역 생애주기 중 어디에 위치하고 있는지를 판단할 필요가 있다.

③ 범위·경계 설정

㉠ 의의

인근지역의 범위설정이란 용도적 동질성이 인정되는 지역의 범위를 정하는 것이다. 부동산은 개별성으로 인해 비동질적이나, 용도의 다양성으로 인해 용도적 측면에서 동질성이 인정되기 때문이다.

㉡ 기준

자연적 경계 측면에서는 지반, 지세, 지질, 하천, 구릉, 산악 등을 기준으로 설정한다. 인문적 경계 측면에서는 유형적(도로, 철도, 공원 등), 무형적(사회적-언어, 종교, 경제적-소득수준, 문화생활, 행정적-행정구역, 용도지역·지구제) 등을 기준으로 설정한다.

㉢ 중요성

범위·경계 설정은 감정평가의 정확성과 신뢰성을 높이므로 중요하다. 범위가 너무 좁으면 사례자료가 적어 신뢰성이 떨어질 수 있다. 범위가 너무 넓으면 편차가 심한 사례자료들로 인해 가격수준의 파악이 어렵다.

㉣ 유의사항

경계·범위 설정은 지역요인의 영향을 받아서 설정된다. 지역요인은 항상 변하므로 동태적인 분석이 요구됨에 유의한다. 또한 경계·범위 설정방법을 객관화할 필요가 있음에 유의한다. 주관성 및 자의성 등을 배제해야 하기 때문이다. 그리고 자연적·인문적 경계를 종합 고려함에 유의한다.

④ 인근지역의 변화와 생애주기

㉠ 개념

인근지역의 생애주기란 지역이 시간의 흐름에 따라 일정한 주기를 가지는 것이다. 지역은 사회적·경제적 영향으로 계속해서 변하기 때문이다.

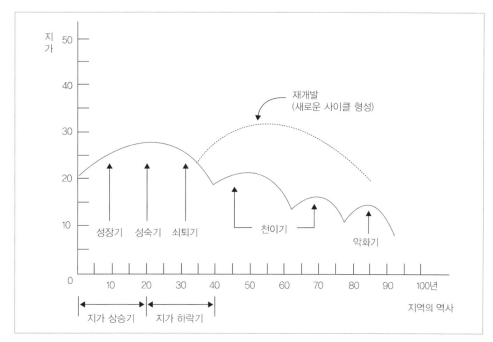

ⓛ 성장기

　성장기는 지역이 처음으로 형성되어 발전되어 가는 과정이다. 성장기는 지가가 계속 상승한다. 지가는 개발계획 단계, 개발사업 착수 단계, 개발사업 완성 단계에 따라 변한다. 새로 입주하는 주민들은 교육 및 소득수준이 높고, 비교적 젊은 세대가 많은 특징이 있다. 또한 토지투기현상이 일어나기 쉽다.

ⓒ 성숙기

　성숙기는 지역이 안정화되는 과정이다. 지역의 기능도 자리 잡힌다. 성숙기간은 지역의 크기, 지역 내 거주자의 경제적 수준 등에 따라 다양하다. 지가가 안정적이고, 중고부동산 거래가 중심을 이루는 특징이 있다.

ⓔ 쇠퇴기

　쇠퇴기는 지역이 쇠퇴하는 과정이다. 지역의 건물들은 노후화되기 시작하고, 지가가 낮아지며, 필터링 현상이 나타나는 특징이 있다. 필터링이란 여과과정을 말한다. 즉, 저소득층이 기존의 고급 주거지로 이주하여 변하는 하향여과나 재개발과 같이 반대의 현상이 나타나는 상향여과가 나타난다. 쇠퇴기는 부동산 가격은 하락추세를 보이고, 거래량도 성장기나 성숙기에 비해 적다.

ⓜ 천이기

　천이기는 지역의 과도기다. 필터링 현상이 본격적으로 나타난다. 일시적인 필터링 현상으로 거래량이 상승하기도 하지만, 성장기나 성숙기의 가격 수준에는 이르지 않는다. 도시의 성장에 따라 악화기에 접어들기도 한다.

(2) 유사지역

① 의의(감칙 제2조 제14호)

　유사지역이란 대상 부동산이 속하지 아니하는 지역으로서 인근지역과 유사한 특성을 가지는 지역을 말한다.

② 특징

유사지역은 인근지역과 지리적 위치는 다르지만 용도적·기능적으로 유사하여 지역구성요소가 동질적인 것으로 볼 수 있는 특징이 있다. 즉, 용도적 관점과 가치형성요인이 유사하여 인근지역과 대체성이 있는 상호경쟁 관계가 있다.

③ 유사지역의 범위 설정

유사지역은 인근지역의 지역특성과의 유사성을 전제로 판단한다. 따라서 유사지역의 범위는 인근지역의 지역특성과의 유사성에 따라 달라진다.

(3) 동일수급권

① 의의(감칙 제2조 제15호)

동일수급권이란 대상부동산과 대체·경쟁 관계가 성립하고 가치형성에 서로 영향을 미치는 관계에 있는 다른 부동산이 존재하는 권역을 말하며, 인근지역과 유사지역을 포함한다.

② 특징

동일수급권은 부동산의 유형, 성격, 시장참가자의 선호도 등에 따라 범위가 달라지는 특징이 있다. 따라서 동일수급권의 범위는 대상부동산과 대체·경쟁 관계 속에서 그 가격결정에 상호 영향을 미치는 부동산이 존재하는 권역이 된다. 이는 시장지역(Market Area)을 의미하기도 한다.

③ 분석의 필요성

㉠ 인근지역의 상대적 위치와 지역특성 파악

동일수급권은 인근지역과 대체·경쟁 관계가 있다. 따라서 인근지역의 상대적 위치와 지역특성을 보다 명확하게 파악할 수 있다. 그러므로 인근지역의 표준적 이용과 가격수준을 적정하게 파악하기 위해 동일수급권 분석이 필요하다.

㉡ 지역의 변화 파악

지역은 자연적·사회적·경제적·행정적 요인의 변화에 따라 변한다. 따라서 인근지역의 장래동향을 보다 명확하게 파악할 수 있다. 그러므로 시계열적 측면에서 동일수급권 분석이 필요하다.

㉢ 사례자료의 수집 범위 확장

인근지역 내 적절한 사례가 없는 경우 동일수급권 분석을 통해 자료를 수집할 수 있다. 또한 인근지역 내 사례가 있더라도 동일수급권 분석을 통해 인근지역 및 유사지역 사례의 적정성을 검토할 수 있다. 그러므로 동일수급권 분석이 필요하다.

④ 중요성

㉠ 대체성과 경쟁성

대체성은 부동산의 유용성 및 가격을 비교하여 다른 부동산으로 바꿀 수 있는 성질이다. 경쟁성은 같은 목적에 대해 앞서려고 겨루는 특성이다. 따라서 동일수급권은 대상부동산과 대체성 및 경쟁성으로 인해 이용과 가격수준이 영향을 주고받기 때문에 중요하다.

㉡ 시장참가자의 선호도 및 행태

부동산 시장은 지리적 관점에서 일정한 지역적 범위를 중심으로 형성되었다. 그러나 최근 시장참가자의 선호도 및 행태 등에 따라 시장이 형성되고 있다. 따라서 가치형성에 영향을 미치는 관계를 파악하기 위해 동일수급권 분석이 중요하다.

© 경제적 가치의 결정 공간

감정평가는 대상 부동산의 경제적 가치를 판정하는 과정이다. 따라서 경제적 관점에서 수요와 공급의 상호작용을 통해 부동산의 이용과 가치가 결정되는 시장에 대한 분석이 요구된다. 그러므로 동일수급권에 대한 분석이 중요하다.

2. 개별분석

1) 의의

개별분석이란 지역분석을 통해 판정된 내용을 기초로 대상 부동산의 최유효이용을 판정하는 것이다. 즉, 대상 부동산의 개별요인을 분석하고, 개별요인이 대상 부동산의 이용과 가치에 어떤 영향을 미치는지를 분석한다.

2) 절차

(1) 대상 부동산의 확정

개별분석을 위해 대상 부동산을 확정해야 한다. 대상 부동산을 어떤 상태로 기준하는지에 따라 최유효이용, 구체적 가격에 미치는 영향의 정도가 달라지기 때문이다.

(2) 개별요인의 분석

개별요인은 대상물건의 구체적 가격에 영향을 미치는 대상물건의 고유한 개별요인이다. 개별요인을 분석하는 경우 지역의 시장상황과 함께 대상 부동산의 전형적인 시장참가자가 어떤 개별요인을 선호하는지 파악해야 한다. 또한 대상 부동산과 대체·경쟁 관계에 있는 부동산과 비교하여 어떤 개별요인을 우세하다고 보는지 등을 파악해야 한다.

(3) 최유효이용 판정 및 구체적 가격에 미치는 영향의 정도 파악

최유효이용은 객관적으로 보아 양식과 통상의 이용능력을 가진 사람이 대상토지를 합법적이고 합리적이며 최고·최선의 방법으로 이용하는 것이다. 개별요인의 작용 정도는 지역별로 다르기 때문에 지역분석을 통해서 최유효이용의 판정이 이루어진다.

3) 유의사항

(1) 대상 부동산 확정

대상 부동산의 범위 설정에 유의한다. 개별분석에 따라 최유효이용 및 구체적 가격에 영향을 미치는 정도가 달라지기 때문이다. 따라서 개별분석을 위한 자료 수집 등을 통해 대상 부동산에 대한 명확한 확정이 필요하다.

(2) 가치형성요인

부동산은 고정성으로 인해 개별성을 지닌다. 따라서 가치형성요인도 개별 부동산마다 부동산의 이용 및 구체적 가격에 영향을 미치는 정도가 달라진다. 그러므로 개별분석시 가치형성요인이 개별 부동산에 따라 어떻게 달라지는지를 파악할 필요가 있다.

(3) 동태적 분석

개별요인 분석은 시계열적 측면에서 동태적으로 실시함에 유의한다. 제반 요인은 시장상황에 따라 최유효이용 및 구체적 가격에 영향을 미치는 정도가 달라지기 때문이다.

4) 지역분석과의 관계

(1) 분석 범위상 관계

지역분석은 거시적 관점에서 전반적인 특성과 동향에 대한 분석이 이루어진다. 개별분석은 이를 토대로 개별 특성과 동향에 대한 분석이 이루어진다. 따라서 양자는 분석 범위상 가치형성과정에서 관련이 있다.

(2) 이용 및 가격상 관계

지역분석을 통해 판정된 표준적 이용은 개별분석을 통한 최유효이용 판정에 영향을 미친다. 또한 지역분석을 통한 가격수준은 개별분석을 통한 구체적 가격에 영향을 미치는 정도에 영향을 미친다. 따라서 양자는 이용과 가격과 관련하여 상호 관련이 있다.

기출문제

[제4회 문제 3]
지역분석 및 개별분석의 필요성과 그 상호관계를 설명하시오. (10점)

[제6회 문제 3]
표준적이용의 의의 및 특성을 최유효이용과 대비하여 설명하고 상호관계를 논하시오. (20점)

[제11회 문제 2]
감정평가에 있어 지역분석의 의의 및 필요성을 설명하고, 개별분석과의 상관관계를 기술하시오. (20점)

[제11회 문제 6-3]
주택여과현상에 대하여 약술하시오. (5점)

[제12회 문제 4-4]
인근지역의 Age-Cycle의 단계별 부동산 감정평가시 유의점을 약술하시오. (10점)

[제16회 문제 5]
인근지역의 개념, 요건 및 경계와 범위를 설명하시오. (10점)

[제18회 문제 2]
지역분석과 개별분석을 통하여 부동산가격이 부동산시장에서 구체화되는 과정을 설명하시오. (20점)

[제24회 문제 2]
시장분석(market analysis)과 지역분석(regional analysis)에 대한 다음의 물음에 답하시오. (30점)
1) 시장분석(market analysis)의 의의 및 필요성을 설명하고, 시장분석 6단계를 단계별로 설명하시오. (20점)
2) 부동산감정평가에서 행하는 지역분석(regional analysis)을 설명하고, 시장분석(market analysis)과의 관계를 설명하시오. (10점)

[제29회 문제 2]
다음의 제시된 자료를 참고하여 물음에 답하시오. (30점)

> 인구 1,000만의 대도시인 A시와 약 40분 거리에 있는 인구 30만 규모의 기성도시인 B도시를 연결하는 전철이 개통되었다. 전철의 개통은 B도시의 광역접근성 개선효과를 가져와 부동산시장 및 부동산가격에 변화를 줄 것으로 예상된다.

1) B도시에 새롭게 신설된 전철역세권의 지역분석에 대하여 설명하시오. (15점)
2) 전철개통으로 인한 접근성의 개선이 B도시의 유형별 부동산시장에 미치는 긍정적·부정적 효과에 대하여 설명하시오. (15점)

1 최유효이용

1. 개념

1) 의의

① 감정평가실무기준에 따르면 최유효이용이란 객관적으로 보아 양식과 통상의 이용능력을 가진 사람이 대상토지를 합법적이고 합리적이며 최고, 최선의 방법으로 이용하는 것이다.

② 미국 AI에 따르면 최유효이용(최고최선의 이용)은 대상 부동산에 대해서 합리적이며 합법적으로 이용이 가능한 대안 중에서 물리적으로 채택이 가능하고, 경험적인 자료에 의해서 적절히 지지될 수 있고 경제적으로도 타당성이 있다고 판명된 것으로 최고의 가치를 창출하는 이용이다.

③ 일본 부동산감정평가기준에 따르면 최유효이용은 현실 사회경제 정세하에서 객관적으로 보아 양식과 통상의 이용능력을 가지는 사람에 의한 합리적이고 합법적인 최고최선의 이용 방법에 기초한 것을 말한다.

2) 이론적 근거

(1) 인간의 합리성 추구

부동산(토지)은 지리적 위치의 고정성과 부증성으로 인해 제한된 자원을 효율적으로 이용해야 한다. 따라서 인간은 부동산을 효율적으로 이용하기 위해 합리성을 추구한다.

(2) 토지 할당

부동산(토지)은 용도의 다양성으로 인해 다양한 용도간에 대체·경쟁이 발생한다. 인간은 합리성을 추구하기 때문에 대체·경쟁이 가능한 이용 중에서 최대의 수익을 얻을 수 있는 용도로 이용하고자 한다. 그 결과 자유경쟁 시장메커니즘은 수익을 극대화할 수 있는 용도에 토지자원을 할당하게 된다.

(3) 최유효이용의 강제

부동산(토지)은 영속성으로 인해 악화성(한번 잘못 이용되면 악화되기 쉬움), 비가역성(원상회복의 어려움), 지속성(지속적으로 유지) 등의 문제를 가진다. 또한 부동산(토지)은 사회성과 공공성을 가진다. 따라서 국가나 사회는 사회성과 공공성이 제대로 발휘될 수 있도록 규제를 한다. 그 결과 최유효이용이 강제된다.

3) 장애요인

(1) 부동산시장의 불완전성

부동산시장은 부동산의 자연적 특성으로 인해 불완전성을 지닌다. 고정성으로 인해 지역적 이동이 어렵다. 또한 개별성으로 인해 정보가 불완전하다. 즉, 시장에서 대체·경쟁 과정을 방해하게 된다. 따라서 최대 수익을 얻을 수 있는 최유효이용에 장애가 된다.

(2) 정부의 행정적 규제

부동산시장의 불완전성은 정보의 공개를 통해 완화될 수 있다. 정보공개는 가격 공시제도, 실거래가격 신고제, 부동산 가격지수 등을 통해 이루어지고 있다. 그러나 정부는 최유효이용을 방해한다. 토지자원을 할당하거나 공공복리 증진을 위해 사익을 제한하는 경우다. 따라서 합법적인 한도 내에서 사업자는 이윤 극대화, 가계는 효용 극대화를 추구하게 된다.

4) 3방법과의 관련성

(1) 원가법

재조달원가는 최유효이용은 전제로 파악된다. 간접법에서는 대상과 사례의 최유효이용을 판정한 후 비교가 이루어진다. 감가수정은 최유효이용을 상한으로 하여 감가가 이루어진다.

(2) 거래사례비교법

거래사례 선택은 최유효이용 상태에 있는 사례를 채택한다. 사례가 최유효이용에 미치지 못하는 경우라면 비교과정을 통해 보정된다. 즉, 가치형성요인 비교는 최유효이용을 토대로 하여 이루어진다.

(3) 수익환원법

순수익과 자본환원율은 최유효이용을 전제로 구한다. 또한 간접법에서 개별요인을 비교할 때나 잔여법에서 사례선택을 할 경우에도 최유효이용을 전제로 한다.

2. 판정

1) 판정 기준

(1) 물리적 가능성

물리적 가능성이란 대상 부동산이 물리적 측면에서 이용이 가능하다는 것이다. 즉, 토양의 하중이나 지지력, 지형, 지세 등에 적합해야 한다. 또한 공공편익시설의 유용성도 물리적 가능성을 판단하는 기준이 된다. 물리적 조건에 따라 개발비용과 시간이 달라지기 때문이다.

(2) 법적 가능성

① 법적 가능성이란 대상 부동산이 법적 측면에서 이용이 가능하다는 것이다. 즉, 개발에 대한 각종 법적 규제에 적합해야 한다.

② 사법상 계약이 있다면 소유권 외 용익물권, 담보물권 등이 설정되어 있는지, 계약 내용이 어떤 영향을 미치는지 검토해야 한다. 다만, 장기 임대차 계약은 최유효이용으로의 전환을 시간적으로 제한하는 것에 불과하다는 점에 유의한다. 즉, 최유효이용의 판단 자체에 영향을 미치는 것은 아니다.

③ 규제 변경 가능성도 검토해야 한다. 가까운 장래에 규제 변경이 이루어진다면 가치에 반영되어 거래되기 때문이다. 예를 들어, 재건축 아파트의 경우 건물의 내용연수와 관계없이 대지지분만을 기준으로 높은 가격에 거래된다.

(3) 경제적 타당성

경제적 타당성이란 대상 부동산이 경제적으로 타당해야 한다는 것이다. 즉, 당해 용도에 대한 수입이 개발비용보다 커야 한다는 기준이다. 최유효이용은 당해 용도에 대한 충분한 수요가 있음을 의미한다. 따라서 시장참가자들의 선호도 및 행태가 충분해야 함을 포함한다.

(4) 최대 수익성

최대 수익성은 물리적·법적·경제적으로 가능한 용도 중에서 최대 수익을 창출하는 이용을 말한다. 단, 최대 수익을 창출하는 잠재적 용도가 아니라 시장 증거에 의해 뒷받침되어야 한다. 즉, 부동산의 시장수익률 이상이 되어야 한다.

2) 판정 절차

(1) 분석 대상

최유효이용 분석에서 연구의 대상이 되는 3가지 요소는 다음과 같다.
① 물리적 용도(대상 부동산의 구체적 용도)
② 시기(가장 가능성이 높은 사용일자 또는 분양완료 예상시점으로 기간 범위)
③ 시장참가자(대안적 용도에 대한 매수자나 사용자 유형) 등이다.

(2) 구체적 절차

① Step 1 : 생산성분석
대상부동산의 법적·물리적·입지적 특성들에 비추어 볼 때 가장 가능성이 높은 용도대안들은 무엇인가?

② Step 2 : 시장획정
각각의 잠재적 용도들에 대하여 가장 가능성이 높은 수요자(이용자나 매수인)들은 누구인가?

③ Step 3 : 수요분석
각각의 잠재적 용도들에 대한 수요가 얼마나 있는가?
- 인구 ⇒ 가구수 ⇒ 주택수요(가구)
- 소득 ⇒ 유효 구매력 ⇒ 소매점 면적(m^2)
- 고용 ⇒ 1인당 사무공간 ⇒ 오피스 면적(m^2)

④ Step 4 : 공급분석
각각의 잠재적 용도에 대한 경쟁환경은 어떠하며, 경쟁부동산은 얼마나 되나?

⑤ Step 5 : 시장균형분석
언제 각각의 잠재적 용도들에 대한 신규 수요가 일어날 것인가?

⑥ Step 6 : 포착률의 예측
각각의 잠재적 용도들에 대한 포착률은 얼마나 되는가?
- 대상 부동산의 특성들은 경쟁력이 있는가?
- 대상 부동산의 위치는 경쟁력이 있는가?
- 전체 수요 중 대상 부동산의 포착률은 얼마나 되는가?
- 각 용도대안별로 대상 부동산의 가치와 가능임료는 얼마인가?

⑦ Step 7 : 최유효이용의 재무분석
어떤 용도가 최대의 가치를 올릴 수 있는가? 즉, 대상 부동산의 최유효이용은 무엇인가?

3) 판정시 유의사항

(1) 분석 순서

일반적으로 물리적 분석, 법적 분석, 경제적 분석의 순서로 이루어진다. 물리적 분석과 법적 분석의 순서는 바뀌어도 상관없다. 그러나 물리적·법적 분석은 경제적 분석보다 먼저 이루어져야 함에 유의한다.

(2) 동태적 분석

부동산은 자연적·사회적·경제적·행정적 조건의 변화에 따라 변한다. 따라서 최유효이용을 기준시점에서만 파악하면 오류를 범하기 쉽다. 그러므로 동태적 관점에서 분석되어야 함에 유의한다.

(3) 수요 분석

최유효이용은 당해 용도에 대한 충분한 수요가 있는지 여부를 확인한다. 따라서 수요 분석에 유의한다. 만약 충분한 수요가 없다면 최유효이용은 잠정적으로 연기되거나 중도적이용에 할당된다.

(4) 소유자 이용 및 특수상황의 최유효이용

최유효이용은 단순 사용자가 아닌 소유자 이용임에 유의한다. 또한 특수상황의 최유효이용이 되는 경우도 있음에 유의한다.

3. 특수상황의 최유효이용

1) 개념

특수상황의 최유효이용이란 대상 부동산의 현재 이용상황이 이론적인 최유효이용의 조건을 충족하지는 못하지만, 현재 이용에서 그 유용성이 극대화되어 최유효이용으로 판정할 수 있는 상황에서의 최유효이용을 말한다. 감정평가에서 최유효이용 분석은 대상 부동산이 어떤 상황에 있더라도 동일하게 적용되는 것이 원칙이다. 그러나 특수한 상황에서는 별도의 고려가 필요하게 된다. 따라서 특수상황의 최유효이용을 분석할 필요가 있다.

2) 단독이용

(1) 의의

단독이용은 인근지역의 용도와 전혀 다름에도 최유효이용이 되는 이용을 말한다.

(2) 판정

단독이용의 판정은 시장수요와의 관계에서 파악한다. 즉, 당해 용도에 대한 인근지역 내 충분한 수요가 있다면 주변의 표준적 이용과 일치하지 않더라도 최유효이용이 된다. 또한 동일한 형태의 다른 단독이용이 시장 내 존재하고 있는지 살펴보아야 한다.

(3) 특징

단독이용은 지역특성의 유사성보다 개개 부동산의 유사성에 착안한다. 단독이용은 개별성으로 인해 인근지역의 영향이나 제약 정도가 현저히 적다고 인정되기 때문이다. 따라서 동일수급권에서 대상 부동산과 대체·경쟁관계가 성립한다고 인정되는 사례를 채택할 필요가 있다.

(4) 지속 여부

단독이용의 지속 여부를 판단하기 위해서 시장분석이 필요하다. 특히 개량물에 대한 처리를 결정해야 한다. 개량물이 가치에 기여하지 못한다면 대상 부동산의 최유효이용은 기존 용도가 아닌 용도가 된다. 개량물이 가치에 기여하고 있음에도 불구하고 최유효이용이 되지 못한다면, 기존 개량물에 대한 수정이나 보완이 필요함을 의미한다.

3) 중도적이용

(1) 의의

중도적이용은 가까운 장래에 새로운 최유효이용이 도래할 것으로 예상될 때 대기과정에 있는 이용이다.

(2) 판정

최유효이용은 여러 잠재적 이용 중에 비교우위를 극대화하거나 비교열위를 극소화하는 방안이다. 따라서 중도적이용도 현재 상황에서 다른 잠재적 이용 중에 비교우위를 극대화하거나 비교열위를 극소화하는 방안이 된다.

(3) 지속 시기

중도적이용의 지속 시기는 법적·경제적 측면에서 판단한다. 법적 측면에서 유리한 규제 변경이 있을 때까지 계속된다. 경제적 측면에서 현재 이용의 가치가 철거비용이 고려된 나지상정의 토지가치를 상회하는 한 계속된다. 즉, 새로운 용도로 전환하기까지 기존 개량물의 기여가치가 인정되는 한 기존 전체 부동산의 가치가 나지상정의 토지가치보다 크게 된다. 그러나 개량물의 기여가치가 없다면 철거가 정당화될 수 있으므로 개량물은 부(−)의 가치, 건부감가가 발생할 수 있다.

(4) 일치성이용의 원리

① 개념

일치성이용의 원리란 토지와 개량물에 대해 동일한 용도를 가정하고 평가해야 한다는 원리다. 즉, 토지와 개량물은 결합하여 효용을 발휘하고 가치가 창출된다는 원리다.

② 종류

일치성은 용도적 일치성과 시계열적 일치성이 있다. 용도적 일치성은 토지와 개량물은 같은 용도로 평가해야 한다. 시계열적 일치성은 성숙도나 전환의 난이도 등을 장기적 관점에서 판정해야 한다.

③ 적용

일치성이용의 문제는 일반적으로 대상 부동산의 용도가 전환되고 있을 때 발생한다. 예를 들어, 상업용지 내 주거용 개량물이 가치가 없거나, 상업용으로 이용하려는 사람에게 건부감가로 인해 나지보다 전체 가치가 작게 평가되는 경우다. 또한 후보지, 이행지 지역에서 성숙도가 높은 경우 전환 후의 용도지역을 기준으로 판정하는 경우다. 그 밖에 중도적이용, 비최유효이용 등에도 적용된다.

4) 비최유효이용

(1) 의의

비최유효이용이란 기존 개량물의 이용이 나지를 상정하였을 경우의 최유효이용과 일치하지 않는 이용이다.

(2) 토지와 개량물의 범주

① 토지와 개량물이 같은 범주인 경우
개량물이 토지의 최유효이용과 같은 범주인 경우 개량물의 감가수정은 물리적·기능적 감가로 나타난다. 예를 들어, 고층아파트 지역 내 저층아파트의 경우 아파트라는 범주가 같다. 그러나 현재의 이용은 최유효이용이 아니다.

② 토지와 개량물이 다른 범주인 경우
개량물이 토지의 최유효이용과 다른 범주인 경우 개량물의 감가수정은 물리적·기능적 감가 외에 경제적 감가도 나타난다. 예를 들어, 상업지역 내 주거용 개량물이 있다. 주거용 개량물은 최유효이용이라고 할 수 없다.

(3) 중도적이용과의 구별
비최유효이용은 비교적 견고한 개량물이 존재함으로써 토지의 최유효이용을 방해하는 상황이다. 따라서 가까운 장래에 최유효이용이 가능한 상황에서 일시적인 개량물이 존재하는 상황을 설명하는 중도적이용과는 구별된다. 그러므로 비최유효이용에서는 감가수정에 유의해야 한다.

5) 비적법이용

(1) 의의
비적법이용이란 과거에는 적법하게 이용되던 부동산이 현재에는 적법하지 않는 이용을 말한다.

(2) 불법적이용과의 구별
불법적이용은 법이 허용하지 않는 이용이다. 따라서 불법적이용인 상태는 지속할 수 없다. 그러나 비적법이용은 규제 변경으로 기득권 보호 차원에서 법이 허용한 이용이다. 따라서 비적법이용인 상태는 계속 유지할 수 있다.

(3) 발생원인

① 용도지역의 변경
용도지역에 의한 제한은 부동산 가치에 큰 영향을 미친다. 왜냐하면 대상 부동산의 가치수준과 개발방향을 결정하는 요소이기 때문이다. 용도지역의 변경은 주로 재산권의 가치가 증가하는 방향으로 변경한다. 그러나 행위제한이 강하게 규제되는 경우도 있다.

② 건폐율과 용적률 기준의 변경
건폐율 규제는 대지 공간의 쾌적성을 규제한다. 용적률 규제는 도시의 과밀화를 위해서다. 건폐율과 용적률 기준의 변경은 도시계획 및 주택정책과 관련이 있다. 예를 들어, 주택보급률 증대를 위해 일반주거지역의 용적률을 400%로 상향시킨 후 200~300%로 변경할 수 있다.

③ 기타
지방자치단체의 신구 조례간의 충돌이 생길 수 있다. 그밖에 건축물의 높이, 대지면적, 주차장이나 오수처리장 등의 기준 변경이 있다.

(4) 건부증가와 건부감가

① 건부감가

ㄱ 개념

건부감가란 건부지가 되면 토지가격이 낮아진다는 것이다. 즉, 같은 토지라도 나지상태일 때 가격이 더 높다는 의미다. 왜냐하면 일반적으로 시장참가자들은 다양한 용도로 이용할 수 있는 토지인 상태를 선호하기 때문이다.

ㄴ 성립논리

미국은 토지가치를 최유효이용을 전제한 나지가치로 구한다. 따라서 증가나 감가된 가치는 개량물의 가치에서 증감시킨다. 그러나 우리나라나 일본은 증감된 가치를 토지와 개량물에 배분하게 된다. 그 결과 토지가치는 나지가치에서 건부증가나 건부감가로 처리하게 된다. 즉, 전체 부동산 가치에서 최유효이용 상황의 가치를 차감하여 남는 가치에는 토지에 의한 가치와 개량물에 의한 가치가 포함된다는 의미다. 즉, 남는 가치는 토지와 개량물이 일체로 창출한 가치이므로 이를 토지와 개량물에 배분해야 한다는 이론이다.

ㄷ 처리방법

건부감가액은 건부지 부동산을 일체로 한 금액에서 토지와 건물을 개별로 합산한 금액을 차감하여 산정할 수 있다. 여기서 토지는 최유효이용을 전제로 한 금액이다. 건물은 부지와의 부적응에 의한 기능적 감가액을 차감하기 전 적산가액으로 구할 수 있다. 다만, 건물의 경제적 가치가 없다면 철거비 등을 고려하여 건부감가액을 구할 수 있다.

② 건부증가

ㄱ 개념

건부증가란 건부지가 되면 토지가격이 높아진다는 것이다. 이는 건부감가에 대비되는 개념이다. 즉, 토지가격이 나지상태일 때보다 건부지상태일 때 더 높다는 의미다.

ㄴ 예시

개발제한구역 내 토지는 나지보다 건부지가 더 높은 가격에 거래된다. 개발제한구역 내 나지인 경우에는 건축허가를 받기 어렵다. 그러나 개발제한구역 내 건부지인 경우에는 일정한 범위 내에서 수리하여 사용하거나 용도를 변경하는 것이 가능하다. 따라서 건부증가가 발생한다.

ㄷ 비적법이용에서의 처리방법

비적법이용 부동산이 적법이용 부동산보다 가격이 높은 경우가 있다. 이를 건부증가로서 토지에 귀속시키기도 한다. 그러나 개량물이 없으면 더 이상 허용되지 않는 것이므로 증가분은 개량물에 귀속되어야 한다. 이 경우 증가분은 개량물의 경제적 내용연수 또는 허용기한까지의 할증분을 현가화하여 산정한다.

미국에서 비적법이용을 특수한 상황으로 파악하는 견해는 주로 지역지구제와 결부하여 파악한다. 따라서 다양한 원인으로 발생하는 비적법이용의 부동산 가치를 모두 설명하기 어렵다. 건부증가 개념으로 접근하는 방식에서 비적법이용 부동산에서 비적법이용 건물 가치가 토지에 배분되어야 한다는 점은 토지와 건물이 용도상 불가분의 관계로서 발생하는 증가분을 설명하기 어렵다. 또한 건부증가 개념은 건부감가에 대비되는 개념이다. 즉, 최유효이용의 상태에 있지 않으나 건물이 소재하기 때문에 통상의 부동산 가격보다 더 높은 가격으로 거래되는 것을 설명하기 위한 것이다.

6) 복합적이용

(1) 의의

복합적이용이란 하나의 부동산이 여러 용도로 할당되어 최고의 효용을 발휘하는 이용이다.

(2) 예시

복합적이용은 대단위 토지를 여러 용도로 이용할 수 있다. 예를 들어, 아파트단지는 아파트 부지, 상가부지, 공원부지 등으로 이용한다. 또한 대형 빌딩을 여러 용도로 이용할 수 있다. 예를 들어, 1~3층은 상가, 4~6층은 오피스텔, 7~10층은 아파트와 같이 이용할 수 있다.

(3) 유의사항

복합적이용에서 각 부분의 가치는 전체에 대한 기여도로 나타난다. 따라서 전체 가치는 각 부분의 조화에 좌우된다. 이 경우 각 부분의 비용을 합친 금액이 전체 가치와 다를 수 있음에 유의한다. 개량물의 경우 구성요소간 부조화에 따른 기능적 감가가 발생할 수 있기 때문이다. 또한 복합부동산의 구성요소별로 구분하여 평가하는 경우, 구분평가액이 전체로서의 가치를 초과할 수 없음에 유의한다.

7) 특수목적이용

(1) 의의

특수목적이용이란 교회, 극장 등과 같이 하나 또는 제한된 목적에만 적합하도록 건축된 이용이다.

(2) 구분

① 당해 용도에 대한 수요한 충분한 경우

당해 용도에 대한 수요가 충분하여 당해 이용이 지속될 수 있다면 현황을 기준으로 감정평가한다. 특수목적이용 부동산은 효용이 특수하고 제한적이다. 따라서 교환가치보다 사용가치가 중요하다.

② 당해 용도에 대한 수요가 충분하지 않은 경우

당해 용도에 수요가 충분하지 않은 경우 토지의 최유효이용이 현황이 아닌 경우가 많다. 따라서 토지에 대한 최유효이용 분석이 요구된다. 그 결과 건물은 잔존가치가 없는 경우가 많고, 철거비용 등으로 인해 건부감가가 나타나기도 한다.

(3) 유의사항

특수목적이용 부동산은 시장수요에 의해 최유효이용이 판정된다. 따라서 수요에 미치는 요인분석에 유의해야 한다. 수요가 충분하여 사용가치로 감정평가할 때 시장이 형성되지 않거나 유용한 시장자료가 없을 수 있다. 수요가 충분하지 않은 경우에는 용도 전환가능성, 전환비용, 전환시기 등에 대한 예측이 필요하다. 그 결과 중도적이용 여부에 대한 분석도 필요함에 유의한다.

8) 투기적이용

(1) 의의

투기적이용은 투기 목적에 의한 이용이다. 부동산 투자는 통상적으로 취득, 운영, 처분에 의한다. 투기는 운영이 없는 자금투입행위를 의미한다.

(2) 유의사항

투기적이용은 장래 주변여건 성숙으로 인한 개발을 대기하는 중도적이용과 유사한 점이 있다. 그러나 투기적이용은 불확실성이 높다. 특히 특정 용도를 상정하면 과대 또는 과소평가될 위험이 크다. 그러므로 장래 사용 가능성이 높은 이용에 대해 잠재용도별 수입과 지출의 일반적인 수준을 파악함에 유의한다.

9) 초과토지와 잉여토지

(1) 초과토지

① 개념

㉠ 초과토지란 현존 개량물에 필요한 적정면적 이상의 토지를 말한다. 예를 들어, 오피스빌딩의 주차장이나 학교 운동장의 경우 건부지의 주목적에 적합하게 할당되고 있다면 초과토지에 해당하지 않는다.

㉡ 적정면적은 건부지에 정상적으로 필요한 면적을 의미한다. 즉, 대상 부동산의 최유효이용에 해당하는 토지면적이다. 적정면적에 대한 판단은 인근 유사토지의 표준적인 이용상황, 건폐율, 도로진입 가능 여부 등에 따라 달라진다.

② 감정평가

초과토지는 그 자체가 하나의 독립적인 용도로 사용하는 것이 최유효이용이 될 수도 있다. 따라서 초과부분의 토지는 따로 분리하여 사용할 수 있는지 여부를 고려하여 감정평가한다. 그러므로 적정면적의 토지와 초과면적의 토지는 별도로 추계하여 전체 토지가치를 결정한다.

(2) 잉여토지

① 개념

잉여토지란 현존 개량물부지와 독립적으로 분리되어 사용할 수 없는 토지다. 즉, 대상 토지가 필요 이상으로 크더라도 특정 용도로 분리되어 사용할 수 있는 경우 초과토지로 간주된다.

② 감정평가

잉여토지의 경우 정상적인 토지보다 낮게 평가됨이 일반적이다. 그러나 인접토지와의 합병이 가능한 경우에는 효용증가로 인해 높아질 수 있음에 유의한다.

(3) 예시

$1,000m^2$의 공장부지에 $200m^2$의 공장건물이 있다. 인근 유사용도 토지의 건폐율은 50%이고, 표준적 토지면적은 $400m^2$이며, m^2당 100만원 수준으로 조사되었다. 대상토지 중 공장건물 후면의 $200m^2$는 별도 진입로가 없다. 이러한 경우 $200m^2$의 토지는 잉여토지다. 현재 대상토지 중 이용하고 있지 않은 $800m^2$의 토지와 분리하여 별도로 거래가 어렵기 때문이다. 따라서 $200m^2$의 잉여토지는 m^2당 100만원에 훨씬 미치지 못하는 가치를 지닌다. 이때 표준적 토지면적인 $400m^2$를 초과하는 $600m^2$의 토지는 초과토지가 될 수 있다. 따라서 공장건물 부지인 $200m^2$의 토지는 m^2당 100만원 수준, 잉여토지인 $200m^2$의 토지는 m^2당 100만원보다 훨씬 낮은 수준이 된다. 초과토지인 $600m^2$의 토지는 도로집입 가능 여부 등에 따라 가격수준이 달라질 수 있다.

[제3회 문제 3-2]
부동산의 최유효이용의 의의에 있어 특수상황을 설명하시오. (10점)

[제13회 문제 4-1]
건부감가의 판단기준과 산출방법을 약술하시오. (10점)

[제18회 문제 4-3]
건부증가와 건부감가의 성립논리를 약술하시오. (10점)

[제22회 문제 4]
최유효이용에 관한 다음의 물음에 답하시오. (10점)
1) 최유효이용 판단시 유의사항을 설명하시오. (5점)
2) 최유효이용의 장애요인을 설명하시오. (5점)

[제24회 문제 1]
최유효이용에 대한 다음의 물음에 답하시오. (40점)
1) 부동산감정평가에서 최유효이용의 개념과 성립요건을 설명하시오. (5점)
2) 부동산가격판단시 최유효이용을 전제로 판단해야 하는 이유를 설명하시오. (10점)
3) 최유효이용의 원칙과 다른 원칙들간의 상호관련성을 설명하시오. (10점)
4) 부동산시장이 침체국면일 때 최유효이용의 판단시 유의사항을 설명하시오. (15점)

[제33회 문제 4]
초과토지(excess land)와 잉여토지(surplus land)의 개념을 쓰고, 판정시 유의사항에 대하여 설명하시오. (10점)

2 최유효이용 분석

1. 개념

1) 의미

최유효이용 분석이란 지역분석과 개별분석을 통해 대상토지가 최대의 수익을 창출할 수 있는 용도를 찾아내는 작업이다. 토지는 나지 상태인 경우와 개량물이 있는 상태에 따라 달라진다. 그러므로 2가지 분석이 요구된다.

2) 분석 결과

(1) 용도

최유효이용 분석 결과 용도는 구체적으로 서술되어야 한다. 또한 시장증거를 제시해야 한다. 단독주택, 상업용건물, 오피스건물 등과 같이 일반적인 수준의 구분이 적합한 경우가 있다. 그러나 시장참가자의 선호도가 구체적으로 나타나는 경우에는 '시 외곽의 10층 규모 이상의 오피스빌딩', '전유면적 82m^2 이상, 방 3개 이상을 보유한 주택' 등으로 구분되어야 하는 경우도 있다.

(2) 시기

특정 용도의 사용 시기도 중요하다. 일반적으로 부동산의 최유효이용은 예측 가능한 미래의 변화를 고려하여 결정된다. 예를 들어, 도시화가 진행 중인 지역 내 농지는 일시적인 용도에 해당한다. 주택지로 분할되어 이용하는 것이 미래의 최유효이용이 될 수 있다. 그러나 기준시점에 해당 지역 내 부지의 개발이 적극적으로 이루어지고 있다면 일시적인 이용은 따로 존재하지 않는다. 부지가 다른 용도로의 분할에 따른 이용 가능성이 없다면, 최유효이용은 농지로 계속 이용하는 것이다. 농지로 계속 이용하는 경우라면 부지의 개발 또는 미래의 최유효이용을 위한 개량된 부동산의 용도전환은 경제적으로 타당하지 않게 된다.

(3) 시장참가자

시장분석 과정 중 시장획정 단계는 잠재 매수자뿐만 아니라 특정 용도에 대한 잠재 사용자도 결정해야 한다. 시장참가자는 사용자, 잠재 매수자, 임차인 등이 있다. 따라서 시장분석 시 시장참가자에 대한 판단은 최유효이용 분석의 기초가 된다.

2. 분석 방법

1) 나지 상태인 경우

(1) 의미

나지 상태의 최유효이용 분석은 개량물이 있더라도 없는 것으로 간주하고 토지가치를 극대화하는 용도를 확인하는 작업이다. 즉, 토지가치가 현재의 이용뿐만 아니라 잠재적 이용을 반영한다는 의미다. 따라서 현재의 이용, 개발, 분할, 합병, 나지상태로 보유 등이 최유효이용으로 판정될 수 있다.

(2) 예시

대상물건이 상업지역에 있는 단독주택이라고 한다. 이때 대상 부동산의 토지는 용적률 등으로 보아 주거용보다는 상업용으로 이용하는 것이 최대수익을 얻는 토지이용이 될 수 있다. 따라서 나지 상태의 최유효이용은 상업용이다. 따라서 주거용 건물로서는 중도적이용밖에 되지 않고 그 기여도는 상업용보다 적을 것이다.

(3) 비수익성 부동산

비수익성 부동산인 경우 먼저 개발 여부를 판정한다. 나지상태로 보유하는 소극적 이용도 최유효이용이 될 수 있기 때문이다. 그 다음 개량물을 건축하는 것이 최유효이용이라고 가정한다. 그리고 각 잠재적 용도별로 개발 후의 시장가치에서 개발비용을 공제한 가치를 구한다. 이때 잔여가치가 최대가 되는 용도를 최유효이용으로 판정한다.

(4) 수익성 부동산

수익성 부동산인 경우 2가지 방법에 의한다. 첫째, 잠재적 용도별로 예상수익을 산정하여 대상 부동산의 가치를 직접환원법에 의해 토지가치를 산출할 수 있다. 둘째, 토지잔여법을 이용하여 토지에 귀속되는 순수익을 토지환원율로 환원하여 토지가치를 산출할 수 있다. 이때 각 용도간 사업위험도의 차이가 있으므로 환원율도 다를 수 있음에 유의한다.

2) 개량물이 있는 상태인 경우

(1) 의미

개량물이 있는 상태의 최유효이용 분석은 토지와 개량물이 결합해서 최고의 가치를 창출하는 이용을 최유효이용으로 판정한다. 현존 개량물이 최유효이용에 부합하지 않는 경우 전환비용(자본적지출 등)을 고려하여 전체 가치를 극대화하는 이용으로 판정한다. 대안으로 현재 상태대로 이용하는 경우, 재개발이나 재건축, 리모델링, 확장, 용도전환, 전부나 일부 철거 등이 있다. 이때 여러 대안들의 조합도 최유효이용이 될 수 있다.

(2) 예시

나지 상태인 경우의 예시를 그대로 적용해 본다. 대상물건이 상업지역에 있는 단독주택이다. 단독주택의 시장가치가 상업용으로서의 가치에서 현재의 주택 철거비용 등을 공제한 시장가치보다 높다고 한다. 그렇다면 개량물이 있는 상태의 최유효이용은 상가건물이나 주상복합건물이 아니라, 계속 단독주택으로 이용하는 것으로 판정된다.

(3) 현재 상태대로 이용하는 경우

현재 개량물이 있는 상태대로 이용하는 것이 최유효이용인 경우다. 이때 최유효이용의 요건은 물리적·법적 가능성을 만족하고 있는 경우가 대부분이다. 따라서 경제적 타당성에 대한 검토가 중요하다. 기존 개량물을 전환하기 위한 비용이 경제적으로 타당하지 않다면 변화를 할 필요가 없기 때문이다. 전환비용은 시장참가자가 일반적으로 인식하는 가치 측면에서 분석해야 한다. 경제적 타당성이 없어 현재 상태대로 이용하는 것이 최유효이용인 경우 중도적이용으로 볼 수 있다. 현재의 이용은 전환 후 가치에서 전환비용을 차감한 가치가 법적·경제적으로 타당할 때까지 계속된다.

(4) 전환하는 경우

현재 개량물을 전환하는 것이 최유효이용인 경우다. 전환에는 증축, 리모델링, 철거 후 신축 등이 있다. 여러 대안 중 최고의 가치를 창출하는 이용을 최유효이용으로 판정한다. 따라서 전환비용에 대한 분석이 중요하다. 전환비용에는 대체 용도로의 변경비용, 증축비용, 리모델링비용, 철거비용, 신축비용, 건설기간 동안의 임대료 손실 등이 있다. 즉, 전환 후 가치에서 전환비용을 차감한 대안이 현재 상태대로 이용하는 대안보다 크다면 전환의 타당성이 있다. 또한 전환의 타당성이 인정되는 대안 중에서 가장 큰 가치를 최유효이용으로 판정할 수 있다.

3) 분석결과가 다른 경우

나지 상태인 경우와 개량물이 있는 상태의 최유효이용 분석 결과는 다를 수 있다. 왜냐하면 개량물이 있는 상태의 최유효이용 분석은 전환비용을 고려하기 때문이다. 즉, 현재 개량물이 토지의 최유효이용과 부합하지 않지만, 그렇다고 분석된 토지의 최유효이용으로의 전환이 수익성을 극대화하지 못할 수 있기 때문이다. 그 결과 중도적이용과 같은 특수상황의 최유효이용이 발생할 수 있다. 따라서 나지 상태인 경우와 개량물이 있는 상태의 최유효이용 분석 결과는 차이가 날 수 있다.

[제28회 문제 1]

제시된 자료를 참고하여 다음 물음에 답하시오. (40점)

> 감정평가사 甲은 감정평가사 乙이 작성한 일반상업지역 내 업무용 부동산(대지면적: 3,000㎡, 건물: 30년 경과된 철근콘크리트조 6층)에 대한 감정평가서를 심사하고 있다. 동 감정평가서에 따르면, 인근지역은 일반적으로 대지면적 200m² ~ 500m² 내외 2층 규모의 상업용으로 이용되고 있으며, 최근 본건 부동산 인근에 본건과 대지면적이 유사한 토지에 20층 규모의 주거 및 상업 복합용도 부동산이 신축되어 입주(점) 중에 있는 것으로 조사되어 있다. 검토결과 원가방식(면적 400㎡ 상업용 나대지의 최근 매매사례 단가를 적용한 토지가치에 물리적 감가수정만을 행한 건물가치 합산)에 의한 시산가치가 수익방식(현재 본건 계약임대료 기준)에 의한 시산가치보다 높게 산출되어 있다.

1) 심사 감정평가사 甲은 감정평가사 乙에게 추가적으로 최유효이용 분석을 요청하였는바, 최유효이용 판단 기준을 설명하고, 구체적인 최유효이용 분석방법을 설명하시오. (20점)

2) 최유효이용에 대한 두 가지 분석 유형(방법)에 따른 결과가 다르다면, 그 이유와 그것이 의미하는 바를 설명하시오. (10점)

3) 원가방식에 의한 시산가치가 수익방식에 의한 시산가치보다 높게 산출된 것이 타당한 것인지 감정평가 원리(원칙)를 기준으로 설명하고, 올바른 원가방식 적용방법에 관하여 설명하시오. (10점)

제3장 부동산 가치

제1절 개념

1 가치의 개념

1. 경제학상의 가치

1) 의미

경제학에서 가치란 모든 가치를 지닌 것, 효용이 있는 것, 인간의 욕망을 충족시킬 수 있는 대상이 되는 것을 말한다. Kohler는 "특정재화를 교환하기 위해 교부하는 다른 재화의 금액, 재화의 교환가능성에 입각한 화폐측정치, 가격의 개념과 연관된 것으로, 제품 1단위의 교환가능성에 대한 화폐측정치이다. 여기서 제품 1단위의 가치는 흔히 가격과 수량을 곱하여 산출한 것이 된다. 또 가치는 대상에 대한 개인의 상대적 기호를 표시한 것도 된다."라고 말한다.

2) 경제학에서의 가치이론

경제학에서의 가치이론은 2가지로 대립한다. 바로 객관적 가치이론(가격설)과 주관적 가치이론(한계효용설)이다. 일반적으로 경제학에서는 사용가치(효용)는 측정할 수 없다고 하여 가격만을 다루는 객관적 가치이론에 따르고 있다. 그러므로 경제학에서 가치와 가격은 관념상 차이일 뿐 결국 같아진다는 관점을 지니고 있다. 그 결과 가치와 가격을 구별하지 않고 가격을 중심으로 이론을 전개한다.

2. 회계학상의 가치

1) 의미

회계학에서 가치란 재무상태표의 가치로서 회계단위에 대한 원가액을 의미한다. 즉, 가치는 어떤 항목이 표시되는 금액이다. 이 금액은 항목의 표시에 관련된 회계원칙에 준거하여 표시된 것이다. 다시 말하면 회계학에서 가치는 자산, 부채, 자본의 계정금액을 표현하는 수단으로 사용된다.

2) 회계학에서의 가치이론

회계학에서의 가치이론도 사용가치와 교환가치로 나누어 설명한다. 이때 사용가치는 미래의 순현금흐름을 자본화하여 평가한다. 왜냐하면 미래의 순현금유입액을 현가로 측정하는 것이 가치의 본질에 부합한다고 보기 때문이다. 그러나 이러한 사용가치는 많은 오류를 내포하고 있어 국제회계기준에서는 역사적 원가주의가 아닌 시가주의에 의한 공정가치기준으로 자산과 부채를 평가하도록 하고 있다.

3. 감정평가에서의 가치

1) 가치와 가격의 동일성 여부

(1) 동일하다고 보는 견해

가치와 가격이 동일하다고 보는 견해는 가격은 가치의 화폐적 표현에 불과하다고 한다. 즉, 가치와 가격은 관념상의 차이일 뿐 구별이 의미가 없다고 한다. 왜냐하면 장기적 측면에서 가치와 가격은 같아진다는 시장주의에 따르기 때문이다.

(2) 동일하지 않다고 보는 견해

① 개념의 차이

가격은 교환의 대가로서, 시장에서 매수자와 매도자간에 실제 지불된 금액이다. 가치는 장래 기대되는 편익을 현재가치로 환원한 값이다. 따라서 가격은 과거의 값이고, 가치는 현재의 값이다. 부동산 가치는 시장상황 등에 따라 가격과 일치할 수도 있다.

② 다양성 측면의 차이

가격은 실제 지불된 과거의 값이므로 특정시점에서 하나밖에 없다. 그러나 가치는 현재의 값이므로 관점에 따라 다양하다. 투자목적 등에 따라 장래 기대되는 편익은 시장참가자에 따라 달라지기 때문이다.

③ 시장 불완전성 측면의 차이

부동산 시장은 자연적 특성으로 인해 불완전성을 지닌다. 따라서 시장참가자나 시장상황에 따라 가격은 가치를 정확히 반영하기 어렵다. 즉, 가치는 가격과 오차에 따라 달라진다.

2) 가격·가치·가액

가격은 교환거래에서 매수자와 매도자가 상호 합의한 거래금액이다. 감정평가에서 경제적 가치는 교환의 대가인 교환가치를 가액으로, 용익의 대가인 사용가치를 임대료로 한다.

3) 부동산 가치의 본질

(1) 내재 가치

부동산의 내재가치란 소유권에 근거한 장래 편익을 현재가치로 환산한 가치다. 시장가격이 내재가치보다 큰 경우 소유자는 부동산을 처분하려고 할 것이다. 반대로 시장가격이 내재가치보다 작은 경우 소유자는 부동산을 보유하고 임대료를 받으려 할 것이다. 그러나 부동산 시장은 불완전성을 지니고 있다. 따라서 시장가격과 내재가치가 일치하는 균형 상태는 도달하기 어렵다.

(2) 경제재로서의 가치

경제재는 경제적 비용을 지불해야 얻을 수 있는 재화다. 부동산은 경제재 중 하나로서, 부동산을 소유하거나 이용하기 위해서는 비용을 지불해야 한다. 그러므로 부동산 가치는 생산성 또는 효용을 의미하기도 한다. 동시에 효용에 대한 지불금액을 의미하기도 한다.

(3) 사회재·공공재로서의 가치

사회재는 사회 구성원에게 공평하게 배분되어야 하는 재화다. 공공재는 모든 사람들이 공동으로 이용할 수 있는 재화다. 부동산은 사회재이자 공공재의 성격을 가진다. 따라서 부동산은 사회 구성원에게 가치를 지니고 있는 동시에 비배제성으로 인한 시장의 가격형성원리의 적용이 제한되는 성격을 지닌다. 그러므로 부동산 가치는 사회재이자 공공재로서의 가치를 지니기도 한다.

기출문제

[제29회 문제 3]
최근 토지의 공정가치 평가가 회계에 관한 감정에 해당하는지의 여부에 대한 논란이 있었다. 이와 관련하여 다음 물음에 답하시오. (20점)
1) 감정평가의 개념과 회계에 관한 감정의 개념 차이를 설명하시오. (5점)
2) 공정가치(fair value), 시장가치(market value) 및 회계상 가치(book value)를 비교·설명하시오. (15점)

---

2 부동산 가치의 특징

1. 가액과 임대료의 구분

일반재화는 통상 비내구재다. 따라서 존속기간이 짧아 임대차의 대상이 되지 않는다. 그러나 부동산은 영속성, 고가성, 분할·합병의 가능성 등으로 인해 시간적·금액적 측면에서의 분할이 가능하다. 따라서 부동산 가치는 교환의 대가인 가액과 용익의 대가인 임대료로 구분할 수 있다. 이러한 가액과 임대료는 법적 측면에서 원본과 과실의 관계에 있다.

2. 소유권 및 기타 권리 이익의 가치

일반재화는 그 자체가 거래되어 순환한다. 그러나 부동산은 고정성으로 인해 그 자체가 거래되지 못한다. 그 결과 부동산을 추상화시킨 권리의 형태로 거래되어 순환한다. 그러므로 부동산 가치는 소유권 및 기타 권리 이익의 가치다. 따라서 둘 이상의 권리 이익이 동일부동산에 존재하는 경우 각각의 권리와 이익마다 가치가 형성될 수 있다. 또한 여러 개의 권리 이익을 병합한 가치가 형성될 수 있다.

3. 장기적 가치

일반재화는 통상 비내구재로 존속기간이 짧으므로 단기적 가치가 형성된다. 그러나 부동산은 영속성, 인문적 위치의 가변성 등으로 인해 시계열적 측면에서 장기적 가치가 형성된다.

4. 단기적 수요 가치

일반재화의 가격은 필요에 따라 공급이 가능하다. 따라서 시장에서의 수요와 공급의 상호작용에 의해 가격이 결정된다. 그러나 부동산은 고정성, 부증성, 개별성 등으로 인해 단기적인 공급에 제약이 있다. 그러므로 부동산 가치는 단기적으로 수요에 의해 결정된다.

5. 개별적 가치

일반재화는 인위적인 생산물로 동질성을 가진다. 따라서 일물일가의 법칙이 적용된다. 그러나 부동산은 개별성으로 인해 비동질성을 지닌다. 그러므로 부동산 가치는 개별적으로 형성된다. 특히 시장참가자의 개별적 동기나 특수한 사정은 부동산 가치형성에 큰 영향을 미친다.

3 부동산 가치의 기능

1. 정보제공 및 선택지표

부동산 가치는 다양한 부동산 활동 주체에게 정보를 제공한다. 또한 수요자와 공급자의 행동을 결정하는 데 중요한 지표로 작용한다. 그 결과 다양한 의사결정에 기여한다.

2. 자원배분

부동산 가치는 부동산 자체를 배분하고, 다른 부동산의 배분도 촉진시킨다. 예를 들어, 주거용 부동산 시장이 호황인 경우 다른 부동산의 용도전환을 촉진시킨다. 이 과정에서 새로운 건축, 유지, 수선 등이 이루어진다.

3. 잠재가치

잠재가치는 완전경쟁시장에서 재화의 기회비용을 반영하여 결정된 가치다. 부동산의 거래가격은 불완전경쟁시장에서 이루어지므로 완전한 기회비용을 반영하기 어렵다. 따라서 부동산 가치를 감정평가하여 잠재가치로서의 기능을 발휘할 수 있다.

제2절 가치에 관한 이론

1 입지론

1. 입지의 개념

1) 관련 개념
   ① 입지란 부동산이 점하고 있는 위치다.
   ② 입지선정은 부동산 현상과 활동을 분석하여 부동산 용도에 적합한 입지조건을 찾는 일련의 행위다.
   ③ 입지조건은 대상 부동산이 지닌 자연적·인문적 조건이다.

2) 입지조건
   (1) 주거지
      주거지 입지조건은 교통조건, 생활조건, 환경조건 등이 있다. 이는 접근성, 편리성, 쾌적성과 관련된다.

   (2) 상업지
      상업지 입지조건은 수익조건 등이 있다. 충분한 수익성을 줄 수 있는 조건에는 주변의 인구구조, 소득 수준, 고객 구매패턴, 교통접근성, 가로조건, 상권형태 및 규모 등이 있다.

(3) 공업지

공업지 입지조건은 교통조건, 생산조건 등이 있다. 생산성과 관련하여 원료 및 제품 운송이 용이한 교통시반시설, 용수공급이 원활하여 공장의 운영이 용이한 위치 등이 있다.

(4) 농·임업지

농·임업지 입지조건은 자연조건 등이 있다. 생산성과 관련하여 풍속, 기후, 토양의 비옥도 등이 있다.

2. 위치가치

1) 개념

위치가치란 부동산의 위치로 인한 가치다. 위치가치는 고정성으로 인해 독자적인 유용성이 발휘된다. 또한 위치가치는 지역성으로 인해 주위환경과의 관계를 통해 유용성이 발휘된다.

2) 주요 요인

(1) 접근대상

위치가치는 접근대상에 따라 달라진다. 즉, 공공시설, 생활편익시설 등과 가까운 위치가치는 증가한다. 그러나 위험시설, 혐오시설 등과 가까운 위치가치는 감소한다.

(2) 접근정도

위치가치는 접근정도에 따라 달라진다. 즉, 절대적(물리적) 거리와 상대적(사회적, 경제적, 행정적 등) 거리에 따라 달라진다. 최근에는 시간, 의식, 비용거리 측면이 중요시된다.

(3) 용도

위치가치는 부동산 용도에 따라 달라진다. 용도에 따라 입지조건이 달라지므로 가치에 미치는 영향의 정도가 달라지기 때문이다.

3. 부동산 입지분석

1) 개념

부동산 입지분석은 경제적·용도적 관점에서 입지요소를 분석하여 특정 활동을 위한 최적 입지를 선정하거나 특정입지를 위한 최적 활동을 찾는 작업이다.

2) 필요성

(1) 유용성의 극대화

토지는 다양한 용도로 이용될 수 있다. 따라서 입지조건은 특정 용도에 대한 적합성에서 차이가 난다. 그 결과 특정 용도의 유용성을 극대화하기 위해 경쟁이 발생한다. 그러므로 최적 입지 또는 최적 활동을 위한 입지분석이 필요하다.

(2) 사회구조 및 경제공간의 동태적 변화

사회구조와 경제공간은 끊임없이 변화하고 있다. 이러한 변화 속에 시장참가자의 선호도와 행태도 변화한다. 따라서 선호 입지가 변하고, 입지에 대한 경쟁양상이 다양하게 나타난다. 그러므로 최적 입지나 최적 활동을 위한 입지분석이 요구된다.

4. 용도별 입지론

1) 주거용

(1) 결정요인

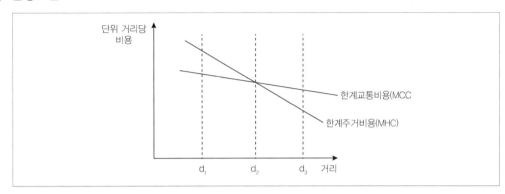

주거지 입지결정은 한계주택비용과 한계교통비용을 통해 결정된다. 즉, 도심으로부터의 거리가 한 단위 증가함에 따라 요구되는 가격과 교통비의 변화량을 알아야 한다.

(2) 주거 입지의 결정

① 한계주거비용은 도심으로부터의 단위거리당 주거비용이다. 한계교통비용은 도심으로부터의 단위거리당 교통비용이다. 한계주거비용 곡선의 기울기가 한계교통비용 곡선의 기울기보다 높다. 결국 한계주거비용과 한계비용이 같아지는 지점에서 최적 주거입지가 결정된다.

② 소득이 증가하는 경우 한계주거비용 곡선이 상향 이동한다. 그 결과 최초의 주거입지보다 교외에 가까운 곳에서 결정된다.

③ 교통비용이 증가하는 한계교통비용 곡선이 상향 이동한다. 그 결과 최초의 주거입지보다 도심에 가까운 곳에서 결정된다.

④ 소득과 교통비용이 동시에 증가하면 한계주거비용 곡선과 한계교통비용 곡선이 각각 상향 이동한다. 이 경우 소득증가와 교통비용증가의 상대적인 크기에 따라 달라진다.

(3) 최근 변화

과거 주거 입지는 업무시설, 근린생활시설과의 접근성이나 편리성이 중요시되었다. 그러나 최근 소득수준의 향상과 개인 취향의 다양화로 인해 입지선호도가 변하고 있음에 유의한다. 특히 환경적인 쾌적성, 교육 및 문화시설과의 접근성 등이 강조되고 있다.

2) 상업용

(1) 상권의 개념

① 의의

상권이란 대상 부동산이 흡인할 수 있는 실질적 규모의 소비자가 존재하는 권역이다. 즉, 상업 활동이 가능한 지역적 조건을 지닌 공간을 의미한다.

② 결정 요인

상권은 대상 부동산을 중심으로 도시의 흡인력, 주변 관계, 관련 소매 및 서비스업 활동의 위치, 규모, 밀집도, 성격, 상호간 거리 등에 의해 결정된다. 배후지는 높은 고객밀도와 소득수준을 갖추어야 한다. 상권은 도로, 철도, 하천 등 물리적 요인에 의해 분리되기도 한다.

③ 분류

상권은 제품판매액, 고객인구수 등에 의해 분류한다. 예를 들어, 고객인구수로 분류하면 1차 상권을 고객의 60~70%가 위치한 지역, 2차 상권을 15~25%가 위치한 지역으로 구분하기도 한다. 또한 제품판매액으로 분류하면 1차 상권을 판매액의 75%를 소비하는 범위, 2차 상권을 14%를 소비하는 범위로 구분하기도 한다.

(2) 상업입지의 결정

① 중심지이론(크리스탈러)

외접형 → 중첩형 → 완결형

중심지이론은 중심지의 형태와 구조가 결정되는 과정을 설명한 이론이다. 전제조건이 선행되는 경우 처음 중심지 상권은 외접형으로 이루어진다. 중심지간의 경쟁이 강화됨에 따라 중첩형으로 변한다. 이후 상권을 최대화할 수 있는 육각형으로 발전한다고 한다. 중심지 규모는 공급자의 재화와 서비스 공급을 통해 정상이윤을 얻을 수 있는 최소요구범위로 결정된다. 중심지이론을 통해 중심지 규모의 크기 등에 따라 상권의 규모가 달라진다는 것을 실증적으로 검증하여 도시 규모와 입지가 분포되는 형태 및 계층구조를 설명하였다.

② 소매인력법칙(레일리)

소매인력법칙은 도시 규모와 거리를 통해 상권의 범위를 확정하기 위한 이론이다. 각 점포가 미치는 상권의 범위는 점포가 포함된 도시의 인구에 비례하고 거리의 제곱에 반비례한다. 이를 통해 두 도시 사이에 있는 도시에서 각 도시로 향할 흡인력을 구하게 된다.

③ 분기점 모형(컨버스)

분기점 모형은 소매인력법칙을 응용하여 두 점포의 상권이 구분되는 분기점을 찾는 모형이다. 즉, 두 점포 사이의 연결선상에서 두 점포 각각으로의 흡인력이 같아지는 지점을 찾는다.

④ 소매지역이론(허프)

소매지역이론은 소매인력법칙과 분기점 모형을 응용하여 고객의 행동력을 분석한 이론이다. 즉, 해당 매장으로 구매하러 갈 확률인 시장점유율을 구하게 된다. 이는 매장 면적에 비례하고 거리의 제곱에 반비례한다.

(3) 최근 변화

과거 상업 입지는 매상고의 극대화가 강조되어 수요자 밀집지역에 상권이 형성되었다. 그러나 최근 교통수단의 발달, 복합시설의 개발, 유통시스템의 발전 등으로 달라지고 있다. 즉, 소비자를 유인할 수 있는 시설, 물류 유통시설과의 접근 관계 등이 강조되고 있다.

3) 공업용

(1) 최소비용이론(베버)

최소비용이론은 운송비, 노동비, 집적이익을 통해 최적 입지를 결정하게 된다는 이론이다. 운송비는 거리에 의해 결정된다. 최소 운송비로 결정된 지점에서 다른 지점으로 변경되기 위해서는 추가되는 운송비보다 노동비의 절약이 커야 한다. 이때 노동비 절감액과 운송비 증가액이 동일한 등비용선을 임계(한계)등비용선이라고 한다. 마지막으로 집적이익을 통해 비용을 절감할 수 있다. 집적이익이 발생하는 지점이라면 운송비, 노동비에 의해 선택된 여러 후보들 중 우선적으로 선택한다.

(2) 입지적 상호의존설(호텔링)

입지적 상호의존설은 시장수요를 최대화하기 위해 입지가 결정된다는 이론이다. 처음보다 중심점으로 자리를 이동하다가 나중에 다시 회귀하게 된다는 이론이다.

(3) 최대수요이론(뢰쉬)

최대수요이론은 육각형 시장의 중심점에서 시장균형이 최대가 되는 입지가 된다는 이론이다. 일정한 전제조건하에 첫째, 생산지점에서 수요는 최대이지만 거리가 멀어짐에 따라 수요가 감소하는 현상(수요콘)이 나타난다. 둘째, 수요콘이 경쟁하면서 접하는 상태가 된다. 마지막으로 수요콘들이 빈 공간을 점유하면서 최적의 상권 경계를 갖는 육각형으로 정렬된다.

4) 업무용

(1) 업무활동의 의미

업무활동은 정보의 취급, 처리, 전파 등에 종사하는 활동이다. 업무활동은 높은 생산성과 고용창출 효과를 나타낸다. 따라서 단순히 이윤 극대화를 위한 입지만을 의미하지는 않는다. 오피스 권역을 살펴보면 도심권역(CBD), 여의도권역(YBD), 강남권역(KBD), 분당 및 판교권역(BBD) 등이 있다.

(2) 입지 결정

업무입지는 제약조건을 최소화하면서 입지에서 얻을 수 있는 기회를 극대화하는 방향에서 결정된다. 업무활동의 입지 결정에 영향을 미치는 제약적 조건으로 권위적 제약, 능력적 제약, 연계적 제약 등이 있다. 권위적 제약은 기업이 정부나 공공기관에 종속된다는 의미다. 능력적 제약은 교통, 통신에 의한 영향이다. 연계적 제약은 업무 중심의 결정지역, 네트워크 중심지 등에 의한 제약이다. 이러한 제약 등으로 인해 업무입지는 주로 도시 중심지에 위치한다.

(3) 최근 변화

과거 업무입지는 유사 업종 또는 관련 업종간에 집적하여 형성되었다. 따라서 도시 중심부 지역에 대한 선호도가 높았다. 그러나 최근 정보 통신망의 발전, 네트워크 중심의 업무분화 등으로 인해 달라지고 있다. 업종에 따른 지역별 업무 클러스터가 형성되기도 한다. 또한 종사자의 소득 수준에 따라 업무환경이 달라지기도 한다.

기출문제

[제10회 문제 3]
위치지대의 발생원리와 이에 영향을 주는 요인들을 설명하시오. (10점)

[제11회 문제 6-1]
Reilly의 소매인력의 법칙에 대하여 약술하시오. (5점)

[제15회 문제 5]
상업용 부동산의 입지결정요인에 대하여 설명하시오. (10점)

[제19회 문제 5]
상권분석에서 일반적으로 사용되는 허프(Huff)모형의 원리와 실무적용상의 장·단점을 설명하시오. (10점)

2 지대지가론

1. 지대지가의 개념

1) 지대와 지가

(1) 지대

① 의의

지대는 일정한 기간 동안 토지소유자의 소득으로 귀속되는 토지서비스 수익(임대료)을 말한다. 유량 개념이다.

② 전용수입과 경제지대

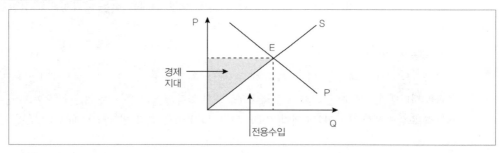

전용수입은 노동, 자본, 토지로 구성되는 생산요소가 다른 용도로 전용되지 않도록 현재의 용도에 대해서 지급되어야 하는 지급액을 말한다. 즉, 생산요소의 기회비용이다. 경제지대는 생산요소의 총수입에서 전용수입을 뺀 금액이다. 즉, 생산요소 공급자의 잉여라고 할 수 있다. 전용수입과 경제지대의 구성비는 공급의 가격탄력성에 따라 달라진다.

(2) 지가

지가는 일정한 기간 동안 장래에 토지에서 매기 발생하는 지대를 이자율로 할인한 특정 시점에서의 매매가격을 말한다. 저량 개념이다.

2) 지대 논쟁

지대 논쟁은 지대가 잉여인지, 비용인지에 대한 논쟁을 말한다. 고전학파는 다른 생산요소에 대한 대가를 지불하고 남은 잉여에 불과하다고 본다. 따라서 지가는 수요에 의해 결정된다고 본다. 그러나 신고전학파는 토지에서 생산되는 재화의 가격에 영향을 주는 비용으로 본다. 따라서 토지도 효율적 자원이므로 용도에 따라 가치도 배분되어야 한다고 본다.

2. 농경지 지대이론

1) 차액지대설(리카르도)

차액지대설이란 자본과 노동을 사용하여 획득되는 생산물량 사이의 차액이 지대라는 리카르도의 이론이다. 토지는 비옥도와 위치에 따라 우등지와 열등지가 있고, 이 차액이 지대라고 한다. 차액지대가 성립하기 위해서는 토지가 제한되고 수확체감의 법칙이 작용하며, 비옥도나 위치가 달라야 된다고 한다. 그러나 열등한 토지라도 지대를 지불하지 않고는 사용할 수 없다는 점 등을 설명하지 못한다.

2) 절대지대설(마르크스)

절대지대설이란 토지소유자의 소유에서 지대가 발생한다는 이론이다. 즉, 최열등지라도 지대를 가진다. 이 지대는 토지의 비옥도와는 아무 관계가 없다. 따라서 절대지대는 생산비의 일부를 구성하고 토지를 소유함으로써 발생한다. 차액지대는 생산물 가격 상승이 원인이 되어 초과이윤을 낳고 지대로 전환된다는 점에서 차이가 있다.

3) 독점지대설

독점지대설은 토지의 수요는 많은 데 비해 공급이 독점되어 지대가 발생한다는 이론이다. 독점지대는 발생조건에 따라 2가지로 구분된다. 첫째, 토지에서 발생하는 생산물의 가격에 따른 독점적 초과이윤이다. 둘째, 토지 수요의 제한으로 생산과 공급이 수요를 따라가지 못해 발생하는 독점적 초과이윤이다.

4) 입지교차지대설(튀넨)

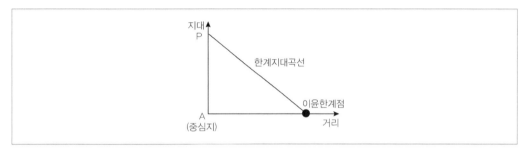

입지교차지대설은 시장으로부터의 거리 차이가 생산물 수송비 절약분만큼의 지대를 발생시킨다는 이론이다. 즉, 시장으로부터 거리가 생산물 가격을 결정하고, 그 생산물 가격의 차이가 지대를 발생한다는 의미다. 지대가 0이 되는 지점을 이윤한계점 또는 생산한계점이라 한다. 생산물의 종류나 농업의 유형에 따라 기울기가 달라진다. 즉, 집약농업은 기울기가 높고 조방농업은 낮다. 그 결과 도심에 가까울수록 지대를 감당할 수 있는 집약농업이 입지한다.

기출문제

[제2회 문제 1]

부동산학의 입장에서 지대(차액지대 · Ricardian-rent)론, rent(Quasi-rent, Paretian-rent, 준rent)론 등을 재조명하여 발전 연혁과 내용을 밝히면서 과연 현실의 부동산가격이 상기 이론으로 완전히 설명되어지는가를 규명하고, 실제의 부동산 거래 시 왜 부동산 감정평가활동이 요구되는가를 상기의 지대론, rent론 등과 비교하면서 그 이론적 근거를 제시하시오. (50점)

[제11회 문제 4]

농경지 지대이론 중 차액지대설과 절대지대설을 각각 설명하고, 그 차이점을 기술하시오. (10점)

3. 도시토지 지가이론

1) 입찰지대이론(알론소)

입찰지대이론은 도심으로부터 거리에 따라 가장 높은 지대를 지불할 수 있는 금액이 지대라는 이론이다. 즉, 지대는 해당 토지의 지대 입찰과정에서 토지이용자가 지불할 수 있는 최대 금액이다. 산업에 따라 입찰지대곡선의 기울기는 다양하다.

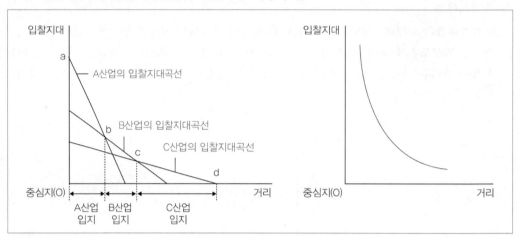

2) 지가이론(마샬)

재화의 가치는 수요 측면에서 단기적으로 효용에 의해, 공급 측면에서 장기적으로 생산비에 의해 영향을 받는다고 하였다. 또한 도시토지에 있어 위치의 가치가 곧 토지의 가격이라고 하였다. 즉, 위치가치는 수송비 및 판매비의 절약액, 생산물의 가격상승분 등이 포함되어 있다고 한다. 그리고 마샬의 토지이용은 오늘날 최유효이용을 의미한다. 예를 들어, 공업용지의 가치는 비용의 절약에, 상업용지는 매출의 증가에 있다고 하였다.

3) 성형도시이론(허드)

성형도시이론은 접근성에 의해 도시토지의 지가가 결정된다는 이론이다. 허드에 의하면 지가의 바탕은 경제적 지대이고, 지대는 위치에, 위치는 편리에, 편리는 가까움에 의존하므로 지가는 결국 접근성에 의존하는 것이라고 하였다.

4) 마찰비용이론(헤이그)

마찰비용이론은 토지이용자는 마찰비용으로 교통비와 지대를 지불한다는 이론이다. 입지결정의 핵심은 접근성을 얻으면서, 마찰비용을 최소화하는 데 있다고 하였다. 즉, 지대는 토지이용자가 교통비의 절약에 의한 수익을 갖는 경우 토지소유자에게 지불하는 일종의 요금이라고 하였다.

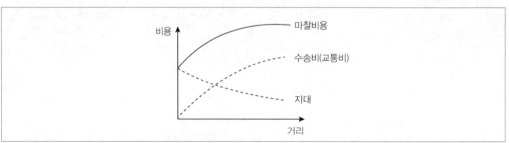

5) 토페카연구(소도시 지가구조)

토페카연구는 도시가 성장·발전할수록 특히 중심지의 지가가 높다는 것을 말한다. 지가가 변동함에 따라 토지이용의 집약도가 달라지고, 다시 집약도에 따라 지가구조가 달라지는 관계가 있다고 한다.

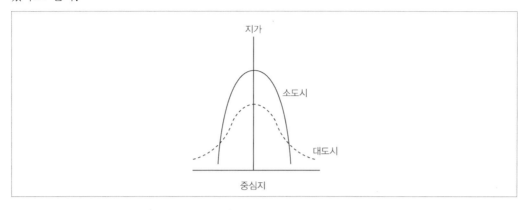

6) 가격조정이론(로스)

가격조정이론은 부동산 가격은 매도자 요구가격과 매수자 제안가격의 상호 조정과정에서 형성된다는 이론이다. 매도자 요구가격의 위쪽과 매수자 제안가격의 아래쪽 사이를 부동산 시장영역이라고 한다. 이 공간에서 가격이 결정된다.

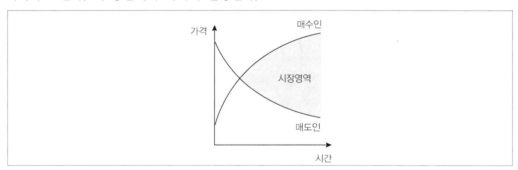

기출문제

[제8회 문제 5]
도시지역에서 TOPEKA 현상을 설명하시오. (10점)

❸ 도시성장 · 구조이론

1. 개념

도시공간은 인적 · 물적 기반이 결합된 장소이자, 각종 기능이 상호작용하는 공간이다. 도시공간은 크게 주거공간, 생산 및 서비스 공간으로 구성된다. 도시공간의 형성요인으로는 생태학적 요인(침입, 계승, 분리 등), 경제적 요인(지대 등), 정책적 요인(도시계획 등) 등이 있다. 요인 간에 상호 영향을 미치면서 도시공간구조는 성장 및 발전한다.

2. 동심원이론

1) 개념

동심원이론은 도시는 중심으로부터 원을 그리면서 중심지에서 멀어질수록 접근성, 지대, 인구밀도가 감소한다는 이론이다. 이는 중심지로부터 상업지역, 전이지역, 공장지역, 저소득지역, 고소득지역, 통근지역이 형성된다. 높은 지대를 지불할 수 있는 지역에서 토지이용이 고밀도화 된다고 한다.

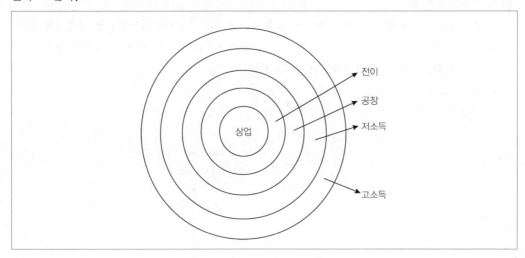

2) 한계

동심원이론의 한계는 같은 지역 내 토지라도 토지이용은 다를 수 있다는 것이다. 또한 동심원적 구조를 형성하는 과정에 대한 이유를 설명하지 않고 있다. 그 밖에 동심원이론이 완성되기 위해서는 생태학적 거리의 개념 도입, 교통선의 불규칙적 개발, 지형의 불규칙성 등에 대한 실증적 분석이 필요함에도 이를 고려하지 못하고 있다.

3. 부채꼴이론(부문이론)

1) 개념

부채꼴이론은 교통망에 따라 토지이용모형이 달라지고, 원이 변형된 부채꼴 모양의 토지이용이 확장된다는 이론이다. 부채꼴이론은 지역의 경제성장 및 인구가 늘어나는 도시 확산과정에 관한 이론이라는 점이 동심원이론과 유사하다. 주택가격 지불능력을 도시주거공간의 입지유형을 결정짓는 핵심요인이라고 한다.

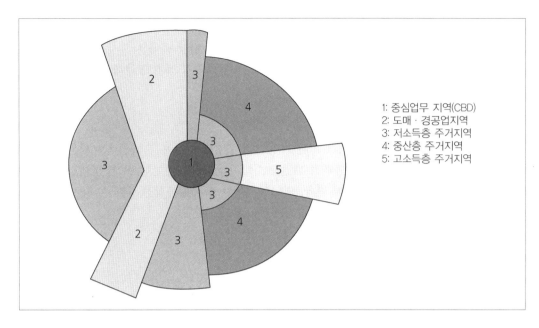

1: 중심업무 지역(CBD)
2: 도매 · 경공업지역
3: 저소득층 주거지역
4: 중산층 주거지역
5: 고소득층 주거지역

2) 한계

도시의 공간구조라는 측면에서 약간의 차이가 있을 뿐, 동심원이론과 유사한 비판을 받는다. 그리고 도시성장의 추세분석을 유도하기에는 미흡하다. 또한 주택지역에 대한 분류기준을 지나치게 단순화하여 주택입지의 이동을 설명하기에는 논리적 결함이 있다.

4. 다핵심이론

1) 개념

다핵심이론은 도시공간 내에 여러 개의 토지이용 군이 핵을 이루면서 지역공간을 구성한다는 이론이다. 즉, 하나의 핵을 이루고 있는 도시가 커지고 지역간 교통망이 발달하면서 새로운 핵이 형성된다. 도시지역 내 유사 토지이용군은 서로 흡인력을 가지고 집단을 형성한다. 그리고 핵이 성립하는 요인에 따라 도시의 기능적 지역분화가 이루어진다고 한다.

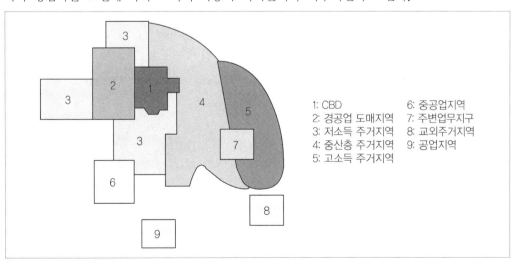

1: CBD
2: 경공업 도매지역
3: 저소득 주거지역
4: 중산층 주거지역
5: 고소득 주거지역
6: 중공업지역
7: 주변업무지구
8: 교외주거지역
9: 공업지역

2) 한계

다핵심이론은 다른 도시성장이론들보다 현대도시의 교통발달에 따른 도시성장 변화를 잘 설명한다. 그러나 다른 이론들처럼 주거지역 변화에 대한 개인적 동기나 문화적 요인, 도시 정책적 요인의 영향 등을 고려하지 못하고 있다.

5. 사회지역 구조이론

사회지역 구조이론은 도시공간에서 보이는 다양한 인구집단의 분포를 연구하는 이론이다. 도시의 생태학적 구조와 주거지역분화의 공간적 패턴을 사회지역으로 설명한다. 또한 현대사회 변화의 특성은 사회적 활동의 범위 및 강도의 변화, 기능의 분화, 조직의 복잡성 증대 등으로 설명한다. 그리고 주거지역의 공간이용구조를 인종적·가족적·경제적 차원으로 설명한다.

6. 정보화시대 도시공간구조의 변화

1) IT기술이 미치는 영향

20세기 중후반에는 도시교통의 혁신으로 도심의 접근성을 향상시키면서 주변지역의 접근성도 향상시켰다. 그 결과 도시지역의 평면적 확장을 가져왔다. 그러나 최근에는 IT기술의 발달이 도시공간구조를 근본적으로 변화시키고 있다. 예를 들어, 상업지역의 경우 유통공간을 중심으로 상품을 전시하는 매장이 감소하고 있다. 인터넷 쇼핑이 배달체제와 결합되면서 창고 등의 적재 공간 수요도 줄고 있다.

2) 도시공간의 기능적 통합

IT기술의 발달로 시간이나 장소에 관계없이 일을 처리할 수 있다. 그 결과 여러 용도의 토지이용이 혼재되거나 복합적인 토지이용이 가능하다. 따라서 작업공간, 주거공간, 쇼핑공간, 여가공간 등이 일체화되고 있다. 특히 직주가 결합될 가능성이 높다. 최근 도심이나 부도심에서 등장하는 고급 아파트, 주상복합건물 등이 있다.

3) 도심기능의 재편

도심은 상품이나 서비스 판매활동, 업무활동 등이 밀집된 지역을 의미했다. 즉, 도시에서 최고의 중심성을 가지는 지역이다. 그 결과 도심에서의 건물은 고층화되고 토지는 집약적으로 이용한다. 그러나 IT기술의 발달로 인해 기능이 재편되고 있다. 바로 IT산업집적지가 형성되고 있다. 그 결과 도시 내 다양한 활동들이 다핵적으로 분산되어 거점을 형성하고 있다.

4 가치이론과 감정평가이론

1. 중상주의

중상주의는 국력을 강화하는 수단으로서 '국부'의 축적이 중요했다. 국부는 국고에 유입되는 금의 양과 동등한 것이었다. 또한 교환의 매개체인 금을 축적하기 위해 상품교역을 통한 무역수지의 흑자를 유지하고자 하였다. 따라서 외국과의 무역에서 독점을 차지하기 위해 강력한 중앙경제의 통제를 강화하고, 식민지의 경제의존을 확고히 하려고 하였다.

2. 중농주의

중농주의는 중상주의에 반대하는 입장이었다. 정부의 역할을 최소화하는 자유방임주의를 채택할 것을 강조했다. 중앙집권적 통제가 아닌 개인주의적이면서 농업에 기반을 둔 경제행위를 제시했다. 따라서 금이 아닌 농업 생산성을 부의 원천으로 보고 토지를 근원적 생산요소로 주장하였다.

3. 고전학파

① 고전학파는 중농주의 사상을 발전시켜 생산비에 의해 재화의 가치가 결정된다는 생산비 가치설을 주장하였다. 재화가 가치를 가지기 위해서는 효용과 희소성이 있어야 한다. 이때 투입된 비용만큼 효용이 증가한다는 가정이 있다. 따라서 효용의 근본은 비용이므로 공급과 비용을 강조한다.
② 재화의 가격은 수요와 공급에 의해 결정된다. 만약 시장가격이 생산비에 미치지 못하면 공급이 감소하고 시장가격이 상승하게 된다. 결국 시장가격과 생산비가 일치하는 선에서 균형을 이룬다고 한다.

4. 한계효용학파

① 한계효용학파는 고전학파의 생산비 가치설과 마르크스의 노동가치설에 반대하여 한계효용에 의해 재화의 가치가 결정된다는 한계효용 가치설을 주장하였다. 재화가 가치를 가지기 위해서는 효용과 희소성 외에 유효수요도 있어야 한다. 이때 한계효용의 기여도에 따라 가치가 달라진다. 한계효용의 구체적인 크기는 유효수요에 의해 결정된다. 따라서 수요와 가격을 강조한다.
② 재화의 가격은 단기적으로 수요에 의해 결정된다고 한다. 재화의 효용은 시장에서 매수자가 지불하려는 가격에 의해 측정된다고 보기 때문이다. 따라서 수요가 증가하면 시장가격이 상승하고, 공급을 증가시킨다. 즉, 생산비와 시장가격은 상관관계는 있으나, 인과관계는 아니라고 본다.

5. 신고전학파

① 신고전학파는 고전학파와 한계효용학파 이론을 통합하였다. 마샬은 단기적으로 효용과 수요가 작용하고, 장기적으로 비용과 공급이 작용하여 궁극적으로 일치한다고 한다. 즉, 수요와 공급은 가격 결정에 있어 분리될 수 없다고 한다. 여기서 단기와 장기는 새로운 공급 가능성을 기준으로 하여 구분한다.
② 재화의 가격은 장기 완전경쟁시장에서 수요와 공급의 균형 상태에서의 가격을 의미한다. 마샬은 특정 재화의 수요와 공급은 그 재화 가격만의 함수라고 가정하는 부분시장분석을 고안했다. 이를 통해 수요와 공급, 단기와 장기의 균형을 설명했다. 이때 가격, 비용, 가치는 궁극적으로 같아진다고 한다.

6. 가치추계이론

① 가치추계이론은 대상물건의 가치를 추계하는 원리나 방법을 의미한다. 이는 가치이론을 바탕으로 한다. 가치추계방법은 비용접근법, 시장접근법, 소득접근법을 전통적으로 사용하고 있다.
② 고전학파는 공급가격론에 의해 비용접근법으로 추계한다. 한계효용학파는 수요가격론에 의해 시장접근법으로 추계한다. 신고전학파는 수요공급 수요공급균형론(장래 기대이익)에 의해 소득접근법으로 추계한다. 시장접근법에서는 시장참가자가 지불하려는 가격에 따라 효용을 평가하지만, 소득접근법에서는 장래 기대되는 편익을 현재가치로 환원한 값으로 효용을 평가한다.

기출문제

[제5회 문제 1]
Marshall의 가치이론을 논하고 감정평가 3방식과의 관련성을 논급하시오. (40점)

[제30회 문제 2]
시장가치에 대하여 다음의 물음에 답하시오. (30점)
1) '성립될 가능성이 가장 많은 가격(the most probable price)'이라는 시장가치의 정의가 있다. 이에 대해 설명하시오. (10점)
2) 부동산거래에 있어 '최고가격(highest price)'과 '성립될 가능성이 가장 많은 가격'을 비교·설명하시오. (10점)
3) 가치이론과 가치추계이론의 관계에 대하여 각 학파의 주장내용과 이에 관련된 감정평가방법별 특징을 설명하시오. (10점)

---

5 가치다원론

1. 의의

가치다원론이란 부동산 가치는 감정평가목적 등에 따라 다양하게 나타날 수 있다는 이론이다.

2. 이론적 근거

1) 가치형성요인의 다양성

부동산은 가치형성요인이 다양하다. 따라서 다양한 가치형성요인이 감정평가목적 등에 따라 달라질 수 있다. 그 결과 부동산 가치는 다양하게 나타날 수 있다.

2) 감정평가의 객관성

감정평가목적 등에 따라 유형화함으로써 감정평가의 객관성 등을 높일 수 있다. 또한 구체적인 감정평가를 하는 과정에서 가치다원론을 활용하게 되면 보다 설득력이 있다.

3) 의뢰목적에 부응

감정평가 의뢰인의 목적 등에 따라 유용한 정보를 제공하게 된다. 그 과정에서 다양한 의뢰목적이 발생할 수 있다. 가치다원론을 활용하여 다양한 의뢰목적에 부응할 수 있다.

4) 감정평가 기능의 발전

감정평가목적 등에 따라 다양한 가치가 나타날 수 있어야 한다. 왜냐하면 감정평가는 정책적·경제적 기능 등 다양한 기능을 하기 때문이다. 또한 다양한 기능을 통해 서비스 수요를 늘릴 수 있고, 업무영역을 확대시킬 수 있다.

기출문제

[제13회 문제 3]
감정평가목적 등에 따라 부동산가격이 달라질 수 있는지에 대하여 국내 및 외국의 부동산가격 다원화에 대한 견해 등을 중심으로 논하시오. (20점)

[제17회 문제 2]
감정평가에 있어 시장가치, 투자가치, 계속기업가치 및 담보가치에 대하여 각각의 개념을 설명하고, 각 가치개념간의 차이점을 비교한 후, 이를 가격다원론의 관점에서 논하시오. (30점)

[제20회 문제 1]
지상권이 설정된 토지가 시장에서 거래되고 있다. 이와 관련된 다음 물음에 답하시오. (40점)
1) 위 토지의 담보 감정평가시 유의할 점과 감가 또는 증가요인을 설명하시오. (15점)
2) 위 토지의 보상 감정평가시 검토되어야 할 주요 사항을 설명하시오. (10점)
3) 감정평가목적에 따라 감정평가액의 차이가 발생할 수 있는 이유를 감정평가의 기능과 관련하여 설명하시오. (15점)

[제26회 문제 2]
감정평가목적에 따라 감정평가금액의 격차가 큰 경우가 있다. 다음 물음에 답하시오. (30점)
1) 보상감정평가, 경매감정평가, 담보감정평가의 목적별 감정평가방법을 약술하고, 동일한 물건이 감정평가목적에 따라 감정평가금액의 격차가 큰 사례 5가지를 제시하고 그 이유를 설명하시오. (20점)
2) 주거용 건물을 신축하기 위해 건축허가를 득하여 도로를 개설하고 입목을 벌채 중인 임야를 감정평가하고자 한다. 개발 중인 토지의 감정평가방식에는 공제방식과 가산방식이 있다. 공제방식은 개발 후 대지가격에서 개발에 소요되는 제반비용을 공제하는 방식이고, 가산방식은 소지가격에 개발에 소요되는 비용을 가산하여 평가하는 방식이다. 두 가지 방식에 따른 감정평가금액의 격차가 클 경우 보상감정평가, 경매감정평가, 담보감정평가에서 각각 어떻게 감정평가하는 것이 더 적절한지 설명하시오. (10점)

제3절 부동산 가치의 발생과 형성

1 부동산 가치발생요인

1. 개념

1) 의의

부동산 가치발생요인이란 부동산이 경제적 가치를 가지게 하는 요인과 요인간의 상호작용을 말한다.

2) 특징

① 부동산 가치는 수요측면의 요인(효용, 유효수요)과 공급측면의 요인(상대적 희소성)에 의해 발생한다. 또한 부동산은 제반 환경의 영향을 받게 된다. 따라서 가치발생요인은 가치형성 요인에 의해 영향을 받아 끊임없이 변화한다.

② 부동산 가치는 경제재의 본질을 지닌다. 따라서 가치발생요인간의 상호작용도 수요와 공급 의 경제원리에 반영된다. 수요는 욕구를 창출하고 구매력에 제한을 받는다. 공급은 효용에 영향을 받고 희소성에 제한을 받는다. 이는 다시 수요와 공급에 영향을 미친다.

2. 종류

1) 효용

(1) 개념

효용은 인간의 욕구를 만족시켜 줄 수 있는 능력이다. 부동산은 용도적 측면에서 다양한 효용이 나타난다. 따라서 효용의 가치는 효용을 위해 지불하는 금액으로 나타난다.

(2) 일반재화와의 차이

일반재화는 주로 하나의 효용을 가진다. 그러나 부동산은 다양한 효용을 가진다. 예를 들 어, 시장성, 수익성, 쾌적성, 생산성 등이 있다. 일반재화는 1회 내지 일정 기간 사용하면 효용이 소멸한다. 그러나 부동산은 영속성 등으로 인해 효용이 장기적이다. 또한 시간의 흐 름에 따라 부동산 효용은 계속해서 변한다.

2) 상대적 희소성

(1) 개념

희소성은 인간의 욕구에 비해 재화의 양이 부족한 것이다. 부동산은 지역적·용도적 관점 에서 상대적으로 희소성이 심화된다. 여기에는 수요에 비해 공급이 부족하다는 의미도 포 함된다. 일반적으로 수요가 일정할 경우 희소성은 재화를 더 가치 있게 만든다.

(2) 일반재화와의 차이

일반재화에 비해 부동산은 공급을 조절하기 어렵다. 일반재화는 생산과 이동이 자유롭다. 그러나 부동산은 고정성 및 용도의 다양성으로 인해 희소성이 다양하게 나타난다.

3) 유효수요

(1) 개념

수요는 재화를 구매하려는 욕구다. 부동산은 구매력(지불능력)과 구매욕구(의사)가 있는 유효수요가 나타난다. 부동산은 고가성으로 인해 구매의사만으로 수요로 인정되기 어렵기 때문이다.

(2) 일반재화와의 차이

부동산은 인간의 활동 공간이다. 따라서 일반재화보다 구매욕이 크게 나타난다. 또한 일반재화보다 고가이기 때문에 구매력이 중요하게 작용한다.

기출문제

[제6회 문제 1]
부동산가격의 발생원인을 일반재화의 가격과 비교하여 논하시오. (40점)

[제8회 문제 1]
부동산 가치발생요인을 분석하여 특히 상대적 희소성의 역할관계를 논술하시오. (40점)

[제29회 문제 1]
다음을 설명하고, 각각의 상호관련성에 대하여 논하시오. (40점)
1) 부동산가치 발생요인과 부동산가격 결정요인 (10점)
2) 부동산가격 결정과정(메커니즘)과 부동산가치의 3면성 (10점)
3) 부동산가치의 3면성과 감정평가 3방식 6방법 (20점)

2 부동산 가치형성요인

1. 개념

가치형성요인이란 대상물건의 경제적 가치에 영향을 미치는 일반요인, 지역요인 및 개별요인 등을 말한다(감칙 제2조 제4호). 가치형성요인은 각 요인들이 상호 유기적으로 연결되어 부동산 가치에 영향을 미친다. 또한 가치형성요인은 시간에 따라 끊임없이 변한다. 가치형성요인은 공간적 범위에 따라 일반요인, 지역요인, 개별요인으로 구분할 수 있다. 또한 내용적 측면에 따라 자연적 · 사회적 · 경제적 · 행정적 요인으로 구분할 수 있다.

2. 종류

1) 일반요인

(1) 개념

일반요인은 대상물건이 속한 전체 사회에서 대상물건의 이용과 가격수준 형성에 전반적으로 영향을 미치는 일반적인 요인을 말한다(실무기준).

(2) 지역지향성

지역지향성이란 일반요인이 지역적 측면에서 지역마다 다르게 나타나는 것이다. 부동산은 지역성으로 인해 지역특성을 가지는 지역을 형성한다. 따라서 일반요인은 지역성에 기반하여 지역특성에 따라 다른 영향을 미치게 된다. 지역성이란 부동산이 자연적·인문적 특성을 공유하는 다른 부동산과 함께 하나의 지역을 구성하고, 그 지역 및 지역 내 다른 부동산과 의존·보완·협동·대체·경쟁 관계를 통해 사회적·경제적·행정적 위치가 결정된다는 특성을 말한다.

(3) 분류

① **자연적 요인**

자연적 요인은 부동산의 이용과 가격수준 형성에 영향을 미치는 자연 및 환경에 관련된 요인이다. 환경요인에는 자연환경과 인공환경이 있다. 구체적인 요인에는 ㉠ 지질, 지반 등의 상태 ㉡ 토양 및 토층의 상태 ㉢ 지세의 상태 ㉣ 지리의 위치관계 ㉤ 기상 상태 등이 있다.

② **사회적 요인**

사회적 요인은 부동산의 이용과 가격수준 형성에 영향을 미치는 사회 환경 및 현상에 관련된 요인이다. 구체적인 요인에는 ㉠ 인구의 상태 ㉡ 가족구성 및 세대분리의 상태 ㉢ 도시형성 및 공공시설의 정비 상태 ㉣ 교육 및 사회복지의 상태 ㉤ 부동산 거래 및 사용수익의 관행 ㉥ 건축양식 등의 상태 ㉦ 정보화 진전의 상태 ㉧ 생활양식 등의 상태 등이 있다.

③ **경제적 요인**

경제적 요인은 부동산의 이용과 가격수준 형성에 영향을 미치는 경제적 상황에 관련된 요인이다. 구체적인 요인에는 ㉠ 저축, 소비, 투자 및 국제수지의 상태 ㉡ 제정 및 금융의 상태 ㉢ 물가, 임금, 고용 및 기업활동의 상태 ㉣ 세 부담의 상태 ㉤ 기업회계제도의 상태 ㉥ 기술혁신 및 산업구조의 상태 ㉦ 교통체계의 상태 ㉧ 국제화의 상태 등이 있다.

④ **행정적 요인**

행정적 요인은 부동산의 이용과 가격수준 형성에 영향을 미치는 공법적 규제 및 기타 행정적 조치에 관련된 요인이다. 구체적인 요인에는 ㉠ 토지이용계획 및 규제 상태 ㉡ 토지 및 건축물의 구조, 방제 등의 규제 상태 ㉢ 택지 및 주택의 시책 상태 ㉣ 부동산 세제 상태 ㉤ 부동산 거래의 규제 상태 등이 있다.

2) 지역요인

지역요인이란 대상물건이 속한 지역의 가격수준의 형성에 영향을 미치는 자연적·사회적·경제적·행정적 요인을 말한다(실무기준). 즉, 일반요인의 상호결합에 의해 지역적 차원으로 축소된 상태를 의미한다. 따라서 대상 부동산의 가치에 보다 직접적인 영향을 미친다. 지역요인도 일반요인과 마찬가지로 내용적 측면에서 분류할 수 있다.

3) 개별요인

개별요인이란 대상물건의 구체적 가격에 영향을 미치는 대상물건의 고유한 개별요인을 말한다(실무기준). 부동산은 일정한 지역 차원에서 가격수준을 형성하고, 이를 고려하여 개별 부동산의 구체적 가격이 형성된다. 개별요인도 일반요인, 지역요인처럼 내용적 측면에서 분류할 수 있다.

기출문제

[제17회 문제 3]
부동산가격형성의 일반요인은 자연적 · 사회적 · 경제적 · 행정적 제 요인으로 구분할 수 있다. 부동산가격형성의 행정적 요인 중 부동산거래규제의 내용에 대하여 설명하고, 거래규제가 감정평가에 미치는 영향에 대하여 설명하시오. (20점)

[제21회 문제 1]
부동산의 가치는 여러 가치형성요인의 상호작용에 의하여 영향을 받는바, 가치형성요인에 관한 다음의 물음에 답하시오. (40점)
1) 다른 조건이 일정할 경우 출생률 저하, 핵가족화가 주거용 부동산 시장에 미치는 영향을 설명하고, 주거용 부동산 감정평가시 유의사항에 대하여 논하시오. (30점)
2) 기후변화에 대한 관심이 높아지고 있는바, 기후 변화가 부동산가치형성요인에 미칠 영향에 대하여 약술하시오. (10점)

3 부동산 가치의 형성과정

1. 가격수준의 형성

가격수준이란 지역의 표준적 이용에 따른 표준적이고 평균적인 가격의 범위를 말한다. 부동산은 일반요인과 지역요인의 영향을 받아 지역성을 지닌다. 그 결과 지역의 표준적 이용과 가격수준이 형성된다.

2. 구체적 가격의 형성

구체적 가격은 지역의 표준적 이용과 가격수준의 영향을 받아 최유효이용으로 형성된다. 구체적 가격이 모여 지역의 표준적 이용과 가격수준을 형성하기도 한다.

기출문제

[제2회 문제 2]
부동산가격의 형성원리를 설명하라. (30점)

[제8회 문제 4]
부동산 가격형성에 있어 개별적 제 요인 분석의 목적을 기술하시오.(10점)

[제15회 문제 1]
부동산 감정평가의 3방식을 이용하여 시산가액을 도출하기 위해서는 여러 단계가 필요하다. 다음에 대하여 설명하시오. (40점)
1) 부동산 가격의 구체화 · 개별화 단계에 대하여 설명하시오. (10점)
2) 부동산 가격수준의 단계와 내용에 대하여 설명하시오. (10점)
3) 부동산 감정평가를 위하여 구분하는 지역을 구체적으로 열거하고, 대체성, 경쟁성, 접근성과 관련 설명하시오. (10점)
4) 부동산 가격의 경제적 특성에 대하여 설명하시오. (10점)

제4절 부동산 가치원칙

1 개념

1. 의의

부동산 가치원칙이란 부동산 가치가 시장에서 어떻게 형성되고 유지되는지에 관해 일정한 법칙성을 도출한 것이다. 경제원칙이라고도 한다. 부동산 시장에서 매도자와 매수자는 경제적 합리성에 따라 행동한다. 따라서 시장참가자의 선호도와 행태를 분석하여야 객관적인 감정평가를 할 수 있다. 그러므로 가치원칙은 '시장의 힘을 해석하는 도구'라고도 한다.

2. 특징

부동산 가치원칙은 부동산 고유의 특성을 반영하고 있다. 또한 가치형성요인 및 가치발생요인과의 유기적 관련성을 반영하고 있다. 그리고 부동산 가치는 최유효이용을 전제로 하므로 최유효이용원칙을 기준으로 체계를 형성하고 있다.

3. 분류

1) 최유효이용원칙을 기준으로 한 분류

① 기초·토대가 되는 원칙(예측, 변동), ② 내부 원칙(기여, 균형, 수익배분, 수익체증·체감), ③ 외부 원칙(대체, 경쟁, 외부성, 적합, 수요·공급, 기회비용)이 있다.

2) 일반 경제원칙을 기준으로 한 분류

① 동일한 원칙(대체, 수익체증·체감, 기여), ② 유사한 원칙(경쟁, 변동, 균형, 예측, 기회비용, 수요·공급, 수익배분), ③ 고유한 원칙(최유효이용, 적합, 외부성)이 있다.

2 구체적인 가치원칙

1. 최유효이용의 원칙

최유효이용의 원칙이란 부동산 가치는 최유효이용을 전제로 파악되는 가치를 표준으로 하여 형성된다는 원칙이다. 최유효이용이란 객관적으로 보아 양식과 통상의 이용능력을 가진 사람이 부동산을 합법적이고 합리적이며 최고·최선의 방법으로 이용하는 것이다.

2. 예측의 원칙

1) 의의

예측의 원칙이란 부동산 가치가 끊임없이 변하기 때문에 요인의 추이나 동향에 대한 예측을 해야 한다는 원칙이다.

2) 중요성

부동산 가치는 장래 대상 부동산이 창출할 것으로 기대되는 편익의 현재가치 합으로 나타날 수 있다. 장래 편익은 부동산을 둘러싼 환경의 변화로 인해 끊임없이 변화한다. 따라서 가치형성요인의 추이나 수요와 공급상황을 예측할 필요가 있다. 이를 위해서는 과거의 추이나 요인을 분석하여 변동가능성을 예측해야 한다.

3. 변동의 원칙

변동의 원칙은 부동산 현상과 활동, 가치형성과정의 요인 등은 시간에 따라 변하므로 부동산 가치도 그에 따라 변한다는 원칙이다. 부동산이 속하는 지역은 확대, 축소 등으로 변하므로 지역요인도 변화한다. 그 결과 지역특성이 변하고, 가격수준에 영향을 주어 구체적 가격도 변하게 된다.

4. 기여의 원칙

1) 의의

기여의 원칙은 부동산 가치는 부동산을 구성하는 각 요소가 가치에 기여하는 공헌도의 영향을 받아 결정된다는 원칙이다.

2) 성립근거 및 적용

부동산의 구성요소가 전체에 기여하는 정도가 큰 이용을 선택해야 한다는 점에서 용도의 다양성과 분할·합병의 가능성이 근거가 된다. 기여도에 따라 추가 투자의 적정성 판정에 유용하다.

5. 균형의 원칙

균형의 원칙이란 부동산 가치가 최고가 되기 위해서는 내부 구성요소들이 적절한 균형을 이루고 있어야 한다는 원칙이다. 부동산은 일반재화와 달리 내부적으로 다양한 요소가 복합적으로 구성되어 있다. 따라서 균형이 성립되고 있어야 최유효이용이 되고 최고의 가치를 발휘할 수 있다.

6. 수익배분의 원칙

수익배분의 원칙은 부동산 수익은 잔여수익에 배분되어 토지가치에 영향을 미친다는 원칙이다. 부동산은 고정성으로 인해 자본, 노동, 경영 등에 배분되고 남는 수익이 토지에 배분된다는 인식이다.

7. 수익체증 · 체감의 원칙

1) 의의

수익체증 · 체감의 원칙이란 부동산 단위투자당 수익은 체증하다가 체감한다는 원칙이다. 즉, 한계비용과 한계수입이 일치하는 수준에서 부동산 가치가 최대로 된다고 한다.

2) 성립근거 및 적용

부동산은 부증성으로 인해 공급에 비해 수요는 계속 증가한다. 따라서 효율적 이용의 극대화를 위해 추가 투자의 한계점을 판단해야 한다. 그 결과 감정평가에서 입체이용률과 입체이용저해율의 개념이 적용된다.

8. 경쟁의 원칙

1) 의의

경쟁의 원칙은 일반재화처럼 초과이윤을 얻기 위한 시장참가자들의 경쟁에 의해 가격이 형성된다는 원칙이다. 부동산 가격은 경쟁에 의해 결정되는데, 경쟁으로 인해 초과이윤이 없어지고 부동산은 그 가치에 적합한 가격이 형성된다는 것이다.

2) 일반재화와의 차이

부동산은 고정성과 부증성으로 인해 공급자간 경쟁이 아니라 수요자 경쟁이 주를 이룬다. 또한 용도의 다양성으로 인해 경제적 측면에서의 경쟁이 나타난다. 그리고 경쟁으로 인해 초과이윤이 상실되지만, 사전적 독점을 한 경우 등에는 획득이 가능하다.

9. 대체의 원칙

1) 의의

대체의 원칙이란 부동산 가치는 대체 · 경쟁관계에 있는 유사한 부동산 또는 다른 재화의 영향을 받아 형성된다는 원칙이다. 대체란 동일한 필요나 욕구를 충족시킬 수 있는 대안을 찾는 과정이다.

2) 성립근거

부동산은 물리적으로 대체가 불가능하다. 그러나 지역적 · 용도적 측면에서 대체성이 인정된다. 따라서 효용이 같으면 가격이 낮은 것을 선택한다. 그러므로 부동산 가치도 대체 가능한 다른 부동산이나 재화의 영향으로 형성된다.

3) 대체조건과 대상

대체관계가 성립하기 위해서는 용도, 효용, 가격 등에 유사성이 있어야 한다. 대체가 가능한 대상은 동일지역 내 부동산 상호간, 지역특성이 유사한 지역간, 일반재화 등이 있다.

10. 수요 · 공급의 원칙

1) 의의

수요 · 공급의 원칙이란 부동산도 일반재화처럼 수요와 공급에 의해 가격이 결정되고, 그 가격은 다시 수요와 공급에 영향을 미친다는 원칙이다.

2) 성립근거

부동산은 부증성으로 인해 공급곡선이 수직으로 형성된다. 그 결과 일반재화처럼 수요와 공급이 이루어지지 않는다. 그러나 용도의 다양성으로 인해 용도간 대체가 가능해짐에 따라 수요와 공급이 성립할 수 있다.

3) 일반재화와의 차이

부동산은 일반재화와 달리 공급이 비탄력적이다. 그 결과 수요와 공급에 시차가 발생한다. 그러므로 단기적으로 수요가 가격결정에 중요한 요인으로 작용한다. 또한 부동산 시장은 지역별·용도별로 수요와 공급요인이나 시장상황이 다르다. 그러므로 일반재화와 달리 지역을 획정하여 그 시장의 현재와 장래 수급 상황을 분석해야 한다. 일반재화의 가격은 수요와 공급에 의해 결정되고, 다시 수요와 공급에 영향을 미쳐 수급을 조절하는 가격의 이중성을 지닌다. 그러나 부동산은 단순한 수급원리에 의하지 않고 고유한 가치형성과정 속에 형성된다.

11. 외부성의 원칙

1) 의의

외부성의 원칙은 부동산 가치는 외부적 요인에 의해 영향을 받는다는 원칙이다.

2) 성립근거

외부적 요인이 긍정적인 영향일 때 외부경제라 한다. 외부적 요인이 부정적인 영향일 때 외부불경제라 한다. 즉, 부동산은 고정성으로 인해 외부 환경의 영향을 받는다.

3) 적합의 원칙과의 차이

적합의 원칙은 대상 부동산이 외부 환경에 적합해야 한다는 것으로 부동산과 외부 환경과의 양 방향적인 영향 관계를 보인다. 그러나 외부성의 원칙은 외부적 요인이 대상 부동산에 일방적인 영향을 준다는 것이다. 따라서 두 원칙은 방향을 달리하여 고찰하고 있다.

12. 적합의 원칙

1) 의의

적합의 원칙이란 부동산 효용이 최고로 발휘되기 위해서는 부동산 이용방법이 주위환경에 적합해야 한다는 원칙이다.

2) 성립근거

부동산은 고정성으로 인해 일정한 지역을 이룬다. 따라서 지역 내 대체·경쟁 관계를 이루는 용도, 이용방법, 가격 등이 유사해지는 경향이 있다.

3) 적합성의 판단

① 적합성은 사회적·경제적·행정적 측면에서 고려된다. 또한 부동산이 속한 지역의 표준적 이용과의 적합성이 중요하다. 반드시 일치하지 않는다고 하더라도 표준적 이용과 합리적인 유사성이 인정되면 적합성을 인정할 수 있다.

② 적합성 판단시 장래 표준적 이용과의 적합 여부, 장래 수급상황 및 표준적 이용의 변동 등에 유의한다.

13. 기회비용의 원칙

1) 의의

기회비용의 원칙이란 부동산 가치는 어떤 대안을 선택함으로써 포기한 다른 대안 중 가장 큰 비용인 기회비용을 반영하여 형성된다는 원칙이다.

2) 성립근거 및 적용

부동산 가격은 대체 가능한 유사부동산의 가격(기회비용)을 반영하여 형성된다. 투자자는 생산 원가보다 부동산이 제공하는 효용과 경합하는 대안의 효용을 비교하여 가격을 제시한다. 따라서 선택된 투자안과 포기된 투자안의 기회비용은 대체 및 경쟁관계에 있다. 그러므로 부동산 가치는 다른 투자기회를 선택하지 않은 기회비용이 이미 반영된 결과다.

기출문제

[제2회 문제 3-1]
대체의 원칙과 기회비용의 원칙의 관계를 약술하시오. (10점)

[제5회 문제 3-3]
감정평가에서 최유효이용의 원칙이 강조되는 이론적 근거를 약술하시오. (10점)

[제5회 문제 3-4]
예측의 원칙을 약술하시오. (10점)

[제8회 문제 3]
부동산가격원칙 중 최유효이용원칙과 연관되는 원칙을 기술하시오. (20점)

[제9회 문제 4]
토지는 지리적 위치의 고정성으로 인하여 강한 개별성을 갖는다. 이와 관련한 부동산 가격원칙과 파생적 특징을 설명하시오. (10점)

[제12회 문제 2]
대체의 원칙이 감정평가과정에서 중요한 지침이 되는 이유를 부동산의 자연적 특성의 하나인 개별성과 관련하여 설명하고 이 원칙이 협의의 가격을 구하는 감정평가3방식에서 어떻게 활용되는지 기술하시오. (20점)

[제16회 문제 4]
감정평가사 김氏는 K은행으로부터 대상부동산에 대한 담보감정평가를 의뢰받았다. 감정평가사 김氏는 현장조사 및 자료분석을 통하여 아래와 같은 자료를 수집하였다. 아래 대상부동산의 시장분석자료를 근거로 감정평가사 김氏가 K은행 대출담당자에게 담보가격의 결정에 대한 이론적 근거에 대해 부동산가격제원칙을 중심으로 기술하시오. (10점)

〈대상부동산〉
- 서울시 ○○구 ○○동 XXX-X번지 AA빌라 3층 301호 100평형
- 대상부동산 분양예정가: 10억원

〈현장조사 및 자료분석 내용〉
- 분양성 검토: 대형 평형으로 인해 인근지역 내에서 분양성 악화가 우려됨
- 인근지역의 표준적 이용상황: 40~50평형
- 인근지역의 담보평가가격수준: 3.6억~4.5억원
- 거래가능가격(표준적이용상황 기준): 평형당 1,000만원

[제24회 문제 1]
최유효이용에 대한 다음의 물음에 답하시오. (40점)
1) 부동산감정평가에서 최유효이용의 개념과 성립요건을 설명하시오. (5점)
2) 부동산가격판단시 최유효이용을 전제로 판단해야 하는 이유를 설명하시오. (10점)
3) 최유효이용의 원칙과 다른 원칙들간의 상호관련성을 설명하시오. (10점)
4) 부동산시장이 침체국면일 때 최유효이용의 판단시 유의사항을 설명하시오. (15점)

제4장 부동산 의사결정

제1절 부동산 투자

1 개념

1. 의의

투자란 미래의 불확실한 장래 이익을 위해 현재의 확정적인 현금 소비를 희생하는 행위다. 부동산 투자는 투자 행위 중 투자 대상을 부동산에 한정한 것을 의미한다.

2. 목적

1) 공간의 필요

부동산 투자의 목적은 공간이 필요하기 때문이다. 예를 들어, 생산 공간이 필요해서 공장을 취득한다. 뿐만 아니라 국가 등이 공원 조성을 위해서나 신혼집으로 이용하기 위해서 부동산을 취득한다.

2) 수익의 창출

부동산 투자의 목적은 수익을 올리기 위해서이다. 부동산 투자는 취득, 보유, 처분의 과정으로 이루어진다. 여기서 수익은 보유 과정에서 임대료 등으로, 처분 과정에서 시세차익 등으로 얻을 수 있다. 또한 취득, 보유, 처분 과정에서 절세, 이자절감 등을 통한 비용절감도 다른 측면의 수익실현이다.

3) 인플레이션 방어

부동산 투자는 인플레이션을 방어하기 위한 목적도 있다. 부동산은 실물자산이기 때문에 주식이나 채권 등에 비해 안정성을 지니기 때문이다.

3. 특징

1) 비유동성

유동성이란 원본 손실 없이 자산을 현금화할 수 있는 능력이다. 부동산은 매각 등에 상당한 시간이 소요된다. 따라서 부동산 투자는 비유동성을 지닌다.

2) 저환금성

환금성이란 원본에 대한 손실을 감수하더라도 자산을 빠르게 현금화할 수 있는 능력이다. 부동산은 매각 등에 상당한 시간이 소요되므로 낮은 환금성을 지닌다.

3) 관리부담

관리부담이란 투자에 대한 관리비용이나 리스크를 말한다. 부동산투자는 포트폴리오 관리를 통해 비체계적 위험을 분산한다. 체계적 위험은 위험을 분산시킬 수 없는 위험이다.

4. 화폐의 시간가치

1) 개념

(1) 의의

화폐의 시간가치란 현재 소유하고 있는 현금이 미래에 수취하게 될 현금보다 큰 가치를 가진다는 것이다. 현재 소유하고 있는 현금은 리스크가 없다. 그러나 미래에 수취하게 될 현금은 인플레이션, 구매력, 투자수익 등에 불확실성을 가지고 있다. 따라서 화폐의 시간가치가 의미가 있다.

(2) 중요성

화폐의 시간가치는 시간의 기회비용을 고려한다는 것과 같다. 과거의 금액을 현재로 가져오게 되면 기회비용이 늘고, 미래의 금액을 현재로 가져오게 되면 기회비용이 줄기 때문이다. 시간의 기회비용은 정기예금의 금리, 대출이자율, 수익률 등으로 할인율로서 반영한다. 부동산 가치는 시간에 따라 변하기 때문에 화폐의 시간가치가 중요하다.

2) 계수

(1) 일시불의 미래가치(내가)계수

일시불의 미래가치계수란 현재 a원을 적립해 놓았을 때 n년 후의 가치는 a원의 몇 배가 되는지를 나타내는 계수다. 시간에 대한 기회비용은 r로 상정하고, 할인율이 연 10%라면 r에 0.1을 대입한다.

(2) 일시불의 현재가치(현가)계수

일시불의 현재가치(현가)계수란 n년 뒤 a원의 현재시점 가치는 a원의 몇 배가 되는지를 나타내는 계수다. 예를 들어, 10년 뒤 퇴직할 때 일시불로 받을 퇴직금의 현재 가치는 얼마인지 산정하는 경우다.

(3) 연금의 미래가치(내가)계수

연금의 미래가치(내가)계수란 n년 간 매년 a원씩 적립할 때, n년 뒤 합계가 a원의 몇 배가 되는지를 나타내는 계수다. 예를 들어, 정년 퇴직자가 매월 연금형태로 받는 퇴직금을 일정 기간 적립한 후에 달성되는 금액을 산정하는 경우다.

(4) 연금의 현재가치(현가)계수

연금의 현재가치(현가)계수란 n년 간 매년 a원씩 적립할 때 현재 시점에서 적립액의 합계가 a원의 몇 배가 되는지를 나타내는 계수다. 예를 들어, 10년 동안 매달 받을 연금 대신 현재시점에 받을 일시불을 산정하는 경우다.

(5) 감채기금계수

감채기금계수란 n년 뒤 a원을 만들기 위해 매년 적립해야 하는 금액은 a원의 몇 배가 되는지를 나타내는 계수다. 예를 들어, 퇴직 후 목돈을 마련하기 위해 매달 부어야 할 적금을 산정하는 경우다.

(6) 저당상수

저당상수란 현재 a원을 만들기 위해 n년간 매년 적립해야 하는 금액은 a원의 몇 배가 되는지를 나타내는 계수다. 예를 들어, 주택마련을 위해 은행으로부터 원리금균등분할상환으로 주택구입자금을 대출한 가구가 매월 상환할 금액을 산정하는 경우다.

기출문제

[제4회 문제 4]

다음은 감정평가에서 많이 활용되는 기본적 산식을 열거한 것이다. 각 산식에 나타난 계수의 명칭과 의미 그리고 용도 또는 적용례를 설명하시오. (각 5점)

$$V: \text{현재가치} \quad F: \text{미래가치} \quad r: \text{이자율} \quad n: \text{기간} \quad a: \text{적립액}$$

(1) $V = F \times \dfrac{1}{(1+R)^n}$

(2) $a = V \times \dfrac{r(1+r)^n}{(1+r)^n - 1}$

(3) $F = V \times (1+R)^n$

(4) $F = a \times \dfrac{(1+r)^n - 1}{r}$

(5) $V = a \times \dfrac{(1+r)^n - 1}{r(1+r)^n}$

(6) $a = F \times \dfrac{r}{(1+r)^n - 1}$

---

2 위험과 수익

1. 개념

1) 위험의 개념

(1) 의의

① 위험

위험이란 어떤 투자 안으로부터 얻을 결과에 대해 불확실성이 존재함으로써 발생하는 변동성이다. 즉, 위험은 장래의 불확실성으로 인해 투자로부터 기대되는 현금흐름의 예측이 어렵다는 의미다.

② 위험성과 불확실성

위험을 위험성과 불확실성으로 구분하기도 한다. 위험성은 장래 발생될 가능성이 있는 결과에 대해 충분한 정보를 가지고 있는 상태다. 불확실성은 장래 발생될 가능성이 있는 결과에 대해 충분한 정보를 가지고 있지 않은 상태다.

(2) 종류

① 사업 위험

사업 위험은 부동산 사업의 수익성을 방해하는 위험을 말한다. 사업 위험에는 시장 위험, 입지(위치적) 위험, 운영 위험 등이 있다. 시장 위험이란 시장에서의 부동산 수요·공급 상황이 변해 예상 수익률이 떨어질 위험이다. 입지(위치적) 위험이란 부동산의 고정성으로 인해 외부 불경제가 발생하는 위험이다. 운영 위험이란 사무실 관리, 근로자 파업 등 사업을 운영하는 과정에서 발생할 수 있는 위험이다.

② 금융 위험

금융 위험은 대출 등과 관련한 위험이다. 금융 위험에는 채무불이행 위험, 금리 위험 등이 있다. 채무불이행 위험은 채무행위를 이행할 수 없게 되는 위험이다. 금리 위험은 금리 변동으로 인해 예상 수익률이 떨어지게 되는 위험이다.

③ 법적 위험

법적 위험은 부동산 재산권의 법적 환경 변화에 따른 위험이다. 부동산은 사회재이자 공공재이므로 정부 규제 등의 제한을 받는다. 그 결과 부동산 투자에서 정책변화로 인한 위험이 발생한다.

④ 인플레이션 위험

인플레이션 위험은 물가상승으로 화폐가치가 떨어짐에 따라 부동산 가치가 하락할 수 있는 위험을 말한다. 부동산은 실물자산이므로 인플레이션을 방어할 수 있지만, 구매력 저하나 예상 수익률 저하 등의 위험이 남아있게 된다.

⑤ 유동성 위험

유동성 위험이란 부동산의 고가성으로 인해 발생하는 위험이다. 처분을 예상한 시점에 매도되지 않을 위험, 투자자금의 회수가 길어질 위험 등에 따라 예상 수익률이 떨어질 위험을 의미한다.

2) 위험과 수익의 관계

(1) 투자자의 성향

① 투자자의 성향은 위험 회피형, 위험 중립형, 위험 선호형이 있다. 위험 회피형은 불확실성이 내포된 자산보다 동액의 확실한 자산을 선호하는 유형이다. 위험 중립형은 불확실성이 내포된 자산과 동액의 확실한 자산을 무차별하게 판단하는 유형이다. 위험 선호형은 불확실성이 내포된 자산을 동액의 확실한 자산보다 선호하는 유형이다.

② 투자자의 성향에 따라 무차별곡선은 달라진다. 무차별곡선은 위험과 수익률의 조합을 그래프로 나타낸 것이다. 즉, 무차별곡선은 투자자가 수익과 위험의 조합 중 효용이 무차별하다고 느끼는 조합을 연결한 곡선이다. 위험을 선호하는 유형일수록 기울기가 완만해진다.

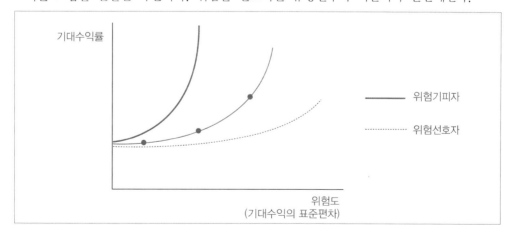

(2) 위험과 수익의 상쇄관계

일반적으로 위험과 수익은 비례관계다. 즉, 위험이 클수록 요구하는 수익률이 커진다. 이를 위험과 수익의 상쇄관계라고 한다. 투자자의 요구수익률은 위험부담이 증가함에 따라 커진다. 이때 증가하는 위험에 대한 대가를 위험할증률이라 한다. 위험할증률이 가산된 요구수익률을 위험조정률이라 한다.

2. 위험과 수익의 측정

1) 위험의 측정 및 처리방법

(1) 제외

위험을 제외하는 방법은 아예 투자 대상에서 제외하는 방법이다. 이는 주로 위험 회피형 투자자가 활용할 수 있는 방법이다.

(2) 보수적 수익 예측

보수적 수익 예측이란 투자 수익을 가능한 낮게 예측하여 의사결정을 하는 방법이다. 이는 예측이 정확하다면 좋은 투자대안을 선택할 수 있다. 그러나 예측이 부정확하다면 좋은 투자대안을 제거하는 오류가 있다.

(3) 평균-분산 결정법

① 개념

평균-분산 결정법이란 평균-분산 지배원리에 따라 의사결정을 하는 방법을 말한다. 평균-분산 지배원리란 동일한 위험을 가지는 대안 중에서 가장 큰 기대수익률을 가지는 대안이 다른 대안을 지배하고, 동일한 기대수익률을 가지는 대안 중 가장 낮은 위험을 가지는 대안이 다른 대안을 지배한다는 원리다. 기대수익률을 수익 지표로, 기대수익률의 표준편차를 위험 지표로 하여 수익이 높으면서 위험이 낮은 대안을 선택하는 것이다. 즉, 기대수익률이 동일하면 표준편차가 낮은 대안을 선택하고, 표준편차가 동일하면 기대수익률이 높은 대안을 선택한다.

② 한계

기대수익률과 표준편차의 우위가 달라지는 경우에는 의사결정이 어려운 한계가 있다. 이러한 경우 투자자의 성향에 따라 달라진다. 즉, 투자자가 추가소득에 대한 추가위험의 정도에 달려 있다. 대안 A가 대안 B보다 추가되는 소득의 정도가 추가되는 위험의 정도를 충분히 감당할 수 있다고 판단하면 대안 A를 선택할 수 있다.

③ 변이계수

변이계수란 수익률 1%를 올리기 위해 위험을 얼마나 감수할지를 나타낸 계수다. 표준편차를 기대수익률로 나눈 값으로 계산한다. 즉, 변이계수가 작을수록 수익률을 높이기 위해 위험을 덜 감수한다.

(4) 포트폴리오 이론

① 개념

포트폴리오 전략은 여러 개의 투자 대상에 자금을 분산하여 투자하는 것이다. 특히 투자의 위험을 낮추려는 목적에서 활용한다. 구성 자산간에 수익률이 반대 방향을 움직이는 경우 효과가 크다.

② 상관계수에 따른 분석

공분산은 상관계수 × A표준편차 × B표준편차로 구하게 된다. 이때 상관계수는 두 자산 수익률 방향을 나타내는 계수다. 즉, 상관계수가 -1인 경우 완전한 음의 상관관계라고 한다. 예를 들어, A의 수익률이 3%만큼 늘어날 때 B의 수익률이 3%만큼 줄어드는 경우다. 이러한 경우 위험 감소 효과가 최대로 나타난다. 즉, 수익률이 증가하면서 위험이 감소하는 구간이 있게 된다.

③ 최적 포트폴리오

상관계수에 따라 포트폴리오의 기대수익률과 표준편차 양상은 다르게 나타난다. 이들 조합 중 지배원리를 적용했을 때 가장 우수한 포트폴리오를 찾을 수 있다. 이를 나타낸 선을 효율적 투자선이라 한다. 효율적 투자선에 위치한 개별 포트폴리오간에도 위험과 수익을 조금씩 다르다. 따라서 어떤 포트폴리오를 선택할지는 투자자의 성향과 관련된다. 위험과 수익의 조합 중 투자가가 효용이 무차별하다고 느끼는 조합을 연결한 선이 무차별곡선이다. 그러므로 효율적 투자선과 무차별곡선이 만나는 접점이 최적의 포트폴리오로 결정된다.

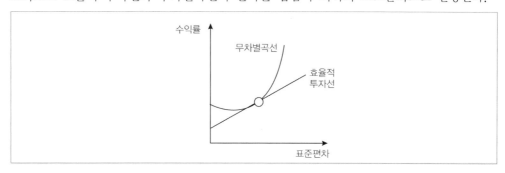

(5) 위험조정률의 적용

위험조정률은 위험할증률이 가산된 요구수익률이다. 위험할증률은 증가하는 위험에 대한 대가다. 즉, 위험한 투자일수록 각종 위험요소별로 위험할증률을 더해 위험조정률로 위험의 정도를 반영하게 된다.

2) 수익의 측정

(1) 수익률의 개념

수익률이란 투자에 대한 대가를 말한다. 즉, 투자원금에 대한 수익의 비율을 의미한다. 수익률은 시간에 대한 비용과 위험에 대한 비용으로 구성되기도 한다. 시간에 대한 비용은 현재의 소비를 희생한 대가다. 위험에 대한 비용은 불확실성에 대한 대가다.

(2) 수익률의 종류

① 기대수익률

기대수익률이란 부동산 투자에서 기대되는 예상수입과 예상지출로 측정한 수익률이다. 기대수익률은 내부수익률로도 구할 수 있다. 또한 미래의 환경 변화를 확률적으로 예측할 때 확률분포를 통해 측정할 수 있다.

② 실현수익률

실현수익률이란 투자가 이루어지고 난 후에 현실적으로 달성된 수익률이다. 즉, 사후적으로 확정된 수익률을 의미한다. 따라서 투자 의사결정을 위한 시점에서는 의미가 없다.

③ 요구수익률

요구수익률은 투자자 개인이 주관적으로 측정한 수익률이다. 즉, 투자자가 요구하는 최소한의 수익률을 의미한다. 그러므로 요구수익률을 결정하기 위해서는 무위험률, 위험할증률, 예상인플레이션율 등을 참작한다. 그 결과 기대수익률이 요구수익률보다 크다면 투자자는 투자를 하려고 할 것이다. 따라서 장기적으로 기대수익률과 요구수익률은 수렴하는 경향이 있다.

(3) 레버리지 효과

레버리지란 투자를 위해 타인자본을 이용하는 것이다. 레버리지 효과는 타인자본을 활용할 경우 부채비율의 증감이 자기자본 수익률에 미치는 효과다. 정의 레버리지 효과는 자기자본만으로 예상되는 수익률보다 낮은 금리의 차입금을 활용할 수 있어야 한다. 이는 무차입시 투자수익률이 차입에 따른 이자율보다 높은 경우를 의미한다. 그러나 부채비율이 커지면 이자율 변동 등의 위험이 발생한다. 따라서 레버리지에 대한 분석이 요구된다. 이러한 레버리지는 자기자본 수익률에서 무차입시 수익률을 차감하여 구할 수 있다.

(4) 투자수익률

투자수익률은 소득수익률과 자본수익률의 합으로 구성된다. 소득수익률은 당해 발생한 순수익을 당해 자산가치로 나눈 것이다. 자본수익률은 당해 자산가치의 증감으로 인한 수익률이다.

❸ 투자 분석

1. 투자가치

투자가치란 특정 투자자가 특정한 투자목적에 대해 부여되는 투자조건에 따라 투자대상물건이 발휘하게 되는 가치다. 따라서 투자자의 차입능력, 금융조건, 세금 등을 고려하여 판단한다. 투자자는 시장가치와 투자가치를 비교하여 의사결정을 하게 된다. 투자가치가 시장가치보다 크다고 판단되면 투자를 선택한다.

2. 분석기법

1) 화폐의 시간가치를 고려하지 않는 방법

(1) 어림셈법

① 승수법(회수기간법)

승수법은 승수를 계산하여 기준으로 정한 값보다 작을 경우 타당성이 있다고 보는 방법이다. 승수가 작을수록 투자액을 회수하는 기간이 짧아진다는 의미에서 회수기간법이라고도 한다.

② 수익률법

수익률법은 한 기간의 수익성을 보고 기준수익률 이상이면 타당성이 있다고 보는 방법이다.

(2) 비율분석법

비율분석법은 투자에 대한 위험과 수익 지표로 다양한 재무비율을 이용하는 방법이다. 재무비율에는 부채감당률, 채무불이행률, 경비비율, 저당비율 등이 있다. 부채감당률은 부채서비스액을 감당할 수 있는 순수익의 비율이다. 채무불이행률은 영업경비와 부채서비스액을 합친 것을 유효총수익으로 나눈 비율이다.

2) 화폐의 시간가치를 고려하는 방법

(1) 순현재가치법(NPV법)

① 개념

NPV법은 현금유입의 현재가치에서 현금유출의 현재가치를 차감한 값으로 타당성을 판단하는 방법이다. NPV가 0일 때 손익분기점이 된다. NPV법은 부의 극대화, 가치가산의 원리 등의 측면에서 합리적인 투자분석기법이다. 가치가산의 원리란 여러 투자안을 복합적으로 평가한 값이 각 투자 안을 평가한 값의 합과 같다는 원리다. 가치가산의 원리가 성립한다는 것은 모든 개별 투자 안을 독립적으로 평가할 수 있게 된다는 의미다. NPV의 산식은 다음과 같다.

$$NPV = \sum_{t=1}^{n} \frac{CFI_t}{(1+r)^t} - \sum_{t=1}^{n} \frac{CFO_t}{(1+r)^t}$$

CFI_t: t기의 현금유입, CFO_t: t기의 현금유출
r: 할인율(요구수익률), n: 보유기간

② 타당성

상호 독립적 투자인 경우 NPV가 0보다 크거나 같으면 타당성이 있다. 상호 배타적 투자인 경우 NPV가 0보다 큰 대안 중에서 가장 큰 투자 대안을 선택하게 된다.

(2) 내부수익률법(IRR법)

① 개념

내부수익률법은 NPV가 0이 되는 수익률인 손익분기점을 찾는 방법이다. 내부수익률법에서는 예상되는 미래의 현금수지가 내부수익률로 재투자된다는 가정을 하고 있다. 내부수익률은 여러 개가 존재할 수 있다.

② 타당성

내부수익률은 요구수익률과 비교하여 타당성을 판단한다. 내부수익률이 요구수익률보다 크면 타당성이 있다.

③ NPV법과의 관계

㉠ 내부수익률법은 NPV법과 분석 결과가 달라질 수 있다. NPV법의 순현가와 IRR법의 순현가를 같게 만드는 수익률을 피셔수익률이라고 한다. 이때 투자자의 요구수익률이 피셔수익률보다 작은 경우에 NPV법에 의한 대안 선택과 IRR법에 의한 대안 선택 결과가 달라진다.

㉡ 따라서 합리적인 판단기준이 문제가 된다. 일반적으로는 NPV법이 우수하다고 받아들여진다. 왜냐하면, 내부수익률법은 내부수익률이 없거나 복수로 존재하는 경우가 있고, 가치가산의 원리가 적용되지 않는다. 또한 내부수익률은 최대의 수익을 실현한다는 보장을 할 수 없다. 그리고 재투자수익률을 가정한다는 점은 합리적이지 못하기 때문이다.

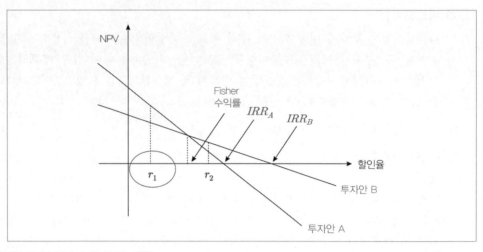

④ NPV법과 분석결과가 다른 경우

　㉠ 수정 내부수익률법(MIRR법)

　　수정 내부수익률법은 현금유출은 기초에 발생하고 현금유입은 기말에 발생한다는 전제
　　하에 투자자의 요구수익률로 할인 및 할증하여 순현가가 0이 되는 새로운 내부수익률을
　　구하는 방법이다. 이는 재투자수익률의 가정문제를 해결하기 위함이다.

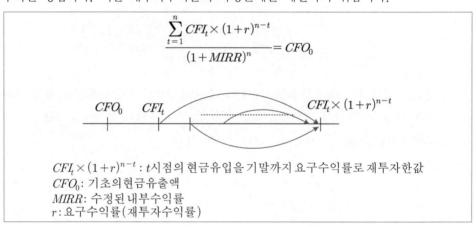

$$\frac{\sum_{t=1}^{n} CFI_t \times (1+r)^{n-t}}{(1+MIRR)^n} = CFO_0$$

$CFI_t \times (1+r)^{n-t}$: t시점의 현금유입을 기말까지 요구수익률로 재투자한값
CFO_0 : 기초의 현금유출액
$MIRR$: 수정된 내부수익률
r : 요구수익률(재투자수익률)

ⓛ 증분 차입비용법(IIRR법)

증분 차입비용법은 투자규모가 작은 투자안에서 큰 투자안으로 전환할 경우 발생하는 추가 투자수익과 비용만을 따로 떼어내 내부수익률로 구하는 방법이다.

$$\sum_{t=1}^{n} \frac{(CFI_{A,t} - CFI_{B,t})}{(1+IRR)^t} = CFO_A - CFO_B$$

$CFI_{A,t}$: 투자안 A의 t시점 현금유입
$CFI_{B,t}$: 투자안 B의 t시점 현금유입
CFO_A: 투자안 A의 기초투자비용
CFO_B: 투자안 B의 기초투자비용

⑤ IRR분해법

IRR분해법은 현금흐름을 원인별로 나누어서 검토하는 방법이다. IRR법은 동일한 투자수익률이 존재할 경우 투자안을 선택할 수 없는 한계가 있기 때문이다. 즉, 동일한 투자수익률이라면 운영수익률이 자본수익률보다 높은 대안을 선택할 수 있다.

(3) 수익성지수법(PI법)

① 개념

수익성지수법은 현금유입의 현재가치 합계와 현금유출의 현재가치 합계의 비를 통해 타당성을 판단하는 방법이다. 수익성지수법은 가치가산의 원리가 성립하지 않는다. 투자 대안의 상대적인 수익성만을 나타낼 뿐 부의 극대화를 반영하지 못하기 때문이다. 즉, 투자규모를 고려하지 못하는 한계가 있다.

② 타당성

수익성지수가 1보다 큰 대안을 선택한다. 즉, 현금흐름의 비율로 투자를 판단하는 논리다.

③ NPV법과 분석결과가 다른 경우

투자규모를 고려하지 못하기 때문에 PI법은 NPV법과 다른 결과가 나타날 수 있다. 이러한 경우 가중평균 수익성지수(WAPI)를 활용할 수 있다. WAPI란 여러 투자안에 함께 투자할 때 각 투자안의 수익성 지수를 투자금액의 비중에 따라 가중 평균한 값이다.

$$WAPI = \sum_{i=1}^{n} (W_i \times PI_i)$$

(4) 간이타당성 분석법

① 개념

간이타당성 분석법이란 부동산에 대출을 받아 투자하는 경우 초기에 사업 가능성을 판단할 수 있도록 간이로 재무타당성을 분석하는 방법이다. 이는 대출자와 지분투자자를 동시에 만족시키기 위함이다. 대출자의 입장에서는 원금과 이자를 갚을 수 있는 현금을 창출할 수 있어야 한다. 지분투자자의 입장에서는 투자금액에 대한 요구수익률을 창출할 수 있어야 한다.

② 전방위 접근법

전방위 접근법은 프로젝트가 타당성을 가지기 위해 요구되는 임대료 또는 분양가격을 도출하는 방법이다. 따라서 도출된 요구임대료와 시장임대료를 비교하여 결정한다. 요구임대료가 시장임대료보다 적다면 타당성이 있다.

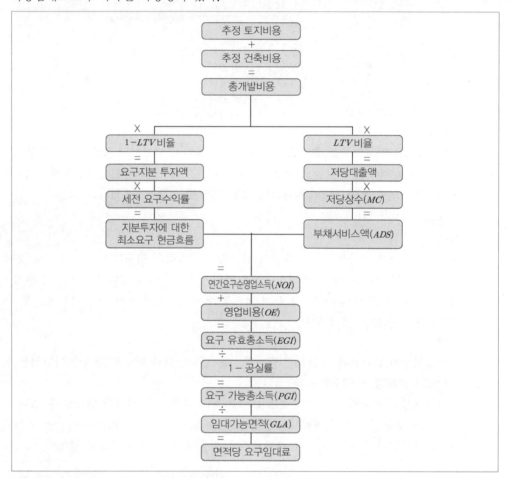

③ 후방위 접근법

후방위 접근법은 프로젝트에 투입할 수 있는 최대 비용을 찾는 방법이다. 즉, 토지를 매입하는 데 지불할 수 있는 최대 비용을 산출한다. 따라서 토지매입비용이 토지의 시장가치보다 적어야 타당성이 있다.

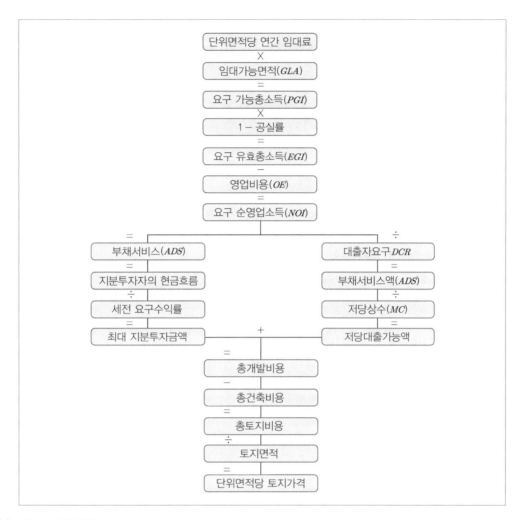

(5) 민감도 분석법

① 개념

민감도 분석은 분석 단계별로 가정한 각 변수들에 대한 위험의 정도를 고려하여 대응하고자 하는 분석이다. 변수들의 조건을 달리하여 시나리오를 작성하고 상황별로 투자의 결과를 예측해서 분석한다. 따라서 민감도 분석을 통해 투자수익률에 영향을 미치는 요인을 판별하여 여러 위험을 최소화할 수 있다.

② 수익률에 영향을 미치는 요인

ⓐ 복귀가액 변화

복귀가액의 변화는 투자 의사결정에 큰 비중을 가지지 못한다.

ⓑ 보유기간 변화

보유기간의 변화는 투자성과에 상당한 비중을 차지한다. 보유기간이 2배 차이가 나는 경우 IRR도 약 2배 정도가 차이가 날 수 있다.

ⓒ 환원율 변화

환원율의 변화는 중요한 변수다. 환원율 1%의 변화는 가치에 약 40% 수준의 변화를 가진다.

ⓔ 할인율 변화

할인율의 변화는 가장 중요한 변수다. 할인율 1%의 변화는 가치에 약 90% 수준의 변화를 가진다.

제2절 부동산 금융

1 개념

1. 의의

부동산 금융이란 부동산 영역에서 발생하는 자금이 이전되는 것을 말한다. 즉, 부동산 금융은 부동산을 대상으로 자본을 조달하는 일련의 과정이라고 할 수 있다.

2. 분류

1) 주체에 따른 분류

부동산 금융은 주체에 따라 공급자와 소비자 금융으로 분류할 수 있다. 공급자 금융은 부동산을 제공하는 입장에서 자금을 조달하기 위한 것이다. 소비자 금융은 부동산을 매입하려는 입장에서 자금을 조달하기 위한 것이다.

2) 자금조달방식에 따른 분류

부동산 금융은 자금조달방식에 따라 지분과 부채로 분류할 수 있다. 지분금융은 주식을 발행하거나 보유한 지분을 매각하는 등의 방법으로 자금을 조달한다. 예를 들어, 공모, 신디케이트, 조인트 벤처, 리츠, 펀드 등이 있다. 부채금융은 부동산을 담보로 대출을 받거나 부채증권을 발행하는 등의 방법으로 자금을 조달한다. 예를 들어, 주택 저당증권, 메자닌 금융, 프로젝트 금융 등이 있다. 메자닌 금융은 지분과 부채의 중간적 성격을 가진다. 예를 들어, 후순위 대출, 자산 매입 조건부 대출, 전환사채, 신주인수권부 사채, 우선주 등이 있다.

3) 1차 저당시장과 2차 저당시장

1차 저당시장은 저당대부를 원하는 수요자와 저당대부를 제공하는 금융기관으로 이루어진 시장이다. 2차 저당시장은 저당 대출기관과 다른 투자자 사이에 기존의 저당을 사고 파는 시장이다. 1차 저당 대출자들은 설정된 저당을 자산 포트폴리오로 보유하기도 하고, 2차 저당시장에 팔기도 한다. 또한 설정된 저당을 지역별, 만기별, 가격별 등으로 모아 저당패키지를 만들어 2차 대출기관에 팔기도 한다. 2차 저당시장은 저당대부를 받은 원래의 저당 차입자와는 아무런 관계가 없다. 주식이나 채권이 발행자와 관계없이 공개시장에서 자유롭게 교환되는 것과 같다.

3. 대출 타당성 분석법

1) 담보인정비율(LTV) 분석법

담보인정비율은 부동산 가치에 대한 대출금액의 비율이다. 즉, 대부액이 부동산 가치에서 차지하는 비중이다. 여기서 부동산 가치는 객관성이 중요하므로 감정평가에 의한다.

2) 부채감당률(DCR) 분석법

부채감당률은 연간 부채부담액에 대한 순수익의 비율이다. 즉, 연간 상환액에 대해 순수익이 차지하는 비중이다. 부채감당률은 대출투자자 입장에서 투자 안전도를 측정하는 수단이다.

3) 총체적 상환능력 비율(DSR) 분석법

총체적 상환능력 비율은 대출원리금 연간상환액을 연간 소득으로 나눈 비율이다. DSR은 총부채 원리금 상환액이라고도 하고, 차주의 대출금 상환능력을 나타낸다. 여기서 소득은 증빙소득, 인정소득, 신고소득 등 일체의 소득을 포함한다. 대출금도 주택대출, 신용대출, 카드론 등 모든 상환원리금을 부채로 산정한다.

2 주택금융

1. 개념

1) 의의

주택금융은 주택의 구입이나 건설 등을 위해 금융기관으로부터 자금을 차입하는 것이다. 주택금융은 소비금융과 개발금융으로 구분한다. 소비금융은 주택을 구입하려는 실수요자에 대한 금융이다. 개발금융은 주택을 건설하려는 공급자에 대한 금융이다.

2) 대출한도

주택금융에서 대출한도는 LTV와 DTI 규제에 따른다. 즉, 대출가능금액은 LTV와 DTI를 검토하여 최대공약수로 결정된다. 예를 들어, 주택 시장가치가 3억원, LTV가 60%라면 총 대출가능금액은 1.8억원을 넘길 수 없다. DTI기준을 적용할 경우 연소득 5천만원, DTI가 40%면 매기 원리금상환액은 2천만원을 넘길 수 없다. 여기에 저당상수 0.1을 대입하면 대출총액은 2억원을 넘길 수 없다. 따라서 1.8억원과 2억원 이하여야 하므로, 최대 1.8억원까지 대출이 가능하다.

2. 분류

1) 대출금리에 따른 분류

(1) 고정 대출금리

고정 대출금리는 기준금리에 가산금리를 더한 후 우대금리를 차감하여 구한다. 기준금리는 자금조달원가, 업무원가, 적정이윤으로 구성된다. 가산금리는 위험에 대가로 가산되는 금리다. 위험에는 대출자의 신용, 채권보전, 유동성 등이 있다. 우대금리는 대출자의 소득, 과거 거래내역 등에 따라 대출금리를 낮추는 감면금리다.

(2) 변동 대출금리

변동 대출금리는 기준금리에 가산금리를 더하여 구한다. 기준금리로는 양도성예금증서금리, 코픽스 등이 활용된다. 양도성예금증서는 은행이 정기예금에 대해 발행하는 무기명 예금증서다. 코픽스는 은행연합회가 산출하는 자금조달비용지수다.

2) 상환방식에 따른 분류

(1) 원금균등 상환방식

원금균등 상환방식은 원금은 1/n로 내고 이자는 잔여 원금을 기준으로 납부한다. 원금의 일정액을 계속 갚아나가므로 이자부담은 갈수록 줄어든다.

(2) 원리금균등 상환방식

원리금균등 상환방식은 원금과 이자를 합쳐 매 기간 동일한 금액을 갚는 방식이다. 이자는 잔여원금 × 대출이자율이다. 원금상환액은 균등원리금 − 잔여원금 × 대출이자율이다. 원금이 상환될수록 이자부담은 낮아지므로 균등원리금 내 원금비중은 높아진다.

(3) 거치식 상환방식

거치식 상환방식은 거치 기간이 될 때까지는 이자만 내고, 거치 기간 이후에 원금을 상환하는 방식이다. 원금은 천천히 상환할 수도 있고, 한 번에 상환할 수도 있다. 따라서 거치 기간 중에는 원금을 갚아야 할 부담이 없다.

3. 역저당

역저당은 주택을 담보로 매기 일정액을 받고 만기에 원리금을 일시에 상환한다. 대표적으로 한국주택금융공사가 보증하는 주택연금이 있다.

❸ 프로젝트 금융(PF)

1. 개념

1) 의의

① 프로젝트 금융은 특정 프로젝트에서 발생할 것으로 예상되는 현금흐름을 담보로 하여 자금을 조달하는 금융이다.

② 국내에서 PF는 통상 개발사업의 인허가 작업이 종료된 후 착공이 들어가는 시점에서 실행되는 대출을 의미한다. 브릿지론이란 착공단계 전까지는 토지의 매입자금을 확보하기 위한 대출을 말한다. 따라서 국내의 PF는 착공시점에 기존 브릿지론을 상환하고 초기 공사비와 운영자금을 확보하기 위해 실행된다는 특징이 있다.

2) 특징

(1) 비소구성

비소구란 프로젝트 금융의 부채상환 의무가 사업주에게 전가되지 않는 것을 말한다. 즉, 채권상환의 청구권이 프로젝트 자체의 자산과 현금흐름에만 미친다는 의미다. 그러나 사업주가 위험부담을 진 경우에는 제한적으로 청구할 수 있다.

(2) 부외 금융

부외 금융이란 장부상 부채로 표시되지 않는 금융이다. 즉, 비소구성으로 인해 조달 자금이 사업주의 부채로 인식되지 않는다는 의미다. 그러므로 사업주가 대출한도를 넘거나, 대출 제약 요인이 있는 경우에도 프로젝트 금융을 실행하는 데 문제가 되지 않는다.

(3) 위험의 배분

프로젝트 금융은 참여자간에 위험이 배분되는 특징이 있다. 통상 사업주와 금융기관의 대출계약을 기본으로 한다. 또한 사업주가 주체가 되어 프로젝트 회사와 사업주간 지분 참여계약이 추가되며, 프로젝트 참여자간 다양한 계약관계가 요구된다. 예를 들어, 사업주의 담보제공, 시공사의 채무인수, 책임준공 등이 있다.

(4) 높은 금융비용

프로젝트 금융은 일반적인 기업 금융보다 조달금리가 높다. 왜냐하면 프로젝트 금융은 담보가 제공되지 않는다는 점에서 프로젝트의 실패시 채무불이행 위험이 더 높기 때문이다.

3) 장단점

(1) 장점

사업주 입장에서 자신의 신용상태 등에 영향을 주지 않으므로 사업성이 좋은 프로젝트 금융이 가능해진다. 또한 적은 자기자본으로 높은 레버리지 효과를 얻을 수 있다. 대출기관 입장에서 금리가 높으므로 수익성이 높다. 또한 위험이 배분되므로 할당되는 위험이 감소한다.

(2) 단점

일반 기업 금융보다 더 많은 비용이 든다. 또한 다양한 이해관계인이 참여하므로 절차가 지연되는 등의 문제가 발생할 수 있다. 추진 과정에서 절차가 복잡하므로 시간이 소요되고 다양한 보험비용 등이 들기 때문이다.

2. 유형

1) 민간투자사업형

민간투자사업형은 민간투자법에서 정한 절차와 방식에 따라 공공시설을 확보하기 위한 것이다.

① BOT방식은 민간 사업자가 스스로 건설하고 일정 기간 소유와 운영을 한 뒤 사업 종료 후 국가 등에게 소유권을 이전하는 방식이다.

② BTO방식은 시설의 준공과 함께 소유권이 국가 등에게 이전되나, 사업자가 일정 기간 동안 운영을 하는 방식이다.

③ BLT방식은 시설의 준공 후 일정 기간 동안 국가 등에게 임대하여 운영하도록 한 뒤, 시설의 소유권을 이전하는 방식이다.

④ BTL방식은 시설의 준공과 함께 소유권이 국가 등에게 이전되나, 사업자는 일정 기간 동안 운영을 하고, 국가 등은 시설을 임차해서 사용하는 방식이다.

⑤ BOO방식은 시설의 준공과 함께 사업자가 소유권과 운영권을 가지는 방식이다.

2) 프로젝트 금융 투자회사형

프로젝트 금융 투자회사형은 법인세법의 규정에 의한 명목회사인 프로젝트금융투자회사를 설립해서 사업을 추진하는 방식이다. 사업자, 건설회사, 금융기관이 공동으로 설립한다. 따라서 금융기관을 통해 자금 조달이 가능하므로 사업의 추진에 용이하다.

기출문제

[제13회 문제 4-2①]
Project Financing을 약술하시오. (5점)

---

4 자산유동화 증권(ABS)

1. 개념

1) 의의

ABS란 특정 자산으로부터 발생하는 현금 흐름을 기반으로 하여 발행되는 증권을 말한다. 자산유동화란 일반적으로 특수목적기구(SPV)가 자산 보유자로부터 자산을 양도, 신탁받아 이를 기초로 유동화증권을 발행하고, 그 유동화자산의 관리, 운용, 처분에 의한 수익을 지급하거나 유동화증권의 원리금, 배당금을 지급하는 일련의 행위를 말한다.

2) 신용보강

신용보강은 유동화증권 투자자에게 지급할 원리금을 확보하기 위한 내·외부적 보완장치를 말한다. 내부적 장치로 초과담보, 선후순위구조, 유보금, 초과수익 등이 있다. 외부적 장치로 신용공여, 지급보증 등이 있다.

2. 주택저당증권(MBS)

1) 개념

주택저당증권은 주택저당채권(mortgage)을 기초로 발행되는 증권이다. 즉, 금융기관이 주택 매입자에게 빌려준 주택저당채권을 유동화회사에게 양도하고, 유동화회사는 주택저당채권을 일반 투자자에게 발행한다. 그 결과 자금이 일반 투자자에서 유동화회사를 거쳐 은행으로 들어가는 구조다.

2) 유형

(1) 저당이체증권(MPTS)

저당이체증권은 저당채권의 소유권(저당권)과 원리금 수취권이 모두 투자자에게 이전되는 것이다. 즉, 대출자가 금융기관에 지불하는 저당지불액이 증권 발행자의 손만 거쳐 그대로 투자자에게 전달되는 구조로 지분형 증권이다.

(2) 저당담보부채권(MBB)

저당담보부채권은 발행자가 저당채권의 소유권(저당권)과 원리금 수취권을 그대로 보유하는 것이다. 즉, 투자자는 만기에 정해진 채권에 대해 원금과 이자를 받는 구조로 채권형 증권이다.

(3) 지불이체채권(MPTB)

지불이체채권은 원리금 수취권은 투자자에게 이전되지만, 저당권의 소유자는 발행기관이 보유하는 것이다. 즉, 저당이체증권과 저당담보부채권의 성격을 모두 가지고 있는 채권형 증권이다.

5 집합투자기구

1. 리츠

1) 의의

리츠란 다수의 투자자로부터 자금을 모아 부동산 및 부동산 관련 증권 등에 투자·운영하고 그 수익을 투자자에게 돌려주는 부동산 간접투자기구인 주식회사를 말한다.

2) 목적

리츠는 ① 부동산 간접 투자 기회 제공, ② 부동산 가격 안정, ③ 건설시장 활성화 도모, ④ 부동산 산업의 발전 등을 위함이다.

3) 유형

(1) 자기관리 리츠

자기관리 리츠는 상근 임직원과 전문인력을 두고 자산의 투자·운용을 직접 관리하는 회사다. 상근 임직원 등을 두고 있어 실체형 회사라고도 한다.

(2) 위탁관리 리츠

위탁관리 리츠는 자산의 투자·운용을 위탁하는 회사다. 본점 이외의 지점을 둘 수 없고, 직원을 고용하거나 상근 임원을 둘 수 없다.

(3) 기업구조조정(CR) 리츠

기업구조조정 리츠는 자산의 투자·운용을 자산관리회사에 위탁하는 회사다. 투자대상이 기업구조 조정용 부동산이고, 주식분산이나 공모 요건에 제한이 없다.

4) 현금흐름

리츠는 수익성이 높은 상품이다. 리츠는 운용대상이 부동산이지만, 자본시장에서 주식을 통해 자금을 모집하고 운용수익을 배당하는 금융상품의 성격도 가진다. 리츠의 배당능력을 나타내는 지표는 운영자금수입과 배당가능현금이 있다. 산출과정은 다음과 같다.

구분	내용
	리츠총수입
-	리츠운영비용
-	감가상각 및 이연상각비용
-	이자비용
-	일반관리비용
=	순이익(과세대상 소득)
+	부동산감가상각비용
-	부동산 판매순수입
=	운영자금수입(FFO)
-	계속적으로 발생되는 자본지출
-	임차인을 위해 지불된 임대공간 개선 자산에 대한 이연상각비용
-	지불된 임대 중개수수료를 자산화해서 발생한 이연상각비용
-	불균등하게 지불되는 임대수입의 균등화를 위한 조정
=	조정된 운영수입(AFFO)
-	비정기적 자본지출
=	배당가능현금(CAD)

2. 부동산 펀드

1) 개념

부동산 펀드란 투자자들로부터 모집한 자금을 부동산 등에 투자하여 발생하는 수익을 배당하는 금융상품이다. 부동산 펀드는 간접투자기구(자산운용회사, 부동산투자회사 등)에 의해 운영된다. 부동산 펀드는 법적 형태에 따라 계약형(투자신탁)과 회사형(뮤추얼펀드)으로 구분한다.

2) 종류

(1) 대출형

대출형은 시행사(부동산 개발회사 등)에 자금을 대출하면서 이자를 받는 펀드이다. 따라서 PF형 부동산 펀드라고도 한다. 자금을 제공하고 확정된 이자는 받기 때문에 회사채에 투자하는 것과 유사하다.

(2) 임대형

임대형은 상업용·업무용 부동산을 매입하여 임대료를 받는 펀드이다. 지속적인 임대수입과 장래 가치 상승을 통한 자본수입을 목적으로 하므로 수익형 펀드라고도 한다.

(3) 경·공매형

경·공매형은 경매나 공매를 통해 부동산을 매입하여 임대료를 받거나 매각하여 시세차익을 얻는 펀드이다. 상업용·업무용 부동산은 권리분석이나 명도과정이 복잡하고, 경·공매의 참여자금도 크다.

(4) 직접개발형

직접개발형은 직접 부동산개발회사의 역할을 수행하여 분양이나 임대를 통한 수익을 얻는 펀드다.

3) 리츠와의 비교

(1) 공통점

① 부동산 펀드와 리츠는 모두 소액 투자자에게 투자할 수 있는 기회가 제공된다.
② 또한 숙련된 전문가에 의해 자산이 운용되므로 안전성이 높다.

(2) 차이점

① 리츠는 자유로운 매매가 가능하여 환매 수수료가 없다. 그러나 부동산 펀드는 높은 환매 수수료가 있다. 부동산 펀드는 통상 3년~5년 만기의 폐쇄형 상품으로 출시되기 때문이다.
② 리츠의 투자대상은 분산투자가 가능하다. 그러나 부동산 펀드는 한 개의 펀드에 하나의 자산이 편입되므로 리츠보다 위험성이 높다.
③ 리츠는 주식회사처럼 운영되므로 이사회와 주주총회를 통해 의사결정이 이루어진다. 그러나 부동산 펀드는 자산운용사 펀드매니저의 판단으로 운용되므로 소유자들이 의사결정에 미치는 영향이 제한적이다.

기출문제

[제12회 문제 1]
최근 부동산투자회사법(일명 REITs법)이 시행되었다. 부동산투자회사제도의 의의와 제도 도입이 부동산시장에 미칠 영향에 관하여 논하시오. (20점)

[제17회 문제 5-2]
사무주식투자펀드(PEF:Private Equity Fund)를 약술하시오. (5점)

제3절 부동산 개발

1 개념

1. 의의

부동산 개발은 토지를 건설공사의 수행 또는 형질변경의 방법으로 조성하는 행위 또는 건축물을 건축, 대수선, 리모델링 또는 용도변경하거나 공작물을 설치하는 행위를 말한다(부동산개발업법 제2조 제1호).

2. 특징

1) 전문성과 다양성

부동산 개발은 과정이 매우 복잡하므로 단계별로 요구되는 전문가의 역할이 다양하다. 개발업자는 프로젝트의 성공을 위해 단계별 전문가를 잘 선택해야 한다. 또한 부동산 개발사업을 진행하는 과정에서 다양한 이해관계가 대립한다.

2) 개발 기간과 시기

부동산 개발은 사업 준비부터 완성까지 상당한 시간이 걸린다. 개발 기간이 길어지면 개발비용이 증가하고, 사업의 타당성을 감소시킨다. 따라서 단계별로 기간이 최소화될 수 있게 하는 것이 중요하다. 그러므로 개발사업의 시기는 시장상황 등을 고려하여 결정해야 한다.

3) 개발 비용

부동산 개발은 비용이 다양하다. 비용은 개발에서 고려하는 토지취득비용, 직접비용, 간접비용뿐만 아니라 각종 금융비용과 세금비용 등이 있다. 따라서 부동산 개발에서 자금을 확보하는 것이 중요하다. 또한 민관협력개발을 통해 각자의 이익을 극대화하기 위한 노력도 중요하다.

3. 주체

① 부동산 개발업자(시행사, 디벨로퍼)는 개발사업의 기획부터 운영에 이르기까지 감독하고 책임을 진다.
② 시공사(건설사)는 시행사와의 계약을 통해 공사를 수행하면서 금융자금에 대한 보증책임을 진다.
③ 금융기관은 자금을 융통하면서 시행사의 신용위험을 낮추기 위한 역할을 한다.
④ 그 밖에 개발 단계와 책임 등에 따라 설계업체, 감리업체, 부동산 신탁회사, 컨설팅사, 광고대행사, 법률회사, 회계법인, 세무법인, 감정평가법인 등이 역할을 한다.

2 단계

1. 사업구상 단계

사업구상 단계는 부동산 개발사업의 유형을 구상하는 단계다. 개발 가능한 규모를 예측하고 구상안을 기획한다.

2. 예비적 타당성 분석 단계

예비적 타당성 분석 단계는 대상 부지를 매입하지 않은 상황에서 개발 구상안에 대한 예상수익과 비용을 분석하여 수익성을 검토하는 단계다. 이 단계는 부지가 이미 확보된 상태에서 개발사업이 시작되는 경우에는 생략할 수 있다.

3. 부지 확보 단계

부지 확보 단계는 예비적 타당성 분석 결과를 토대로 부지를 확보하기 위한 단계이다. 사업 구상안을 적용하는 과정에서 인허가, 용도전환, 개발 부지의 변경 등을 고려한다.

4. 사업 타당성 분석 단계

사업 타당성 분석 단계는 대상 부지에 물리적 · 법률적 · 경제적 · 사회적 측면에서 실현이 가능한지를 검토하는 단계다.
① 물리적 타당성 분석은 지형, 지세 등 물리적 요인들이 대상 부동산을 건설해 운영하기에 적합한지를 판단한다.
② 법률적 타당성 분석은 대상 부지의 법적 제약 조건을 분석해 개발이 가능한 공간을 판단하는 과정이다.
③ 경제적 타당성 분석은 공공 개발의 경우에는 형평성과 효율성의 균형을, 민간 개발의 경우에는 수익성에 중점을 두게 된다.
④ 사회적 타당성 분석은 개발사업이 물리적 · 법률적 · 경제적으로 타당해도 주변 지역사회에도 적합한지를 검토하는 과정이다.

5. 금융 단계

금융 단계는 자금대출이 가능한지를 검토하는 단계다. 일반적으로 개발사업을 착공하기 위해 건설자금을 대출하고, 개발이 완료된 후 준공된 부동산을 담보로 대출을 받아서 갚는 방식으로 이루어진다.

6. 건설 단계

건설 단계는 사업 구상안을 물리적으로 구체화하는 단계다. 계획한 방향에 맞게 건설을 진행한다.

7. 자산관리 및 처분 단계

자산관리 및 처분 단계는 부동산을 건설한 후 분양이나 임대를 통해 수익을 극대화하는 단계다. 여기서 부동산 마케팅이 활용된다.

3 분류

1. 개발 형태에 따른 분류

① 신개발이란 기존의 용도를 바꾸어 새로운 용도로 전환하는 개발을 말한다. 예를 들어, 건물의 신축, 대지의 조성, 도시개발사업, 택지개발사업 등이 있다.
② 정비사업은 도시정비법에서 정한 절차에 따라 도시기능을 회복하기 위하여 정비구역에서 정비기반시설을 정비하거나 주택 등 건축물을 개량 또는 건설하는 사업을 말한다(도시정비법 제2조 제2호). 여기에는 주거환경개선사업, 재개발사업, 재건축사업이 있다.

2. 개발 주체에 따른 분류

부동산 개발은 주체에 따라 공영 개발방식, 민간 개발방식, 민관협력 개발방식이 있다. 공적 주체는 공권력을 가진 공공기관을 의미한다. 사적 주체는 민간업체를 의미한다. 민관협력 주체는 공공과 민간이 함께하는 형태를 의미한다.

3. 개발 방식에 따른 분류

① 직접 개발방식은 대상 부지를 직접 매입해 사업을 추진하는 방식이다.
② 사업위탁 방식은 토지소유자가 개발사업자에게 사업을 위탁하여 진행하는 방식이다.
③ 지주공동사업 방식은 토지소유자와 개발업자가 공동으로 시행하는 방식이다. 토지소유자는 부지를 제공하고 개발업자는 개발의 노하우를 제공한다.
④ 등가교환 방식은 토지소유자가 토지를 제공하고 개발업자가 공사비를 부담해 건물을 건축한 후, 기여도에 따라 개발된 부동산의 지분을 나누어 가지는 방식이다.
⑤ 토지신탁 방식은 토지소유자로부터 형식적인 소유권을 이전받은 개발신탁회사가 토지를 개발, 관리, 처분하여 수익을 돌려주는 방식이다.

4. 토지취득 방식에 따른 분류

① 환지방식은 도시개발법에 따라 토지를 정리한 후, 원래의 토지소유자에게 면적비율에 따라 돌려주는 방식이다.
② 매수(수용)방식은 사업이 필요한 토지를 국가 등 사업시행자가 매수하고 개발하는 방식이다.
③ 혼용방식은 환지방식과 매수방식을 혼합한 방식이다.

제4절 부동산 관리

1 개념

1. 의의

부동산 관리란 부동산을 물리적, 법적, 경제적 등의 측면에서 사용·수익·처분을 목적으로 총체적으로 관리하는 것이다. 즉, 부동산을 목적에 맞게 최유효이용을 할 수 있도록 하는 부동산의 취득, 유지, 보존, 개량, 운용 등에 관한 일체의 행위다.

2. 관리의 행위

1) 경제(경영) 관리

경제 관리란 부동산을 운용해 합리적인 순수익을 창출해내는 관리다. 수익과 비용을 분석하여 부동산 자산가치를 높이기 위한 부동산 관리가 요구된다.

2) 법률(보전) 관리

법률 관리는 부동산의 유용성을 보호하기 위한 법적 보장을 확보하는 관리다. 법적인 권리와 수익을 보호하기 위한 부동산 관리가 요구된다.

3) 기술(유지) 관리

기술 관리는 부동산의 기능을 보존 및 유지하기 위한 관리다. 대상 부동산의 물리적·기술적 측면에서 이루어지는 관리 활동이다. 위생, 설비, 보안, 보전 등이 포함된다.

3. 관리의 방식

1) 자기관리방식

자기관리방식은 소유자가 대상 부동산을 직접 관리하는 방식이다. 이는 의사결정과 업무처리를 신속하게 할 수 있고, 기밀을 잘 유지할 수 있으며, 하자발생을 예방하기 좋다. 그러나 효율성이 떨어지고 관리감독이 어려운 한계가 있다.

2) 위탁관리방식

위탁관리방식은 소유자가 아닌 관리업체에 위탁해 관리하는 방식이다. 이는 경영을 효율적으로 할 수 있고, 합리적인 관리서비스를 받을 수 있으며, 변화에 쉽게 적응할 수 있다. 그러나 업체를 선정하는 것이 어렵고, 선정하더라도 부실한 관리나 손해가 발생할 가능성이 있다. 또한 보안이나 신뢰유지에 한계가 있다.

3) 혼합관리방식

혼합관리방식은 자기관리와 위탁관리를 병용해서 관리하는 방식이다. 필요한 부분만 선별해서 위탁할 수 있다. 예를 들어, 경영관리는 자기관리로 하고, 시설관리는 위탁관리로 할 수 있다. 따라서 전문성이나 편의성을 확보할 수 있다. 그러나 업무협조나 책임범위에 문제가 있을 수 있다.

4. 관리의 대상

1) 법률관리

법률관리는 권리관계와 계약 등을 관리한다. 이용상황과 관련하여 행위제한에 유의해야 한다. 특히 불법점유를 확인하고 관리에 유의한다. 임대차 계약과 관련한 사항을 관리한다. 특히 보증금, 임대료, 납부일, 계약 금지나 제한 사항, 주차 및 광고시설, 원상회복 등에 관한 내용에 유의한다. 또한 대상 건물의 이용상황, 공법상 규제, 재건축이나 리모델링 관련 규정 등을 관리한다.

2) 경제관리

경제관리는 최고의 수익성이 창출될 수 있게 관리한다. 경제적 측면에서 토지는 최유효이용으로 이용할 수 있도록 유지 및 관리한다. 실제 개발이 이루어지기 전까지 이용 가능한 용도로 관리한다. 최유효이용으로 결정될 때는 원상회복이 쉬운 용도로 관리한다.

3) 기술관리

기술관리는 쾌적한 환경을 제공하고 자산을 보호할 수 있다. 특히 전기, 가스, 급배수, 위생, 냉난방, 환기, 소화 등의 설비는 기술관리가 중요하다. 건물은 물리적 · 기능적 · 경제적 내용연수에 따라 달라진다. 또한 건물의 생애주기는 신축, 안정, 노후, 폐물 단계를 통해 이루어진다.

2 유형

1. 자산관리(AM)

자산관리는 부를 극대화하기 위한 모든 관리를 말한다. 즉, 부동산 투자에서 자산과 부채를 종합적으로 관리하는 의사결정을 수행한다. 따라서 투자전략, 시장분석 등을 통해 임대료와 관리비 수준을 결정한다. 또한 건물의 증축, 리모델링 등의 대안을 검토한다. 나아가 자금조달, 재무관리 등을 통해 부동산 가치 상승뿐만 아니라 새로운 가치를 창출하기 위한 모든 활동을 포함한다.

2. 부동산 관리(PM)

부동산 관리는 부동산의 보유와 관리 측면에서 통상적으로 발생하는 서비스를 제공하는 관리다. 부동산을 공간으로써 인식하고 수익 극대화 및 비용 절감을 목적으로 한다. 마케팅, 임대차, 현금흐름, 회계 등의 업무까지 포함한 관리이다. 따라서 부동산의 효용을 높여 가치 상승에 기여한다.

3. 시설관리(FM)

시설관리란 부동산 시설을 운영 및 유지하는 관리를 말한다. 시설관리는 부동산의 효용이 유지될 수 있도록 설비사항 등을 점검한다. 이를 통해 부동산의 노후화를 지연하고, 효용이 하락하지 않도록 한다. 그 결과 부동산 가치가 하락하지 않도록 한다.

제5절   부동산 정책

1 개념

1. 의의

부동산 정책이란 부동산 문제를 해결하기 위해 공적 차원에서 수립하는 것이다. 부동산 문제는 부동산과 인간과의 관계가 악화되면서 나타나는 문제를 말한다.

2. 특징

1) 악화성

악화성이란 부동산 문제는 한번 발생하면 악화되기 쉽다는 특성이다. 예를 들어, 주택공급을 중단하면 주택의 질적·양적 문제가 악화된다.

2) 비가역성

비가역성이란 부동산 문제가 악화되면 완전한 상태로 회복이 어렵게 되는 특성이다. 예를 들어, 도시개발이 실패하면 이전으로 돌아가는 것이 어렵게 된다.

3) 지속성

지속성이란 부동산 문제는 시간이 지남에 따라 지속적으로 나타난다는 특성이다. 예를 들어, 부증성으로 인해 수요와 공급이 불균형인 상태가 계속 유지된다.

4) 복합성 및 다양성

복합성은 부동산 문제가 양적·질적인 측면, 물리적·법적·경제적 측면 등에서 상호 영향을 미치며 나타난다는 특성이다. 다양성은 부동산 문제를 해결하는 수단이 다양하다는 특성이다. 부동산 문제를 해결하기 위해 조세, 금융, 재정, 주택공급, 토지이용 등 다양하게 대응한다.

3. 시장실패와 정부개입

1) 시장실패

(1) 의의

시장실패란 부동산 시장의 불완전성 등으로 인해 효율적인 자원 배분이 되지 않는 등의 문제가 나타나는 것을 의미한다.

(2) 원인

① 규모의 경제

규모의 경제란 기업이 대량 생산할 경우 평균비용이 줄어들어 발생하는 이익을 말한다. 부동산 시장에서는 규모의 경제로 인해 자연독점 또는 과점이 나타날 수 있다. 그 결과 효율적인 자원 배분을 방해한다.

② 정보의 비대칭

정보의 비대칭이란 정보가 거래자 한쪽에만 치우쳐 있는 상태를 말한다. 그 결과 도덕적 해이와 역선택 문제를 발생시킨다. 도덕적 해이란 사회 전체의 이익보다 사적 이익을 추구하는 행동을 의미한다. 역선택이란 거래자 한쪽이 정상 이상의 이윤을 챙기거나 다른 한쪽에게 정상 이상의 손해나 비용을 전가하는 행위다.

③ 공공재

공공재는 비경합성과 비배제성이 있다. 비경합성은 한 개인의 소비가 다른 사람의 소비를 감소시키지 않는다는 성질이다. 즉, 공공재를 이용할 때 동일한 재화와 서비스를 다른 사람이 동시에 소비할 수 있어야 한다는 것이다. 비배제성은 재화의 소비나 이용에 배제되지 않는 성질이다. 그 결과 무임승차가 발생한다. 따라서 사적 시장에서 최적수준보다 과소생산이 이루어져 시장실패가 나타난다.

④ 외부효과

　외부효과란 시장 외적인 요인이 시장에 영향을 미치는 것이다. 부동산의 경우 긍정적 외부효과와 부정적 외부효과가 있다.

2) 정부개입

(1) 의의

　정부개입은 부동산 시장의 시장실패를 치유하기 위한 것이다. 즉, 시장실패를 발생시킨 원인을 제거하기 위함이다.

(2) 유형

① 직접 개입은 정부 등이 부동산 시장에 직접 개입하여 수요자와 공급자의 역할을 수행하는 방법이다. 예를 들어, 공공임대주택을 건설하여 공급하는 방법이 있다.

② 간접 개입은 시장의 기능을 통해 간접적으로 효과를 노리는 방법이다. 예를 들어, 조세를 부과하는 방법이 있다.

(3) 효과

　정부개입을 통해 시장의 효율성을 높이려고 한다. 또한 부정적 외부효과를 내부화시킨다. 또한 공공재를 공급하고, 자원 활용의 유용성을 증대시킨다. 마지막으로 소득 재분배의 효과가 있다.

3) 정부실패

　정부실패란 부동산 시장실패로 정부가 개입했으나 부동산 문제를 해결하지 못한 것을 의미한다. 이는 정부개입이 오히려 자원배분의 효율성을 악화시킨 것이다. 정부실패의 원인으로는 정책적 시차, 비용의 과다, 정보의 부족, 경직적인 관료제 등이 있다.

기출문제

[제15회 문제 4]
정부가 부동산 시장에 개입하는 이유에 대하여 설명하시오. (10점)

[제20회 문제 2]
공동주택 분양가상한제를 설명하고, 이 제도와 관련된 감정평가사의 역할에 대하여 논하시오. (20점)

[제20회 문제 4]
비주거용 부동산가격공시제도의 도입 필요성에 대하여 설명하시오. (10점)

[제23회 문제 4]
국토교통부의 부동산 실거래가 자료축적의 의의와 한계극복을 위한 감정평가사의 역할에 대해서 설명하시오. (10점)

2 토지 정책

1. 개념

토지정책은 토지에 대한 문제를 해결하기 위해 정부가 개입하는 것이다. 토지문제는 토지의 자연적 · 인문적 특성에서 비롯된다.

2. 소유 및 거래 제한

우리나라 토지소유제는 사유제를 기반으로 공개념을 더한 제도이다. 즉, 토지재산권은 사유화하지만, 취득 · 이용 · 개발 · 처분 등은 사회화를 추구하고 있다. 따라서 토지를 사용 · 수익 · 처분할 권한에서 제약을 받고 있다. 토지의 소유를 제한하는 제도는 농지소유제한제, 외국인 토지 취득 신고제, 토지비축제, 토지선매제 등이 있다. 토지의 거래를 제한하는 제도는 토지거래허가제, 실거래가신고제, 검인계약서 제도, 부동산 거래 실명제 등이 있다.

3. 이용 규제

토지를 이용하는 경우에도 공공의 필요가 있을 경우 등에는 재산권이 제한될 수 있다. 규정에 의한 규제방식은 토지의 용도를 미리 정하는 방식이다. 재량에 의한 규제방식은 계획에 따라 허가가 달라지는 방식이다. 우리나라는 규정에 의한 규제방식으로 국토의 계획 및 이용에 관한 법률에 의해 용도지역, 용도지구, 용도구역으로 나누어 제한을 하고 있다.

4. 개발이익 환수와 개발손실 보상

① 개발이익은 개발사업의 시행 또는 토지이용계획의 변경, 기타 사회 · 경제적 요인에 의해 정상지가상승분을 초과해 개발사업을 시행하는 자 또는 토지소유자에게 귀속되는 토지가액의 증가분을 말한다. 개발이익을 환수하는 제도로 조세형, 부담금형 등이 있다. 조세형에는 양도소득세, 간주취득세, 토지초과이득세 등이 있다. 부담금형에는 수익자 부담금, 개발 부담금, 재건축 부담금 제도 등이 있다.

② 개발손실은 토지이용계획의 결정이나 변경 등으로 인해 종래의 용도 또는 밀도규제가 강화됨으로 인해 발생한 손실을 말한다. 개발손실 보상제도에는 토지매수청구권 제도, 사업손실 보상 등이 있다.

3 주택 정책

1. 개념

주택 정책은 주택에 대한 문제를 해결하기 위해 정부가 개입하는 것이다. 주택문제는 토지의 특성과 양적 · 질적 공급 부족에서 비롯된다.

2. 공급 및 재고 정책

① 주택의 양적 부족을 해결하기 위해 공급정책이 있다. 직접개입방법으로 공공임대주택을 건설하여 공급할 수 있다. 간접개입방법으로 낮은 금리로 주택구입을 위한 융자지원정책 등이 있다.

② 주택의 질적 부족을 해결하기 위해 재고정책이 있다. 여기에는 재개발, 재건축 등이 있다.

3. 주거복지 정책

① 생산자 보조 정책은 직접적으로 주택을 공급하거나 생산자에게 보조하는 방식이다. 예를 들어, 국가가 공공임대주택을 직접 공급할 수 있다. 또는 민간주택공급자에게 정부가 지원을 하여 주택 생산을 증대시켜 필요로 하는 사람에게 저렴한 임대료의 임대주택 공급을 할 수 있다.

② 소비자 보조 정책은 임대료를 통제하거나 보조하는 방식이다. 임대료 통제는 임대료를 일정 수준 이상으로 부과하는 것을 통제하는 것이다. 임대료 보조는 정부가 임차인에게 직접 임대료를 보조하는 것이다.

4 조세 정책

1. 개념

1) 의의

조세는 국가가 재정 목적을 위해 강제적으로 징수하는 것이다.

2) 기능

조세는 재정수입 기능, 자원 및 소득 재분배 기능, 경기조절 기능 등을 가진다. ① 재정수입 기능은 과세의 본질적 기능이다. ② 자원재분배 기능은 공공의 필요에 따른 재화와 서비스를 공급하여 사회 전체적으로 자원배분을 적정화하는 데 기여한다는 것이다. ③ 소득재분배 기능은 사회계층간의 소득격차를 완화하는 기능이다. ④ 경기조절 기능은 경기조절을 통한 경기를 안정화하는 기능이다.

2. 분류

1) 거래활동

(1) 취득

① 취득세

취득세는 부동산 등의 취득자에게 부과하는 조세다. 지방세로서 취득한 재산의 소재지에서 취득자에게 과세하는 보통세다.

② 등록세

등록세는 권리의 창설, 이전, 변경, 소멸 등에 관한 사항을 등기 또는 등록할 때 과세하는 조세다.

(2) 이전

① 상속세

상속세는 상속으로 재산을 상속받는 상속인이 그 재산에 상당하는 일정액의 조세를 말한다. 상속이란 피상속인이 사망을 원인으로 재산상위 지위 또는 권리의무가 특정의 유족 또는 유언에 다른 수유자에게 승계되는 것이다. 상속받은 재산의 가액은 상속개시 당시의 시가로 한다.

② 증여세

증여세는 타인으로부터 무상으로 재산을 취득하는 경우 취득자에게 무상으로 받은 재산가액을 기준으로 하는 조세다. 증여란 타인으로부터 토지, 건물 등을 무상으로 양도하는 것이다. 증여세는 상속세를 보완한다.

2) 이용활동

(1) 보유

① 재산세

재산세는 과세기준일 현재 재산을 사실상 소유하고 있는 것에 대한 세금이다.

② 종합부동산세

종합부동산세는 과세기준일 현재 국내에 소재한 재산세 과세대상인 주택 및 토지를 유형별로 구분하여 인별로 합산한 결과, 그 공시가격 합계액이 각 유형별로 공제금액을 초과하는 경우 그 초과분에 대하여 과세되는 세금이다.

(2) 이전

① 소득세

소득세란 개인의 소득에 대해 부과하는 조세다.

② 법인세

법인세는 법인의 소득에 대해 부과하는 조세다.

3) 처분활동

양도소득세는 양도소득에 과세하는 소득세이다. 즉, 개인이 부동산을 매매 등으로 유상으로 타인에게 양도할 때 발생하는 자본이득에 대해 부과하는 조세다. 양도소득세 산정시 기준시가는 과세대상 자산의 양도 및 취득 당시의 가액을 산정하는 기준가액이다. 이는 당해 자산의 양도 당시의 양도자와 양수자간의 실지거래가액이다.

기출문제

[제26회 문제 4]
부동산 보유세율의 상승이 부동산시장에 미치는 영향을 설명하시오. (10점)

[제32회 문제 1]
최근 부동산시장에서 경제적, 행정적 환경변화가 나타나고 있다. 다음 물음에 답하시오. (40점)
1) 부동산시장을 공간시장(space market)과 자산시장(asset market)으로 구분할 때 두 시장의 관계를 설명하고, 부동산시장의 다른 조건이 동일할 때 시중은행 주택담보대출 이자율의 상승이 주택시장의 공간시장과 자산시장에 미치는 영향을 설명하시오. (20점)
2) 양도소득세의 상승이 부동산시장에 미치는 영향에 대해 설명하시오. (10점)
3) 3방식에 따른 감정평가를 할 때 부동산 경기변동에 따른 유의사항에 대해 설명하시오. (10점)

제2편

감정평가론

제1장 감정평가 기초

제1절 개념

1 의의

1. 정의(감정평가법 제2조 제2호)

감정평가란 토지등의 경제적 가치를 판정하여 그 결과를 가액으로 표시하는 것을 말한다.

2. 감정과 평가의 의미

감정이란 사실의 규명 등을 판정하는 과정이다. 평가란 판정결과를 화폐액으로 표시하는 작업이다. 감정평가에는 컨설팅도 포함된다.

2 대상

1. 감정평가법 제2조 제1호

토지등이란 토지 및 그 정착물, 동산, 그 밖에 대통령령으로 정하는 재산과 이들에 관한 소유권 외의 권리를 말한다.

2. 감정평가법 시행령 제2조

대통령령으로 정하는 재산이란 ① 저작권, 산업재산권, 어업권, 양식업권, 광업권 및 그 밖의 물건에 준하는 권리, ② 공장 및 광업재단 저당법에 따른 공장재단과 광업재단, ③ 입목에 관한 법률에 따른 입목, ④ 자동차, 건설기계, 선박, 항공기 등 관계 법령에 따라 등기하거나 등록하는 재산, ⑤ 유가증권을 말한다.

3. 감칙 제14조부터 제26조

감정평가의 대상은 경제적 가치를 지닌 모든 재화다. 구체적으로 토지, 건물, 구분소유부동산, 산림, 과수원, 공장재단 및 광업재단, 의제부동산, 동산, 임대료, 무형자산, 유가증권 등이 있다.

3 필요성

1. 부동산의 사회성과 공공성

부동산은 사회재이자 공공재로서의 본질이 있다. 그 결과 부동산은 공평하고 합리적으로 배분되기 위해 제한을 받는다. 그러므로 부동산은 일반재화보다 전문성과 객관성이 요구된다. 따라서 공정하고 객관적인 감정평가가 요구된다.

2. 부동산 거래의 특수성

부동산은 고정성, 개별성, 고가성 등으로 인해 권리를 통해 개별적인 거래가 이루어진다. 그 결과 거래정보가 잘 공개되지 않는다. 그러므로 부동산을 거래하는 경우 적정한 가격인지 판단이 어렵다. 따라서 경제적 가치를 판정하는 전문가인 감정평가가 필요하다.

3. 부동산 시장의 불완전성

부동산 시장은 고정성, 부증성 등으로 인해 불완전경쟁시장의 형태를 가진다. 그 결과 수요와 공급의 상호작용에 의한 가격 형성이 어렵다. 그러므로 시장참가자는 합리적인 의사결정을 하기 어렵다. 따라서 의사결정의 기준을 제시하는 감정평가가 필요하다.

4. 부동산 가치형성의 상호작용성

부동산 가치는 부동산 특성, 시장의 불완전성 등으로 인해 일반재화의 가격형성과정과 다르게 형성된다. 특히 고정성으로 인해 부동산 가치는 주위 환경의 영향을 많이 받는다. 그 결과 부동산 가치는 다양한 가치형성요인의 상호작용에 의해 형성된다. 따라서 가치형성과정을 분석하는 감정평가가 필요하다.

기출문제

[제18회 문제 4-1]
공적감정평가에서 복수감정평가의 필요성을 약술하시오. (10점)

[제29회 문제 4]
감정평가의 공정성과 감정평가행위의 독립 필요성을 감정평가이론에 근거하여 설명하시오. (10점)

[제31회 문제 1]
감정평가와 관련한 다음의 물음에 답하시오. (40점)
1) 감정평가의 개념을 구체적으로 설명하고, 감정평가의 개념에 근거하여 기준가치 확정과 복수(複數)감정평가의 필요성에 관하여 각각 논하시오. (20점)
2) 시장가치와 시장가격(거래가격)의 개념을 비교하여 설명하고, 다양한 제도를 통해 시장가격(거래가격)을 수집 · 분석할 수 있음에도 불구하고 감정평가가 필요한 이유에 관하여 논하시오. (20점)

4 기능

1. 의미

감정평가의 기능은 감정평가가 수행하는 작용을 의미한다. 정책적 기능은 감정평가가 공적 측면에서 안정성을 수행하는 역할이다. 경제적 기능은 감정평가가 사적 측면에서 효율성을 수행하는 역할이다.

2. 정책적 기능

1) 자원의 배분

감정평가는 부동산 등의 자원이 합리적이고 공평하게 배분될 수 있게 도와준다. 왜냐하면 부동산은 사회재와 공공재의 본질을 가지기 때문이다.

2) 적정한 가격형성 유도

감정평가는 공정하고 객관적으로 가치를 판정한다. 따라서 불완전한 부동산 시장에서의 거래가 적정하게 이루어질 수 있도록 유도하는 역할을 한다.

3) 정당한 보상

보상감정평가는 정당한 보상액이 지급되도록 기여한다. 헌법 제23조 제3항에서는 공공필요에 의한 재산권의 수용, 사용 또는 제한 및 그에 대한 보상은 법률로써 하되 정당한 보상을 지급하도록 규정한다.

4) 합리적 과세

감정평가는 합리적인 과세가 이루어질 수 있게 지원한다. 표준지공시지가나 표준주택가격의 감정평가 등은 개별공시지가나 개별주택가격 산정의 기준이 되기 때문이다.

3. 경제적 기능

1) 효율성 향상

부동산은 부증성, 영속성, 개별성 등으로 인해 시장이 불완전하다. 따라서 감정평가는 용도 측면에서의 대체가능성, 정보 제공 등을 지원한다. 즉, 부동산 시장이 효율적으로 작동할 수 있게 도와준다.

2) 거래질서의 확립과 유지

감정평가는 공정하고 객관적인 가치를 판정한다. 따라서 감정평가의 결과는 부동산 거래가 합리적으로 이루어질 수 있게 도와준다. 그 결과 거래질서의 확립과 유지에 기여한다.

3) 의사결정의 기준

감정평가는 다양한 의사결정을 위한 판단기준을 제시한다. 경제적 가치를 판정하여 시장참가자들의 타당성과 같은 의사결정에 도움을 주기 때문이다.

4) 이해조정

감정평가는 다양한 이해관계인들의 이해를 합리적으로 조정해주는 데 기여한다. 감정평가는 공정하고 객관적인 기준에 의해 이루어지기 때문이다. 그 결과 시장참가자들의 합의를 이끌어 낼 수 있다.

[제1회 문제 4]
부동산감정평가의 기능에 대하여 약술하시오. (10점)

5 분류

1. 분류 목적

감정평가는 다양한 분류기준에 따라 나눌 수 있다. 감정평가를 다양하게 분류하는 이유는 합리적이고 객관적인 체계를 도모하여 신뢰성을 높이기 위함이다.

2. 주체수에 따른 분류

1) 단수 감정평가

단수 감정평가는 하나의 감정평가법인 등이 주체가 되는 것이다. 주로 담보, 경매감정평가 등과 같은 사적 목적인 경우에 적용한다.

2) 복수 감정평가

복수 감정평가는 둘 이상의 감정평가법인 등이 주체가 되는 것이다. 주로 보상감정평가, 공시업무 등과 같은 공적 목적인 경우에 적용한다. 공익을 위해서는 보다 객관성이 요구되기 때문이다.

3. 목적에 따른 분류

① 공적 목적의 감정평가는 감정평가 결과가 공익을 목적으로 활용되는 것이다. 따라서 감정평가 활동을 함에 일정한 권한이 주어지기도 한다. ② 사적 목적의 감정평가는 감정평가 결과가 사익을 목적으로 활용되는 것이다.

4. 시점에 따른 분류

감정평가의 시점 등에 따라 현행, 소급, 기한부 감정평가로 나눈다. 소급 감정평가는 과거를, 기한부 감정평가는 미래를 기준으로 한다.

5. 기타 분류

① 강제성 유무에 따라 필수적 감정평가와 임의적 감정평가로 분류한다.
② 감정평가 활동의 수준에 따라 1수준, 2수준, 3수준으로 분류한다.
③ 감정평가의 일상성에 따라 참모평가와 수시평가로 분류한다.

6 제도

1. 감정평가 및 감정평가사에 관한 법률(감정평가법)

1) **제1장 총칙**

제1조(목적), 제2조(정의)

2) **제2장 감정평가**

제3조(기준), 제4조(직무), 제5조(감정평가의 의뢰), 제6조(감정평가서), 제7조(감정평가서의 심사), 제8조(감정평가 타당성 조사 등), 제9조(감정평가 정보체계의 구축 · 운용 등)

3) **제3장 감정평가사**

  (1) **제1절 업무와 자격**

제10조(감정평가법인등의 의무), 제11조(자격), 제12조(결격사유), 제13조(자격의 취소)

  (2) **제2절 시험**

제14조(감정평가사시험), 제15조(시험의 일부 면제), 제16조(부정행위자에 대한 제재)

  (3) **제3절 등록**

제17조(등록 및 갱신등록), 제18조(등록 및 갱신등록의 거부), 제19조(등록의 취소), 제20조(외국감정평가사)

  (4) **제4절 권리와 의무**

제21조(사무소 개설 등), 제21조의2(고용인의 신고), 제22조(사무소의 명칭 등), 제23조(수수료 등), 제24조(사무직원), 제25조(성실의무 등), 제26조(비밀엄수), 제27조(명의대여 등의 금지), 제28조(손해배상책임), 제28조의2(감정평가 유도 · 요구 금지)

  (5) **제5절 감정평가법인**

제29조(설립), 제30조(해산), 제31조(자본금 등), 제32조(인가취소 등)

4) **제4장 한국감정평가사협회**

제33조(목적 및 설립), 제34조(회칙), 제35조(회원가입 의무 등), 제36조(윤리규정), 제37조(자문 등), 제38조(회원에 대한 교육 · 연수 등)

5) **제5장 징계**

제39조(징계), 제39조의2(징계의 공고), 제40조(감정평가관리 · 징계위원회)

6) **제6장 과징금**

제41조(과징금의 부과), 제42조(이의신청), 제43조(과징금 납부기한의 연장과 분할납부), 제44조(과징금의 징수와 체납처분)

7) **제7장 보칙**

제45조(청문), 제46조(업무의 위탁), 제47조(지도 · 감독), 제48조(벌칙 적용에서 공무원 의제)

8) **제8장 벌칙**

제49조(벌칙), 제50조(벌칙), 제50조의2(몰수 · 추징), 제51조(양벌규정), 제52조(과태료)

2. 부동산 가격공시에 관한 법률(부동산공시법)

1) 제1장 총칙
제1조(목적), 제2조(정의)

2) 제2장 지가의 공시
제3조(표준지공시지가의 조사·평가 및 공시 등), 제4조(표준지공시지가의 조사협조), 제5조(표준지공시지가의 공시사항), 제6조(표준지공시지가의 열람 등), 제7조(표준지공시지가에 대한 이의신청), 제9조(표준지공시지가의 효력), 제10조(개별공시지가의 결정·공시 등), 제11조(개별공시지가에 대한 이의신청), 제12조(개별공시지가의 정정), 제13조(타인토지에의 출입 등), 제14조(개별공시지가의 결정·공시비용의 보조), 제15조(부동산 가격정보 등의 조사)

3) 제3장 주택가격의 공시
제16조(표준주택가격의 조사·산정 및 공시 등), 제17조(개별주택가격의 결정·공시 등), 제18조(공동주택가격의 조사·산정 및 공시 등), 제19조(주택가격 공시의 효력)

4) 제4장 비주거용 부동산가격의 공시
제20조(비주거용 표준부동산가격의 조사·산정 및 공시 등), 제21조(비주거용 개별부동산가격의 결정·공시 등), 제22조(비주거용 집합부동산가격의 조사·산정 및 공시 등), 제23조(비주거용 부동산가격공시의 효력)

5) 제5장 부동산가격공시위원회
제24조(중앙부동산가격공시위원회), 제25조(시·군·구부동산가격공시위원회)

6) 제6장 보칙
제26조(공시보고서의 제출 등), 제26조의2(적정가격 반영을 위한 계획 수립 등), 제27조(공시가격정보체계의 구축 및 관리), 제27조의2(회의록의 공개), 제28조(업무위탁), 제29조(수수료 등), 제30조(벌칙 적용에서 공무원 의제)

3. 표준지의 조사·평가기준

1) 제1장 총칙
제1조(목적), 제2조(정의), 제3조(적용 범위)

2) 제2장 조사·평가절차
제4조(조사·평가절차), 제5조(공부조사), 제6조(실지조사), 제7조(가격자료의 수집 및 정리), 제8조(사정보정 및 시점수정), 제9조(지역요인 및 개별요인의 비교), 제10조(평가가격의 결정 및 표시), 제11조(경계지역간 가격균형 여부 검토), 제12조(표준지 소유자의 의견청취), 제13조(시장·군수·구청장의 의견청취), 제14조(조사·평가보고서의 작성)

3) 제3장 평가기준
제15조(적정가격 기준 평가), 제16조(실제용도 기준 평가), 제17조(나지상정 평가), 제18조(공법상 제한상태 기준 평가), 제19조(개발이익 반영 평가), 제20조(일단지의 평가), 제21조(평가방식의 적용)

4) 용도별 토지의 평가

제22조(주거용지), 제23조(상업·업무용지), 제24조(공업용지), 제25조(농경지), 제26조(임야지), 제27조(후보지)

5) 공법상 제한을 받는 토지의 평가

제28조(도시·군계획시설 등 저촉토지), 제29조(둘 이상의 용도지역에 속한 토지), 제30조(도시·군계획시설도로에 접한 토지), 제31조(개발제한구역 안의 토지), 제32조(재개발구역 등 안의 토지), 제33조(환지방식에 의한 사업시행지구 안의 토지), 제34조(택지개발사업시행지구 안의 토지), 제35조(특정시설의 보호 등을 목적으로 지정된 구역 등 안의 토지)

6) 특수토지의 평가

제36조(광천지), 제37조(광업용지), 제38조(염전부지), 제39조(유원지), 제40조(묘지), 제41조(골프장용지), 제42조(종교용지등), 제43조(여객자동차터미널 부지), 제44조(공공용지등), 제45조(재검토기한)

7) 기타

(1) [별표1] 상업지대의 지역요인 및 개별요인

지 역 요 인			개 별 요 인		
조건	항 목	세 항 목	조건	항 목	세 항 목
가로 조건	가로의 폭, 구조 등의 상태	폭	가로 조건	가로의 폭, 구조 등의 상태	폭
		포장			포장
		보도			보도
		계통 및 연속성			계통 및 연속성
접근 조건	도심과의 거리 및 교통시설의 상태	인근교통시설의 편의성	접근 조건	교통시설과의 접근성	인근대중교통시설과의 거리 및 편의성
		인근교통시설의 도시중심 접근성		상가와의 접근성	인근상가와의 거리 및 편의성
	상가의 배치상태	인근상가의 편의성		공공 및 편익시설과의 접근성	유치원, 초등학교, 공원, 병원, 관공서 등과의 거리 및 편의성
		인근상가의 품격			
	공공 및 편익시설의 배치상태	유치원, 초등학교, 공원, 병원, 관공서 등			

좌측 표

대분류	중분류	세부내용
환경조건	기상조건	일조, 습도, 온도, 통풍 등
	자연환경	조망, 경관, 지반, 지질 등
	사회환경	거주자의 직업, 연령 등
		학군 등
	획지의 상태	획지의 표준적인 면적
		획지의 정연성
		건물의 소밀도
		주변의 이용상황
	공급 및 처리시설의 상태	상수도
		하수도
		도시가스 등
	위험 및 혐오시설	변전소, 가스탱크, 오수처리장 등의 유무
		특별고압선 등의 통과 유무
	재해발생의 위험성	홍수, 사태, 절벽붕괴 등
	공해발생의 정도	소음, 진동, 대기오염 등
행정적조건	행정상의 규제정도	용도지역, 지구, 구역 등
		기타규제
기타조건	기타	장래의 동향
		기타

우측 표

대분류	중분류	세부내용
환경조건	일조 등	일조, 통풍 등
	자연환경	조망, 경관, 지반, 지질 등
	인근환경	인근토지의 이용상황
		인근토지의 이용상황과의 적합성
	공급시설 및 처리시설의 상태	상수도
		하수도
		도시가스
	위험 및 혐오시설 등	변전소, 가스탱크, 오수처리장 등의 유무
		특별고압선 등과의 거리
획지조건	면적, 접면너비, 깊이, 형상 등	면적
		접면너비
		깊이
		부정형지
		삼각지
		자루형획지
		맹지
	방위, 고저 등	방위
		고저
		경사지
	접면도로 상태	각지
		2면획지
		3면획지
행정적조건	행정상의 규제정도	용도지역, 지구, 구역 등
		기타규제(입체이용제한 등)
기타조건	기타	장래의 동향
		기타

(2) [별표2] 주거지대의 지역요인 및 개별요인

지역요인			개별요인		
조건	항목	세항목	조건	항목	세항목
가로 조건	가로의 폭, 구조 등의 상태	폭	가로 조건	가로의 폭, 구조 등의 상태	폭
		포장			포장
		보도			보도
		계통 및 연속성			계통 및 연속성
	가구(block)의 상태	가구의 정연성			
		가구시설의 상태			
접근 조건	교통수단 및 공공시설과의 접근성	인근교통시설의 편의성	접근 조건	상업지역중심 및 교통시설과의 편의성	상업지역중심과의 접근성
		인근교통시설의 이용 승객수			
		주차시설의 정비			
		교통규제의 정도 (일방통행, 주정차 금지 등)			인근교통시설과의 거리 및 편의성
		관공서 등 공공 시설과의 접근성			
환경 조건	상업 및 업무 시설의 배치 상태	백화점, 대형상가의 수와 연면적	환경 조건	고객의 유동성과의 적합성	고객의 유동성과의 적합성
		전국규모의 상가 및 사무소의 수와 연면적		인근환경	인근토지의 이용상황
		관람집회시설의 상태			인근토지의 이용상 황과의 적합성
		부적합한 시설의 상태 (공장, 창고, 주택 등)		자연환경	지반, 지질 등
		기타 고객유인시설 등	획지 조건	면적, 접면너비, 깊이, 형상 등	면적
		배후지의 인구			접면너비
		배후지의 범위			깊이
		고객의 구매력 등			부정형지
	경쟁의 정도 및 경영자의 능력	상가의 전문화와 집단화		면적, 접면너비, 깊이, 형상 등	삼각지
		고층화 이용정도			자루형획지
	번화성의 정도	고객의 통행량			맹지
		상가의 연립성		방위, 고저 등	방위
		영업시간의 장단			고저
		범죄의 발생정도			경사지
	자연환경	지반, 지질 등		접면도로상태	각지
					2면획지
					3면획지
행정적 조건	행정상의 규제정도	용도지역, 지구, 구역 등	행정적 조건	행정상의 규제정도	용도지역, 지구, 구역 등
		용적제한			용적제한
		고도제한			고도제한
		기타규제			기타규제(입체이용제한 등)
기타 조건	기타	장래의 동향	기타 조건	기타	장래의 동향
		기타			기타

(3) [별표3] 공업지대의 지역요인 및 개별요인

지역요인			개별요인		
조건	항 목	세 항 목	조건	항 목	세 항 목
가로 조건	가로의 폭, 구조 등의 상태	폭	가로 조건	가로의 폭, 구조 등의 상태	폭
		포장			포장
		계통 및 연속성			계통의 연속성
접근 조건	판매 및 원료 구입시장과의 위치관계	도심과의 접근성	접근 조건	교통시설과의 거리	인근교통시설과의 거리 및 접근성
		항만, 공항, 철도, 고속도로, 산업도로 등과의 접근성			철도전용인입선
	노동력확보의 난이	인근교통시설과의 접근성			전용부두
	관련산업과의 관계	관련산업 및 협력 업체간의 위치관계			
환경 조건	공공 및 처리 시설의 상태	동력자원	환경 조건	공급 및 처리 시설의 상태	동력자원
		공업용수			공업용수
		공장배수			공장배수
	공해발생의 위험성	수질, 대기오염 등		자연환경	지반, 지질 등
	자연환경	지반, 지질 등	획지 조건	면적, 형상 등	면적
					형상
					고저
행정적 조건	행정상의 조장 및 규제정도	조장의 정도	행정적 조건	행정상의 조장 및 규제정도	조장의 정도
		규제의 정도			규제의 정도
		기타규제			기타규제
기타 조건	기타	공장진출의 동향	기타 조건	기타	장래의 동향
		장래의 동향			기타
		기타			

[제18회 문제 3]

「부동산 가격공시에 관한 법률」에 의한 표준지공시지가와 표준주택가격의 같은 점과 다른 점을 설명하시오.
(20점)

[제19회 문제 1]

일괄감정평가방법과 관련하여, 다음을 논하시오. (40점)

1) 토지·건물 일괄감정평가에 관한 이론적 근거와 감정평가방법을 논하시오. (10점)

2) 일괄감정평가 된 가격을 필요에 의해 토지·건물가격으로 각각 구분할 경우 합리적 배분기준을 논하시오.
   (10점)

3) 표준주택가격의 감정평가와 관련하여,

   (1) 현행 법령상 표준주택가격의 조사·산정기준을 설명하시오. (10점)

   (2) 표준주택가격의 일괄감정평가 시 감정평가 3방식 적용의 타당성을 논하시오. (10점)

[제30회 문제 4]

부동산 가격공시와 관련한 '조사·평가'와 '조사·산정'에 대해 비교·설명하시오. (10점)

7 업무

1. 개념

1) 의의

감정평가업무란 자료수집과 분석, 시장분석, 보고서 등을 작성하는 일체의 행위다. 감정평가업무는 가치평가업무, 컨설팅업무, 평가검토와 심사업무 등이 있다.

2) 특징

(1) 공정성

감정평가업무는 부동산의 사회성과 공공성으로 인해 공정성을 지닌다. 특히 이해관계인의 이해조정과 공·사익의 조화를 위해 강조된다.

(2) 객관성

감정평가업무는 효율성과 형평성을 위해 객관성을 지닌다. 즉, 합리적인 의사결정을 위한 기준이 되기 위해 객관성이 요구된다.

(3) 전문성

감정평가업무는 전문적인 지식과 경험이 요구된다. 즉, 다양한 대상물건의 특성과 경제적 가치를 판정하기 위해 전문성이 필요하다.

3) 오류의 유형과 발생원인

(1) 허용오류

허용오류란 통계적 오차 범위를 넘지 않는 오류다. 즉, 수용할 수 있는 오류를 의미한다. 대상물건 확인, 가치형성요인 비교 등의 과정에서 오류가 발생할 수 있다.

(2) 인위적 오류

인위적 오류란 고의적으로 발생하는 오류다. 즉, 인위적으로 왜곡이 일어난 오류다. 의뢰인의 요청 등에 의해 발생할 수 있다.

(3) 능력부족의 오류

능력부족의 오류란 업무처리 능력 부족 등으로 발생하는 오류다. 업무숙달이 미흡하거나, 시행착오 등의 부족으로 발생할 수 있다.

2. 컨설팅

1) 규정 검토

> **감정평가법 제10조(감정평가법인등의 업무)**
> 6. 감정평가와 관련된 상담 및 자문
> 7. 토지등의 이용 및 개발 등에 대한 조언이나 정보 등의 제공
>
> **감칙 제27조(조언·정보 등의 제공)**
> 감정평가법인등이 법 제10조제7호에 따른 토지등의 이용 및 개발 등에 대한 조언이나 정보 등의 제공에 관한 업무를 수행할 때에 이와 관련한 모든 분석은 합리적이어야 하며 객관적인 자료에 근거해야 한다.

2) 의의

컨설팅이란 고객이 의뢰한 부동산에 대한 정보 등의 서비스에 대해 용역을 제공하는 행위다.

3) 감정평가와의 차이

(1) 개념

감정평가는 경제적 가치를 판정하는 것이다. 그러나 컨설팅은 의사결정자에게 문제에 대한 조언, 지도, 자문 등을 제공하는 것이다.

(2) 기능

감정평가는 경제적 가치정보를 제공하여 부동산 활동을 원활하게 한다. 반면, 컨설팅은 다양한 부동산 활동을 종합적으로 한다는 점에 차이가 있다.

(3) 분석 범위

감정평가는 주로 대상물건과 관련한 미시적 분석이다. 그러나 컨설팅은 미시적이거나 거시적일 수 있다. 컨설팅이 감정평가보다 종합적인 범위를 대상으로 한다.

(4) 분석 기법

감정평가는 객관적인 최유효이용을 분석한다. 그러나 컨설팅은 타당성분석 등 의사결정, 의뢰인의 요청 등에 맞춰진 주관적인 최유효이용 분석이 이루어진다.

[제11회 문제 1]
감정평가와 부동산컨설팅과의 관계를 설명하고 이와 관련하여 토지유효활용을 위한 등가교환방식의 개념과 평가시 유의사항을 논하시오. (30점)

3. 평가검토와 심사

1) 규정 검토

(1) 감정평가법 제7조

> **제7조(감정평가서의 심사)**
> ① 감정평가법인은 제6조에 따라 감정평가서를 의뢰인에게 발급하기 전에 감정평가를 한 소속 감정평가사가 작성한 감정평가서의 적정성을 같은 법인 소속의 다른 감정평가사에게 심사하게 하고, 그 적정성을 심사한 감정평가사로 하여금 감정평가서에 그 심사사실을 표시하고 서명과 날인을 하게 하여야 한다.
> ② 제1항에 따라 감정평가서의 적정성을 심사하는 감정평가사는 감정평가서가 제3조에 따른 원칙과 기준을 준수하여 작성되었는지 여부를 신의와 성실로써 공정하게 심사하여야 한다.
> ③ 감정평가 의뢰인 및 관계 기간 등 대통령령으로 정하는 자는 발급된 감정평가서의 적정성에 대한 검토를 대통령령으로 정하는 기준을 충족하는 감정평가법인등(해당 감정평가서를 발급한 감정평가법인등은 제외한다)에게 의뢰할 수 있다.
> ④ 제1항에 따른 심사대상·절차·기준 및 제3항에 따른 검토절차·기준 등에 관하여 필요한 사항은 대통령령으로 정한다.

(2) 감정평가법 제8조

> **제8조(감정평가 타당성조사 등)**
> ① 국토교통부장관은 제6조에 따라 감정평가서가 발급된 후 해당 감정평가가 이 법 또는 다른 법률에서 정하는 절차와 방법 등에 따라 타당하게 이루어졌는지를 직권으로 또는 관계 기관 등의 요청에 따라 조사할 수 있다.
> ② 제1항에 따른 타당성조사를 할 경우에는 해당 감정평가법인등 및 대통령령으로 정하는 이해관계인에게 의견진술기회를 주어야 한다.
> ③ 제1항 및 제2항에 따른 타당조사의 절차 등에 필요한 사항은 대통령령으로 정한다.

2) 의의
① 평가검토란 감정평가사가 작성한 감정평가서를 다른 자격 있는 감정평가사가 검토하는 것을 말한다.
② 감정평가심사란 감정평가사가 감정평가서를 발급하기 전에 해당 감정평가의 적정성에 대하여 실시하는 것을 말한다.

3) 목적

   ① 감정평가서의 합리성을 검증하여 신뢰성 있는 보고서를 제공한다.

   ② 판단근거를 제시하여 합리적인 의사결정에 기여한다.

   ③ 의사결정에 수반되는 위험을 관리하는 데 기여한다.

   ④ 신뢰성 있는 감정평가를 통해 감정평가사의 전문성을 향상시킨다.

4) 종류

   ① 탁상검토는 현장조사 없이 진행되는 서류검토다.

   ② 현장검토는 실제 현장조사를 통해 이루어지는 검토다.

   ③ 총괄검토는 감정평가 절차와 논리 등을 종합적으로 검토하는 것이다.

5) 검토평가사의 역할

검토평가사는 원평가사와 동등 이상의 지식과 경험을 보유해야 한다. 또한 자신의 검토 결정에 대해 책임을 진다. 그러나 대상물건에 대해 제2의 가치 의견을 제공할 수 없다는 한계가 있다. 따라서 심사보다 높은 수준의 전문성, 독립성 등을 요한다.

기출문제

[제25회 문제 3]
감정평가서의 정확성을 점검하고 부실감정평가 등의 도덕적 위험을 예방하기 위하여 평가검토(Appraisal review)가 필요할 수 있다. 평가검토에 대해 설명하시오. (15점)

[제32회 문제 4]
'감정평가심사'와 '감정평가검토'에 대해 비교·설명하시오. (10점)

제2절   감정평가사의 직업윤리

1 개념

1. 의의

감정평가사의 직업윤리란 감정평가사가 감정평가 활동을 수행할 때 지켜야 할 규정과 행위규범 등을 말한다.

2. 중요성

1) 사회성과 공공성

감정평가는 개인과 국가의 재산과 직접적으로 관련된다. 따라서 경제적 가치를 판정하는 감정평가는 사회성과 공공성이 요구된다. 그 결과 감정평가사는 직업윤리가 중요하다.

2) 전문자격사로서의 소양

전문자격사 제도는 국민들에게 안정적인 서비스를 제공하기 위함이다. 따라서 업무를 할 수 있는 권한을 배타적으로 보장받는다. 그러므로 전문자격사로서 감정평가사는 윤리적 성찰과 사회적 책임을 가져야 한다.

3) 외부환경의 변화

부동산 시장의 환경변화는 다양한 감정평가의 서비스를 요구한다. 감정평가 서비스가 고도화되고 전문화될수록 감정평가사는 더 높은 수준의 지식과 판단 등을 요구한다. 따라서 외부 환경의 변화에 대응하기 위한 직업윤리가 중요하다.

2 법적 근거

1. 감정평가법

제25조(성실의무 등), 제26조(비밀엄수), 제27조(명의대여 등의 금지), 제28조(손해배상책임), 제28조의2(감정평가 유도·요구 금지), 제32조(인가취소 등), 제36조(윤리규정), 제39조(징계), 제39조의2(징계의 공고), 제41조(과징금의 부과), 제49조(벌칙), 제50조(벌칙), 제50조의2(몰수·추징), 제51조(양벌규정), 제52조(과태료)

2. 감정평가에 관한 규칙

제3조(감정평가법인등의 의무)
감정평가법인등은 다음 각 호의 어느 하나에 해당하는 경우에는 감정평가를 해서는 안 된다.
1. 자신의 능력으로 업무수행이 불가능하거나 매우 곤란한 경우
2. 이해관계 등의 이유로 자기가 감정평가하는 것이 타당하지 아니하다고 인정되는 경우

기출문제

[제1회 문제 1]
부동산(토지)의 특성이 부동산가격과 부동산시장에 작용하는 관계를 설명하고, 그에 따른 부동산 감정평가의 필요성에 대하여 논하시오. (50점)

3. 감정평가 실무기준

1) 기본윤리

(1) 품위유지

감정평가법인등은 감정평가업무를 수행할 때 전문인으로서 사회에서 요구하는 신뢰에 부응하여 품위 있게 행동하여야 한다.

(2) 신의성실

① 부당한 감정평가의 금지

㉠ 감정평가법인등은 신의를 좇아 성실히 업무를 수행하여야 하고, 고의나 중대한 과실로 부당한 감정평가를 해서는 아니 된다. 고의나 중대한 과실 여부는 감정평가 결과가 이해관계에 영향을 주었는지에 관계없다. 고의나 중대한 과실이 있었던 것이 명백할 경우 감정평가법인등은 책임이 있다.

㉡ 판례는 토지를 개별적으로 감정평가하는 경우 실지조사에 대상물건을 확인하고, 표준지 공시지가를 기준으로 지가변동률 등의 사항을 종합적으로 참작하여 신의와 성실로써 공정하게 감정평가를 해야 할 주의의무가 있다고 하였다.

② 자기계발

감정평가법인등은 전문인으로서 사회적 요구에 부응하고 감정평가에 관한 전문지식과 윤리성을 함양하기 위해 지속적으로 노력하여야 한다. 감정평가를 둘러싼 환경은 끊임없이 변한다. 따라서 다양한 감정평가의 수요에 대응하기 위해서는 전문지식의 습득과 계발을 위해 노력해야 한다.

③ 자격증 등의 부당한 사용의 금지

㉠ 감정평가법인등은 자격증·등록증이나 인가증을 타인에게 양도·대여하거나 이를 부당하게 행사해서는 아니 된다. 이는 제3자에게 발생할 수 있는 불이익이나 사회적·경제적 손실 방지 등을 위함이다.

㉡ 대법원은 업무정지 징계처분 취소와 관련한 소송에서 '자격증 등을 부당하게 행사'한다는 것에 대해 감정평가사 자격증 등을 본래의 용도가 아닌 다른 용도로 행사하거나, 본래의 행사목적을 벗어나 감정평가법인등의 자격이나 업무범위에 관한 법의 규율을 피할 목적으로 이를 행사하는 경우도 포함한다고 판시하였다.

(3) 청렴

① 감정평가법인등은 감정평가법에 따른 수수료와 실비 외에는 어떠한 명목으로도 그 업무와 관련된 대가를 받아서는 아니 된다. 감정평가법인등은 감정평가 의뢰의 대가로 금품·향응, 보수의 부당한 할인, 그 밖의 이익을 제공하거나 제공하기로 약속해서는 아니 된다.

② 감정평가결과는 제3자 등에 영향을 미칠 수 있으므로 공정성이 중요하다. 따라서 감정평가의 독립성과 공정성을 저해하는 불공정 행위는 금지한다. 특히 청탁, 뇌물수수 등으로 과대 또는 과소평가가 되지 않아야 한다.

(4) 보수기준 준수

감정평가법인등은 감정평가법에 따른 수수료의 요율 및 실비에 관한 기준을 준수하여야 한다. 수수료의 요율 및 실비기준은 감정평가법인등이 지켜야 할 직업윤리를 확보할 수 있게 한다.

2) 업무윤리

(1) 의뢰인에 대한 설명 등

① 감정평가법인등은 감정평가 의뢰를 수임하기 전에 감정평가목적, 감정평가조건, 기준시점 및 대상물건 등에 대하여 의뢰인의 의견을 충분히 듣고 의뢰인에게 설명하여야 한다.

② 감정평가법인등은 대상물건에 대한 조사 과정에서 의뢰인이 제시한 사항과 다른 내용이 발견된 경우에는 의뢰인에게 이를 설명하고 적절한 조치를 취하여야 한다.

③ 감정평가법인등은 감정평가서를 발급할 때나 발급이 이루어진 후 의뢰인의 요청이 있는 경우에는 의뢰인에게 설명하여야 한다.

(2) 불공정한 감정평가 회피

① 감정평가법인등은 객관적으로 보아 불공정한 감정평가를 할 우려가 있다고 인정되는 대상물건에 대하여는 감정평가를 해서는 아니 된다.

② 불공정한 감정평가의 내용에는 다음 사항이 포함된다. 첫째, 대상물건이 담당 감정평가사 또는 친족의 소유이거나 그 밖에 불공정한 감정평가를 할 우려가 있는 경우다. 둘째, 이해관계 등의 이유로 자기가 감정평가하는 것이 타당하지 아니하다고 인정되는 경우다.

(3) 비밀준수 등 타인의 권리 보호

감정평가법인등은 감정평가 업무를 수행하면서 알게 된 비밀을 정당한 이유 없이 누설하여서는 아니 된다. 감정평가법인등은 공적 · 사적 업무를 수행하면서 정당한 절차 없이 타인에게 손해를 입히는 행위를 하지 말아야 한다.

기출문제

[제7회 문제 4]
부동산 감정평가 제도의 기능과 감정평가사의 직업윤리에 관하여 설명하시오. (10점)

[제16회 문제 1]
감정평가사의 직업윤리가 요구되는 이론적 · 법률적 근거를 설명하고, 공익사업을 위한 토지 등의 취득 및 보상에 관한 법률(이하 "토지보상법") 제68조 제2항의 토지소유자 추천제와 관련하여 동업자간 지켜야 할 직업윤리의 중요성에 대해 논하시오. (30점)
1) 직업윤리가 강조되는 이론적 근거
2) 직업윤리가 강조되는 법률적 근거
3) 공인 · 전문인으로서의 직업윤리
4) 토지소유자 추천제의 의의 및 지켜야 할 직업윤리

[제32회 문제 2]
감정평가법인등은 감정평가관계법규 및 감정평가 실무기준에서 정하는 감정평가의 절차 및 윤리규정을 준수하여 업무를 행하여야 한다. 다음 물음에 답하시오. (30점)
1) 감정평가 실무기준상 감정평가의 절차를 설명하시오. (10점)
2) 감정평가 실무기준상 감정평가법인등의 윤리를 기본윤리와 업무윤리로 구분하고, 각각의 세부내용에 대해 설명하시오. (20점)

제2장

감정평가의 절차와 원칙

제1절 감정평가의 절차

❶ 규정 검토

1. 감칙 제8조

제8조(감정평가의 절차)

감정평가법인등은 다음 각 호의 순서에 따라 감정평가를 해야 한다. 다만, 합리적이고 능률적인 감정평가를 위하여 필요할 때에는 순서를 조정할 수 있다.

1. 기본적 사항의 확정
2. 처리계획 수립
3. 대상물건 확인
4. 자료수집 및 정리
5. 자료검토 및 가치형성요인의 분석
6. 감정평가방법의 선정 및 적용
7. 감정평가액의 결정 및 표시

2. 감정평가 실무기준

1) 계약의 성립과 취지

감정평가절차는 감정평가계약에 의해 시작된다. 감정평가계약은 의뢰인의 청약과 승낙에 의해 이루어진다. 감칙 제8조에서는 감정평가의뢰와 수임 단계에 대해서는 규정이 없다. 따라서 개인의 재산권 보호와 감정평가의 공정성을 위해 수임계약 단계에 관한 사항을 규정하여 사회ㆍ경제적 손실을 방지하고자 한다.

2) 감정평가의뢰

감정평가의뢰는 감정평가 대상물건의 가치를 알기 위한 사실적 작용이다. 감정평가 수임계약은 의뢰서를 접수함으로써 성립된다. 이는 서면으로 하는 것이 원칙이다. 계약이 성립하기 위해서는 의뢰서가 작성되어야 한다. 다만, 법원명령서, 감정촉탁서, 업무협약서 등으로도 가능하다.

3) 의뢰 내용 검토 등

의뢰가 있는 경우 내용을 검토하여야 한다. 수임제한 사유 등을 검토하여 수임계약을 철회할 수 있다. 반려할만한 특별한 사유가 없는 경우에는 의뢰를 수리한다. 수리행위는 일종의 승낙과 같은 성질이다. 따라서 수리에 의해 감정평가계약이 성립한다.

감정평가법인등은 감정평가관계법규 및 감정평가 실무기준에서 정하는 감정평가의 절차 및 윤리규정을 준수하여 업무를 행하여야 한다. 다음 물음에 답하시오. (30점)
1) 감정평가 실무기준상 감정평가의 절차를 설명하시오. (10점)
2) 감정평가 실무기준상 감정평가법인등의 윤리를 기본윤리와 업무윤리로 구분하고, 각각의 세부내용에 대해 설명하시오. (20점)

2 기본적 사항의 확정

1. 감칙 제9조 및 실무기준

기본적 사항의 확정이란 감정평가의뢰를 받을 때 의뢰인, 대상물건, 감정평가 목적, 기준시점, 감정평가조건, 기준가치, 관련 전문가에 대한 자문 또는 용역(이하 "자문등"이라 한다)에 관한 사항, 수수료 및 실비에 관한 사항의 사항을 확정하는 절차다.

2. 의뢰인

의뢰인은 감정평가계약의 일방당사자다. 계약에는 의뢰인의 성명 또는 명칭을 표기한다. 의뢰인과 소유자가 다른 경우에는 소유자의 동의 또는 확인을 구해 분쟁을 예방한다.

3. 대상물건

대상물건의 확정은 감정평가를 위한 대상물건의 소재, 범위, 권리관계 등을 확정하는 것이다. 대상물건의 확정은 감정평가목적, 감정평가조건 등에 따라 달라질 수 있다.

4. 감정평가목적

1) 개념

감정평가목적은 의뢰인이 감정평가의뢰를 통해 달성하고자 하는 목적을 말한다. 감정평가목적에 따라 대상물건, 기준가치, 감정평가방법 등이 달라지므로 감정평가결과가 다양하게 나타날 수 있다.

2) 구분

① 감정평가목적은 감정평가과제를 수행하는 이유다. 즉, 가치기준 등을 명시하는 것을 의미한다. 따라서 감정평가목적과 감정평가조건 등에 따라 가치기준을 선택하게 된다.

② 감정평가서용도는 감정평가사가 의뢰인으로부터 확인한 감정평가서의 용도를 말한다. 즉, 감정평가결과에서 얻은 정보를 사용하고자 하는 용도다.

③ 가치전제는 감정평가를 할 때 대상물건의 상황에 대한 전제를 의미한다. 이는 감정평가의 대상이나 방법에 영향을 미치는 사실, 조건, 상황, 가상적 거래환경 등을 포함한다. 가치전제에는 최유효이용, 현행이용, 순차적 청산, 강제매각 등이 있다. 대표적인 예시로 계속기업을 전제로 할 것인가, 청산기업을 전제로 할 것인가의 문제다.

5. 기준시점

1) 개념

기준시점이란 대상물건의 감정평가액을 결정하는 기준이 되는 날짜를 말한다(감칙 제2조 제2호). 기준시점은 감정평가의 공정성과 신뢰성을 확보하기 위함이다. 감정평가액은 가치형성요인의 변화 등에 따라 달라지기 때문이다.

2) 결정

(1) 원칙

기준시점은 대상물건의 가격조사를 완료한 날짜로 한다(감칙 제9조 제2항). 가격조사를 완료한 날짜는 감정평가의 구체적인 공부조사와 실지조사 등이 완료된 날짜다. 즉, 감정평가를 위해 필요한 자료수집이 완료되고 분석이 행해진 시점을 의미한다.

(2) 예외

기준시점을 미리 정하였을 때에는 그 날짜에 가격조사가 가능한 경우에만 기준시점으로 할 수 있다(감칙 제9조 제2항 단서). 과거시점은 대상물건의 확인과 가치형성요인에 관한 자료수집이 가능할 수 있다. 그러나 미래시점은 예측이 어렵고 신뢰성이 떨어질 수 있다. 따라서 미래시점을 상정하여 조건부평가로 진행하기도 한다.

6. 감정평가조건

1) 개념

(1) 의의

감정평가조건이란 기준시점의 가치형성요인 등을 실제와 다르게 가정하거나 특수한 경우로 한정하는 조건을 말한다(감칙 제6조 제2항).

(2) 상정조건과의 차이

① 상정조건은 감정평가의 대상이나 방법에 영향을 미치는 사실, 조건, 상황 등을 말한다. 감정평가조건에는 이러한 상정조건을 포함한다. 상정조건에는 특별상정조건, 가설적 상정조건 등이 있다.

② 특별상정조건은 기준시점 현재 사실이 아닐 수도 있는 것을 사실이라는 전제하에 평가하는 조건이다. 즉, 외부적 조건이나 불확실한 정보를 사실로 간주하는 것이다. 예를 들어, 대상물건의 물리적 상태, 환경오염의 유무, 소유자의 개발능력 등이 있다.

③ 가설적 상정조건은 기준시점 현재 사실이라고 가정하는 조건이 사실이 아닌 경우다. 예를 들어, 현재 존재하지 않는 개발예정 건물을 완공된 것으로 보는 경우다.

2) 부가요건

(1) 감칙 제6조 제2항

감정평가조건은 ① 법령에 다른 규정이 있는 경우, ② 의뢰인이 요청하는 경우, ③ 감정평가의 목적이나 대상물건의 특성에 비추어 사회통념상 필요하다고 인정되는 경우에 붙일 수 있다.

(2) 법령에 다른 규정이 있는 경우

법령에 다른 규정이 있는 경우에는 해당 법률에서 정하는 방법에 따라야 한다. 예를 들어, 토지보상법 제70조에서 개발이익배제 등을 목적으로 규정하고 있는 공시지가 선정 방법에 따라 감정평가를 해야 하는 경우는 개발이익배제를 조건으로 하는 감정평가인 것이다.

(3) 의뢰인이 요청하는 경우

의뢰인이 요청하는 경우는 의뢰인이 감정평가조건을 제시하는 경우다. 예를 들어, 도시계획의 실시 여부, 택지조성 및 수면매립의 전제, 불법점유의 해제, 건물의 증축을 상정하는 것 등이다. 의뢰인이 요청하더라도 조건의 부가가 가능한 내용인지 검토해야 한다. 조건이 비합리적이거나 불법적일 수 있기 때문이다.

(4) 사회통념상 필요하다고 인정되는 경우

사회통념상 필요하다고 인정되는 경우는 감정평가의 목적이나 대상물건의 특성에 비추어 감정평가조건이 필요한 경우다. 감정평가의 목적과 관련한 예시는 국공유지 처분을 위한 감정평가에서 지목 및 이용상황이 도로부지인 토지를 인접 토지소유자 등에게 매각할 때, 현실적인 이용상황이 아닌 용도폐지를 전제로 하여 감정평가다. 대상물건의 특성과 관련한 예시는 건축허가를 받아 건축이 진행되어 완공이 임박한 건축물이 소재하는 토지의 경우 사용승인을 득하여 지목이 대지로 변경될 것을 예정할 수 있으므로 대지를 전제로 한 감정평가다.

3) 검토사항

① 감정평가조건을 붙일 때에는 감정평가조건의 합리성, 적법성 및 실현가능성을 검토해야 한다. 다만, 법령에 다른 규정이 있는 경우에는 그렇지 않다(감칙 제6조 제3항).
② 감정평가조건의 합리성, 적법성이 결여되거나 사실상 실현 불가능하다고 판단할 때에는 의뢰를 거부하거나 수임을 철회할 수 있다(감칙 제6조 제4항).

7. 기준가치

1) 의의

기준가치란 감정평가의 기준이 되는 가치를 말한다(감칙 제2조 제3호).

2) 가치기준

(1) 개념

가치기준은 감정평가 가치측정의 기본전제를 말한다. 즉, 가치기준은 기준가치, 감정평가 목적, 감정평가서 용도, 감정평가조건, 가치전제, 기준시점 등을 포함하는 개념이다.

(2) 감칙상 기준가치의 문제점

① 감칙에는 가치기준에 대한 개념 제시가 없다.
② 시장가치 외의 가치에 대한 정의나 유형의 제시가 없다.
③ 시장가치를 원칙으로 하고 시장가치 외의 가치를 예외로 하여 강제하고 있다.

(3) 해결방안

기준가치 규정에 대한 문제점을 해결하기 위한 방안은 다음과 같다.

① 기준가치를 가치기준으로 변경한다.

② 시장가치 외의 가치에 대한 정의와 구체적인 유형을 제시한다.

③ 시장가치를 원칙으로 하지 않고, 시장가치 외의 가치와 함께 사용할 수 있도록 한다.

8. 자문등에 관한 사항

1) 규정

자문등에 관한 사항은 감정평가업무에서 컨설팅과 관련된다. 감정평가법 제10조 제6호 및 제7호, 감칙 제9조 제3항, 제27조에 근거한다.

2) 필요성

사회·경제 환경의 변화에 따라 다양한 감정평가의 수요가 늘고 있다. 다양한 감정평가의 수요에 대응하여 외부전문가를 활용하는 것은 감정평가의 정확성과 신뢰성을 높일 수 있다. 예를 들어, 일조권을 감정평가하는 경우 일조권 시뮬레이션 시스템전문가의 용역 결과에 의해 일조시간, 조망권, 소음도 등의 격차율을 산정할 수 있다.

9. 수수료 및 실비에 관한 사항

감정평가 수수료 및 실비는 감정평가법 제23조(수수료 등)에 따른다. 감정평가법인등은 의뢰인으로부터 업무수행에 따른 수수료와 그에 필요한 실비를 받을 수 있다. 수수료의 요율 및 실비의 범위는 국토교통부장관이 감정평가관리·징계위원회의 심의를 거쳐 결정한다. 감정평가법인등과 의뢰인은 수수료의 요율 및 실비에 관한 기준을 준수하여야 한다.

기출문제

[제12회 문제 4-2]
감정평가시 기준시점의 필요성을 약술하시오. (10점)

[제21회 문제 3]
부동산가치에 관한 다음의 물음에 답하시오. (30점)
1) 부동산가치의 본질에 대해 설명하시오. (5점)
2) 부동산가치의 특징 및 가치형성원리에 대하여 설명하시오. (10점)
3) 부동산가치와 기준시점간의 관계에 대해 설명하시오. (10점)
4) 특정가격과 한정가격의 개념을 설명하시오. (5점)

[제31회 문제 1]
감정평가와 관련한 다음의 물음에 답하시오. (40점)
1) 감정평가의 개념을 구체적으로 설명하고, 감정평가의 개념에 근거하여 기준가치 확정과 복수(複數)감정평가의 필요성에 관하여 각각 논하시오. (20점)
2) 시장가치와 시장가격(거래가격)의 개념을 비교하여 설명하고, 다양한 제도를 통해 시장가격(거래가격)을 수집·분석할 수 있음에도 불구하고 감정평가가 필요한 이유에 관하여 논하시오. (20점)

[제34회 문제 2]
감정평가와 관련한 다음 물음에 답하시오. (30점)
1) 기준가치의 중요성에 대하여 설명하고, 택지비 목적의 감정평가서에 기재할 기준가치에 대하여 논하시오. (15점)

3 처리계획 수립

1. 의의

처리계획 수립이란 대상물건의 확인에서 감정평가액의 결정 및 표시에 이르기까지 일련의 작업과정에 대한 계획을 수립하는 절차를 말한다.

2. 내용

① 처리계획에는 사전조사계획, 실지조사계획, 가격조사계획, 감정평가 보고서 작성계획 등이 포함된다.
② 처리계획 수립은 능률적인 감정평가업무를 하기 위해서다.
③ 처리계획 수립은 의뢰인에게 감정평가 수임계약에 따른 업무 진행 상황을 보고하는 데에도 유용하다.

4 대상물건 확인

1. 감칙 제10조

제10조(대상물건의 확인)
　① 감정평가법인등이 감정평가를 할 때에는 실지조사를 하여 대상물건을 확인해야 한다.
　② 감정평가법인등은 제1항에도 불구하고 다음 각 호의 어느 하나에 해당하는 경우로서 실지조사를 하지 않고도 객관적이고 신뢰할 수 있는 자료를 충분히 확보할 수 있는 경우에는 실지조사를 하지 않을 수 있다.
　1. 천재지변, 전시ㆍ사변, 법령에 따른 제한 및 물리적인 접근 곤란 등으로 실지조사가 불가능하거나 매우 곤란한 경우
　2. 유가증권 등 대상물건의 특성상 실지조사가 불가능하거나 불필요한 경우

2. 개념

1) 의의

대상물건 확인이란 기본적 사항의 확정에서 정해진 대상물건을 조사하여 존재 여부, 동일성 여부 등을 조사하는 과정을 말한다.

2) 사전조사

사전조사는 실지조사 전에 감정평가 관련 구비서류의 완비 여부 등을 확인하고, 대상물건의 공부 등을 통해 토지등의 물리적 조건, 권리상태, 위치, 면적 및 공법상의 제한 내용과 그 제한 정도 등을 조사하는 절차다.

3) 실지조사

(1) 의의

실지조사는 대상물건이 있는 곳에서 대상물건의 현황 등을 직접 확인하는 절차다.

(2) 실지조사의 생략

① 실지조사를 생략할 수 있는 경우는 실지조사가 불가능하거나 매우 곤란한 경우, 대상물건의 특성상 실지조사가 불가능하거나 불필요한 경우로 구분하고 있다.

② 객관적이고 신뢰할 수 있는 자료를 충분히 확보할 수 있는 경우의 판단기준은 일반적으로 공부 등으로 신뢰할 수 있는 객관적인 자료가 감정평가를 할 때 충분하다고 판단될 경우이다.

3. 확인사항

1) 물적사항

(1) 의의

물적사항의 확인이란 동일성 여부와 개별적 요인을 확인하는 조사를 말한다.

(2) 동일성 여부의 확인

① 개념

동일성 여부의 확인이란 의뢰내용과 실제가 동일한지를 확인하는 것을 말한다. 특히 공부상 내용과 실제가 다른 물적 불일치 발생 여부를 파악하여야 한다. 물적 불일치가 발생한 경우 사회통념상 인정되는 범위와 판례 등을 기준으로 처리한다. 물적사항의 확인은 대장이 등기사항전부증명서보다 우선한다.

② 처리방법

㉠ 위치 및 경계확인이 곤란하거나 일치하지 않는 경우 의뢰인으로부터 측량도면을 제시받아 처리한다. 다만, 의뢰인과 협의하여 직접 외부용역으로 처리할 수 있다.

㉡ 지목이 일치하지 않는 경우 현황의 지목을 기준으로 평가한다. 다만, 불법으로 변경된 경우에는 개별적 사안에 따라 처리를 다르게 한다.

㉢ 소재지 및 지번이 일치하지 않는 경우, 행정구역의 개편 등 동일성이 인정되는 경우에는 정상평가할 수 있다.

㉣ 건물 및 정착물의 위치, 면적, 구조 등이 일치하지 않는 경우 등기변경의 가능성, 거래상의 제약 정도 등을 파악하여 사회통념상 동일성을 인정할 수 있는지로 판단한다. 내용연수의 불일치는 관찰감가법 등을 적용하여 연장 또는 단축할 수 있다. 그러나 구건물이 멸실된 경우에는 평가가 원칙적으로 불가능하다.

(3) 개별적 요인의 확인

개별적 요인의 확인이란 가치형성에 영향을 미치는 대상물건의 개별적 요인의 상태를 확인하는 것을 말한다. 예를 들어, 토지는 이용상황, 주위환경, 교통, 지형, 지세, 형상 등을 조사한다.

2) 권리관계

권리관계의 확인이란 소유권 및 기타 권리 관계의 존부와 내용을 확인하는 것을 말한다. 소유권은 단독소유, 공유, 총유, 합유 등을 확인한다. 소유권 이외의 권리는 지상권, 지역권, 전세권, 저당권, 대지권 등을 확인한다. 또한 가치형성에 영향을 미치는 권리의 하자 유무, 제한물권의 설정 여부, 소유권의 형태 등의 내용을 명확히 해야 한다. 권리관계의 확인은 등기사항전부증명서가 대장보다 우선한다.

기출문제

[제11회 문제 3]
부동산감정평가 활동상 부동산의 권리분석이 중요시되고 있다. 이에 있어 부동산권리분석의 성격과 권리분석의 대상 및 부동산 거래사고의 유형을 기술하시오. (15점)

5 자료수집 및 정리

1. 개념

자료수집 및 정리란 대상물건의 물적사항, 권리관계, 이용상황에 대한 분석 및 감정평가액 산정을 위해 필요한 확인자료, 요인자료, 사례자료 등을 수집하고 정리하는 절차를 말한다. 자료는 감정평가 결과의 합리성과 논리성을 부여하는 기초가 된다. 따라서 신뢰성 있는 자료를 수집하고 체계적으로 정리하는 작업은 중요하다.

2. 종류

1) 확인자료

확인자료는 대상물건과 권리관계의 확인에 필요한 자료다. 대장, 지적도, 등기사항전부증명서, 설계도면 등이 있다.

2) 요인자료

요인자료는 가치형성요인 분석에 필요한 자료다. 일반자료는 인구통계자료, 경제지표자료 등이 있다. 지역자료는 지역 인구통계자료, 지역 경제지표, 지역 개발계획, 지역분석 조서 등이 있다. 그 밖에 경쟁시장자료로 경쟁시장에 대한 현재와 장래의 수요·공급 자료 등이 있다. 수요·공급자료에는 수요량, 공급량, 흡수율, 공실률, 분양률, 환원율 등이 있다.

3) 사례자료

사례자료는 감정평가 방식의 적용에 필요한 자료다. 매매사례, 임대사례, 건설사례, 수익사례 등이 있다. 감정평가목적, 대상물건의 특성, 감정평가조건 등에 따라 적절한 자료를 수집한다.

3. 수집 방법

1) 징구법

징구법은 대상물건에 따라 의뢰인으로부터 감정평가에 필요한 자료를 제출하도록 하는 방법이다.

2) 실사법

실사법은 실지조사를 통해 감정평가에 필요한 자료를 수집하는 방법이다. 대상물건의 확정과 확인, 가격수준 등에 활용될 수 있다.

3) 탐문법

탐문법은 현장에서 탐문을 통해 자료를 수집하는 방법이다. 이는 조사자의 소속, 신분, 조사목적 등을 공개하는 방법이다.

4) 열람법

열람법은 감정평가에 필요한 자료를 열람하여 확인하는 방법이다. 징구법의 보충적 방법이다.

6 자료검토 및 가치형성요인의 분석

1. 의의

자료검토 및 가치형성요인의 분석이란 자료의 신뢰성, 충실성 등을 검증하고 가치형성요인을 분석하는 절차를 말한다.

2. 자료검토

자료검토는 수집된 자료가 감정평가에서 필요한 자료인지를 판단하는 과정이다. 확인자료는 공신력과 증거력이 중요하다. 요인자료는 대상물건의 가치형성에 직접적으로 영향을 미치는지를 검토한다. 사례자료는 최근 사례인지, 물적·위치적 유사성이 있는지 등을 검토한다.

3. 가치형성요인의 분석

① 가치형성요인의 분석은 수집된 자료를 분석하여 감정평가의 근거로 활용한 것인지, 대상물건의 경제적 가치에 어떤 영향을 주는지를 분석하는 과정이다.

② 일반요인은 대상물건이 속한 전체 사회에서 대상물건의 이용과 가격수준 형성에 전반적으로 영향을 미치는 일반적인 요인이다. 지역요인은 대상물건이 속한 지역의 가격수준 형성에 영향을 미치는 자연적·사회적·경제적·행정적 요인이다. 개별요인은 대상물건의 구체적 가격에 영향을 미치는 대상물건의 고유한 개별적 요인이다.

7 감정평가방법의 선정 및 적용

1. 의의

감정평가방법의 선정 및 적용은 감정평가 3방식 중 하나 이상의 감정평가방법을 선정하고 대상물건의 시산가액을 도출하는 과정이다.

2. 감칙 제12조 제1항

감정평가법인등은 감칙 제14조부터 제26조까지의 규정에서 대상물건별로 정한 감정평가방법(이하 "주된 방법"이라 한다)을 적용하여 감정평가해야 한다. 다만, 주된 방법을 적용하는 것이 곤란하거나 부적절한 경우에는 다른 감정평가방법을 적용할 수 있다.

8 감정평가액의 결정 및 표시

1. 개념

1) 의의

감정평가액의 결정 및 표시란 감정평가방법의 적용을 통하여 산정된 시산가액을 합리적으로 조정하여 대상물건이 갖는 구체적인 가치를 최종적으로 결정하고 감정평가서에 그 가액을 표시하는 절차를 말한다.

2) 규정

> 감정평가에 관한 규칙
> 제12조(감정평가방법의 적용 및 시산가액 조정)
> ② 감정평가법인등은 대상물건의 감정평가액을 결정하기 위하여 제1항에 따라 어느 하나의 감정평가방법을 적용하여 산정한 가액(이하 "시산가액")을 제11조 각 호의 감정평가방식 중 다른 감정평가방식에 속하는 하나 이상의 감정평가방법(이 경우 공시지가기준법과 그 밖의 비교방식에 속한 감정평가방법은 서로 다른 감정평가방식에 속한 것으로 본다)으로 산출한 시산가액과 비교하여 합리성을 검토하여야 한다. 다만, 대상물건의 특성 등으로 인하여 다른 감정평가방법을 적용하는 것이 곤란하거나 불필요한 경우에는 그렇지 않다.
> ③ 감정평가법인등은 제2항에 따른 검토 결과 제1항에 따라 산출한 시산가액의 합리성이 없다고 판단되는 경우에는 주된 방법 및 다른 감정평가방법으로 산출한 시산가액을 조정하여 감정평가액을 결정할 수 있다.

2. 합리성 검토

합리성 검토란 주된 감정평가방법을 적용하여 산정한 가액과 다른 감정평가방법을 적용하여 산정한 가액을 비교하는 것을 말한다. 이때 공시지가기준법과 거래사례비교법은 다른 감정평가방법으로 본다. 또한 합리성을 검토할 때 3방식이 아닌 기타 방식을 활용하여 검토하는 것도 포함된다. 합리성을 검토한 결과 합리성이 인정되면 주된 감정평가방법을 적용하여 산정한 가액을 최종 감정평가액으로 결정한다. 그러나 대상물건의 특성 등으로 인해 합리성이 결여되면 시산가액을 조정하여 최종 감정평가액을 결정한다.

3. 시산가액 조정

1) 개념

(1) 의의

시산가액 조정이란 주된 방법을 적용하여 산정한 시산가액을 다른 방법으로 산출한 시산가액과 비교한 결과, 합리성이 없다고 판단되는 경우 시산가액을 조정하여 감정평가액을 결정하는 것을 말한다.

(2) 상관조정의 원리

상관조정의 원리란 가치 3면성이 부동산 가치형성과정에서 상호 연결되어 있으므로 시산가액을 조정하여야 한다는 것이다. 즉, 부동산 시장은 불완전성, 자료의 미비 등으로 각 시산가액의 유용성과 한계를 보완하여 최종 감정평가액을 결정하여야 한다는 의미다.

2) 필요성

(1) 실무적 필요성

① 경제적 위치의 지적

부동산 시장은 불완전 경쟁시장이다. 따라서 시산가액 조정은 대상물건이 가지는 경제적 위치를 적절히 지적할 필요가 있다. 감정평가의 결과는 대상물건의 경제적 가치에 직접적인 영향을 미치기 때문이다.

② 다양한 감정평가기법의 활용

최근 감정평가는 사회·경제 환경의 변화로 인하여 유용성을 인정받기 어려워지고 있다. 특히 개발프로젝트, 부동산 증권화에 따른 투자가치 등은 수익방식으로도 한계가 있다. 따라서 시산가액 조정도 동적 DCF법, 실물옵션 감정평가방법 등을 활용할 필요가 있다.

③ 객관성 향상

감정평가 3방식에 의한 각 시산가액은 유용성과 한계를 가진다. 따라서 상관조정의 원리에 따라 시산가액을 조정하는 것은 감정평가의 객관성을 높일 수 있다.

④ 논리성과 전문성 향상

감정평가서에 시산가액 조정을 기술하는 것은 감정평가의 논리성을 확보하고 전문성을 높일 수 있다. 시산가액을 조정하려면 시산가액을 경정하는 과정을 기술하게 되는데, 이 과정에서 논리적 기술이 요구되기 때문이다.

(2) 외부적 측면에서의 필요성

① 감정평가시장 환경의 변화는 다양한 감정평가방법 등을 요구한다. 따라서 다양한 감정평가기법을 활용한 시산가액 조정이 필요하다.

② 최근에는 새로운 감정평가의 수요가 증가하고 있다. 따라서 다양한 수요에 대응하기 위해 다양한 감정평가기법과 시산가액 조정 과정이 중요해진다.

③ 국제 감정평가기준 등에서도 시산가액 조정을 요구하고 있다. 따라서 국제 감정평가기준에 부합하기 위해서도 시산가액 조정이 필요하다.

(3) 내부적 측면에서의 필요성

① 부동산 시장은 불완전성을 가지고 있고, 계속해서 변화한다. 따라서 적정한 감정평가방법으로 판단하고 적용한 시산가액도 합리성이 없을 수 있다. 그러므로 시산가액의 합리성을 검토할 필요가 있다.

② 감정평가방식은 상관조정의 원리에 따라 상관성을 지니고 있다. 따라서 적절한 감정평가방법의 적용과 시산가액 조정이 필요하다.

③ 감정평가액은 대상물건의 특성, 감정평가목적, 시장환경 등에 따라 다양하다. 따라서 객관적인 감정평가를 위해 시산가액 조정이 필요하다.

3) 조 정 기 준

(1) 대상물건의 특성

시산가액은 대상물건의 특성에 따라 주된 감정평가방법이 달라진다. 따라서 대상물건의 특성 등을 비교하여 시산가액을 조정해야 한다. 예를 들어, 수익환원법은 수익을 창출하지 않는 물건에 적합하지 않다. 거래사례비교법은 시장이 없거나 거래빈도가 낮은 물건에 적합하지 않다.

(2) 자료의 신뢰성

시산가액 조정은 자료의 양적·질적 측면에서 달라진다. 감정평가의 정확성은 비교 요소의 개수, 비교 부동산의 수, 보정량 등에 따라 달라진다. 그러므로 충분한 양의 자료와 정확한 자료를 확보하는 것이 중요하다. 그 결과 시산가액 조정이 달라질 수 있기 때문이다.

(3) 감정평가목적

시산가액 조정은 감정평가목적에 따라 달라진다. 감정평가액은 의뢰인의 목적에 맞게 감정평가가 활용되기 때문이다. 예를 들어, 담보가치는 적산가액보다 확실한 대출금 회수가 가능한 비준가액이 적절할 수 있다.

(4) 시장상황

시산가액 조정은 시장상황에 따라 달라진다. 시장상황은 부동산 시장의 상황뿐만 아니라 시장참가자의 선호도와 행태 등을 의미한다. 예를 들어, 특정 지역의 부동산이 임대료 관행에 따라 거래된다면 수익가액에 가중치를 부여할 수 있다.

4) 조정 방법

(1) 가중평균법

가중평균법은 대상물건의 특성, 감정평가목적, 자료의 신뢰성, 시장상황 등에 따라 각 시산가액에 가중치를 부여하는 방법이다. 이는 정량적인 방법과 정성적인 방법을 모두 고려하고 있다.

(2) 주방식과 부방식 겸용방법

주방식과 부방식 겸용방법은 시산가액의 상하 범위를 검토한 후 가장 적합한 방식에 중점을 두고 다른 방식을 부수적으로 하여 시산가액을 조정하는 방법이다.

(3) 산술평균법

산술평균법은 각 시산가액을 더하여 산술평균하는 방법이다. 이 방법은 시산가액 조정 기준 등을 반영하지 못한다. 따라서 산술평균법은 감정평가에서 적용하지 않는다.

5) 유의사항

(1) 시산가액 재검토시 유의사항

시산가액 조정시 재검토에 유의해야 한다. 재검토 사항에는 ① 자료의 선택과 검토, 활용의 적정성, ② 부동산 가치원칙의 적절성, ③ 단가와 총액의 적정성, ④ 가치형성요인 판단과 분석의 적절성 등이 있다.

(2) 각 시산가액의 설득력 판단시 유의사항

각 시산가액은 지역성과 개별성의 관계, 자료의 신뢰성 등에 따라 설득력의 우열이 생긴다. 따라서 상대적인 설득력에 따라 시산가액을 조정함에 유의한다. 설득력 판단에는 ① 지역분석과 개별분석의 적절성, ② 방법 적용시 자료의 신뢰성 등이 있다.

4. 감정평가액의 표시

1) 의의

감정평가액의 표시란 시산가액 조정 등을 거쳐 결정된 감정평가액을 표시하는 것을 말한다.

2) 점추정

점추정이란 최종 감정평가액을 하나의 수치로 표시한 것이다. 점추정으로 표시한 감정평가액은 적정한 유효숫자까지 표시한다. 일반적으로 억 단위의 감정평가액은 천만 또는 백만원까지 표시한다. 만약 시장사례 자료가 풍부하여 시산가액의 정확성이 높다면 유효숫자를 더 표시할 수 있다.

3) 구간추정

구간추정이란 최종 감정평가액을 일정한 범위나 상하관계 등으로 표시한 것이다. 이때 기준금액의 상하관계를 표시한 것을 관계가치라고도 한다. 예를 들어, 10억원 이하라고 표시하는 것을 말한다. 좁은 범위의 구간추정은 점추정보다 감정평가의 신뢰성을 높이기도 한다.

5. 감정평가서의 작성

1) 개념

감정평가서란 의뢰인으로부터 부여된 감정평가 등에 대해 분석한 결과를 제시하는 보고서를 말한다. 감정평가서는 구두와 서면으로 나눈다. 서면 감정평가서는 단엽, 정형식, 서술식 등으로 나눈다. 단엽 감정평가서는 감정평가액만 표시한 것이다. 정형식 감정평가서는 미리 정해진 양식에 해당 사항을 기입하는 보고서다. 서술식 감정평가서는 분석 과정 등을 상세히 서술하는 보고서다.

2) 감정평가법 제6조(감정평가서)

제6조(감정평가서)
① 감정평가법인등은 감정평가를 의뢰받은 때에는 지체 없이 감정평가를 실시한 후 국토교통부령으로 정하는 바에 따라 감정평가 의뢰인에게 감정평가서(전자문서 및 전자거래기본법 제2조에 따른 전자문서로 된 감정평가서를 포함한다.)를 발급하여야 한다.
② 감정평가서에는 감정평가법인등의 사무소 또는 법인의 명칭을 적고, 감정평가를 한 감정평가사가 그 자격을 표시한 후 서명과 날인을 하여야 한다. 이 경우 감정평가법인의 경우에는 그 대표사원 또는 대표이사도 서명이나 날인을 하여야 한다.
③ 감정평가법인등은 감정평가서의 원본과 그 관련 서류를 국토교통부령으로 정하는 기간 이상 보존하여야 하며, 해산하거나 폐업하는 경우에도 대통령령으로 정하는 바에 따라 보존하여야 한다. 이 경우 감정평가법인등은 감정평가서의 원본과 그 관련 서류를 이동식 저장장치 등 전자적 기록매체에 수록하여 보존할 수 있다.

3) 감칙 제13조(감정평가서 작성)

제13조(감정평가서 작성)
① 감정평가법인등은 법 제6조에 따른 감정평가서(전자문서 및 전자거래기본법에 따른 전자문서로 된 감정평가서를 포함한다. 이하 같다)를 의뢰인과 이해관계자가 이해할 수 있도록 명확하고 일관성 있게 작성하여야 한다.
② 감정평가서에는 다음 각 호의 사항이 포함되어야 한다.
1. 감정평가법인등의 명칭
2. 의뢰인의 성명 또는 명칭
3. 대상물건(소재지, 종류, 수량, 그 밖에 필요한 사항)
4. 대상물건 목록의 표시근거
5. 감정평가 목적

6. 기준시점, 조사기간 및 감정평가서 작성일
7. 실지조사를 하지 아니한 경우에는 그 이유
8. 시장가치 외의 가치를 기준으로 감정평가한 경우에는 제5조제3항 각 호의 사항. 다만, 같은 조 제2항제1호
   의 경우에는 해당 법령을 적는 것으로 갈음할 수 있다.
9. 감정평가조건을 붙인 경우에는 그 이유 및 제6조제3항의 검토사항. 다만, 같은 조 제2항제1호의 경우에는
   해당 법령을 적는 것으로 갈음할 수 있다.
10. 감정평가액
11. 감정평가액의 산출근거 및 결정 의견
12. 전문가의 자문등을 거쳐 감정평가한 경우 그 자문등의 내용
13. 그 밖에 이 규칙이나 다른 법령에 따른 기재사항
③ 제2항제11호의 내용에는 다음 각 호의 사항을 포함하여야 한다. 다만, 부득이한 경우에는 그 이유를 적고
일부를 포함하지 아니할 수 있다.
1. 적용한 감정평가방법 및 시산가액 조정 등 감정평가액 결정 과정(제12조제1항 단서 또는 제2항 단서에 해
   당하는 경우 그 이유를 포함한다)
1의2. 거래사례비교법으로 감정평가한 경우 비교 거래사례의 선정 내용, 사정보정한 경우 그 내용 및 가치형
   성요인을 비교한 경우 그 내용
2. 공시지가기준법으로 토지를 감정평가한 경우 비교표준지의 선정 내용, 비교표준지와 대상토지를 비교한
   내용 및 제14조제2항제5호에 따라 그 밖의 요인을 보정한 경우 그 내용
3. 재조달원가 산정 및 감가수정 등의 내용
4. 적산법이나 수익환원법으로 감정평가한 경우 기대이율 또는 환원율(할인율)의 산출근거
5. 제7조제2항부터 제4항까지의 규정에 따라 일괄감정평가, 구분감정평가 또는 부분감정평가를 한 경우 그
   이유
6. 감정평가액 결정에 참고한 자료가 있는 경우 그 자료의 명칭, 출처와 내용
7. 대상물건 중 일부를 감정평가에서 제외한 경우 그 이유
④ 감정평가법인등은 법 제6조에 따라 감정평가서를 발급하는 경우 그 표지에 감정평가서라는 제목을 명확하
게 적어야 한다.
⑤ 감정평가법인등은 감정평가서를 작성하는 경우 법 제33조제1항에 따른 한국감정평가사협회가 정하는 감
정평가서 표준 서식을 사용할 수 있다.

4) 법률적 성격과 책임

(1) 법률적 성격

감정평가서는 대상물건의 경제적 가치 측정에 필요한 참고 자료다. 따라서 감정평가서의
법률적 성격은 구속적 의미가 아니고, 전문지식과 직업윤리를 요구하여 형사적 책임을 지
고 있다. 그러나 우리나라의 경우 민사적 책임으로서 손해배상책임을 부과하고 있다.

(2) 손해배상책임

감정평가 및 감정평가사에 관한 법률
제28조(손해배상책임)
① 감정평가법인등이 감정평가를 하면서 고의 또는 과실로 감정평가 당시의 적정가격과 현저한 차이가
있게 감정평가를 하거나 감정평가 서류에 거짓을 기록함으로써 감정평가 의뢰인이나 선의의 제3자에게
손해를 발생하게 하였을 때에는 감정평가법인등은 그 손해를 배상할 책임이 있다.

② 감정평가법인등은 제1항에 따른 손해배상책임을 보장하기 위하여 대통령령으로 정하는 바에 따라 보험에 가입하거나 제33조에 따른 한국감정평가사협회가 운영하는 공제사업에 가입하는 등 필요한 조치를 하여야 한다.

③ 감정평가법인등은 제1항에 따라 감정평가 의뢰인이나 선의의 제3자에게 법원의 확정판결을 통한 손해배상이 결정된 경우에는 국토교통부령으로 정하는 바에 따라 그 사실을 국토교통부장관에게 알려야 한다.

④ 국토교통부장관은 감정평가 의뢰인이나 선의의 제3자를 보호하기 위하여 감정평가법인등이 갖추어야 하는 손해배상능력 등에 대한 기준을 국토교통부령으로 정할 수 있다.

제28조의2(감정평가 유도·요구 금지)

누구든지 감정평가법인등(감정평가법인 또는 감정평가사무소의 소속 감정평가사를 포함한다)과 그 사무직원에게 토지등에 대하여 특정한 가액으로 감정평가를 유도 또는 요구하는 행위를 하여서는 아니 된다.

기출문제

[제1회 문제 2]
부동산(토지)의 시산가액의 조정이 우리나라의 현실에 잘 맞는 논거를 약술하시오. (30점)

[제4회 문제 1-2]
2) 3가지 감정평가방식을 병용하는 경우 각 시산가액을 조정하는 방법과 시산가액 조정시 유의사항을 기술하시오. (20점)

[제25회 문제 2]
근린형 쇼핑센터 내 구분점포(집합건물의 소유 및 관리에 관한 법률에 의한 상가건물의 구분소유부분)의 시장가치를 감정평가하려 한다. 인근에 경쟁적인 초대형 쇼핑센터가 입지하여, 대상점포가 소재한 근린형 쇼핑센터의 고객흡인력이 급격히 감소하고 상권이 위축되어 구분점포 거래가 감소하게 된 시장동향을 고려하여 다음 물음에 답하시오. (35점)
1) 대상 구분점포의 감정평가에 거래사례비교법을 적용할 경우 감정평가방법의 개요, 적용상 한계 및 수집된 거래사례의 거래조건보정(Transactional adjustments)에 대하여 설명하고, 그 밖에 적용 가능한 다른 감정평가방법의 개요 및 적용시 유의할 사항에 대하여 설명하시오. (25점)
2) 적용된 각 감정평가방법에 의한 시산가액간에 괴리가 발생되었을 경우 시산가액 조정의 의미, 기준 및 재검토할 사항에 대하여 설명하시오. (10점)

[제28회 문제 2]
시산가액 조정에 관한 다음 물음에 답하시오. (30점)
1) 시산가액 조정의 법적 근거에 관하여 설명하시오. (5점)
2) 시산가액 조정의 전제와 감정평가에 관한 규칙상 물건별 감정평가방법의 규정방식과의 관련성을 논하시오. (15점)
3) 시산가액 조정 과정에서 도출된 감정평가액을 표시하는 이론적 방법에 관하여 설명하시오. (10점)

[제35회 문제 3]
탁상자문과 관련한 다음 물음에 답하시오. (20점)
1) 탁상자문의 개념 및 방식에 대하여 설명하시오. (10점)
2) 탁상자문과 정식 감정평가와의 차이를 설명하시오. (10점)

1 시장가치기준 원칙

1. 시장가치

1) 의의(감칙 제2조 제1호)

시장가치란 감정평가의 대상이 되는 토지등(이하 "대상물건"이라 한다)이 통상적인 시장에서 충분한 기간 동안 거래를 위하여 공개된 후 그 대상물건의 내용에 정통한 당사자 사이에 신중하고 자발적인 거래가 있을 경우 성립될 가능성이 가장 높다고 인정되는 대상물건의 가액을 말한다.

2) 개념 요소

(1) 시장의 통상성

통상적인 시장이란 불완전 경쟁시장에서 거래가 이루어질 수 있는 시장을 의미한다. 미국 AI에서는 공정한 매매가 이루어질 수 있는 경쟁이라고 한다. 일본 기준에서는 현실의 사회·경제 정세하에서 합리적이라고 인정되는 시장이라고 한다.

(2) 공개기간의 충분성

공개기간의 충분성은 충분한 기간 동안 거래를 위하여 공개된 후에 대한 것이다. 미국에서 방매 기간은 해당 부동산이 기준시점 이전부터 일정한 기간 시장에 거래를 위해 출품된 기간을 의미한다. 일본 기준에서 충분한 기간이란 부동산 시장을 구성하는 요건, 상황, 유형별로 다양한 기간을 말하면서 일반적인 거래 당사자가 충분히 인지할 수 있는 정도의 시간을 의미한다.

(3) 당사자의 정통성

당사자의 정통성이란 거래에 참가하는 시장참여자가 대상물건의 특성 등에 대한 합리적인 정보를 인지하고 활용할 동기가 있다는 것이다. 즉, 해당 부동산의 거래와 관련한 모든 정보를 파악하고 있다는 의미다.

(4) 거래의 자연성

거래의 자연성이란 거래당사자가 특별한 제약이나 거래동기를 가지지 않고 신중하고 자발적인 의사에 의해 거래되는 상황을 말한다.

(5) 확률의 의미

① 최고가격(highest price)은 과거 시장가치를 '화폐액으로 표시한 최고가격'으로 정의한 데서 비롯된다. 이는 경쟁시장에서 최고의 입찰가격을 제시한 사람에 낙찰된다는 의견이었다. 그러나 시장가치에 적합한 가격을 제시하는 것이지 무조건 높은 가격을 제시하지는 않는다. 따라서 유사매매사례 중에서 가장 높은 가격을 의미하지는 않는다. 현재는 성립될 가능성이 가장 많은 가격과 동일한 의미를 가진다.

② 성립될 가능성이 가장 많은 가격(the most probable price)은 통계학적 확률개념에 해당한다. 부동산 가치는 장래 기대되는 편익을 현재가치로 환원한 값으로 나타낼 수 있다. 따라서 성립될 가능성이 가장 많은 가격은 통계학적 확률 개념에 해당한다.

3) 개념 변천

(1) 정상가격

① 의의(구-감칙 제4조 제1호)

정상가격이라 함은 평가대상토지 등이 통상적인 시장에서 충분한 기간 거래된 후 그 대상 물건의 내용에 정통한 거래 당사자간에 통상 성립한다고 인정되는 적정가격을 말한다.

② 정상가격주의(구-감칙 제5조)

대상물건에 대한 평가액은 정상가격 또는 정상임대료로 결정함을 원칙으로 한다. 다만, 평가목적·대상물건의 성격상 정상가격 또는 정상임대료로 평가함이 적정하지 아니하거나 평가에 있어서 특수한 조건이 수반되는 경우에는 그 목적·성격이나 조건에 맞는 특정가격 또는 특정임대료로 결정할 수 있다.

(2) 변화의 취지

정상가격이라는 용어는 국제적 평가기준에 부합하지 않는다. 일본은 가치와 가격을 별도로 구분하고 있지 않고 있다. 따라서 외국의 감정평가기준과 회계·세무 등 다른 분야에서도 표준으로 사용하고 있는 시장가치로 규정하게 되었다.

4) 개념 논의

(1) 화폐의 시간가치

과거에는 거래금액을 현금으로 지불한 경우 대출 등으로 지불한 경우에 무엇을 기준으로 하는지가 문제였다. 그러나 현재는 화폐의 시간가치를 기준으로 시장가치를 감정평가하고 있다.

(2) 대상

감정평가대상을 무엇으로 할지가 문제였다. 즉, 물리적 실체를 대상으로 할지, 결부된 권익을 대상으로 할지에 관한 것이다. 시장가치는 물리적 실체와 결부된 권익을 모두 고려하여 감정평가한다.

(3) 현실가치와 당위가치

① 현실가치는 '있는 그대로의 상태'의 가치다. 즉, 현실의 거래가치를 의미한다. 감정평가는 객관적인 시장자료를 바탕으로 객관적인 가치를 판정한다. 따라서 시장가치는 현실가치를 의미한다.

② 당위가치는 '있어야 할 상태'의 가치다. 즉, 시장이 균형을 이루었을 때 달성되는 내재가치를 의미한다.

5) 적정가격

(1) 의의(부동산공시법 제2조 제5호)

적정가격이란 토지, 주택 및 비주거용 부동산에 대하여 통상적인 시장에서 정상적인 거래가 이루어지는 경우 성립될 가능성이 가장 높다고 인정되는 가격을 말한다.

(2) 성격

적정가격은 부동산공시법의 목적을 볼 때 정책목적 달성을 위한 정책가격 또는 당위가치의 성격을 가진다. 즉, 부동산의 사회성과 공공성을 실현하기 위한 것이다.

(3) 활용

부동산공시법 제3조(표준지공시지가의 조사·평가 및 공시 등), 제10조(개별공시지가의 결정·공시 등), 제16조(표준주택가격의 조사·산정 및 공시 등), 지가변동률 조사·평가에 관한 규정 제14조(평가가격의 결정 및 표시) 등에서 활용된다.

2. 시장가치기준 원칙

1) 의의

시장가치기준 원칙이란 대상물건에 대한 감정평가액은 시장가치를 기준으로 결정한다(감칙 제5조 제1항)는 원칙이다.

2) 규정 방식

우리나라는 시장가치와 시장가치 외의 가치라는 수직관계로 제시하고 있다. 즉, 원칙과 예외로 규정하고 있다. 그러나 IVS 등에서는 상호 대등한 위치에서 보완관계로 규정하고 있다. IVS의 경우 IVS정의가치기준과 기타기준가치로 제시하고 있다.

3. 시장가치 외의 가치

1) 개념

(1) 의의

시장가치 외의 가치란 시장가치가 아닌 가치를 말한다.

(2) 요건(감칙 제5조 제2항)

시장가치 외의 가치로 결정할 수 있는 경우는 ① 법령에 다른 규정이 있는 경우, ② 감정평가 의뢰인이 요청하는 경우, ③ 감정평가의 목적이나 대상물건의 특성에 비추어 사회통념상 필요하다고 인정되는 경우다.

(3) 검토(감칙 제5조 제3항)

시장가치 외의 가치로 감정평가할 때에는 ① 해당 시장가치 외의 가치의 성격과 특징, ② 시장가치 외의 가치를 기준으로 하는 감정평가의 합리성 및 적법성을 검토해야 한다. 다만, 법령에 다른 규정이 있는 경우에는 그렇지 않다.

2) 유형

(1) IVS

IVS에서는 IVS정의가치기준과 기타가치기준으로 나눈다. IVS정의가치기준에는 시장가치, 시장임료, 공평가치, 투자가치, 결합가치, 청산가치로 나눈다. 기타가치기준에는 공정가치, 공정시장가치, 법령상 공정가치 등을 들고 있다.

(2) 일본

일본 부동산평가기준에서는 시장가치를 정상가격으로 규정하고 비시장가치를 ① 한정가격, ② 특정가격, ③ 특수가격으로 나누고 있다. 한정가격은 부동산의 분할·합병 등으로 시장이 한정되는 경우 당해 시장에 한정된 적정가격이다. 특정가격은 시장성이 있는 부동산에 대해 법령 등에 의한 감정평가목적으로 인해 정상가격 조건을 만족시키지 못하는 가격을 말한다. 특수가격은 시장성이 없는 부동산의 가격을 말한다.

(3) AI

미국 AI에서는 시장가치 외의 가치 유형으로 공정가치, 사용가치, 투자가치, 계속기업가치, 공익가치, 과세가치, 보험가치, 청산가치, 처분가치 등을 제시하고 있다.

3) 조건부평가와 시장가치 외의 가치

① 조건부평가와 시장가치 외의 가치는 구별되는 개념이다.
② 조건부평가는 시장가치에도 부가할 수 있고, 시장가치 외의 가치에도 부가할 수 있다.
③ 시장가치 외의 가치와 감정평가조건의 요건과 검토가 유사하면서 다른 점도 있다.

4) 다양한 가치 개념

(1) 공정가치

공정가치란 K-IFRS에 따라 자산 및 부채의 가치를 추정하기 위한 기본적 가치기준으로서 합리적인 판단력과 거래의사가 있는 독립된 당사자 사이의 거래에서 자산이 교환되거나 부채가 결제될 수 있는 금액을 말한다(실무기준).

(2) 특정가치

특정가치는 특정 매수자나 제한된 범주의 매수자에게 더 매력적으로 나타나는 가치를 말한다. IVS에서는 시너지 가치를 특정가치의 유형으로 본다. 시너지 가치란 둘 이상의 자산 또는 권리의 결합에 따라 창출되는 가치의 부가적 요소로 결합가치가 개별가치의 합계 이상이 되는 경우에 얻을 수 있는 가치를 말한다.

(3) 사용가치

① 사용가치는 특정 부동산이 특정 용도에 대해 가지고 있는 가치다.
② 대상 자산이나 부채가 미래에 창출할 것으로 예상되는 경제적 이익의 현재가치를 의미하기도 한다. 이는 계속기업의 시장가치를 전제로 하는 사용가치이다.

(4) 청산가치

청산가치는 기업 자산이 청산의 대상으로 강제매각을 전제로 하는 가치를 말한다. 강제적 상황에서의 매도를 전제로 하므로 시장가치 외의 가치이다.

[제6회 문제 2]
시장가치와 부동산가격공시에 관한 법률상 규정한 적정가격의 개념을 비교하여 논하시오. (30점)

[제10회 문제 6-2]
최빈매매가능가격에 대하여 약술하시오. (5점)

[제21회 문제 3]
부동산가치에 관한 다음의 물음에 답하시오. (30점)
1) 부동산가치의 본질에 대해 설명하시오. (5점)
2) 부동산가치의 특징 및 가치형성원리에 대하여 설명하시오. (10점)
3) 부동산가치와 기준시점간의 관계에 대해 설명하시오. (10점)
4) 특정가격과 한정가격의 개념을 설명하시오. (5점)

[제23회 문제 1]
시장가치(Market Value)에 관한 다음의 물음에 답하시오. (40점)
1) 시장가치 개념의 변천과정을 설명하시오. (20점)
2) 최근 시장가치 정의의 통계학적 의미를 최종평가가치의 표현방법과 관련하여 설명하시오. (20점)

[제29회 문제 3]
최근 토지의 공정가치 평가가 회계에 관한 감정에 해당하는지의 여부에 대한 논란이 있었다. 이와 관련하여 다음 물음에 답하시오. (20점)
1) 감정평가의 개념과 회계에 관한 감정의 개념 차이를 설명하시오. (5점)
2) 공정가치(fair value), 시장가치(market value) 및 회계상 가치(book value)를 비교 · 설명하시오. (15점)

[제30회 문제 2]
시장가치에 대하여 다음의 물음에 답하시오. (30점)
1) '성립될 가능성이 가장 많은 가격(the most probable price)'이라는 시장가치의 정의가 있다. 이에 대해 설명하시오. (10점)
2) 부동산거래에 있어 '최고가격(highest price)'과 '성립될 가능성이 가장 많은 가격'을 비교 · 설명하시오. (10점)
3) 가치이론과 가치추계이론의 관계에 대하여 각 학파의 주장내용과 이에 관련된 감정평가방법별 특징을 설명하시오. (10점)

[제30회 문제 3]
감정평가에 관한 규칙에서 감정평가 시 시장가치기준을 원측으로 하되, 예외적인 경우 '시장가치 외의 가치'를 인정하고 있다. 그러나 현행 감정평가에 관한 규칙에서는 '시장가치 외의 가치'에 대한 유형 등의 구체적인 설명이 없어 이를 보정할 필요성이 있다. 감정평가 시 적용할 수 있는 구체적인 '시장가치 외의 가치'에 대해 설명하시오. (20점)

[제31회 문제 1]
감정평가와 관련한 다음의 물음에 답하시오. (40점)
1) 감정평가의 개념을 구체적으로 설명하고, 감정평가의 개념에 근거하여 기준가치 확정과 복수(複數)감정평가의 필요성에 관하여 각각 논하시오. (20점)
2) 시장가치와 시장가격(거래가격)의 개념을 비교하여 설명하고, 다양한 제도를 통해 시장가격(거래가격)을 수집 · 분석할 수 있음에도 불구하고 감정평가가 필요한 이유에 관하여 논하시오. (20점)

2 현황기준 원칙

1. 개념

현황기준 원칙이란 기준시점에서의 대상물건의 이용상황 및 공법상제한을 받는 상태를 기준으로 감정평가하는 것을 말한다(감칙 제6조 제1항). 즉, 대상물건의 상태, 구조, 이용방법, 제한물권의 부착, 점유 등의 현황대로 감정평가하는 것이다.

2. 예외

1) 일시적 이용

감정평가는 최유효이용을 전제로 하는 가치를 측정한다. 따라서 대상물건의 이용상황이 일시적으로 최유효이용에 미달하는 경우에는 최유효이용을 기준으로 감정평가하되, 최유효이용으로 전환하기 위해 수반되는 비용을 고려한다.

2) 불법적 이용

대상물건이 불법적 이용인 경우에는 합법적인 이용상황을 기준으로 감정평가하되, 현재 상태에서 합법적인 이용으로 전환하기 위해 수반되는 비용을 고려한다. 불법적 이용으로 경제적 효용을 누리는 상태대로 감정평가하는 것은 합법적인 이용과의 형평에 어긋난다. 또한 불법을 방조하는 결과를 초래할 수 있다. 따라서 원상회복 등 행정조치에 대한 비용도 고려해야 한다.

3) 감정평가조건

감정평가조건은 감정평가절차에서 서술한 내용과 같다.

기출문제

[제26회 문제 1]
A법인은 토지 200m² 및 위 지상에 건축된 연면적 100m² 1층 업무용 건물(집합건물이 아님)을 소유하고 있다. 건물은 101호 및 102호로 구획되어 있으며, 101호는 A법인이 사무실로 사용하고 있고 102호는 B에게 임대하고 있다. 다음 물음에 답하시오. (40점)
4) 해당 토지의 용적률은 50%이나 주변 토지의 용적률은 100%이다. A법인이 용적률 100%를 조건으로 하는 감정평가를 의뢰하였다. 조건부평가에 관해 설명하고 본건의 감정평가 가능 여부를 검토하시오. (10점)

[제31회 문제 4]
감정평가에 관한 규칙에는 현황기준 원칙과 그 예외를 규정하고 있다. 예외 규정의 내용을 설명하고, 사례를 3개 제시하시오. (10점)

---

3 개별물건기준 원칙

1. 개별감정평가(감칙 제7조 제1항)

개별감정평가란 감정평가는 대상물건마다 개별로 하여야 한다는 것이다. 즉, 대상물건을 각각 독립된 개별물건으로 취급하고 이에 대한 경제적 가치를 감정평가하는 것을 원칙으로 한다.

2. 일괄감정평가(감칙 제7조 제2항)

일괄감정평가란 둘 이상의 대상물건이 일체로 거래되거나 대상물건 상호간에 용도상 불가분의 관계가 있는 경우에는 일괄하여 감정평가하는 것을 말한다. 예를 들어, 둘 이상의 필지를 일단지로 감정평가하는 경우, 임지와 입목을 일체로 하는 임야 등이 있다. 일괄감정평가는 의뢰인의 필요 등에 따라 일괄감정평가된 감정평가액을 합리적인 기준에 따라 구분하여 표시할 수 있다.

3. 구분감정평가(감칙 제7조 제3항)

구분감정평가는 하나의 대상물건이라도 가치를 달리하는 부분은 이를 구분하여 감정평가하는 것을 말한다. 가치를 달리하는 부분을 구별한다는 점에서 부분감정평가와 차이가 있다. 예를 들어, 한 필지의 토지라도 용도지역 등이 서로 달라 가치를 달리하는 경우가 있다.

4. 부분감정평가(감칙 제7조 제4항)

부분감정평가란 일체로 이용되고 있는 대상물건의 일부분에 대하여 감정평가하여야 할 특수한 목적이나 합리적인 이유가 있는 경우에 그 부분에 대하여 감정평가하는 것을 말한다. 예를 들어, 토지의 보상평가시 1개 필지의 일부만이 편입되어 그 편입부분만을 감정평가하는 경우가 있다.

기출문제

[제15회 문제 3]
부동산 감정평가는 기준에 따라 다양하게 분류될 수 있다. 다음에 대하여 설명하시오. (20점)
1) 부동산 감정평가를 체계적으로 분류하는 목적을 설명하시오. (5점)
2) 일괄감정평가, 구분감정평가, 부분감정평가 각각에 대하여 사례를 들어 설명하시오. (15점)

[제19회 문제 1]
일괄감정평가방법과 관련하여, 다음을 논하시오. (40점)
1) 토지·건물 일괄감정평가에 관한 이론적 근거와 감정평가방법을 논하시오. (10점)
2) 일괄감정평가 된 가격을 필요에 의해 토지·건물가격으로 각각 구분할 경우 합리적 배분기준을 논하시오. (10점)
3) 표준주택가격의 감정평가와 관련하여,
   (1) 현행 법령상 표준주택가격의 조사·산정기준을 설명하시오. (10점)
   (2) 표준주택가격의 일괄감정평가시 감정평가 3방식 적용의 타당성을 논하시오. (10점)

[제26회 문제 1]
A법인은 토지 200m^2 및 위 지상에 건축된 연면적 100m^2 1층 업무용 건물(집합건물이 아님)을 소유하고 있다. 건물은 101호 및 102호로 구획되어 있으며, 101호는 A법인이 사무실로 사용하고 있고 102호는 B에게 임대하고 있다. 다음 물음에 답하시오. (40점)
1) A법인이 소유한 위 부동산(토지 및 건물)을 감정평가 할 경우 감정평가 규칙에 따른 원칙적인 감정평가 방법 및 근거, 해당 방법의 적정성을 논하시오. (15점)
2) 임차인 C가 101호를 전세로 임차하기로 하였다. C는 전세금액 및 전세권 설정에 참고하기 위하여 101호 건물 50m^{2}만을 감정평가 의뢰하였다. 본건 감정평가의 타당성에 관해 설명하시오. (10점)
3) A법인은 토지에 저당권을 설정한 이후 건물을 신축하였으나 건물에 대해서는 저당권을 설정하지 않았다. A법인이 이자지급을 연체하자 저당권자가 본건 토지의 임의경매를 신청하였다. 이 경우 토지의 감정평가방법에 관해 설명하시오. (5점)

제3장 감정평가의 방식

제1절 개념

1 의의

감정평가 3방식이란 대상물건의 경제적 가치를 측정하는 원가방식, 비교방식, 수익방식 등을 말한다. 이는 마샬의 신고전학의 가치이론 통합 이후 오늘날까지 계속 사용되어 오기 때문에 '전통적 방식'이라고도 한다.

2 가치 3면성과 감정평가 3방식의 관계

가치 3면성이란 대상물건의 경제적 가치를 비용성·시장성·수익성 측면에서 접근하는 것이다.

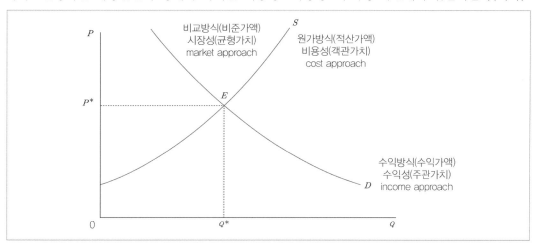

3 3방식 병용

1. 필요성

완전경쟁시장에서는 3면 등가의 원리가 적용될 수 있다. 그러나 부동산 시장은 불완전경쟁시장이므로 3면 등가의 원리가 적용될 수 없다. 즉, 부동산 가치는 가치발생요인의 결합 등으로 수요공급에 의한 상호작용의 결과로 결정된다. 따라서 3방식에 의한 각 시산가액은 유용성과 한계를 지니므로 각 방식의 병용과 조정이 필요하다.

2. 기타 방식의 적용

감정평가의 대상이 되는 물건은 다양하다. 즉, 3방식의 병용이 곤란한 경우도 있다. 이러한 경우 기타 방식의 적용이 필요하다. 이는 다양한 감정평가의 수요에 대응하고, 객관적인 감정평가를 위함이다.

기출문제

[제4회 문제 1-1]
감정평가는 비교방식, 원가방식, 수익방식 중에서 대상물건의 성격 또는 감정평가조건에 따라 적정한 감정평가방식을 선택하여 결정하여야 한다. 이 경우 다음 사항에 관하여 논술하시오. (40점)
1) 각 감정평가방식의 이론적 근거를 설명하고, 이를 토대로 각 방식을 적용한 토지의 감정평가방법을 약술하시오. (20점)

[제18회 문제 1]
개별부동산을 감정평가 함에 있어 통계적 감정평가방법에 의한 가격이 전통적인 감정평가 3방식에 의한 가격보다 시장가치와의 차이가 크게 나타날 가능성이 있다. 그 이유를 설명하시오. (30점)

[제28회 문제 1]
제시된 자료를 참고하여 다음 물음에 답하시오. (40점)

> 감정평가사 甲은 감정평가사 乙이 작성한 일반상업지역 내 업무용 부동산(대지면적: 3,000m², 건물: 30년 경과된 철근콘크리트조 6층)에 대한 감정평가서를 심사하고 있다. 동 감정평가서에 따르면, 인근지역은 일반적으로 대지면적 200m²~500m² 내외 2층 규모의 상업용으로 이용되고 있으며, 최근 본건 부동산 인근에 본건과 대지면적이 유사한 토지에 20층 규모의 주거 및 상업 복합용도 부동산이 신축되어 입주(점) 중에 있는 것으로 조사되어 있다. 검토결과 원가방식(면적 400m² 상업용 나대지의 최근 매매사례 단가를 적용한 토지가치에 물리적 감가수정만을 행한 건물가치 합산)에 의한 시산가치가 수익방식(현재 본건 계약임대료 기준)에 의한 시산가치보다 높게 산출되어 있다.

1) 심사 감정평가사 甲은 감정평가사 乙에게 추가적으로 최유효이용 분석을 요청하였는바, 최유효이용 판단기준을 설명하고, 구체적인 최유효이용 분석방법을 설명하시오. (20점)
2) 최유효이용에 대한 두 가지 분석 유형(방법)에 따른 결과가 다르다면, 그 이유와 그것이 의미하는 바를 설명하시오. (10점)
3) 원가방식에 의한 시산가치가 수익방식에 의한 시산가치보다 높게 산출된 것이 타당한 것인지 감정평가원리(원칙)를 기준으로 설명하고, 올바른 원가방식 적용방법에 관하여 설명하시오. (10점)

[제29회 문제 1]
다음을 설명하고, 각각의 상호관련성에 대하여 논하시오. (40점)
1) 부동산가치 발생요인과 부동산가격 결정요인 (10점)
2) 부동산가격 결정과정(메커니즘)과 부동산가치의 3면성 (10점)
3) 부동산가치의 3면성과 감정평가 3방식 6방법 (20점)

1 개념

1. 의의(감칙 제11조 제1호)

원가방식이란 원가법 및 적산법 등 비용성의 원리에 기초한 감정평가방식을 말한다.

2. 기본사고

원가방식은 자산의 본질을 원가의 집합으로 본다. 즉, 어느 정도의 비용이 투입되어야 만들 수 있는지 생각한다. 따라서 공급 측면에서 비용과 가치의 상호관계를 파악한다. 이는 고전학파의 생산비 가치설에 근거를 두고 있다. 원가방식은 재조달원가 파악과 감가수정을 적절히 할 수 있을 때 유용하다.

3. 장단점

원가방식은 재생산이나 재조달이 가능한 부동산에서 유용하다. 특히 시장성이 없는 부동산 등에 유용하게 적용할 수 있다. 그러나 재생산이 불가능한 토지 등에는 적용이 어렵다.

2 원가법

1. 개념

① 원가법이란 대상물건의 재조달원가에 감가수정을 하여 대상물건의 가액을 산정하는 감정평가방법을 말한다(감칙 제2조 제5호).
② 적산가액이란 원가법에 따라 산정된 가액을 말한다.

2. 재조달원가

1) 개념

① 재조달원가란 대상물건을 기준시점에 재생산하거나 재취득하는 데 필요한 적정원가의 총액을 말한다.
② 재조달원가는 대상물건을 일반적인 방법으로 생산하거나 취득하는 데 드는 비용으로 하되, 제세공과금 등과 같은 일반적인 부대비용을 포함한다. 왜냐하면 일반적인 방법이나 부대비용이 아닌 경우에는 협상력 등에 따라 차이가 발생할 수 있기 때문이다. 또한 감정평가는 공정하고 객관적으로 이루어지므로 일반적이고 표준적인 것을 기준으로 한다.

2) 종류

(1) 재생산원가

① 복제원가

복제원가는 대상물건과 물리적 관점에서 동일한 물건을 기준시점 현재 만드는 비용이다. 따라서 신축이나 경과연수가 적은 물건에 적용하기 쉽다.

② 대체원가

대체원가는 대상물건과 경제적 관점에서 동일한 효용을 기준시점 현재 만드는 비용이다. 따라서 효용의 측정이 가능하거나 대체가 가능한 물건의 비용을 알 수 있는 경우에 적용하기 쉽다. 대체원가로 구하는 경우 별도로 기능적 감가수정을 하지 않는 경우도 있다. 왜냐하면 이미 기능적 퇴화 등에 따른 가치손실을 내포하고 있기 때문이다.

(2) 재취득원가

재취득원가는 생산이 불가능한 경우에 적용되는 원가를 말한다. 예를 들어, 도입기계가 있다. 재취득원가는 표준적인 취득비와 통상적인 부대비용 등으로 구한다.

3) 구성요소

(1) 표준적 건설비

표준적 건설비는 직·간접공사비와 건설업자의 적정이윤을 포함한다. 즉, 건축에 사용되는 노동, 원자재, 하청 회사의 간접비용과 이윤 등이 포함된다.

(2) 통상적 부대비용

통상적 부대비용은 설계감리비, 건설자금이자, 공조공과, 도급인이 부담하는 부대비용과 적정이윤 등이 있다. 일반적으로 표준적 건설비의 일정비율로 나타낸다.

4) 산정방법

(1) 직접법

① 총량조사법

총량조사법은 대상물건에 대한 자재비, 노동비, 부대비용 등을 구하여 더하는 방법이다. 총량조사법은 정확도가 높지만 시간과 비용이 든다. 따라서 재생산비용이나 대체비용을 정확히 구할 수 있는 경우에만 제한적으로 적용된다.

② 구성단위법

구성단위법은 대상물건에 대한 중요 구성 부분에 따라 표준단가를 구하고 부대비용을 더하는 방법이다. 총량조사법보다 시간과 비용이 절약되지만, 정확성이 떨어진다. 표준단가는 자재의 종류, 시공의 질과 양, 품질, 면적, 용적, 중량 등을 고려한다.

(2) 간접법

① 단위비교법

단위비교법은 단위면적을 기준으로 대상건물과 유사건물의 공사비를 비교하여 m^2당 재조달원가를 구하는 방법이다. 단위비교법은 시간과 비용이 절약되고 이해가 쉽다. 그러나 정확성이 떨어지고 최근 자료가 아닌 경우에는 유용성이 떨어진다. 감정평가 실무에서는 특별한 경우를 제외하고 단위비교법을 이용한다. 예를 들어, 주택신축단가표, 건물신축단가표 등을 이용하여 재조달원가를 산정하고 있다.

② 비용지수법

비용지수법은 직·간접공사비, 수급인의 이윤, 도급인의 부대비용 등의 변동률을 구한 후 시점수정 등을 거쳐 구하는 방법이다. 비용지수법은 시간과 비용이 절약되고 최근 신축된 경우 타당성이 높다. 그러나 오래된 물건은 정확성이 떨어지고 경기변동에 따라 달라질 수 있다.

3. 감가수정

1) 개념

(1) 감가수정의 의의(감칙 제2조 제12호)

감가수정이란 대상물건에 대한 재조달원가를 감액하여야 할 요인이 있는 경우에 물리적 감가, 기능적 감가 또는 경제적 감가 등을 고려하여 그에 해당하는 금액을 재조달원가에서 공제하여 기준시점에 있어서의 대상물건의 가액을 적정화하는 작업을 말한다.

(2) 감가수정과 감가상각의 차이

① 목적

감가수정의 목적은 기준시점 현재 최유효이용 상태를 상정하여 적산가액을 적정화하기 위함이다. 그러나 감가상각의 목적은 기업회계와 관련하여 적정한 기간 손익을 산출하기 위한 비용의 배분에 있다.

② 방법 및 감가요인

감가수정의 방법은 내용연수법, 관찰감가법 등이 있다. 그러나 감가상각의 방법에서는 관찰감가법은 인정되지 않는다. 감가수정은 물리적·기능적·경제적 감가요인이 있다. 그러나 감가상각에서는 경제적 감가요인은 인정되지 않는다.

③ 적용 범위

감가수정은 법률적·경제적 하자로 인한 감가가 인정된다. 따라서 상각자산과 비상각자산에 적용된다. 그 결과 토지의 건부감가나 경제적 감가가 인정된다. 그러나 감가상각은 상각자산에만 적용된다.

2) 감가요인

(1) 의의

감가란 신규 또는 최유효이용 상태에서 실현되는 원가의 감소분을 말한다. 감가요인은 감가가 발생하는 요인을 의미한다. 감가요인은 물리적·기능적·경제적 감가요인 등이 있다.

(2) 물리적 감가요인

① 물리적 감가요인은 시간의 경과 등에 따른 감가를 말한다. 예를 들어, 사용으로 인한 마모 또는 파손, 재해 등 우발적 사고로 인한 손상, 기타 물리적인 하자 등이 있다.

② 물리적 감가요인은 물리적 하자부분에 대한 교체나 보수 여부, 교체나 보수비용 등을 검토해야 한다. 또한 경제적 내용연수 등에 대한 검토도 필요하다.

(3) 기능적 감가요인

① 기능적 감가요인은 효용상실 등에 따른 감가를 말한다. 예를 들어, 형식의 구식화, 설비의 부족, 설계의 불량, 능률의 저하 등이 있다.

② 기능적 감가요인은 치유가 가능한지를 검토해야 한다. 치유가능 여부는 기술적·경제적 측면 등으로 판단한다. 또한 장래에 대한 기능적 적합성을 검토해야 한다.

(4) 경제적 감가요인

경제적 감가요인은 외부적 요인 등에 따른 감가를 말한다. 예를 들어, 주위환경과의 부적합, 인근지역의 쇠퇴, 시장성의 감퇴 등이 있다.

3) 감가수정방법

(1) 개념

① 감가수정방법은 대상물건의 특성, 자료의 신뢰성 등에 따라 감가수정을 반영하는 방법을 말한다. 감가수정은 자료의 출처가 대상물건인지에 따라 직접법과 간접법으로 구분한다.

② 실무기준에서 감가수정방법은 경제적 내용연수를 기준으로 한 정액법, 정률법 또는 상환기금법 중에서 대상물건에 가장 적합한 방법으로 적용해야 한다. 이러한 방법으로 감가수정이 적절하지 아니한 경우에는 물리적·기능적·경제적 감가요인을 고려하여 관찰감가 등으로 조정하거나 다른 방법에 따라 감가수정할 수 있다.

(2) 내용연수법

① 개념

　　㉠ 내용연수법이란 대상물건의 특성에 따라 감가액을 구하는 방법이다.

　　㉡ 내용연수법은 경제적 내용연수를 기준으로 한다. 경제적 내용연수란 부동산의 유용성이 지속되는 기간을 의미한다. 즉, 물리적인 기능이 지속되는 기간인 물리적 내용연수와는 차이가 있다.

　　㉢ 내용연수법은 적용이 간편하고 객관적이나, 감가의 개별성을 반영하기에는 한계가 있다.

② 종류

　　㉠ 정액법

　　　정액법이란 감가총액을 경제적 내용연수로 나누어 매년의 감가액을 구하는 방법이다. 정액법은 대상물건의 감가가 매년 일정액씩 감가된다는 가정이 있다. 정액법은 계산이 간단하지만 감가가 일정하지 않은 물건에는 적용이 어려운 한계가 있다.

　　㉡ 정률법

　　　정률법이란 매년 말 잔존가치에 감가율을 곱하여 매년의 감가액을 구하는 방법이다. 정률법은 대상물건의 감가가 매년 일정률로 감가된다는 가정이 있다. 정률법은 효용이 높게 발휘되는 초기에 감가액이 크다. 따라서 초기에 효용이 잘 발휘되는 기계·기구 등의 물건에 적합하다.

　　㉢ 상환기금법

　　　상환기금법은 내용연수 만료시 감가누계액 및 그에 따른 복리이자상당액의 합계액이 감가총액과 같아지도록 매년의 감가액을 구하는 방법이다. 재조달원가에서 내용연수 만료시 잔존가액을 뺀 금액에 복리연금현가율을 곱하여 매년의 감가액을 구한다. 상환기금법은 감가액을 외부에 투자 운용한다고 가정한다. 상환기금법은 계산이 어렵고 외부에 운용하는 데에 따른 관리위험 등이 존재한다. 또한 발생감가의 개념에서도 이론적 논거가 부족하다.

③ 내용연수의 조정

　　㉠ 의의

　　　내용연수의 조정이란 감가의 개별성을 반영하기 위해 내용연수를 조정하는 것을 말한다.

　　㉡ 실제경과연수법

　　　실제경과연수법이란 경제적 내용연수에서 실제 경과한 연수만큼 감가수정하는 방법이다. 이는 실제경과연수와 유효경과연수가 일치하는 경우다. 즉, 내용연수를 조정하지 않는 방법이다.

ⓒ 유효연수법

유효연수법이란 전 내용연수에서 장래 보존연수를 차감하여 경과연수를 조정하는 방법이다. 즉, 감가율을 구할 때 분자를 조정하여 실제경과연수를 조정한다. 이는 감가의 개별성을 반영할 수 있지만, 경제적 감가를 반영하기 어려운 한계가 있다.

ⓔ 미래수명법

미래수명법은 실제경과연수에 장래 보존연수를 더하여 경과연수를 조정하는 방법이다. 즉, 감가율을 구할 때 분모를 조정하여 경제적 내용연수를 조정한다. 이는 잔존내용연수를 쉽게 파악할 수 있는 경우에 유용하다. 그러나 경제적 감가를 반영하지 못하는 한계가 있다.

(3) 관찰감가법

① 관찰감가법은 대상물건의 실태를 직접 조사하여 감가액을 구하는 방법이다. 관찰감가법을 적용하는 경우 자재, 설계의 규모, 이용상태, 시공의 질과 양, 보수 및 관리상태 등을 조사하여 물리적·기능적·경제적 감가요인을 파악해야 한다. 이때 대상물건과 동일 또는 유사한 물건과 비교하여 대상물건에 적용할 감가율을 적용하게 된다.

② 관찰감가법은 감가의 개별성을 반영하기 쉽다. 그러나 감정평가사의 주관이 개입될 수 있다. 또한 외관상 관찰할 수 없는 하자를 간과할 수 있다.

(4) 분해법

① 개념

㉠ 분해법은 대상물건에 대한 감가요인을 세분하고 치유가능 여부에 따라 감가액을 구하는 방법이다. 감가요인은 물리적·기능적·경제적 요인 등이 있다.

㉡ 분해법은 감가의 개별성을 잘 반영한다. 또한 치유가 불가능한 경우에 발생하는 손실을 반영할 수 있다.

② 물리적 감가

㉠ 치유가능

치유가능한 물리적 감가는 즉각적인 수리가 요구된다. 따라서 교체의 실비로 산정한다. 이때 치유불가능한 감가와 이중으로 감가가 발생할 수 있다. 따라서 재조달원가에서 치유불가능한 감가를 차감하여 산정함에 유의한다.

㉡ 치유불가능

치유불가능한 물리적 감가는 주체(장기)와 부대(단기)부분이 있다. 주체부분은 경과연수와 잔존내용연수를 일괄하여 처리한다. 부대부분은 경과연수와 잔존내용연수가 다르기 때문에 항목별로 처리한다.

③ 기능적 감가

㉠ 치유가능

부족설비는 대상물건이 가지고 있지 않기 때문에 발생한다. "치유비용 − 신축비용"으로 산정한다. 대체설비는 대상물건이 올바른 기능을 발휘하도록 하기 위한 것이다. "(기존항목의 재조달원가 − 발생감가) + 치유비용 − 신축비용"으로 산정한다. 과잉설비는 대상물건이 초과로 지출한 비용이 가치로 이어지지 않는 것이다. "(기존항목의 재조달원가 − 발생감가) + 치유비용"으로 산정한다.

ⓒ 치유불가능

　　　　치유불가능한 부족설비는 "가치손실환원 − 신축비용"으로 산정한다. 치유불가능한 대체
　　　　설비는 "(기존항목의 재조달원가 − 발생감가) + 가치손실환원 − 신축비용"으로 산정한다.
　　　　그러나 기존항목을 대체하지 못하고 그대로 사용해야 하므로 감가로 보지 않는다는 견
　　　　해도 있다. 치유불가능한 과잉설비는 "(기존항목의 재조달원가 − 발생감가) + 가치손실
　　　　환원"으로 산정한다.

　④ 경제적 감가(치유불가능)

　　　경제적 감가는 잔여방식과 대쌍비교방식으로 구할 수 있다. 잔여방식은 총 감가액에서 물
　　　리적 감가액과 기능적 감가액을 공제한 금액을 건물에 배분하는 방식이다. 대쌍비교방식은
　　　가치의 차이를 비교하여 건물에 배분하는 방법이다.

(5) 시장추출법

　　시장추출법은 대상물건과 유사한 물건의 거래사례 자료를 이용하여 구하는 방법이다. 구체
　　적인 순서는 먼저 대상물건과 비교가 가능한 사례를 선정한다. 그리고 사례의 거래가격에
　　서 토지가격을 차감한다. 거래시점에서 비교가 가능한 재조달원가를 구한다. 각 사례의 총
　　감가액을 구한 후 실제경과연수로 나누어 연평균 감가액을 구한다. 이를 건물의 재조달원
　　가로 나누면 연평균 감가율을 구할 수 있다. 연평균 감가율을 대상에 적용한다.

(6) 임대료손실환원법

　　임대료손실환원법은 감가로 발생한 임대료손실분을 환원하여 감가액을 구하는 방법이다.
　　일반적으로 분해법이나 관찰감가법을 보조하기 위한 방법으로 사용된다. 대상과 사례의 단
　　위당 임대료를 추출하여 그 차이를 환원한다. 그리고 사례의 건물비율을 구한 후 환원한
　　가치에 적용한다. 이를 임대가능면적에 곱하면 감가액을 구할 수 있다.

기출문제

[제7회 문제 2]
원가법에 관하여 다음 사항을 설명하시오. (20점)
1) 다음 공식의 차이점
　가. $D_n = C \times (1-R) \times n/N$
　나. $D_n = C \times (1-R) \times (N-n')/N$
　다. $D_n = C \times (1-R) \times n/(n+n')$
　　　D_n : 감가누계액　　C : 재조달원가　　R : 내용연수 만료시의 잔가율
　　　N : 내용연수　　　n : 경과연수　　　n' : 장래보존연수
2) 발생감가의 의의와 구하는 방법
3) 회복 불가능한 기능적 감가의 감가액을 구하는 방법
4) 중고주택의 감정평가상 현실적 모순점

[제9회 문제 3]
원가법에 있어서 감가수정의 방법은 내용연수를 표준으로 하는 방법과 관찰감가법이 있다. 이러한 감가수
정을 하는 이론적 근거를 관련 원칙을 들어 서술하고, 두 방법의 장단점과 실무상 양자를 병용하는 이유를
설명하시오. (20점)

[제12회 문제 4-1]

경제적 감가수정을 약술하시오. (10점)

[제17회 문제 4]

건물의 치유 불가능한 기능적 감가의 개념과 사례를 기술하고, 이 경우 감정평가시 고려해야 할 사항에 대하여 설명하시오. (10점)

[제35회 문제 1]

원가법에 대한 다음 물음에 답하시오. (40점)

1) 비용성의 원리에 기초한 원가법은 비용과 가치간의 상관관계를 파악하는 것으로 가치의 본질을 원가의 집합으로 보고 있다. 이에 맞춰 재조달원가를 정의하고, 재생산원가 측면에서 재조달원가의 구성요소 및 산정방법에 대하여 설명하시오. (15점)
2) 평가목적의 감가수정과 회계목적의 감가상각을 비교하여 설명하시오. (10점)
3) 건물은 취득 또는 준공으로부터 시간의 경과나 사용 등에 따라 경제적 가치와 유용성이 감소된다. 이에 대한 감가요인을 설명하시오. (15점)

③ 적산법

1. 개념

1) 의의

① 적산법이란 대상물건의 기초가액에 기대이율을 곱하여 산정된 기대수익에 대상물건을 계속하여 임대하는 데에 필요한 경비를 더하여 대상물건의 임대료(사용료를 포함한다)를 산정하는 감정평가방법을 말한다(감칙 제2조 제6호).

② 적산임대료란 적산법에 따라 산정한 임대료를 말한다.

2) 이론적 비판

적산법은 이론적으로 비판을 받는다. 첫째, 적산임대료는 수익성 부동산의 임대시장에서 형성된다. 따라서 이론적으로는 수익성이나 시장성에 가깝다. 둘째, 기대이율은 투자자의 요구수익률 등의 성격을 가진다. 따라서 기초가액에 기대이율을 곱하는 방식은 소득접근법의 논리다. 셋째, 적산이란 산정된 값을 더한다는 의미다. 그러나 적산법에서는 기초가액에 기대이율을 곱하는 방식이다.

2. 기초가액

1) 개념

(1) 의의

기초가액이란 적산법을 적용하여 적산임대료를 구하는 데 기초가 되는 대상물건의 원본가치를 말한다.

(2) 용익가치와 자산가치

① 대상물건의 시장가치는 용익가치와 자산가치로 구성된다. 용익가치는 계약감가와 계약감가가 반영된 용익가치로 나눌 수 있다.

② 용익가치는 대상물건을 임대차하는 동안의 사용·수익에 기초한 개념이다. 자산가치는 대상물건을 처분에 기초한 개념이다. 따라서 계약감가가 반영된 용익가치는 임차인이 향유하고, 계약감가와 자산가치는 임대인이 향유한다.

③ 계약감가는 시장임대료와 계약임대료의 차이에 의해 발생한다. 기초가액은 대상물건을 계약 등에 따라 사용·수익하면서 최유효이용에 미달하기 쉽다. 이런 경우 시장임대료와 계약임대료에 차이가 난다.

(3) 시장가치와의 차이

기초가액과 시장가치는 차이가 있다. 시장가치는 최유효이용을 전제로 하지만 기초가액은 현재 이용을 전제로 한다. 또한 시장가치는 3방법을 병용해서 구하지만, 기초가액은 거래사례비교법과 원가법 등으로 구한다. 그리고 시장가치는 경제적 내용연수 중 잔존연수를 기준으로 하지만, 기초가액은 계약기간을 기준으로 한다.

2) 성격

(1) 시장가치(실무상 적산법)

기초가액을 시장가치로 보는 견해는 임대차계약 등으로 인한 제한을 기대이율에서 적용한다는 의견이다. 즉, 실무적으로 기초가액을 용익가치로 구하기 어렵기 때문에 대상물건을 사용함에 따른 제한을 기대이율에 반영한다는 것이다. 따라서 기대이율은 대체투자수익률뿐만 아니라 지역별, 이용상황별, 품등별 수익률 등을 차등적용하게 된다.

(2) 용익가치(이론상 적산법)

기초가액을 용익가치로 보는 견해는 임대차계약 등으로 인한 제한을 기초가액에서 적용한다는 의견이다. 즉, 이론상 대상물건을 사용함에 따른 제한은 사용·수익에 관한 용익가치로 구한다는 것이다. 따라서 기대이율은 통상적인 투자수익률 등을 적용하게 된다.

3) 결정

① 기초가액은 거래사례비교법, 원가법 등으로 구한다. 수익환원법은 적용할 수 없다. 왜냐하면 임대료 개념을 기초로 구한 수익가액으로 다시 임대료를 구하는 순환논리의 모순에 빠지기 때문이다.

② 기초가액은 용익가치를 구할 수 있는 경우에는 용익가치로 결정한다. 그러나 용익가치를 구할 수 없는 경우에는 시장가치를 기준으로 결정한다.

3. 기대이율

1) 개념

(1) 의의

기대이율이란 임대차에 제공되는 대상물건을 취득하는 데에 투입된 자본에 대하여 기대되는 임대수익의 비율을 말한다.

(2) 용익가치율

용익가치율은 대상물건 전체의 시장가치 대비 용익가치가 차지하는 비율이다. 용익가치율은 부동산 유형별, 지역별, 이용상황별로 다르게 나타난다. 용익가치율에 영향을 주는 요인은 시장가치, 용익가치, 자산가치, 계약감가, 시장이자율, 시장참가자의 속성과 행태, 시장관행 등이 있다. 그 결과 임대시장에서 기대이율을 변화시킨다.

(3) 환원율과의 차이

기대이율은 환원율과 논리, 산정방법 등이 유사하다. 그러나 양자는 구분되는 개념이다. 기대이율은 임대료를, 환원율은 가액을 구하는 데 적용한다. 또한 기대이율은 임대기간에, 환원율은 잔존내용연수에 적용된다. 기대이율은 계약조건 등에 따라 달라지는 반면 환원율은 최유효이용을 전제한다. 기대이율은 상각 후 세 공제 전 개념이지만 환원율은 상각 여부, 세 공제 여부 등에 따라 달라진다.

2) 성격

① 기대이율은 요구수익률의 성격을 지닌다. 부동산 투자자나 임대인의 입장에서는 부동산이 아닌 다른 투자대상에 투자하였을 경우 포기하는 기회비용의 성격을 지니고 있기 때문이다. 그 결과 금융시장의 이자율과 상관성을 가진다.

② 기대이율은 계약 등에 따라 기대되는 수익률의 성격을 지닌다. 따라서 부동산의 용도별, 지역별, 이용상황별 등에 따라 달라진다.

③ 기대이율은 기초가액의 성격에 따라 적용이 달라진다. 기초가액을 용익가치로 구한 경우에는 기대이율이 지역별, 이용상황별 등에 따른 차등적용을 하지 않는다.

3) 결정

(1) 산정방법

① 기대이율은 시장추출법, 요소구성법, 투자결합법, CAPM을 활용한 방법, 기타 대체경쟁 자산의 수익률 등을 고려한 방법으로 구할 수 있다.

② 국공채이율, 은행의 장기대출금리, 일반시중금리, 사용료율, 대부료율, 부동산의 용도별·지역별 격차, 지역특성 등을 종합 고려하여 결정할 수 있다.

③ 기초가액을 시장가치로 결정한 경우 기대이율은 기대이율 적용기준율표 등을 참고하여 실현가능한 율로 정할 수 있다.

(2) 기대이율표

① 기대이율 적용기준율표

㉠ 적용기준율표의 기대이율은 부동산 유형별 및 실제 이용상황에 따른 일반적인 범위를 정한 것이다. 즉, 최소와 최대를 의미하는 것은 아니다. 그러므로 실제 적용시에는 지역 여건이나 해당 토지의 상황 등을 고려하여 기대이율을 증감 조정할 수 있다.

㉡ 적용기준율표의 기대이율은 상각 후 기대이율을 제시한 것이다. 따라서 건물 등이 소재하는 경우에는 감가상각비 처리에 유의해야 한다.

㉢ 표준적 이용은 인근지역 내 일반적이고 평균적인 이용을 의미한다. 임시적 이용은 인근지역 내 표준적인 이용에 비해 그 이용이 임시적인 것을 의미한다. 임시적 이용에는 일시적 이용, 상업용지의 주차장이용, 주거용지의 텃밭이용 및 건축물이 없는 상태의 이용(주거용, 상업용, 공업용에 한정) 등을 포함한다.

② CD금리를 반영한 기대이율표

　　㉠ CD금리는 적용시 부동산 시장의 임대차 관행 및 파급속도 등을 고려하여 과거 2년간 평균금리를 적용한다. 다만, 경기동향, 지역 여건 등에 따라 2년 평균금리를 적용하는 것이 부적절하거나 더 적절한 방법이 있는 경우에는 객관적이고 신뢰성 있는 기간을 적용할 수 있다.

　　㉡ 적용기준표의 기대이율과 동일한 부분은 범위를 정한 점, 상각 후 기대이율이라는 점, 표준적 이용과 임시적 이용의 의미 등이 있다.

(3) 참고자료

① 주거용 기대이율

　　㉠ 산식: 주거용 기대이율 ≒ 매매가격 대비 전세가격비율 × 적용이율 − 감가상각비율

　　㉡ 적용이율을 전월세 전환율로 적용할 경우 시장에서의 기대이율보다 높은 수치가 나올 수 있다. 전월세 전환율은 일부 보증금의 일부를 월세로 전환할 때 시장에서 나타나는 이율이다. 따라서 전세금을 전부 월세로 전환시에는 일반적으로 시장의 전월세 전환율보다 낮은 수준으로 형성될 개연성이 높기 때문이다.

　　㉢ 산식은 주거용 임대시장 중 주로 전세에서 적용한다. 보증부 월세의 경우에는 적용의 제한이 발생할 수도 있다.

　　㉣ 산식을 통한 기대이율 수치는 신뢰성 있는 데이터를 기준한다. 따라서 약식 검증 수단으로 활용할 수 있다.

② 상업용 기대이율

　　㉠ 산식: 상업용 기대이율 ≒ 소득수익률 − 감가상각비율

　　㉡ 소득수익률에서 순수익은 기대이율과 관련이 없는 항목이 포함되어 있다. 기타수입, 공실손실상당액, 감가상각비 등이 있다. 따라서 상업용 기대이율을 구하기 위한 소득수익률에서의 순수익은 기타수입을 차감하고, 공실손실상당액이 가산되며, 감가상각비를 차감해야 한다. 그러나 자료수집의 한계 등으로 공표된 소득수익률과 개별물건의 감가상각비율을 기준으로 약식 검증수단으로 활용할 수 있다.

(4) 기대이율 증감 조정

① 기대이율 적용기준율표는 적용 범위를 제시한 것이다. 즉, 기대이율의 최소와 최대를 의미하는 것은 아니다. 따라서 감정평가시 대상물건의 특성 등에 따라 증감 조정할 수 있다. 하지만 특수한 경우 또는 범위를 벗어나는 경우에는 감정평가서에 그 이유를 적어야 한다.

② 기대이율은 부동산 유형별로 지역특성, 임대차 시장참가자의 속성과 행태, 주위 환경, 장래 동향, 계약기간과 조건 등을 고려하여 증감 조정할 수 있다.

4. 필요제경비

1) 개념

① 필요제경비란 임차인이 사용·수익할 수 있도록 임대인이 대상물건을 적절하게 유지·관리하는 데에 필요한 비용을 말한다. 따라서 대상물건의 현금흐름을 산정하기 위한 운영경비와는 차이가 있다. 예를 들어, 현금유출을 수반하지 않는 건물의 감가상각비, 공실 등에 의한 손실, 대손준비금 등이 필요제경비에 포함된다.

② 임대인은 필요제경비를 임대료에 포함시켜 임차인에게 전가함으로써 투자수익을 확보한다.

2) 구성항목

(1) 감가상각비

감가상각비는 대상물건이 상각자산인 경우 시간이 지남에 따라 발생하는 물리적·기능적·경제적 가치 감소분을 말한다. 감가상각비는 수익자부담 원칙에 따라 수익을 얻는 임차인이 부담한다. 따라서 감가상각비는 필요제경비에 포함된다. 일반적으로 감가상각비는 대상부동산의 유형에 따라 정액법, 정률법, 상환기금법 등을 이용하여 구한다.

(2) 유지관리비

유지관리비는 부동산의 유용성을 적정하게 유지하거나 회복하기 위하여 필요한 비용을 말한다. 유지관리비는 수익적 지출이므로 대수선비 등과 같은 자본적 지출은 필요제경비로 계상하지 않는다. 또한 공익비와 부가사용료는 사용자가 직접 부담하는 것이 원칙이므로 유지관리비에 포함되지 않는다.

(3) 조세공과금

조세공과금은 부동산을 취득, 보유, 이전하면서 발생하는 세금이다. 취득세는 필요제경비에 포함되지 않는다. 공조공과(재산세, 수익자 부담금, 도시계획세, 소방시설 공동세 등)는 임대인이 부담하므로 필요제경비에 포함된다. 법인세(소득세)는 임대료가 확정된 후에 납세의무가 발생한다. 따라서 임대료 산정의 기초가 되는 필요제경비에 포함되지 않는다.

(4) 손해보험료

손해보험료는 계약조건에 따라 소멸성보험과 비소멸성보험으로 구분된다. 필요제경비에는 소멸성보험의 보험료만 포함된다.

(5) 대손준비금

대손준비금은 임차인이 임대료를 지급하지 않을 경우에 발생하는 임대인의 손실을 충당하기 위한 것이다. 그러나 보증금 등을 일시금으로 받은 경우에는 결손의 전보가 이미 담보되어 있으므로 계상하지 않는다.

(6) 공실손실상당액

공실손실상당액은 공실 등의 손실액을 전보하기 위한 비용이다. 이는 경기변동, 과거의 경험, 임대료지불에 대한 지역적인 관행 등에 비추어 일정액을 계상한다. 여기서 공실손실상당액은 수익환원법 적용시 반영하는 인근의 표준적인 공실 정도를 반영한 금액은 아니다.

(7) 정상운영자금이자

정상운영자금이자는 임대업을 하기 위해 소요되는 정상적인 운영자금에 대한 이자를 말한다. 고정자산세의 일시 납입, 종업원에 대한 일시상여금의 지급 등에 사용되는 자금 등을 포함한다. 따라서 이자도 임차인이 부담한다. 그러나 대상 부동산의 일부를 구성하는 자금이자, 1년 이상의 장기차입금이자, 임대인의 자기자금 이자상당액 등은 포함되지 않는다.

제3절   비교방식

1 개념

1. 의의(감칙 제11조 제2호)

비교방식이란 거래사례비교법, 임대사례비교법 등 시장성의 원리에 기초한 감정평가방식 및 공시지가기준법을 말한다.

2. 기본사고

비교방식은 얼마에 시장에서 거래될 수 있는지를 생각한다. 또한 사례물건의 가치를 대상물건의 가치로 대체하는 사고에 기초한다. 따라서 비교방식의 유효성은 부동산 시장을 효율적 시장으로 가정한 경우에 확보된다. 효율적 시장은 모든 정보가 가격에 반영되어 있으므로 수요와 공급에 의해 가격이 결정되기 때문이다.

3. 장단점

비교방식은 시장성의 원리에 따르므로 이해가 쉽고 객관적이며 설득력이 높다. 그러나 거래사례가 없거나 특별한 거래 동기가 있는 경우 등에는 신뢰성이 떨어진다.

2 거래사례비교법

1. 개념

① 거래사례비교법이란 대상물건과 가치형성요인이 같거나 비슷한 물건의 거래사례와 비교하여 대상물건의 현황에 맞게 사정보정, 시점수정, 가치형성요인 비교 등의 과정을 거쳐 대상물건의 가액을 산정하는 감정평가방법을 말한다(감칙 제2조 제7호).
② 비준가액이란 거래사례비교법에 따라 산정된 가액을 말한다.

2. 거래사례의 수집 및 선택

1) 개념

사례의 수집 및 선택은 최근 거래된 사례들을 수집하고, 대상물건과 유사한 사례를 선정하는 작업을 말한다. 거래사례는 적정성 여부를 검토한 후 요건을 모두 갖춘 하나 또는 둘 이상의 적절한 거래사례를 선택해야 한다.

2) 요건

(1) 사정보정 가능성

사정보정 가능성이란 거래 사정이 정상이라고 인정되는 사례나 정상적인 것으로 보정이 가능한 것을 말한다. 즉, 시장가치로 거래되었거나 시장가치로 보정이 가능해야 한다.

(2) 시점수정 가능성

시점수정 가능성이란 거래시점이 분명하고, 거래시점으로부터 기준시점까지의 변동률 등을 구할 수 있는 것을 말한다.

(3) 위치적 · 물적 유사성

위치적 · 물적 유사성이란 대상물건과 지역적 위치가 유사하고, 개별 물적 사항이 유사한 것을 말한다.

3) 거래사례의 수정방법

(1) 비율수정법

비율수정법이란 대상과 사례간에 우열 격차를 백분율로 치환하여 각 특성별 차이를 수정하는 방법이다. 특성별 가중치를 부여하는 방법에 따라 평균비율수정법과 가중비율수정법으로 구분한다.

(2) 금액수정법

금액수정법은 대상과 사례간에 각 특성별 차이를 화폐가치로 표현하여 수정하는 방법이다. 즉, 절대 금액으로 표시하는 방법이다.

(3) 연속수정법

연속수정법은 비율수정량을 금액으로 바꾼 후 수정액을 합산하는 방법이다. 즉, 비율수정법과 금액수정법을 혼합한 방법이다.

4) 유의사항

(1) 자료의 확대 해석

자료의 확대 해석이란 시장자료, 시장분석 등이 부족함에도 확정적인 결론을 도출하는 것을 말한다. 이를 극복하기 위해 다양하고 풍부한 사례를 수집할 필요가 있다.

(2) 불추종의 오류

불추종의 오류란 어떤 명제의 진위가 불확실함에도 확실한 것으로 간주하여 결론을 도출하는 오류다. 이를 극복하기 위해 사례의 적정성을 검토해야 한다.

3. 사정보정

1) 개념

사정보정이란 거래사례에 특수한 사정이나 개별적 동기가 반영되어 있거나 거래 당사자가 시장에 정통하지 않은 등 수집된 거래사례의 가격이 적절하지 못한 경우에 그러한 사정이 없었을 경우의 적절한 가격수준으로 정상화하는 작업을 말한다.

2) 보정요인

(1) 시장의 통상성

시장의 통상성은 일반적으로 거래가 이루어지는 현실의 경쟁시장을 의미한다. 따라서 시장 참여가 제한되는 시장에서 이루어진 거래, 지인간의 거래 등은 보정해야 한다.

(2) 공개기간의 충분성

공개기간의 충분성이란 거래를 위해 시장에 출품된 기간이 충분해야 한다는 것을 의미한다. 따라서 급매 등으로 인한 거래는 보정해야 한다.

(3) 당사자의 정통성

당사자의 정통성이란 매도인과 매수인이 대상물건에 대해 충분한 정보를 갖고 있어야 한다는 것이다. 따라서 충분한 정보가 없는 상태에서 이루어진 거래, 투기적 거래 등은 보정해야 한다.

(4) 거래의 자연성

거래의 자연성이란 매도인과 매수인의 자유로운 의사에 의해 이루어지는 거래를 의미한다. 따라서 자유롭지 못한 강제적 거래, 압력에 의한 거래 등은 보정해야 한다.

4. 시점수정

1) 의의

시점수정이란 사례물건의 거래시점과 대상물건의 기준시점이 불일치할 경우 사례가격을 거래 시점의 가격수준에서 기준시점의 가격수준으로 정상화하는 작업을 말한다.

2) 수정방법

(1) 변동률법

시점수정은 사례물건의 가격변동률로 한다. 즉, 거래시점과 기준시점 사이에 해당하는 변동률을 적용한다.

(2) 지수법

지수법은 거래시점과 기준시점간의 가격지수를 비교하여 반영하는 방법이다. 이는 사례물건의 가격변동률을 구할 수 없거나 사례물건의 가격변동률로 시점수정하는 것이 적절하지 않은 경우에 활용할 수 있다.

5. 가치형성요인의 비교

1) 의의

가치형성요인의 비교란 대상물건과 사례물건이 속한 지역의 지역적 격차를 비교하고, 개별적 요인간 격차를 비교·보정하여 대상물건의 차원으로 정상화하는 작업을 말한다.

2) 비교 항목

(1) 지역요인

지역요인의 비교란 거래사례가 속한 지역과 대상물건이 속한 지역의 표준적인 물건의 최유 효이용 상태를 비교하여 대상물건이 속한 지역의 가격수준을 구하는 것을 의미한다.

(2) 개별요인

개별요인의 비교란 거래사례와 대상물건의 가치형성에 영향을 미치는 개별적인 상태, 조건 등의 요인을 비교하여 대상물건의 최유효이용을 판정하고 대상물건의 개별·구체적 가치에 미치는 영향의 정도를 파악하는 것이다.

3) 비교 방법

(1) 종합적 비교 방법

종합적 비교 방법은 거래사례와 대상물건의 요인을 분석하여 얻은 비율을 격차율로 결정하는 방법이다.

(2) 평점 부여 방법

평점 부여 방법은 거래사례와 대상물건의 비교항목을 세분하여 평점을 부여한 후 각 항목 별로 비교한 비율을 격차율로 결정하는 방법이다. 이는 가중평점법과 단순평점법 등이 있다.

기출문제

[제3회 문제 2]
우리나라 토지평가방법과 거래사례비교법의 관계를 설명하시오. (30점)

[제12회 문제 3]
토지시장에서 발생하는 불합리한 거래사례는 감정평가시 이를 적정하게 보정하여야 한다. 현실적으로 보정을 요하는 요인은 어떠한 것이 있으며 이에 대한 의의와 그 보정의 타당성 여부를 논하시오. (20점)

3 임대사례비교법

1. 개념

① 임대사례비교법이란 대상물건과 가치형성요인이 같거나 비슷한 물건의 임대사례와 비교하여 대상물건의 현황에 맞게 사정보정, 시점수정, 가치형성요인 비교 등의 과정을 거쳐 대상물건의 임대료를 산정하는 감정평가방법을 말한다(감칙 제2조 제8호).
② 비준임대료란 임대사례비교법에 따라 산정한 임대료를 말한다.

2. 임대사례의 수집 및 선택

1) 개념

임대사례의 수집 및 선택은 최근 사례들을 수집하고 대상물건과 유사한 사례를 선정하는 작업을 말한다. 임대사례는 적정성 여부를 검토한 후 요건을 모두 갖춘 하나 또는 둘 이상의 적절한 임대사례를 선택해야 한다.

2) 요건

(1) 일반적 요건

임대사례는 거래사례와 마찬가지로 사정보정이 가능하고, 시점수정이 가능하며, 위치적 물적 유사성이 있는 사례여야 한다.

(2) 임대차 계약의 특수성

임대사례는 기준시점 현재 신규로 계약한 임대사례, 계약 내용이나 조건이 유사한 임대사례를 수집하고 선택해야 한다. 임대료는 계약 기간과 조건 등에 따라 달라지기 때문이다.

3) 유의사항

(1) 계약의 유사성 검토

① 임대료의 지급형태를 검토해야 한다. 임대료의 지급형태는 전세, 보증부 월세, 월세 등으로 다양하다. 특히 보증금과 월세의 비중에 따라서도 계약이 달라진다. 따라서 유사한 지급형태를 갖는 임대사례를 선정해야 함에 유의한다.

② 관리비의 납부형태를 검토해야 한다. 관리비를 임대료에 포함하는지를 확인한다. 또한 관리비를 별도로 납부하는 경우에도 임차인이 실비를 지급하는 형태인지, 임대인에게 일정 금액을 선납하는 형태인지 등에 유의한다.

③ 임대차 계약감가의 발생 여부에 유의한다. 이용상황이나 시간을 제한하는 조건 등이 있는 경우에 계약감가가 발생할 수 있다.

(2) 임대시점

임대시점은 임대차 계약서상 임대 개시시점을 기준으로 한다. 다만, 임대 개시시점을 확인할 수 없는 경우에는 임대료 조사시점이나 감정평가 조사시점 등을 활용할 수 있다. 이때 임대료의 지행성 등으로 적정성 여부에 대한 검토를 함에 유의한다.

(3) 임대면적과 위치

임대면적은 사례와 대상의 기준면적을 비교함에 유의한다. 또한 임대면적 외에 간이창고, 서비스 면적 등을 이용할 수 있는 권리가 임대차 계약에 포함되는 경우에도 유의한다. 특히 상업용인 경우 지하주차장 면적과 위치 등에 유의한다.

(4) 비율 임대차

비율 임대차는 임차인의 노력에 의한 영업성과가 포함되어 있다. 따라서 비율 임대차에 의한 임대료를 적용할지, 인근의 표준적인 임대료를 적용할지에 대한 검토가 필요하다. 표준적인 임대수준을 반영하고 있다면 해당 금액이나 표준적인 금액을 기준으로 할 수 있다. 또한 감정평가목적 등에 따라 비율 임대차에 조건이 부여되는 경우 등에는 합리성 등을 검토하여 조건부 감정평가를 할 수 있다.

3. 사정보정

임대사례비교법에서 사정보정이란 임대사례에 특수한 사정이나 개별적 동기가 반영되어 있거나 임대차 당사자가 시장에 정통하지 않은 등 수집된 임대사례의 임대료가 적절하지 못한 경우에는 그러한 사정이 없었을 경우의 적절한 임대료 수준으로 정상화하는 작업을 말한다.

4. 시점수정

1) 의의

임대사례비교법에서 시점수정이란 임대사례자료의 임대시점과 감정평가의 기준시점이 시간적으로 일치하지 않아 임대료수준에 차이가 나는 경우에는 임대사례의 임대료를 기준시점의 임대료로 정상화하는 작업을 말한다.

2) 수정 방법

① 임대사례물건의 임대료 변동률을 기준으로 한다. 그러나 임대료 변동률을 구할 수 없거나 임대사례물건의 임대료 변동률로 시점수정하는 것이 적절하지 않은 경우에는 동일 또는 유사물건의 가격변동률, 생산자물가지수, 건축비지수 등을 활용할 수 있다.

② 주거용 집합건물의 경우에는 전세가격지수, 월세가격지수 등을 기준으로 할 수 있다. 참고자료로 매매가격지수, 지가변동률, 시중금리 변동률, 인근지역 등의 임대료 상승률 등이 있다.

③ 상업용 집합건물의 경우에는 소득수익률, 투자수익률 자료 등도 활용할 수 있다.

5. 가치형성요인의 비교

임대사례비교법의 가치형성요인 비교는 거래사례비교법의 가치형성요인 비교와 유사하다. 다만, 임대차 계약의 특수성, 임대료의 지행성 등에 유의하여야 한다.

제4절 수익방식

1 개념

1. 의의(감칙 제11조 제3호)

수익방식이란 수익환원법 및 수익분석법 등 수익성의 원리에 기초한 감정평가방식을 말한다.

2. 기본사고

① 수익방식은 어느 정도의 수익이나 효용을 얻을 수 있는지를 생각한다. 즉, 수요의 측면에서 수익·효용과 가치의 관계를 파악한다. 이는 한계효용학파의 한계효용가치설에 근거한다.

② 수익방식은 자본환원의 논리에 근거한다. 자본환원은 수익을 토대로 가치를 추계하는 것이다. 즉, 수익을 많이 창출할수록 가치가 크다는 것이다.

3. 장단점

수익방식은 수익이 발생하는 물건에 적용이 유용하다. 그러나 수익이 없는 물건은 적용이 제한된다. 또한 최유효이용이 아니거나 비수익성 부동산이 포함되는 경우 등에도 적용이 어렵다.

2 수익환원법

1. 개념

① 수익환원법이란 대상물건이 장래 산출할 것으로 기대되는 순수익이나 미래의 현금흐름을 환원하거나 할인하여 대상물건의 가액을 산정하는 감정평가방법을 말한다(감칙 제2조 제10호).

② 수익가액이란 수익환원법에 따라 산정된 가액을 말한다.

2. 자본환원방법

1) 개념

(1) 실무기준

수익환원법으로 감정평가할 때에는 직접환원법이나 할인현금흐름분석법 중에서 감정평가 목적이나 대상물건에 적절한 방법을 선택하여 적용한다. 다만, 부동산의 증권화와 관련한 감정평가 등 매기의 순수익을 예상해야 하는 경우에는 할인현금흐름분석법을 원칙으로 하고 직접환원법으로 합리성을 검토한다.

(2) 자본회수방법

① 감가상각액으로 회수하는 방법

감가상각액으로 자본을 회수하는 방법은 자본회수율을 이용하는 방법이다. 자본회수율은 매기 회수해야 하는 자본의 크기를 나타내는 비율이다. 즉, 매기 일정액을 회수하고 회수액에 대한 원리금 합계가 기말의 회수액과 같게 되는 비율이다. 따라서 자본회수율에 따라 직선법, 연금법, 상환기금법 등으로 구분할 수 있다.

② 복귀가액으로 회수하는 방법

복귀가액으로 자본을 회수하는 방법은 보유기간 말 처분하는 금액으로 자본을 회수하는 방법이다. 이런 방법은 저당지분환원법, 할인현금흐름분석법 등이 있다.

2) 직접환원법(DCM법)

(1) 개념

직접환원법이란 단일기간의 순수익을 적절한 환원율로 환원하여 대상물건의 가액을 산정하는 방법을 말한다.

(2) 전통적 직접환원법

① 직접법

직접법은 순수익을 환원율로 환원하는 방법이다. 이때 순수익과 환원율은 상각 전을 기준으로 한다. 따라서 투하자본에 대한 회수가 불필요한 경우에 적용된다. 즉, 자본회수율이 고려되지 않는 방법이다. 그 결과 직접법은 감가상각액으로 회수하는 방법에는 포함되지 않는다.

$$V = \frac{NOI}{R}$$

NOI: 순수익, R: 환원율

② 직선법

직선법은 순수익을 상각률을 고려한 환원율로 환원하는 방법이다. 직선법은 순수익이 일정하게 감소하고 잔존 내용연수까지 보유하며 재투자를 고려하지 않는다. 따라서 환원율은 상각 후 환원율에 상각률을 더한 상각 전 환원율이 적용된다.

$$V = \frac{NOI}{r + \frac{1}{N}}$$

NOI: 순수익, r: 상각후환원율, N: 잔존 내용연수

③ 연금법(Inwood법)

연금법은 순수익을 감채기금계수를 고려한 환원율로 환원하는 방법이다. 연금법은 순수익이 일정하게 감소하고 동종사업에 동종수익률로 재투자한다고 가정한다. 따라서 환원율은 상각 후 환원율에 감채기금계수를 더한 상각 전 환원율이 적용된다.

$$V = \frac{NOI}{r + \dfrac{r}{(1+r)^N - 1}}$$

NOI: 순수익, r: 상각 후 환원율, N: 잔존 내용연수

④ 상환기금법(Hoskold법)

상환기금법은 순수익을 감채기금계수를 고려한 환원율로 환원하는 방법이다. 상환기금법은 순수익이 일정하게 감소하고 위험이 수반되지 않는 수익률로 재투자한다고 가정한다. 따라서 환원율은 상각 후 환원율에 축적이율을 적용한 감채기금계수를 더한 상각 전 환원율이 적용된다.

$$V = \frac{NOI}{r + \dfrac{i}{(1+i)^N - 1}}$$

NOI: 순수익, r: 상각 후 환원율, N: 잔존 내용연수, i: 축적이율

(3) 잔여환원법

① 물리적 잔여법

㉠ 토지잔여법

토지잔여법은 복합부동산의 순수익에서 건물에 귀속되는 순수익을 공제하여 토지에 귀속되는 순수익을 토지환원율로 환원하는 방법이다. 토지잔여법은 신축 건물, 감가상각이 거의 없는 물건 등에 적용한다.

$$\text{토지 수익가액} = \frac{\text{전체 순수익} - \text{건물가액} \times \text{건물환원율}}{\text{토지환원율}}$$

㉡ 건물잔여법

건물잔여법은 복합부동산의 순수익에서 토지에 귀속되는 순수익을 공제하여 건물에 귀속되는 순수익을 건물환원율로 환원하는 방법이다. 건물잔여법은 감가가 큰 물건 등에 적용한다.

$$\text{건물 수익가액} = \frac{\text{전체 순수익} - \text{토지가액} \times \text{토지환원율}}{\text{건물환원율}}$$

㉢ 부동산잔여법

부동산잔여법은 매기 순수익의 현가에 토지의 복귀가액을 현가하여 더하는 방법이다. 수익은 건물의 잔존내용연수 동안 전체 부동산으로부터 나오는 것으로 간주한다. 또한 기말 건물가치는 없다고 보고 토지가치는 일정하다고 전제한다.

$$\text{대상 수익가액} = \text{대상 순수익} \times \frac{(1+r)^n - 1}{r(1+r)^n} + \frac{\text{토지 복귀가액}}{(1+r)^n}$$

② 금융적 잔여법

　　㉠ 지분잔여법

　　지분잔여법은 지분수익을 지분환원율로 환원하여 지분가치를 구하는 방법이다.

$$지분가치 = \frac{전체\ 순수익 - 저당가치 \times 저당환원율}{지분환원율}$$

　　㉡ 저당잔여법

　　저당잔여법은 저당액을 저당환원율로 환원하여 저당가치를 구하는 방법이다.

$$저당가치 = \frac{전체\ 순수익 - 지분가치 \times 지분환원율}{저당환원율}$$

(4) 저당지분환원법(Ellwood법)

① 개념

　　㉠ 저당지분환원법이란 부동산으로부터 발생하는 매기 지분수익, 원금상환에 따른 지분형
　　성분, 기말 가치증감분 등을 고려한 환원율로 환원하는 방법이다.

　　㉡ 저당지분환원법에서 투하자본은 보유기간 중 현금흐름과 보유기간 말 복귀가액에 의해
　　회수한다. 따라서 투하자본을 회수하는 방법으로 분류하는 경우에는 할인현금흐름분석
　　법과 같이 복귀가액으로 회수하는 방법에 포함된다.

② 가정

　　㉠ 투자자는 타인자본을 이용하여 매입하고, 전형적인 기간 동안 부동산을 보유한다.

　　㉡ 부동산으로부터 발생하는 수익은 매기 지분수익, 원금상환에 따른 지분형성분, 보유기
　　간 말 가치증감분으로 구성된다.

　　㉢ 투자자는 지분수익과 보유기간 말 가치증감을 고려하여 의사를 결정한다.

③ 산정

　　지분가치는 매기 지분수익과 기말 지분복귀가액을 지분수익률(equity yield rate)로 환원하
　　여 합한다. 저당가치는 매기 원리금과 기말 미상환저당잔액을 저당수익률(mortgage yield
　　rate)로 환원하여 합한다.

④ 장단점

　　㉠ 장점

　　저당지분환원법은 타인자본을 이용하는 시장참가자의 행태에 부합한다. 또한 시장에서
　　의 자료수집이 가능하여 객관적이다. 뿐만 아니라 전형적인 보유기간의 순수익 등을 산
　　정하므로 정확성이 높다.

　　㉡ 단점

　　저당지분환원법은 투자자의 신용도, 대출비율, 융자조건 등에 따라 수익률이 달라지므
　　로 가치도 달라질 수 있다. 또한 순수익이나 가치증감을 안정화시키는 과정에서 J계수,
　　K계수 등을 이용할 때 주관이 개입되거나 가치가 왜곡될 수 있다.

3) 할인현금흐름분석법(DCF법)

(1) 개념

① 의의

할인현금흐름분석법이란 대상물건의 보유기간에 발생하는 복수기간의 순수익(이하 "현금흐름"이라 한다)과 보유기간 말의 복귀가액에 적절한 할인율을 적용하여 현재가치로 할인한 후 더하여 대상물건의 가액을 산정하는 방법을 말한다.

② 가정

ㄱ 대상물건을 전형적인 투자 보유기간 동안 보유한다.

ㄴ 투자자는 저당을 활용하여 지렛대 효과를 추구한다.

ㄷ 지분수익은 매기의 지분수익, 보유기간 동안의 원금상환에 의한 지분형성분, 보유기간 말 가치증감분으로 구성된다.

ㄹ 투자자는 보유기간 말 가치변화를 고려하여 지불가치를 결정한다.

ㅁ 투자자는 지분수익과 세후현금흐름에 더 관심이 있다.

(2) 모형

① 순수익(NOI) 모형

순수익 모형은 보유기간에 발생하는 복수기간의 순수익과 보유기간 말의 복귀가액에 할인율을 적용하여 현재가치로 할인한 후 더하는 방식이다. 순수익은 유효총수익에서 운영경비를 차감한 것을 의미한다.

$$수익가액 = \sum_{k=1}^{n} \frac{NOI}{(1+r_k)^n} + \frac{복귀가액}{(1+r)^n}$$
$$r: 할인율$$

② 세전 현금흐름(BTCF) 모형

세전 현금흐름 모형은 보유기간에 발생하는 복수기간의 지분수익과 보유기간 말의 지분복귀가액에 할인율을 적용하여 현재가치로 할인한 후 더한 지분가치에 저당가치를 더하는 방식이다. 지분수익은 순수익에서 부채서비스액(DS)를 차감한 것을 의미한다.

$$수익가액 = \sum_{k=1}^{n} \frac{BTCF}{(1+r_k)^n} + \frac{지분복귀가액}{(1+r)^n} + 저당가치$$
$$r: 지분할인율$$

③ 세후 현금흐름(ATCF) 모형

세후 현금흐름 모형은 보유기간에 발생하는 복수기간의 세후지분수익과 보유기간 말의 세후지분복귀가액에 할인율을 적용하여 현재가치로 할인한 후 더한 지분가치에 저당가치를 더하는 방식이다. 세후지분수익은 지분수익에서 세금을 차감한 것을 의미한다.

$$수익가액 = \sum_{k=1}^{n} \frac{ATCF}{(1+r_k)^n} + \frac{세후지분복귀가액}{(1+r)^n} + 저당가치$$
$$r: 세후지분할인율$$

④ 소득(Income model) 모형

소득 모형이란 매기의 소득과 복귀가액을 각각의 수익률(rate of return)로 할인한 다음 합산하는 방식을 말한다. 소득의 흐름은 균등소득과 불균형소득이 있다. 균등소득은 영구환원법, 연금법, 상환기금법 등으로 환원율을 조정한다. 불균형소득은 소득증감에 따라 환원율을 조정한다.

⑤ 부동산(Property model) 모형

부동산모형이란 소득과 가치가 규칙적으로 변화한다고 가정하고 하나의 환원율로 할인하는 방식을 말한다. 소득과 가치의 흐름은 ⊙ 균등소득, 가치불변, ⓒ 균등소득, 가치변동, ⓒ 소득과 가치의 정액변동, ② 소득과 가치의 정률변동 등이 있다. 현금흐름이 불규칙한 경우에는 각 현금흐름을 개별적으로 할인하여 합산한다.

(3) 유용성 및 한계

할인현금흐름분석법은 투자자의 행태를 잘 반영한다. 또한 NPV법, IRR법 등의 투자분석 기법에도 활용된다. 그러나 보유기간 말의 복귀가액 등은 예측이 어렵기 때문에 주관성이 개입될 수 있다. 또한 세금 등은 투자자의 신용도 등에 따라 달라진다는 한계가 있다.

(4) 유의사항

① 매기 현금흐름은 0이나 음(-)이 될 수도 있다.
② 시설대체충당금은 영업소득세의 과세대상이 된다.
③ 감가상각은 제한된 내용연수를 가지는 부동산에 대해서만 허용되므로 토지는 제외된다.
④ 초과감가상각은 보유기간 말 처분시 과세대상이 될 수 있다.
⑤ 고정적 시나리오만으로는 불확실한 상황이 반영되기 어렵다. 따라서 민감도분석이나 동적 DCF법 등에 의한 불확실성을 고려한 가치를 감정평가할 필요가 있다.

3. 순수익 등의 산정

1) 개념

(1) 의의

순수익이란 대상물건에 귀속하는 적절한 수익을 말한다.

(2) 종류와 요건

① 순수익은 가능총수익, 유효총수익, 순수익, 세전 현금흐름, 세후 현금흐름 등으로 구분할 수 있다.
② 순수익은 감가상각비를 공제하지 않은 상각 전 순수익을 기준으로 한다. 순수익은 일반적이고 표준적이며 객관적인 수익을 기준으로 한다. 그리고 순수익은 계속적이고 안정적으로 발생하는 것을 기준으로 한다. 또한 순수익은 합법적이고 합리적으로 발생하는 것을 기준으로 한다.

(3) 산정방법

① 직접법은 대상물건으로부터 직접 순수익을 구하는 방법이다.
② 간접법은 대상물건과 동일 또는 유사한 사례와 비교하여 순수익을 구하는 방법이다.

2) 가능총수익(PGI)

(1) 의의

가능총수익은 100% 임대시 창출할 수 있는 잠재적 총수익을 말한다. 수익방식에서는 모든 임대 가능한 공간을 시장임대료로 임대차된다고 가정하고 가능총수익을 산정한다.

(2) 보증금(전세금) 운용수익

① 개념

보증금 운용수익은 임대인이 임대기간 중 보증금을 운용하여 발생하는 수익을 말한다. 이때 보증금은 임대료의 연체나 미지급을 대비하기 위해 임차인이 임대인에게 지불하는 금액을 말한다. 보증금은 지급형태에 따라 전세, 보증부 월세, 월세 등이 있다. 일반적으로 보증금 운용수익은 보증금에 운용이율을 적용하여 산정한다.

② 보증금의 처리방법

ㄱ 안전이율을 적용하는 경우

보증금 운용이율에 안전이율을 적용하는 경우에는 보증금을 안전하게 투자하는 방법이다. 대표적인 안전이율에는 국공채 이자율 등이 있다.

ㄴ 전월세 전환율을 적용하는 경우

보증금 운용이율에 전월세 전환율을 적용하는 경우에는 보증금을 타인자본으로 접근하여 처리하는 방법이다. 즉, 전월세 전환율을 임대인의 기대수익률로 접근한다. 전월세 전환율은 임대시장의 수급 상황과 협상력에 따라 달라진다.

ㄷ 자기자본 수익률을 적용하는 경우

보증금 운용이율에 자기자본 수익률을 적용하는 경우에는 보증금을 자기자본으로 접근하여 처리하는 방법이다. 보증금은 타인자본을 활용하여 이자를 지급하지 않는다. 따라서 자기자본 수익률을 증가시키는 형태로 접근한다.

(3) 연간 임대료

임대료(사용료를 포함한다)는 임대차 계약에 기초한 대상물건의 사용대가로서 지급하는 금액을 말한다. 수익환원법은 일반적으로 연간을 기준으로 하므로 연간 임대료를 산정하게 된다.

(4) 연간 관리비 수입

관리비는 임차인의 사용에 따라 발생하는 비용을 말한다. 연간 관리비 수입은 부동산을 운영함에 따라 발생하는 비용의 지출에 사용되는 경우가 대부분으로 운영경비를 포함하고 있다. 따라서 순수익을 산정할 때 관리비 수입은 운영경비 항목으로 계상된다.

(5) 그 밖의 수입

① 의의

그 밖의 수입은 주차수입, 광고수입, 그 밖에 대상물건의 운용에 따른 주된 수입 등을 말한다.

② 주차수입

ㄱ 주차수입은 주차장의 운영방식에 따라 달라진다. 일반적으로 일정 부분의 임대면적에 대해서는 무료로, 초과분에 대해서는 유료로 운영한다.

ㄴ 무료로 제공되는 주차대수에 대한 주차료는 임대료에 반영되어 있다. 따라서 별도의 주차장 수입을 고려할 필요가 없다.

ㄷ 초과분에 대한 주차료는 월정액방식 및 이용시간을 기준으로 주차료를 징수하고 있다.

③ 기타

그 외에 발생하는 수입으로 광고수입, 송신탑 임대수입, 공중전화, 자동판매기 장소 임대료, 행사장 대여 임대료 등이 있다.

3) 유효총수익(EGI)

(1) 개념

유효총수익은 가능총수익에서 공실손실상당액과 대손충당금을 공제한 것이다. 유효총수익은 정상적이고 지속 가능한 것을 기준으로 한다. 따라서 비정상적이거나 일시적인 수익은 조정할 필요가 있다. 이를 위해 이자율, 공실률, GDP 등에 대한 자료를 검토해야 한다. 또한 현재 유효총수익 수준이 적절한지를 판단해야 한다.

(2) 공실손실상당액

공실손실상당액은 공실로 인해 발생하는 손실분을 말한다. 공실은 임차인들의 정상적인 전출입이나 대체·경쟁 부동산의 수급변화 등으로부터 발생한다. 공실률은 일반적이고 평균적인 수준으로 적용해야 한다. 왜냐하면 순수익은 일반적이고 표준적이며 객관적인 것을 기준으로 하기 때문이다.

(3) 대손충당금

대손충당금은 임차인이 임대료를 지급하지 않을 경우를 대비한 금액이다. 대손충당금은 임차인의 신용, 경제조건, 기존 임차인의 개량물 등에 따라 결정된다.

4) 순수익(NOI)

(1) 개념

순수익은 유효총수익에서 운영경비를 공제한다. 여기서 순수익은 상각 전을 기준으로 하므로 운영경비도 감가상각비를 고려하지 않는다.

(2) 운영경비

① 개념

운영경비는 수익을 유지 또는 창출하기 위해 지출하는 비용을 말한다. 운영경비는 고정경비와 변동경비로 구분할 수 있다. 고정경비는 점유와 관계없이 지불하는 비용이다. 변동경비는 점유수준이나 서비스의 질 등에 따라 변화하는 비용이다. 운영경비를 산정할 때 자료가 부족하거나 신뢰성이 없는 경우 등에는 시장의 표준적인 운영경비비율을 적용할 수 있다.

② 항목

㉠ 용역인건비·직영인건비

용역인건비·직영인건비 등은 건물의 유지관리를 위해 소요되는 인건비를 말한다. 인건비는 관리업무에 종사하는 직원의 근로 제공에 대해 지급하는 일체의 대가다. 예를 들어, 급여, 상여금, 퇴직급여, 휴가비, 자녀교육비, 복리후생비 등이 있다.

㉡ 수도광열비

수도광열비는 건물의 공용부분에 관련되는 수도료, 전기료 등을 말한다. 공익비는 공용부분에 대한 비용이다. 부가사용료는 임차인이 배타적으로 사용하는 부분에 대한 비용이다.

㉢ 수선유지비

수선유지비는 관리, 시설 등을 유지하기 위한 비용이다. 일반관리비는 통상적인 비용이다. 시설유지비는 교체, 보수 등을 위한 비용이다.

② 세금 · 공과금

세금 및 공과금은 부동산의 취득, 보유, 처분에 따라 부과하는 세금과 공과금을 말한다. 공과금은 도로점용료, 과밀부담금 등이 있다. 세금은 취득세, 등록세, 상속세, 증여세, 재산세, 도시계획세 등이 있다.

⑩ 보험료

보험료는 임대부동산에 대한 화재 및 손해보험료 등을 말한다. 보험료는 계약조건에 따라 소멸성과 비소멸성이 있다. 보험료는 임대차하기 위해 필요한 경비를 운영경비에 계상한다. 따라서 소멸성 보험료만 해당한다.

⑭ 대체충당금

대체충당금은 정기적인 교체를 위해 적립할 경비를 말한다. 여기서 대체충당금은 효용이나 가치를 유지하기 위한 수익적 지출만을 의미한다. 효용이나 가치를 증가시키는 자본적 지출은 감가상각비 항목에 포함된다. 그러나 우리나라 관행은 실제로 대체충당금에 해당하는 지출이 이루어진 경우 자본적 지출로 취급한다. 따라서 내용연수 동안 대체충당금을 안분하여 건물의 감가상각비와 함께 취급하고 있다.

④ 광고선전비 등 그 밖의 경비

광고선전비는 임대상황을 개선하기 위해 광고 활동에 들어가는 비용이다. 광고 활동은 임대를 위한 활동에 포함되므로 운영경비에 포함한다. 그 밖에 임대부동산의 운영과 유지를 위해 필요한 비용이 있다면 운영경비에 포함한다. 대표적으로 정상운전자금 이자상당액이 있다. 정상운전자금 이자상당액은 임대업을 위한 정상적인 운전자금에 대한 이자를 말한다. 이는 임대수입의 수금일과 경비의 지출일이 다르기 때문에 필요한 비용이다.

③ 제외 항목

개인적 업무비, 부가물 및 증치물, 소득세, 소유자급여, 저당지불액, 감가상각비 등은 운영경비에서 제외된다. 즉, 순수익과 관련이 없거나 순수익 이후의 현금흐름에서 고려할 항목은 운영경비에 포함되지 않는다. 그러나 임대차 계약의 내용 등에 따라서 운영경비의 세부적인 내용은 달라질 수 있음에 유의한다.

5) 세전현금흐름(BTCF)

(1) 개념

세전현금흐름은 순수익에서 저당지불액을 공제한다. 이는 지분가치를 구할 때 활용된다.

(2) 저당지불액(DS)

저당지불액은 타인자본에 대한 상환금을 말한다. 시장 상황에 따라 상환방식이 달라진다. 시장 상황은 채무불이행 위험, 금리 위험, 조기상환 위험, 유동성 위험 등을 의미한다. 상환방식에는 원금균등상환, 원리금균등상환, 거치식상환 등이 있다. 원리금균등상환인 경우 매기 저당지불액은 "대출금액 × 저당상수"로 구한다.

6) 세후현금흐름(ATCF)

(1) 개념

세후현금흐름은 세전현금흐름에서 소득세 등을 공제한다. 이는 세후 지분가치를 구할 때 활용된다.

(2) 소득세(Tax)

① 소득세 등은 부동산 임대소득에 부과되는 세금을 말한다. 임대소득은 이자소득, 배당소득, 사업소득, 근로소득, 기타소득과 함께 종합소득으로 과세된다. 따라서 한계세율에 따라 임대소득세가 달라질 수 있다.

② 세금은 "과세표준액 × 세율"로 구한다. 과세표준액은 "세전현금흐름 – 감가상각비 + 원금상환액"으로 구한다. 원금상환액은 원리금균등상환에 의할 경우 "(원리금상환액 – 대출금액 × 이자율) × (1 + 이자율)$^{n-1}$"로 구한다.

7) 복귀가액

(1) 개념

① 복귀가액은 보유기간 말 대상물건의 매도를 통하여 얻게 되는 순매도액을 말한다. 복귀가액은 보유기간 만료시 소유자가 받을 수 있는 가치의 예측이다. 이는 재매도가치에서 매도비용 등을 공제하여 구한다.

② 세전현금흐름을 기준하는 경우에는 매도비용과 미상환저당잔금을 공제한다. 세후현금흐름을 기준하는 경우에는 매도비용, 미상환저당잔금, 양도소득세를 공제한다.

③ 양도소득세는 "(순매도액 – 순장부가치(기초장부가치 – 감가누계액) – 공제액) × 양도소득세율"로 구한다.

(2) 산정방법

① 내부추계법

내부추계법은 보유기간 경과 후 초년도의 순수익을 추정하여 최종 환원율로 환원한 후 매도비용을 공제하는 방법이다.

② 외부추계법

외부추계법은 가치와 여러 변수의 관계 등을 고려하여 산정하는 방법이다. 과거의 성장추세로부터 산정하는 경우에는 성장률, 인플레이션의 관계 등에 유의한다.

4. 자본환원율

1) 개념

자본환원율은 대상물건의 기대수익을 현재 시점의 가치로 변환시켜주는 이율이다. 수익방식에서 사용하는 자본환원율은 크게 환원율과 할인율로 구분한다.

2) 환원율(Capitalization rate)

(1) 개념

① 환원율

㉠ 환원율이란 대상이 창출한 단일기간의 순수익과 대상 물건의 가액의 비율을 말한다. 즉, 환원율은 순수익을 가치로 자본화하는 비율을 의미한다. 이는 안정화된 소득(income)에 적용되는 수익률(rate of return)이다. 안정화된 소득은 한 해의 소득이나 여러 해의 평균소득을 의미한다. 따라서 환원율을 수익률(rate of return), 소득률(income rate)이라고도 한다.

ⓛ 환원율은 장래 수익에 영향을 미치는 요인의 변동 예측과 예측에 수반한 불확실성 등을 포함한다.

ⓒ 환원율은 대상물건의 지역, 용도, 유형, 상태 등에 따라 다양하게 나타난다. 또한 대체성이 있는 자산 수익률, 금융시장의 환경, 거시경제 변수 등을 고려해야 한다.

② 이자율(Interest rate)

ⓛ 이자율은 원금에 대한 이자의 비율을 말한다. 즉, 자본을 차입하는 경우 차입에 대한 대가를 지급하는 것을 의미한다.

ⓒ 이자율에는 명목이자율, 실질이자율, 시장이자율 등이 있다. 명목이자율은 원금과 이자의 단순 비율을 의미한다. 실질이자율은 명목이자율에 물가변동률을 가감한 이율이다.

③ 환원율(수익률 ≒ rate of return)과 이자율의 차이

환원율은 투자기간을, 이자율은 차입기간을 지닌다. 환원율은 장래 불확실성, 가치변동 등에 대한 고려가 포함된다. 따라서 가치변동이 없는 경우에는 동일한 의미를 가질 수 있다. 또한 환원율은 개별성이 강하게 나타난다. 이자율은 구체적인 이자율 결정의 기준이 되는 보편적인 금리수준이 존재하기 때문이다.

(2) 구조

① 자본수익률(return on capital)과 자본회수율(return of capital)

환원율은 자본수익률과 자본회수율로 나타낼 수 있다. 자본수익률은 투자위험에 대한 보상을 말한다. 자본회수율은 투하자본의 회수를 말한다. 즉, 자본회수율은 감가상각으로 자본을 회수하는 비율로 상각률이라고도 한다.

② 무위험률(risk free rate of return)과 위험할증률(risk premium)

환원율은 무위험률과 위험할증률로 나타낼 수 있다. 무위험률은 위험이 내포되지 않는 수익률을 의미한다. 따라서 순수이율(pure interest rate)이라고도 한다.

(3) 종류

① 개별환원율과 종합환원율

ⓛ 개별환원율은 구성부분에 따른 각각의 환원율을 말한다. 물리적 구성부분에 따라 토지환원율, 건물환원율 등으로 나눈다. 투하자본의 원천에 따라 지분환원율, 저당환원율 등으로 나눈다. 임대차권리 부분에 따라 임대환원율, 임차환원율 등으로 나눈다.

ⓒ 종합환원율은 구성부분별 가치구성비율에 따라 가중평균한 환원율을 말한다.

② 상각 전 환원율과 상각 후 환원율

상각 전 환원율은 자본회수율을 배제하지 않은 환원율을 말한다. 상각 후 환원율은 자본회수율을 배제한 환원율을 말한다.

③ 세전 환원율과 세후 환원율

세전 환원율은 세율을 배제하지 않은 환원율이다. 세후 환원율은 세율을 배제한 환원율이다.

(4) 조정

① 조정의 필요성

ⓛ 순수익의 종류에 따른 필요성

순수익은 영속성 여부, 상각 여부, 세공제 여부 등에 따라 구분된다. 순수익의 종류에 따라 환원율에서는 자본 회수의 반영 여부나 세금의 반영 여부 등이 달라진다.

  © 순수익 증감에 따른 필요성

   순수익은 대상물건의 경제적 내용연수 등에 따라 변한다. 따라서 순수익의 변동은 가치에 반영되어야 한다. 그러나 일반적으로 순수익을 조정하기보다 환원율을 조정하게 된다. 이때 순수익과 환원율을 함께 조정하지 않도록 유의한다. 또한 최근의 객관적인 시장자료를 반영하여야 함에 유의한다.

  © 부동산 가치 증감에 따른 필요성

   부동산 가치가 증감하는 경우 자본의 회수를 고려하게 된다. 이러한 경우 자본회수율이 변하므로 환원율의 조정이 필요하다.

 ② **순수익 증감에 따른 조정**

  〉 순수익이 매기 g%씩 증가하는 경우

   순수익이 매년 g%씩 영구적으로 증가할 것으로 예상되는 경우에는 환원율을 다음과 같이 조정한다.

$$R = \frac{(r-g)}{(1+g)}$$

$$P = \frac{a(1+g)}{(1+r)} + \cdots + \frac{a(1+g)^n}{(1+r)^n}$$

R: 조정후자본환원율 r: 조정전자본환원율
a: 순수익 g: NOI증감률 P: 부동산의 가치

  《 순수익이 매기 일정액씩 증감하는 경우

   순수익이 매기 일정액씩 증감하는 경우에는 환원율을 J계수로 조정한다. J계수란 순수익이 감채기금 형식으로 매기간 일정액씩 누적적으로 증감할 것으로 예상되는 경우의 계수다.

$$J = SFF_{y,t} \times \left\{ \frac{t}{1-(1+y)^{-t}} - \frac{1}{y} \right\}$$

$$R_0 = \left\{ y - \frac{L}{V} \times (y + p \times SFF_{y,t} - MC)^{+dep}_{-app} \cdot SFF \right\} \div (1 + \triangle_I \cdot J)$$

y: 지분수익률 t: 보유기간 $\dfrac{L}{V}$: 저당비율

p: 상환비율 SFF: 감채기금계수 MC: 저당상수

dep, app: 가치증감비율 $\triangle_I$: NOI의 변화율 J: J계수

  》 순수익이 일정비율씩 증감하는 경우

   순수익이 매기 일정한 비율(g%)로 증감하는 경우에는 환원율을 K계수로 조정한다. K계수란 순수익이 매기 일정비율로 증감하는 것으로 예상되는 경우의 계수를 말한다.

$$K = \left\{ 1 - \frac{(1+g)^t}{(1+y)^t} \right\} \div \left\{ (y-g) \times PVA_{y\%,t} \right\}$$

$$R_0 = \left\{ y - \frac{L}{V} \times (y + p \times SFF_{y,t} - MC^{+dep}_{-app} \cdot SFF \right\} \div K$$

g: 매기 NOI증감률 MC: 저당상수 $PVA_{u\%,t}$: 연금현가율

t: 보유기간 y: 지분수익률 dep, app: 가치증감률

$\dfrac{L}{V}$: 저당비율 K: K계수 SFF: 감채기금기수

③ 투자위험도에 따른 조정

합리적인 투자자는 예상되는 수익을 얼마나 확실하게 보장받을 수 있는지에 근거하여 의사결정을 하게 된다. 즉, 위험에 따라 가치를 판단한다. 따라서 장래 불확실성이 높은 부동산에는 높은 환원율을 적용한다. 반대로 장래 불확실성이 낮은 부동산에는 낮은 환원율을 적용한다.

④ 인플레이션에 대한 조정

㉠ 인플레이션은 화폐의 구매력이 떨어지는 것을 말한다. 여기서 구매력이란 일정한 금액으로 재화나 용역을 구매할 수 있는 척도를 의미한다. 즉, 보수적인 투자는 적은 위험으로 낮은 수익을 가져오는데, 안전한 만큼 상대적으로 높은 인플레이션 위험에 노출된다.

㉡ 실질이자율(real rate of return)은 실질구매력의 증가를 의미한다. 즉, 시간가치에 대한 대가로서 무위험률로 나타낸다. 따라서 실질이자율은 명목이자율(nominal rate of return)에서 인플레이션율을 증감하여 나타낸다.

㉢ 수익환원법에서 순수익은 안정화된 것을 전제한다. 즉, 인플레이션에 의한 순수익 변동의 영향을 배제한 실질적인 가치를 구하게 된다. 따라서 인플레이션이 반영된 명목금액으로 순수익을 산정한 경우에는 환원율도 명목이자율을 기준으로 결정해야 한다.

(5) 산정방법

① 시장추출법 원칙

㉠ 의의

시장추출법은 대상물건과 유사한 최근의 거래사례 등으로부터 환원율을 추출하는 방법을 말한다.

㉡ 거래사례의 요건

사례는 대상물건과 대체·경쟁이 가능해야 한다. 사례는 현재와 미래의 시장예측치를 반영한 것이어야 한다. 또한 수익과 경비의 발생 등이 동일한 기준으로 산정되어야 한다. 그리고 사례와 대상의 요인보정이 이루어져야 한다.

㉢ 종류

직접시장비교법은 사례의 상각 후 환원율에 대상의 상각률을 더한 환원율을 적용하는 방법이다.

$$R = 사례의 \, 상각 \, 후 \, 환원율 + 대상 \, 상각률$$

$$사례의 \, 상각 \, 후 \, 환원율 = 사례의 \, 상각 \, 전 \, 환원율 - 사례상각률$$

$$사례 \, 상각률 = 사례의 \, 건물가치구성비율 \times \frac{1}{사례 \, 건물잔존연수}$$

투자시장질적평점비교법은 사례와 대상의 여러 항목을 비교하고 평점을 부여하여 얻은 비교치를 대상물건에 적용하는 방법이다.

$$R = 사례의 \, 상각 \, 후 \, 환원율 \times \frac{사례평점}{대상평점} + 대상 \, 상각률$$

② 요소구성법

요소구성법이란 무위험률에 위험할증률을 더하는 방법이다. 위험할증률에는 위험성, 비유동성, 관리의 난이성, 자금의 안정성 등이 있다. 위험성에는 사업 위험, 금융 위험, 인플레 위험 등이 있다. 비유동성은 환금성이 떨어진다는 의미다. 관리의 난이성은 부동산이 현금,

주식 등에 비해 관리가 어렵다는 의미다. 자금의 안정성은 자산으로서 안정적이라는 의미다. 따라서 자금의 안정성은 환원율을 낮추는 요소이다.

③ 투자결합법

　　㉠ 물리적 투자결합법

　　　물리적 투자결합법은 토지와 건물의 구성비율에 따라 각 환원율을 곱하여 산정하는 방법이다.

　　㉡ 금융적 투자결합법

　　　금융적 투자결합법은 지분과 저당의 구성비율에 따라 각 환원율을 곱하여 산정하는 방법이다. Ross에 의한 방법은 저당 상환방법이 만기일시상환으로 매기 이자만 지급하는 것이다. Kazdin에 의한 방법은 저당 상환방법이 원리금균등상환으로 매기 원금과 이자를 합하여 지급하는 것이다.

④ 유효총수익승수에 의한 결정방법

　　환원율은 유효총수익승수에 의해 산정할 수 있다. 환원율은 (1 - 운영경비율) ÷ 유효총수익승수로 구한다. 유효총수익승수는 거래사례가격을 유효총수익으로 나눈 것을 말한다.

⑤ 시장에서 발표된 환원율에 의한 방법

　　시장에서 발표된 환원율에 의한 방법은 환원율을 직접 산정하지 않고 시장에서 발표된 환원율을 적용하는 방법이다. 시장에서 발표된 환원율은 발표 주체, 적용대상, 적용 기간 등이 다르기 때문에 적용에 유의해야 한다. 특히 지역적 격차가 있는 경우, 대상 물건의 개별성을 반영해야 하는 경우 등에 보정이 필요하다.

⑥ Ellwood법

　　㉠ Ellwood에 의한 방법

$$R = y - \frac{L}{V} \times (y + p \times SFF - MC) \pm \triangle \times SFF$$

　　㉡ Akerson에 의한 방법

$$R = [\frac{L}{V} \times MC + \frac{E}{V} \times y] - [\frac{L}{V} \times p \times SFF] - [\triangle \times SFF]$$

⑦ 부채감당법(DCR법)

$$R_0 = DCR \times \frac{L}{V} \times MC$$

DCR: 부채감당률$(\frac{NOI}{DS})$　L/V: 부채비율(M)　R_M: 저당상수(MC)

3) 할인율(Discount rate)

(1) 개념

① 할인율이란 미래의 수익(현금흐름)을 현재의 가치로 변환하는 비율을 말한다. 이는 현재의 투하자본과 미래 수익의 현재가치를 같게 만드는 내부수익률이다. 따라서 수익률(yield rate)이라고도 한다.

② 할인율은 운영수익률(income rate)과 자본수익률(capital rate)로 나타낼 수 있다.

③ 할인율은 대상물건의 지역, 용도, 유형, 상태 등에 따라 다양하게 나타난다. 또한 대체성이 있는 자산 수익률, 금융시장의 환경, 거시경제 변수 등을 고려해야 한다.

(2) 산정방법

① 투자자조사법

투자자조사법은 시장에 참가하고 있는 투자자 등을 대상으로 직접 조사하는 방법이다. 공표된 자료가 있는 경우에는 이를 활용할 수 있다. 다만, 공표된 자료는 조사시점과 공표시점간의 차이로 할인율이 변동될 수 있다. 따라서 가치 등에 영향이 있는 요인이 변화된다면 보정할 필요가 있다.

② 투자결합법

투자결합법은 대상물건의 구성비율에 따라 산정하는 방법이다. 즉, 물리적 투자결합법과 금융적 투자결합법 등에 의해 산정한다.

③ 시장에서 발표된 할인율에 의한 방법

시장에서 발표된 할인율에 의한 방법은 할인율을 직접 산정하지 않고 시장에서 발표된 할인율을 적용하는 방법이다. 환원율과 마찬가지로 지역적 격차가 있는 경우, 대상 물건의 개별성을 반영해야 하는 경우 등에 보정이 필요하다.

기출문제

[제3회 문제 1]
부동산감정평가의 수익환원에 관하여 다음 사항을 약술하시오. (40점)
1) 자본(수익)환원이론의 발전과정
2) 수익가액과 가격원칙과의 관계
3) 자본환원이율의 구조이론
4) 동태적 부동산시장에서의 자본환원이율의 결정방법을 논하고 감정평가에 관한 규칙에서 정한 기준에 관한 언급

[제9회 문제 1]
최근 부동산시장이 개방되면서 상업용 부동산의 가치 평가 방법이 수익방식으로 변화하는 추세이다. 자본환원이론의 발전과정을 설명하고, 저당지분환원법(저당 – 자기자본방법: mortgage – equity capitalization)의 본질과 장점 및 문제점을 논술하시오. (30점)

[제10회 문제 4]
수익환원법을 적용함에 있어서 순수 환원이율에 추가되는 투자위험도의 유형과 반영방법에 대하여 설명하시오. (10점)

[제12회 문제 4-3]
자본회수율과 자본회수방법을 약술하시오. (10점)

[제13회 문제 1]
최근 상업용 부동산의 가치평가에서 수익방식의 적용이 중시되고 있는 바 수익방식에 대한 다음 사항을 설명하시오. (40점)
1) 수익방식의 성립근거와 유용성
2) 환원율과 할인율의 차이점 및 양자의 관계
3) 할인현금흐름분석법(DCF)의 적용 시 복귀가액의 개념 및 구체적 산정방법
4) 수익방식을 적용하기 위한 조사자료 항목을 열거하고 우리나라에서의 수익방식 적용의 문제점

[제18회 문제 4-2]

동적 DCF분석법과 정적 DCF분석법의 비교를 약술하시오. (10점)

[제22회 문제 1]

부동산의 가치는 여러 가지 요인에 의해 영향을 받기 때문에 감정평가사는 대상부동산의 개별적인 특성뿐만 아니라 정부의 정책과 부동산시장변화에 대해서도 이해할 필요가 있는바, 다음의 물음에 답하시오. (40점)

1) 최근 전력난을 완화하기 위한 초고압 송전선로 설치가 빈번하게 발생하고 있으며 이를 둘러싼 이해관계자들의 갈등도 증폭되고 있는데, 이와 관련된 송전선로부지 보상평가방법과 송전선로 설치에 따른 '보상되지 않는 손실'에 대해 설명하시오. (15점)

2) 최근 수익형 부동산에 대한 관심이 확산되고 있는데 수익형 부동산의 특징과 그 가치형성원리에 대해 설명하시오. (15점)

3) 수익형 부동산의 감정평가방법에 대해 설명하시오. (10점)

[제23회 문제 2]

최근 수익성 부동산의 임대차시장에서는 보증부 월세가 주된 임대차 계약형태로 자리를 잡고 있다. 이 수익성 부동산을 수익환원법으로 감정평가하고자 할 때, 다음 사항에 대하여 답하시오. (30점)

1) 이 수익성 부동산의 감정평가절차에 대해서 설명하시오. (10점)

2) 보증금의 처리 방법과 문제점에 대해서 논하시오. (20점)

[제27회 문제 2]

감정평가사 甲은 乙주식회사가 소유한 △△동 1번지 소재 업무용빌딩과 △△동 101번지 나지상태의 토지에 대하여 재무보고목적의 감정평가를 진행하려 한다. 다음 물음에 답하시오. (30점)

1) 본건 감정평가의 기준가치는 무엇인지 그 개념에 관해 설명하고, 시장가치기준원칙과의 관계에 관해 설명하시오. (10점)

2) 甲은 △△동 1번지 소재 업무용빌딩에 대하여 할인현금흐름분석법(discounted cash flow method)을 적용하려 한다. 이때 적용할 할인율(discount rate)과 최종환원율(terminal capitalization rate)을 설명하고, 업무용 부동산시장의 경기변동과 관련하여 양자의 관계를 설명하시오. (15점)

3) △△동 1-1번지 토지에 대하여 공시지가기준법을 적용하여 시점수정, 지역요인 및 개별요인의 비교 과정을 거쳐 산정된 가액이 기준가치에 도달하지 못하였다고 가정할 경우 공시지가기준법에 따라 甲이 실무적으로 보정할 수 있는 방법에 관해 설명하시오. (5점)

[제33회 문제 2]

소득접근법에서 자본환원율을 결정하는 방법이다. 다음 물음에 답하시오. (30점)

1) 투자결합법(band of investment method)의 2가지 유형을 구분하여 쓰고, 엘우드(Ellwood)법을 비교 설명하시오. (20점)

2) 자본환원율(capitalization rate)의 조정이 필요한 이유와 조정 방법을 설명하시오. (10점)

[제34회 문제 1]

수익환원법에는 직접환원법과 할인현금흐름분석법(DCF법)이 있다. 다음 물음에 답하시오. (40점)

1) 직접환원법과 할인현금흐름분석법의 개념 및 가정에 대하여 비교·설명하시오. (15점)

2) 직접환원법과 할인현금흐름분석법의 투하자본 회수의 인식 및 처리방법에 대하여 비교·설명하시오. (15점)

3) 할인현금흐름분석법의 한계에 대하여 설명하고, 이를 극복하는 측면에서 확률적 할인현금흐름분석법에 대하여 설명하시오. (10점)

3 수익분석법

1. 개념

1) 의의(감칙 제2조 제11호)
① 수익분석법이란 일반기업 경영에 의하여 산출된 총수익을 분석하여 대상물건이 일정한 기간에 산출할 것으로 기대되는 순수익에 대상물건을 계속하여 임대하는 데에 필요한 경비를 더하여 대상물건의 임대료를 산정하는 감정평가방법을 말한다.
② 수익임대료란 수익분석법에 따라 산정된 임대료를 말한다.

2) 유용성 및 한계
① 수익분석법은 순수익이 임대차에 의해 발생하는 경우가 아니라 일반기업 경영에 의해 발생하는 경우에 유용하다. 즉, 관계회사간에 임대차하는 경우, 정부 등에서 국·공유 부동산을 기업용으로 임대하려는 경우, 공공운동장이나 주차장을 민간에 임대하는 경우 등에 유용하다.
② 수익분석법은 대상으로부터의 수익이 기업 수익의 대부분을 구성하고 있는 경우, 순수익을 각 생산요소에 배분할 수 있는 경우에 유용하다. 기업의 순수익은 각 생산요소의 결합으로 생기기 때문이다.
③ 수익임대료는 신규 임대료뿐만 아니라 계속 임대료에도 적용할 수 있다. 기업 경영은 임대차 계약이 계속되면서 행해지는 것이 일반적이기 때문이다. 따라서 임대차 계약이 계속된다면 그 임대료는 계속임대료의 성격을 가지게 된다.
④ 다른 방법에 의한 임대료에 대해 수익성에 기반한 적정성 검토 측면에서 유용할 수 있다.

2. 순수익

1) 개념
① 순수익은 대상물건의 총수익에서 그 수익을 발생시키는 데 드는 경비를 공제하여 산정한 금액을 말한다. 여기서 경비에는 매출원가, 판매비 및 일반관리비, 정상운전자금이자, 그 밖에 생산요소 귀속 수익 등을 포함한다.
② 수익임대료에서 순수익은 상각 후 세전 순수익을 의미한다.

2) 기준
순수익은 객관적이고 표준적이며 합법적인 것을 기준으로 한다. 그러나 순수익을 발생키는 부동산의 사용수익이 반드시 최유효이용일 필요는 없다. 순수익을 산정하기 위해서는 일반기업 경영에 기초한 표준적인 연간 순수익을 기준으로 한다.

3. 필요제경비
① 필요제경비란 임차인이 사용·수익할 수 있도록 임대인이 대상 물건을 적절하게 유지·관리하는 데에 필요한 비용을 말한다. 필요제경비에는 대상 물건에 귀속될 감가상각비, 유지관리비, 조세공과금, 손해보험료, 대손준비금 등이 포함된다.
② 필요제경비는 부담주체에 관계없이 합리적이고 적정한 수준이어야 한다. 따라서 중복이나 누락이 없어야 한다. 또한 통상적인 항목이 아닌 특별한 항목은 배제되어야 한다.

③ 임대료 산정 대상은 임대하고 있는 부동산을 기준으로 한다. 따라서 당사자간 계약에 의해 필요제경비의 일부를 임차인이 부담하고 있다면 수익임대료에 포함할지 여부를 당사자 의견을 통해 결정해야 한다.

제5절 기타방식

1 특성가격함수모형법(HPM법)

1. 개념

1) 의의

특성가격함수모형법은 회귀방정식을 적용하여 가치를 구하는 방법을 말한다. 회귀방정식은 회귀분석을 기초로 부동산 가치형성요인을 영향변수로 하여 구한다.

2) 특징

특성가격함수모형법은 통계적 자료 해석에 기초한다. 또한 부동산 가치는 효용 등에 의해 발생하고 효용의 크기에 의해 결정된다는 시장의 수요와 공급작용을 반영한다.

3) 가치추정의 논리

특성가격함수모형은 해당 재화의 특성에 의해 가치가 결정된다고 가정한다. 여기서 재화의 특성이란 인간에게 효용을 제공하는 재화의 구성요소를 의미한다. 따라서 재화를 매입한다는 것은 재화에 내포된 특성들의 묶음을 산다는 의미다. 그러므로 특성가격함수모형은 특성들의 자료를 분석하여 특성가격을 추정하는 논리에 기초한다.

2. 회귀분석법

1) 개념

(1) 의의

회귀분석법이란 독립변수와 종속변수의 상호관계를 찾아 일반화시키는 방법이다.

(2) 종류

① 단순 회귀분석과 다중 회귀분석

ⓐ 단순 회귀분석이란 1개의 독립변수와 종속변수의 관계를 분석하는 방법이다.

ⓑ 다중 회귀분석이란 여러 개의 독립변수와 종속변수의 관계를 분석하는 방법이다. 이는 특성가격함수모형법에 적용된다.

② 선형 회귀분석과 비선형 회귀분석

ⓐ 선형 회귀분석이란 회귀모형에서 계수들이 선형관계에 있도록 회귀식을 구성하여 분석하는 방법이다.

ⓑ 비선형 회귀분석이란 회귀모형에서 계수들이 비선형상태대로 분석하는 방법이다.

(3) 자료

① 종류

자료는 횡단면 자료, 시계열 자료, 패널자료 등이 있다. 횡단면 자료는 같은 시점을 기준으로 관측 대상별로 속성들을 조사하여 수집한다. 시계열 자료는 독립변수와 종속변수를 시간에 따라 주기적으로 측정하여 수집한다. 패널자료는 횡단면 자료와 시계열 자료의 묶음이다.

② 요건

일반적으로 사례 자료가 많아야 한다. 또한 거래사례의 가격, 개별 특성들이 정규분포를 이루어야 한다. 그 밖에 종속변수와 독립변수간에 선형관계가 있어야 한다. 그리고 오차항들이 정규분포를 이루고 독립변수의 각 값에 대해 동일한 분산을 가져야 한다.

2) 다중 회귀분석

(1) 사례 표본의 선정

① 사례는 공간적인 측면에서 동질성이 있어야 한다. 따라서 인근지역의 설정이 중요하다.

② 사례는 시간적인 측면에서 동질성이 있어야 한다. 일반적으로 1년을 표준으로 한다.

(2) 특성변수의 선정

어떤 변수를 기준으로 분석할 것인지를 결정해야 한다. 예를 들어, 아파트의 경우 지하철역으로부터의 거리, 면적, 방 개수, 향 등이 있다.

(3) 특성의 코딩

특성의 코딩이란 개별 특성을 정리하여 입력하는 절차를 말한다. 코딩과정에서 더미 변수의 처리에 유의한다. 더미 변수란 질적인 변수를 0과 1의 수치로 변환한 인공변수를 말한다.

(4) 통계치의 분석

① 의의

통계치의 분석이란 회귀식이 통계적으로 의미가 있는 것인지 분석하는 것을 말한다.

② 결정계수

결정계수란 독립변수가 종속변수를 얼마나 정확하게 설명해줄 수 있는지를 나타내는 지표다. 일반적으로 R^2으로 표시한다. 결정계수는 0~1 사이의 값을 가진다. 결정계수의 값이 높을수록 정확성이 올라간다. 독립변수의 수가 증가할수록 결정계수도 올라간다. 따라서 중요하지 않은 독립변수의 수를 단순히 증가시키지 않도록 유의한다. 이를 방지하기 위해 독립변수의 수가 많으면 결정계수에 불이익을 줄 수 있다.

③ 추정의 표준오차

추정의 표준오차란 잔차의 표준편차를 말한다. 잔차란 실제의 값과 추정치의 차이를 말한다. 추정의 표준오차는 표본들의 실제 관찰치가 회귀식으로부터 얼마나 흩어져 있는지를 나타낸다. 일반적으로 $Se2$으로 표시한다.

④ 잔차비율과 평균잔차

잔차비율은 각 표본의 값에서 잔차가 차지하는 비율이다. 잔차비율이 크다는 것은 각 표본의 회귀식으로부터 설명되지 않는 부분이 많다는 것을 의미한다. 평균잔차는 잔차비율의 평균을 말한다. 평균잔차가 크다는 것은 회귀모형이 정확하지 못하다는 것을 의미한다.

⑤ T-검증

T-검증이란 회귀계수가 유의수준에서 통계학적으로 의미가 있는지를 확인하는 것이다. 양측검증은 회귀계수가 0인지 아닌지를 판별하는 것이다. 단측검증은 회귀계수가 0보다 큰지 작은지를 판별하는 것이다. 회귀계수가 0으로 판명된 경우는 독립변수로 선택한 특성이 부동산 가치에 영향을 미치지 않는다는 것을 의미한다.

⑥ 다공선성

다공선성이란 독립변수가 여러 개인 경우 이들 사이에 높은 상관관계가 존재하는 것을 말한다. 즉, 하나의 사례에 둘 이상의 특성이 동시에 나타나는 것을 의미한다. 따라서 다공선성이 높을수록 독립변수가 종속변수에 미치는 영향을 제대로 설명하지 못하게 된다.

(5) 자료 및 특성변수의 재검토

자료 및 특성변수의 재검토란 회귀식을 검증한 결과 통계치가 적절하지 못한 것으로 판명된 경우 다시 검토하여 모형을 수정하는 것을 말한다. 즉, 표본, 특성변수, 특성코딩 등에 대해 검토와 수정이 필요하다.

(6) 회귀모형의 검증과 적용

회귀모형의 검증과 적용이란 재검토를 거친 회귀모형을 최종적으로 검증하고 적용하는 것을 말한다. 이때 표본에 포함되지 않은 거래사례를 이용하여 검증할 수 있다.

기출문제

[제3회 문제 3-3]
감정평가방법에 있어 통계적 평가방법의 의의와 활용상의 문제점을 설명하시오. (10점)

[제9회 문제 4]
계량적 부동산평가기법인 회귀분석(regression analysis)의 개념, 결정계수 및 유의수준에 관하여 각각 약술하시오. (10점)

[제19회 문제 2]
부동산가격지수와 관련하여, 다음을 설명하시오. (20점)
1) 부동산가격지수의 필요성과 기능을 설명하시오. (10점)
2) 부동산가격지수를 산정하는 데 사용되는 대표적인 계량모형인 특성가격모형(Hedonic Price Model)과 반복매매모형(Repeat Sale Model)의 원리와 각각의 장·단점을 설명하시오. (10점)

[제22회 문제 2]
부동산 감정평가시 다양한 감정평가방법이 있고 정확한 가치 평가를 위해서는 경제적 상황의 변화도 고려해야 할 필요가 있다. 다음의 물음에 답하시오. (30점)
1) 감정평가에 사용될 수 있는 계량적(정량적) 방법인 특성가격함수모형(Hedonic Pricing Model)에 대해 설명하고, 감정평가사의 주관적 감정평가와 비교하여 그 장·단점을 논하시오. (10점)
2) 최근의 세계경제 위기가 국내 부동산시장에 미치는 영향을 기술하고, 이러한 영향하에서 부동산 감정평가를 할 경우 비교방식, 원가방식, 수익방식별로 유의점을 논하시오. (20점)

2 옵션가치평가법(OPM법)

1. 옵션가격결정모형

1) 개념

(1) 옵션의 개념

① 옵션이란 미래에 특정 자산을 약정한 가격에 매매할 수 있는 권리를 말한다.
② 콜옵션이란 일정액의 외국통화를 특정가격으로 특정 만기일에 매입할 수 있는 권리를 말한다.
③ 풋옵션이란 일정액의 외국통화를 특정가격으로 특정 만기일에 매도할 수 있는 권리를 말한다.
④ 아메리카옵션이란 만기일 또는 만기일 이전에 언제라도 행사할 수 있는 권리를 말한다.
⑤ 유로피언옵션이란 만기일에 한하여 행사할 수 있는 권리를 말한다.
⑥ 옵션가격이란 옵션매도자에게 지급되는 비용을 말한다.
⑦ 행사가격이란 옵션을 행사할 때 적용되는 가격을 말한다.

(2) 결정요인

옵션가격을 결정짓는 요인은 기초자산의 현재가치, 기초자산가치의 변동성, 기초자산의 배당금, 옵션의 행사가격, 옵션의 만기, 만기 동안의 무위험이자율 등이 있다.

2) 유형

(1) 이항옵션 가격결정모형

이항옵션 가격결정모형이란 주가의 변동이 이항분포를 따른다고 가정하는 모형이다. 이 모형은 주가 자체의 등락확률과는 관계없이 옵션가격을 평가할 수 있다. 옵션가격을 결정하는 확률변수는 미래의 주식가격이다.

(2) 블랙-숄즈 가격결정모형

블랙-숄즈 가격결정모형이란 주가 수익률이 정규분포를 가진다고 가정하는 모형이다. 이 모형은 거래가 연속적으로 이루어지고 유로피언옵션을 가정한다. 주가는 과거 시계열을 바탕으로 측정하거나, 장내 거래되는 옵션이 있는 경우 그 옵션의 시가를 이용하여 산출한다.

(3) 실물옵션

① 개념

실물옵션은 옵션이 실물자산이나 투자안 등에 적용되는 것을 말한다. 옵션은 성장, 확장, 축소, 포기, 스위칭, 시기결정 등이 있다. 예를 들어, 주주는 콜옵션의 매수자와 같다. 즉, 기초자산을 기업자체로 보면 회사채 소유자에게 행사가격을 지불하고 기업을 살 수 있는 콜옵션을 보유하고 있는 것이다.

② 유용성 및 한계

실물옵션은 기존의 순현재가치법(NPV법)이 가진 미래의 불확실성을 반영하지 못하는 한계를 극복할 수 있다. 그러나 실물옵션은 기초자산이 거래되지 않고, 자산의 가격이 연속적으로 변하지 않으며, 옵션의 권리를 순간적으로 행사할 수 없는 등의 한계를 가지고 있다.

(4) 금융옵션

① 개념

금융옵션은 옵션을 자금조달 측면에서 접근하는 방법이다. 금융옵션에는 확정 원리금을 지급하는 회사채나 우선주와는 달리 가치가 미래상황에 따라 달라지는 조건부청구권의 성격을 가지는 경우가 있다. 예를 들어, 신주인수권부 사채, 전환사채 등이 있다.

② 신주인수권부 사채

신주인수권부 사채는 일정한 기간 내에 일정한 가격으로 일정한 주식을 매입할 수 있는 채권을 말한다. 신주인수권은 행사가격만 지불하고 새로운 주식을 살 수 있는 콜옵션의 성격을 지닌다. 신주인수권의 가치는 하나의 신주인수권으로 살 수 있는 주식의 수와 인수예정가격, 신주인수권 행사 후 보통주의 주가 등에 의해 결정된다.

③ 전환사채

전환사채는 일정한 기간 내에 당해 회사의 주식으로 전환할 수 있는 채권이다. 전환사채는 미래 주가에 따라 전환권을 행사할 수도 있고, 포기할 수도 있다는 점에서 콜옵션의 성격을 지닌다. 전환비율은 사채 단위당 전환이 가능한 보통주의 수를 말한다. 전환가격은 보통주 한 주로 전환하기 위해 포기해야 하는 사채의 액면가액으로 행사가격이 된다.

2. 실물옵션가치평가법(ROPM법)

1) 개념

(1) 의의

실물옵션가치평가법은 실물자산에 대한 투자안의 가치를 평가하는 방법이다. 옵션모형에는 이항옵션, 블랙-숄즈모형, 몬테카를로시뮬레이션 등이 있다.

(2) 동적 NPV

NPV법은 투자 기간 동안 나타나는 유연성, 전략적 가치, 불확실성 등을 고려하지 못한다. 따라서 이를 극복하기 위해 실물옵션평가법 등이 활용된다. 즉, 정적인 NPV에 옵션 프리미엄을 더하여 동적인 NPV를 구할 수 있다. 따라서 실물옵션 투자안의 가치는 동적인 NPV로 구할 수 있다. 이는 유연성 등의 가치가 포함된다.

2) 부동산의 실물옵션 가능성

(1) 불확실성 측면

부동산 시장은 자연적 특성 등으로 인해 불확실성이 높다. 실물옵션은 유리한 경우에 투자안을 선택하고, 불리한 경우 투자안을 기각할 수 있다. 따라서 실물옵션에서는 불확실성이 커질수록 기회가 될 수 있음을 보여준다.

(2) 비가역성 측면

부동산은 비가역성이 높다. 일반적으로 초기에 자금이 투입되고도 운영과 유지 등에 많은 자금과 시간이 소요된다. 실물옵션을 적용하는 경우에는 투자금액을 회수하거나 연기할 수 있는 기회를 가지게 된다. 따라서 비가역성 측면에서도 실물옵션은 유용하다.

(3) 유연성 측면

부동산은 다양한 유연성이 있다. 유연성은 계약에 근거하여 권리의 형태로 나타나기도 하고, 부동산 특성에 포함되어 있기도 하다. 따라서 실물옵션을 적용하면 유연성을 더욱 다양하게 이용할 수 있다. 따라서 상황에 따른 전략적 가치를 수립하고 그에 따른 선택권의 가치를 창출할 수 있는 실물옵션이 유용하다.

기출문제

[제23회 문제 3-1]
실물옵션을 설명하시오. (10점)

---

❸ 조건부가치측정법(CVM법)

1. 개념

조건부가치측정법이란 가상적인 상황을 설정하고 그 상황에서 선택 가능한 가상 가격에 대한 설문조사를 통해 해당 재화의 가치를 구하는 방법이다. 이는 환경재, 공공재, 행정서비스, 경관가치, 공원가치 등의 비시장재화의 가치를 구할 때 활용된다.

2. 최대지불액과 최소보상액

최대지불액은 효용을 누리기 위해 지불할 수 있는 최대한의 금액을 말한다. 일반적으로 외부경제 또는 환경개선 등에서 나타난다. 최소보상액은 효용이 없어지는 경우 감당할 수 있는 최소한의 금액을 말한다. 일반적으로 외부불경제 또는 환경악화 등에서 나타난다.

---

❹ 비용편익분석법(CBA법)

비용편익분석법은 대상과 관련되어 발생하는 유·무형의 비용과 편익을 계량화하여 그 차액으로 가치를 구하는 방법을 말한다. 이는 공공서비스, 대규모 개발사업 등에서 활용된다.

제4장 유형별 감정평가

제1절 토지의 감정평가

1 개념

1. 의의

토지는 소유권의 대상이 되는 땅을 말한다. 이는 지하, 공중 등 정당한 이익이 있는 범위에서 그 상하를 포함한다.

2. 토지소유권의 범위

1) 규정(민법 제212조)

토지의 소유권은 정당한 이익 있는 범위 내에서 토지의 상하에 미친다.

2) 정당한 이익이 있는 범위의 판단

정당한 이익 있는 범위는 토지소유자의 모든 이익을 고려해서 판단해야 한다. 즉, 거래 관념 등에 따라 합리적으로 결정되어야 한다.

2 자료의 수집 및 정리

1. 사전조사

1) 조사내용

토지를 감정평가할 때에는 소재지, 지번, 지목, 면적, 토지의 사용·처분 등의 제한사항, 공시지가, 지가변동률, 생산자물가지수 등을 확인한다.

2) 구비서류

① 토지이용계획확인서는 토지의 이용 및 보전에 관한 제한과 관련한 지정 내용 등을 확인하는 공적 서류를 말한다.
② 지적도는 토지의 소재, 지번, 지목, 면적, 경계 등을 나타내기 위하여 만든 평면 지도를 말한다.
③ 등기사항전부증명서는 소유권, 지상권, 지역권, 전세권, 저당권 등의 권리관계에 대해 기록하는 공적 서류를 말한다.

④ 토지대장은 토지의 소재, 지번, 지목, 면적 등 토지의 사실관계를 확정할 수 있는 사항이 기재된 공적 서류를 말한다.

2. 실지조사

실지조사를 할 때에는 소재지, 지번, 지목, 면적, 위치, 경계 및 부근의 상황, 형상, 지세, 이용상황, 교통상황, 도로의 상태 등, 제시목록 외의 물건, 공부와의 차이, 권리관계 및 그 밖의 참고사항을 조사한다.

3. 가격자료의 수집 및 정리

1) 가격자료의 개념

가격자료란 가액 결정에 참고가 되는 자료를 말한다. 토지의 가격자료는 거래사례, 조성사례, 임대사례, 수익자료, 시장자료 등이 있다.

2) 가격자료의 요건

① 인근지역에 존재하는 사례일 것(다만, 인근지역에 적절한 사례가 없는 경우에는 동일수급권 안의 유사지역에 존재하는 사례를 사용할 수 있다)
② 정상적이거나 정상적인 것으로 보정할 수 있는 사례일 것
③ 시점수정이 가능한 사례일 것
④ 대상토지와 지역요인·개별요인 비교가 가능한 사례일 것
⑤ 토지 및 그 지상 건물이 일체로 거래된 경우에는 합리적으로 가액을 배분할 수 있을 것

③ 가치형성요인의 분석

1. 개념

1) 실무기준

대상토지에 대한 감정평가를 하기 위해 토지 이용의 동질성을 기준으로 인근지역의 범위를 확정하고 일반요인, 지역요인, 개별요인 등 가치형성요인을 분석한다.

2) 특징

토지의 가치형성요인은 끊임없이 변화한다. 또한 상호 관련성이 있는 작용을 통해 가치발생요인에 영향을 미쳐 가치를 변화시킨다.

2. 면적사정

1) 대장면적 기준

토지의 면적사정은 토지 대장의 면적으로 기준으로 한다.

2) 실제면적 기준

(1) 실제면적과 대장면적이 현저하게 차이 나는 경우

실제면적과 대장면적이 현저하게 차이 나는 경우란 측량 등이 없이도 그 차이를 인지할 수 있는 정도를 말한다. 실제면적과 대장면적이 동일성을 인정할 수 있는 정도의 오차인 경우에는 대장면적을 기준으로 한다.

(2) 의뢰인이 실제면적을 제시한 경우

의뢰인이 실제면적을 제시하여 그 면적을 기준으로 감정평가할 것을 요청한 경우에는 실제면적을 기준으로 감정평가할 수 있다. 개발사업 등 사업계획에 의해 조건부 감정평가를 의뢰하는 경우 등이 있다.

4 감정평가방법

1. 규정

1) 감정평가법 제3조

(1) 규정

> 제3조(기준)
> ① 감정평가법인등이 토지를 감정평가하는 경우에는 그 토지와 이용가치가 비슷하다고 인정되는 부동산 가격공시에 관한 법률에 따른 표준지공시지가를 기준으로 하여야 한다. 다만, 적정한 실거래가가 있는 경우에는 이를 기준으로 할 수 있다.
> ② 제1항에도 불구하고 감정평가법인등이 주식회사 등의 외부감사에 관한 법률에 따른 재무제표 작성 등 기업의 재무제표 작성에 필요한 감정평가와 담보권의 설정·경매 등 대통령령으로 정하는 감정평가를 할 때에는 해당 토지의 임대료, 조성비용 등을 고려하여 감정평가를 할 수 있다.
> ③ 감정평가의 공정성과 합리성을 보장하기 위하여 감정평가법인등이 준수하여야 할 세부적인 원칙과 기준은 국토교통부령으로 정한다.

(2) 의미

① 제1항
감정평가법 제3조 제1항은 공시지가기준법을 적용해야 한다는 강행 규정이다.

② 제2항
ㄱ 감정평가법 제3조 제2항은 주된 감정평가방법의 합리성 검토, 시산가액 조정, 최종 감정평가액의 결정을 포함하는 규정이다.
ㄴ 또한 비용성, 시장성, 수익성 등의 가치 3면성을 포함하는 규정이다.

2) 감칙 제14조

> 제14조(토지의 감정평가)
> ① 감정평가법인등은 법 제3조제1항 본문에 따라 토지를 감정평가할 때에는 공시지가기준법을 적용해야 한다.

② 감정평가법인등은 공시지가기준법에 따라 토지를 감정평가할 때에 다음 각 호의 순서에 따라야 한다.

1. 비교표준지 선정: 인근지역에 있는 표준지 중에서 대상토지와 용도지역·이용상황·주변환경 등이 같거나 비슷한 표준지를 선정할 것. 다만, 인근지역에 적절한 표준지가 없는 경우에는 인근지역과 유사한 지역적 특성을 갖는 동일수급권 안의 유사지역에 있는 표준지를 선정할 수 있다.

2. 시점수정: 부동산 거래신고 등에 관한 법률 제19조에 따라 국토교통부장관이 조사·발표하는 비교표준지가 있는 시·군·구의 같은 용도지역 지가변동률을 적용할 것. 다만, 다음 각 목의 경우에는 그러하지 아니하다.

   가. 같은 용도지역의 지가변동률을 적용하는 것이 불가능하거나 적절하지 아니하다고 판단되는 경우에는 공법상 제한이 같거나 비슷한 용도지역의 지가변동률, 이용상황별 지가변동률 또는 해당 시·군·구의 평균지가변동률을 적용할 것

   나. 지가변동률을 적용하는 것이 불가능하거나 적절하지 아니한 경우에는 한국은행법 제86조에 따라 한국은행이 조사·발표하는 생산자물가지수에 따라 산정된 생산자물가상승률을 적용할 것

3. 지역요인 비교

4. 개별요인 비교

5. 그 밖의 요인 보정: 대상토지의 인근지역 또는 동일수급권 내 유사지역의 가치형성요인이 유사한 정상적인 거래사례 또는 평가사례 등을 고려할 것

③ 감정평가법인등은 법 제3조제1항 단서에 따라 적정한 실거래가를 기준으로 토지를 감정평가할 때에는 거래사례비교법을 적용해야 한다.

④ 감정평가법인등은 법 제3조제2항에 따라 토지를 감정평가할 때에는 제1항부터 제3항까지의 규정을 적용하되, 해당 토지의 임대료, 조성비용 등을 고려하여 감정평가할 수 있다.

2. 공시지가기준법

1) 의의(감칙 제2조 제9호)

공시지가기준법이란 감정평가의 대상이 된 토지(이하 "대상토지"라 한다)와 가치형성요인이 같거나 비슷하여 유사한 이용가치를 지닌다고 인정되는 표준지(이하 "비교표준지"라 한다)의 공시지가를 기준으로 대상토지의 현황에 맞게 시점수정, 지역요인 및 개별요인 비교, 그 밖의 요인의 보정을 거쳐 대상토지의 가액을 산정하는 감정평가방법을 말한다.

2) 비교표준지의 선정

(1) 개념

① 비교표준지란 대상토지의 감정평가시 비교기준으로 선정한 표준지를 말한다. 표준지는 매년 1월 1일을 공시기준일로 하여 국토교통부장관이 조사·평가하여 공시하는 토지이다. 표준지공시지가는 그 표준지의 공시되는 가격을 의미한다.

② 비교표준지는 하나 또는 둘 이상을 선정함을 원칙으로 한다.

(2) 선정기준

① 공법상 제한이 같거나 비슷할 것

원칙적으로 공법상 제한이 같거나 비슷한 표준지를 선정한다. 이는 공법상 제한이 토지 가치에 가장 큰 영향을 미치기 때문이다. 대법원도 특별한 사정이 없는 한 용도지역이 같은 토지를 표준지로 선정함이 상당하다고 판시하였다.

② 이용상황이 같거나 비슷할 것

공법상 제한이 동일한 표준지 중에서 이용상황이 같거나 비슷한 표준지를 선정한다. 이용상황은 공부상 지목이 아니라 현실적인 이용상황을 기준으로 판단한다. 대법원도 공부상 지목과는 관계없이 현실적 이용상황이 같거나 유사한 표준지를 의미한다고 판시하였다.

③ 주변환경 등이 같거나 비슷할 것

주변환경 등과 같은 요인의 격차율을 산정하는 것은 매우 어렵다. 따라서 비교가 필요하지 않은 표준지를 우선적으로 선정한다.

④ 인근지역에 위치하여 지리적으로 가능한 한 가까이 있을 것

인근지역은 대상토지의 가치형성에 직접적인 영향을 미치는 지역이다. 또한 지리적으로 근접할수록 가치형성과정이 상당히 유사하다. 따라서 인근지역 내에 지리적으로 근접한 표준지를 선정한다.

3) 적용공시지가의 선택

(1) 개념

적용공시지가란 대상토지의 감정평가시 비교기준으로 선택된 연도별 표준지공시지가를 말한다.

(2) 선택기준

① 원칙

적용공시지가는 기준시점에 가장 가까운 시점에 공시된 표준지공시지가를 선택한다.

② 예외

기준시점이 공시기준일과 공고일 사이인 경우에는 전년도의 공시지가를 기준으로 한다. 그러나 공고일 이후인 경우에는 해당 연도의 공시지가를 적용할 수 있다.

4) 시점수정

(1) 개념

시점수정이란 비교표준지 공시기준일과 대상토지의 기준시점이 불일치하여 가치의 변동이 있을 경우 표준지 공시지가를 기준시점의 가치 수준으로 수정하는 작업을 말한다.

(2) 원칙

공시지가기준법에서 시점수정은 비교표준지가 있는 시·군·구의 같은 용도지역 지가변동률을 적용한다. 지가변동률이란 국토교통부장관이 조사·평가한 표본지의 적정가격을 기초로 산정된 지가지수의 기준시점과 비교시점의 비율을 말한다.

(3) 예외

① 같은 용도지역의 지가변동률을 적용하는 것이 불가능하거나 적절하지 않다고 판단되는 경우

㉠ 공법상 제한이 같거나 비슷한 용도지역의 지가변동률, ㉡ 이용상황별 지가변동률, ㉢ 해당 시·군·구의 평균지가변동률 등을 적용한다.

② 지가변동률을 적용하는 불가능하거나 적절하지 않은 경우

생산자물가상승률을 적용한다. 생산자물가상승률이란 한국은행이 조사·발표하는 생산자물가지수에 따라 산정된 비율을 말한다.

③ 비교표준지가 도시지역의 개발제한구역 안에 있는 경우 또는 도시지역 안에서 용도지역이 미지정된 경우

녹지지역의 지가변동률을 적용한다. 다만, 녹지지역의 지가변동률이 조사ㆍ발표되지 아니한 경우에는 비교표준지와 비슷한 이용상황의 지가변동률이나 해당 시ㆍ군ㆍ구의 평균지가변동률을 적용할 수 있다.

5) 지역요인의 비교

(1) 개념

지역요인이란 대상물건이 속한 지역의 가격수준의 형성에 영향을 미치는 자연적ㆍ사회적ㆍ경제적ㆍ행정적 요인을 말한다. 즉, 대상지역이 다른 지역과 구별되는 지역 특성을 이루는 요인이다. 다시 말하면 지역의 가격수준이나 표준적 이용에 영향을 미치는 지역적 차원의 가치형성요인이다.

(2) 비교 대상

지역요인의 비교는 비교표준지가 있는 지역의 표준적인 획지의 최유효이용과 대상토지가 있는 지역의 표준적인 획지의 최유효이용을 판정ㆍ비교하여 산정한 격차율을 적용한다. 즉, 해당 지역의 특성을 잘 반영하는 토지를 기준으로 가격수준의 격차를 보정하는 것이다.

(3) 비교 시점

지역요인의 비교 시점은 모두 기준시점을 기준으로 한다. 즉, 비교표준지가 있는 지역과 대상토지가 있는 지역 모두 기준시점을 기준으로 비교한다.

(4) 격차율 산정 및 표시 방법

지역요인의 비교는 용도지대별ㆍ조건별로 제시된 항목과 세항목으로 한다. 조건 단위 격차율은 비교가 필요한 항목과 세항목만을 추출하여 산정한다. 각 항목과 세항목 단위의 우세와 열세 등 격차율을 더한 것으로 한다. 지역요인 비교치는 조건 단위의 격차율을 곱한 것으로 한다. 격차율의 표시는 백분율로 소수점 이하 첫째 자리까지 표시하고 둘째 자리에 반올림한다.

6) 개별요인의 비교

(1) 개념

개별요인이란 대상물건의 구체적 가치에 영향을 미치는 대상물건의 고유한 개별적 요인을 말한다. 즉, 개별요인은 부동산의 개별성에 따라 그 가치를 개별적으로 형성하는 요인이다. 다시 말하면 대상이 속한 지역의 표준적인 이용을 전제로 한 가격수준과 비교하여 개별적 가격 차이를 발생시키는 가치형성요인이다.

(2) 비교 대상

개별요인의 비교는 비교표준지의 최유효이용과 대상토지의 최유효이용을 판정ㆍ비교한다. 대상토지가 최유효이용에 미달하는 경우에도 구체적인 가액을 산정하기 위해 최유효이용에 대한 판정이 선행되어야 한다.

(3) 비교 시점

비교표준지의 개별요인은 공시기준일을 기준으로 한다. 대상토지의 개별요인은 기준시점을 기준으로 한다.

(4) 격차율 산정 및 표시 방법

조건별 격차율은 상승식을 적용한다. 항목별 격차율은 총화식을 적용한다. 격차율 산정 방법에는 종합적 비교법과 평점법이 있다. 격차율의 표시는 백분율로 소수점 이하 첫째 자리까지 표시하고 둘째 자리에 반올림한다.

(5) 용도지대별 격차율 산정시 유의사항

① 상업지대

　㉠ 동일 상권 내에서 접면 도로의 폭이 맹지나 세로(불)인 토지를 소로 중로 이상인 토지와의 비교는 자제한다.

　㉡ 상업 중심, 교통시설과의 거리 및 편의성은 직선거리 및 접근 편의성, 대상 시설이 주는 영향의 정도를 종합 고려하여 격차를 산정한다.

　㉢ 유사 상권 외의 지역(예 후면지와 전면지) 비교는 자제한다.

　㉣ 위험 및 혐오시설은 시설의 성격 및 직선거리 영향의 정도를 종합 고려한다.

② 주택지대

　㉠ 가로조건에서 맹지와 소로 이상 비교를 자제한다.

　㉡ 공공 및 편익 시설과의 접근성은 직선거리 및 편의성 공공시설의 영향의 정도를 종합 고려한다.

　㉢ 조망 경관이 특히 우세하여 별도 보정이 필요한 경우 그 이유(예 바다 조망 등)를 기재한다.

　㉣ 지역의 위도, 기상조건 등에 따라 일조, 통풍 등에 대한 가치척도가 다르므로, 지역의 실정에 따라 격차율의 한도 내에서 적절히 수정하여 적용해야 한다.

③ 공업지대

　㉠ 특수 설비(예 전용부두, 전용선로)의 효용성이 높아 격차율 표 이상 보정이 필요한 경우 보정 내역을 기재한다.

　㉡ 공업 기반시설이 완비되어 비용 절감효과 등이 기대된다면 적절하게 지역의 실정에 따라 격차율의 한도 내에서 수정하여 적용해야 한다.

④ 농경지대

　㉠ 현재 농경지로 이용 중이나 향후 주변 환경의 변화 가능성, 개발 및 전용 가능성 등이 상당 부분 가시화되어 지가에 반영하기 위해 별도 보정이 필요한 경우 보정 내역 및 상세 내용을 기재한다.

　㉡ 수해 및 기타 재해의 위험성은 3년간 평균 재해 및 수해율을 기준하여 전국 평균치를 기준으로 적절하게 보정한다.

⑤ 임야지대

　㉠ 가치형성요인이 유사한 비교표준지를 선정해야 하나, 인근에 유사한 토지가 없어 부득이 개별요인 격차가 상이한 토지와 비교하여 접근조건(인근 취락 및 교통시설과의 접근성), 자연조건(경사도 및 고저) 등에서 격차율 표 이상의 차이가 발생한 경우 보정 내용을 상세하게 기재한다.

　㉡ 임야지대이나 향후 주변 환경의 변화 가능성, 개발 및 전용 가능성 등이 상당한 부분 가시화되어 지가에 반영이 필요하여 별도 보정을 하는 경우 보정 내역 및 그 상세 내용을 기재한다.

© 지역의 위도, 기상조건 등에 따라 일조, 통풍 등에 대한 가치척도가 다르므로 지역의 실정에 따라 적절히 수정하여 적용해야 한다. 이 경우 세부 수정 내역을 기재한다.

7) 그 밖의 요인의 보정

(1) 개념

그 밖의 요인의 보정은 시점수정, 지역요인 및 개별요인의 비교 외에 대상토지의 가치에 영향을 미치는 그 밖의 요인을 보정하는 작업이다. 즉, 표준지공시지가의 정상화 과정을 의미한다.

(2) 그 밖의 요인의 보정치

① 사례 선정

사례는 공법상 제한, 이용상황, 주변환경 등이 같거나 비슷하고 지리적으로 가까이 있어야 한다. 또한 사례는 감정평가목적과 동일 또는 유사한 것을 선정해야 한다.

② 격차율 산정

⊙ 대상토지 기준 산정방식

$$\frac{사례가격 \times 시점수정 \times 지역요인 \times 개별요인}{공시지가 \times 시점수정 \times 지역요인 \times 개별요인}$$

© 표준지 기준 산정방식

$$\frac{사례가격 \times 시점수정 \times 지역요인 \times 개별요인}{공시지가 \times 시점수정}$$

③ 결정

그 밖의 요인의 보정치를 결정할 때는 격차율 외에 인근의 거래 시세, 경제지표 등을 종합적으로 고려해야 한다. 또한 결정 근거를 감정평가서에 구체적으로 기재해야 한다. 보정치는 소수점 둘째 자리까지 표시한다.

기출문제

[제16회 문제 3]
감정평가 및 감정평가사에 관한 법률 제3조 제1항에는 "감정평가법인등이 토지를 감정평가하는 경우에는 그 토지와 이용가치가 비슷하다고 인정되는 부동산 가격공시에 관한 법률에 따른 표준지공시지가를 기준으로 하여야 한다."라고 규정되어 있으나 표준지 공시지가와 정상거래가격과의 격차가 있는 경우 그 밖의 요인으로 보정하고 있다. 그 밖의 요인 보정의 개념을 기술하고, 관련 법규 및 판례 등을 중심으로 그 타당성을 설명하시오. (20점)

[제19회 문제 4]
부동산 가격공시에 관한 법률, 감정평가 및 감정평가사에 관한 법률의 표준지 공시지가를 기준으로 평가한 보상평가가격과 적정가격, 실거래가격과의 관계를 설명하시오. (10점)

[제24회 문제 3]
감정평가이론 토지 감정평가방법에는 감정평가3방식이 있으나, 감정평가 관련 법령은 토지의 경우 표준지 공시지가를 기준으로 감정평가하도록 규정하고 있다. 다음의 물음에 답하시오. (20점)

1) 토지 감정평가시 감정평가 3방식을 적용하여 감정평가한 가격과 표준지 공시지가를 기준으로 감정평가한 가격과의 관계를 설명하시오. (10점)
2) 표준지 공시지가가 시장가치를 반영하지 못하는 경우, 표준지 공시지가를 기준으로 해야 하는 감정평가에서 발생가능한 문제와 대책을 기술하시오. (10점)

[제26회 문제 3]
토지가 국공유화 되어 있는 국가에서 토지의 장기사용권이 거래되는 경우, 토지의 장기사용권 가치 산정방법을 감정평가3방식을 이용해 설명하시오. (20점)

[제27회 문제 2]
감정평가사 甲은 乙주식회사가 소유한 △△동 1번지 소재 업무용빌딩과 △△동 101번지 나지상태의 토지에 대하여 재무보고목적의 감정평가를 진행하려 한다. 다음 물음에 답하시오. (30점)
1) 본건 감정평가의 기준가치는 무엇인지 그 개념에 관해 설명하고, 시장가치기준원칙과의 관계에 관해 설명하시오. (10점)
2) 甲은 △△동 1번지 소재 업무용빌딩에 대하여 할인현금흐름분석법(discounted cash flow method)을 적용하려 한다. 이 때 적용할 할인율(discount rate)과 최종환원율(terminal capitalization rate)을 설명하고, 업무용 부동산시장의 경기변동과 관련하여 양자의 관계를 설명하시오. (15점)
3) △△동 1-1번지 토지에 대하여 공시지가기준법을 적용하여 시점수정, 지역요인 및 개별요인의 비교 과정을 거쳐 산정된 가액이 기준가치에 도달하지 못하였다고 가정할 경우 공시지가기준법에 따라 甲이 실무적으로 보정할 수 있는 방법에 관해 설명하시오. (5점)

[제31회 문제 2]
토지소유자 甲은 공익사업에 토지가 편입되어 보상액 통지를 받았다. 보상액이 낮다고 느낀 甲은 보상액 산정의 기준이 된 감정평가서 내용에 의문이 있어, 보상감정평가를 수행한 감정평가사 乙에게 다음과 같은 질의를 하였다. 이에 관하여 감정평가사 乙의 입장에서 답변을 논하시오. (30점)
1) 감정평가서에는 공시지가기준법을 주방식으로 적용하여 대상토지를 감정평가하였다고 기재되어 있다. 甲은 대상토지의 개별공시지가가 비교표준지 공시지가보다 높음에도 불구하고 개별공시지가를 기준으로 감정평가하지 않은 이유에 관하여 질의하였다. (15점)
2) 甲은 비교표준지 공시지가 시장가격(거래가격)과 비교하여 낮은 수준임을 자료로 제시하면서, 거래사례비교법을 주방식으로 적용하지 않은 이유에 관하여 질의하였다. (15점)

[제34회 문제 2]
감정평가와 관련한 다음 물음에 답하시오. (30점)
2) 감정평가사 甲은 한국감정평가사협회가 설치·운영하는 감정평가심사위원회의 심사위원으로서 택지비 목적의 감정평가서를 심사하고 있다. 감정평가서에 기재된 공시지가기준법상 그 밖의 요인 보정에 관한 내용은 다음의 표와 같으며, 甲은 심사결과 감정평가서의 보완이 필요하다고 판단하고 있다. 甲의 입장에서 공시지가기준법상 그 밖의 요인 보정에 있어 '지역요인 비교 내용의 적성성'에 대하여 세부 심사의견을 기술하시오. (15점)

1) 그 밖의 요인 보정치 산정 방법: 인근지역 또는 동일수급권 내 유사지역의 가치형성요인이 유사한 감정평가사례 중 적정한 비교사례를 선정하여 비교사례기준 비교표준지의 감정평가액과 비교표준지 공시지가에 시점수정을 한 가액의 비율을 기준으로 산정함
2) 인근지역 또는 동일수급권 내 유사지역의 택지비 감정평가사례

기호	소재지 및 지번	용도지역	이용상황	도로조건	면적(m^2)	감정평가 단가(원/m^2)	기준시점
㉮	서울특별시 A구 ㄱ동 65	제3종 일반주거	아파트	광대소각	234,000	18,900,000	2022.08.20
㉯	서울특별시 B구 ㄹ동 10	제3종 일반주거	아파트	광대소각	150,000	21,000,000	2022.09.20

3) 비교사례의 선정: 감정평가사례 중 비교표준지(A구 ㄱ동 5)와 지리적으로 근접하고(A구와 B구는 서로 인접함), 토지이용계획 및 감정평가목적이 동일하거나 유사하여 비교가능성이 높은 기호 ㉯를 비교사례로 선정하였음

4) 시점수정치의 산정: (감정평가서에 기재되어 있으나 생략함)

5) 지역요인의 비교

조건	항목	세항목	격차율		비교내용
			사례	표준지	
가로 조건	가로의 폭, 구조 등의 상태	폭, 포장, 보도	1.00	1.00	유사함
		계통 및 연속성			
접근 조건	도심과의 거리 및 교통시설의 상태	인근 교통시설의 편의성, 인근 교통시설의 도시중심 접근성	1.00	1.20	표준지는 사례 대비 도시철도와 의 거리 및 편익시설 배치 상태에서 우세함
	상가의 배치상태	인근상가의 편의성, 인근상가의 품격			
	공공 및 편익시설의 배치상태	학교, 공원, 병원, 관공서 등			
환경 조건	기상조건, 자연환경	일조, 온도, 조망, 지반, 지질 등	1.00	1.20	표준지는 사례 대비 조망 및 획지의 상태에서 우세함
	사회환경	거주자의 직업, 학군 등			
	획지의 상태	획지의 표준적인 면적, 획지의 정연성, 주변의 이용상황 등			
	공급 및 처리시설의 상태	상수도, 하수도, 도시가스 등			
	위험 및 혐오시설	변전소 등의 유무, 특별고압선 등의 통과 유무			
	재해발생 위험성, 공해발생의 정도	홍수, 절벽붕괴, 소음, 대기오염 등			
행정적 조건	행정상의 규제정도	용도지역, 지구, 구역 등	1.00	1.00	유사함
		기타 규제			
기타 조건	기타	장래의 동향, 기타	1.00	1.00	유사함
합계			1.00	1.44	

6) 개별요인의 비교: (감정평가서에 기재되어 있으나 생략함)

7) 그 밖의 요인 보정치의 산정: (감정평가서에 기재되어 있으나 생략함)

3. 원가법

1) 관련 개념

(1) 소지

소지란 택지 등 조성공사 등이 일어나기 전의 토지를 말한다. 따라서 조성공사 등이 일어나기 전의 상황에 따라 토지 가치는 다양하게 나타난다.

(2) 성숙도 수정

① 가산방식

가산방식에서 성숙도 수정은 준공 시점부터 기준시점까지의 시간 경과에 따른 택지로서의 성숙도를 고려하여 가치를 적정화하는 작업을 말한다.

② 공제방식

공제방식에서 성숙도 수정은 착공 시점과 기준시점의 불일치가 존재하는 경우에 이를 보정하여 가치를 적정화하는 작업을 말한다. 이는 실제 개발사업을 착수할 수 있는 시점에서 기준시점으로 역행하는 역수정을 의미한다. 따라서 대상토지가 택지화되기 전의 미성숙에 대한 수정이므로 미성숙도 수정이라고도 한다.

(3) 유효택지율

유효택지율이란 총 사업면적에 대한 분양 가능 면적의 비율을 말한다. 분양 가능 면적이란 총 사업면적에서 공공시설용지를 공제한 면적을 의미한다. 주거용지, 상업용지, 학교용지 등이 있다.

2) 가산방식(조성원가법)

(1) 개념

가산방식이란 소지 가액에 개발비용을 더하여 대상토지의 가치를 구하는 방식이다. 이는 토지를 가공하여 부가가치를 창출한다는 점에서 원가방식의 사고를 바탕으로 한다.

(2) 개발비용

① 조성공사비

조성공사비는 택지의 조성에 필요한 비용을 말한다. 이는 표준적인 건설비에 도급인이 별도로 부담하는 통상의 부대비용을 합한 것이다.

② 공익시설 부담금

공익시설 부담금은 공익시설의 설치에 필요한 비용 중 조성택지의 효용증가와 관계가 있는 것을 말한다.

③ 개발부담금

개발부담금이란 개발에 따른 이익의 증가분 중 환수하는 비용을 말한다. 이는 투기를 억제하고 소득구조를 개선하여 토지의 건전한 이용질서를 확립하기 위한 것이다.

④ 판매비와 일반관리비

판매비란 조성택지의 분양에 따른 광고선전비, 기타 판매에 필요한 비용 등을 말한다. 일반관리비는 기업의 유지를 위해 관리에서 발생하는 비용을 말한다.

⑤ 개발업자의 적정이윤

개발업자의 적정이윤은 투하자본에 대한 자본비용에 경영위험 등을 고려하여 결정한다.

(3) 시점수정

① 취득시점을 측정기준으로 할 경우

ㄱ 취득시점부터 준공시점까지 소지의 지가변동률, 준공시점부터 기준시점까지 조성토지의 지가변동률을 적용하는 방법이 있다.

ㄴ 취득시점부터 착공시점까지 소지의 지가변동률, 착공시점부터 준공시점까지 투하자본이자율을, 준공시점부터 기준시점까지 조성토지의 지가변동률을 적용하는 방법이 있다.

ㄷ 취득시점부터 준공시점까지 투하자본이자율을, 준공시점부터 기준시점까지 조성토지의 지가변동률을 적용하는 방법이 있다.

② 착공시점을 측정기준으로 할 경우

착공시점부터 준공시점까지 투하자본이자율을, 준공시점부터 기준시점까지 조성토지의 지가변동률을 적용한다.

③ 준공시점을 측정기준으로 할 경우

준공시점부터 기준시점까지 조성토지의 지가변동률을 적용한다.

3) 공제방식(개발법)

(1) 개념

공제방식이란 예상되는 분양대금에서 개발비용을 공제하여 대상토지의 가치를 구하는 방식이다. 이는 비용성·시장성·수익성을 혼용한 방법이다. 일반적으로 분양대금은 거래사례비교법과 수익환원법을 이용하고, 개발비용은 원가법을 이용하기 때문이다. 또한 분양대금과 개발비용은 기준시점으로 할인해야 하므로 DCF법을 응용한 것으로 볼 수도 있다.

(2) 종류

① 신축 개발하는 경우

신축 개발하는 경우란 대상 획지가 일체로 이용하는 것이 합리적이라고 인정되는 경우 최유효이용의 건물이 신축될 것을 상정하는 것이다. 따라서 개발비용에는 통상의 신축비와 부대비용이 포함된다.

② 택지를 조성하는 경우

택지를 조성하는 경우란 택지를 조성하여 분할 이용하는 것이 합리적이라고 인정되는 경우 대상 획지를 구획하여 표준적인 택지로 분양할 것을 상정하는 것이다. 따라서 개발비용에는 통상의 조성비와 부대비용이 포함된다.

(3) 분양대금의 현재가치

① 산정방법

ㄱ 획지의 분할 이용

분양대금은 구획된 획지의 단가에 획지 수를 곱하여 산정한다. 획지의 단가는 비준가액, 수익가액, 적산가액을 이용한다. 다만 이때 적산가액은 간접법에 의한 것을 말한다. 직접법에 의한 적산가액은 소지가액에 개발비용을 더해서 분양대금을 산정하므로 순환논리에 빠지기 때문이다.

ㄴ 구분소유부동산

분양대금은 구분소유권 등의 단가에 구분소유권 수를 곱하여 산정한다. 구분소유권 등의 단가는 3방법에 의해 구한다.

② 유의사항

　㉠ 분양단가의 시점

　　분양단가는 분양가격이 결정되는 시점(분양계약체결 개시 시점, 분양공고 시점 등)에서 결정된다. 따라서 분양단가는 시점수정을 분양대금 결정 시점으로 함에 유의한다. 그 결과 조건부평가가 될 수 있다. 만약 소지의 기준시점에서 분양이 가능하고 분양가격이 결정된다면(선분양 후개발) 개발획지의 기준시점과 동일하게 된다.

　㉡ 분양계약시점 및 분양대금 입금시기

　　분양단가가 결정되었다고 하더라도 분양계약 시점과 분양대금의 입금시기에 따라 분양대금의 현재가치는 달라짐에 유의한다. 분양계약시점은 흡수율분석을 통해 예측한다. 분양대금 입금시기는 분양계약서상의 입금 스케줄에 따라 결정된다.

　㉢ 분양단가, 흡수율, 분양대금 입금스케줄 등의 상호관련성

　　분양단가가 높다면 흡수율이 늦게 되고 입금 스케줄은 늦춰야 할 것이다. 또한 분양단가가 높다면 광고선전비 등의 판매비용이 증가하고, 고급 건축자재 등의 사용으로 개발비용이 증가할 것이다. 따라서 상호관련성에 유의해야 한다.

(4) 개발비용의 현재가치

① 산정방법

　개발비용은 통상적인 건축비 또는 조성비와 통상적인 부대비용 등을 더하여 산정한다. 즉, 분양대금을 창출하기 위해 투하된 통상의 모든 비용이 포함된다.

② 유의사항

　㉠ 수급인(도급업자)의 적정이윤

　　조성비 또는 건축비는 도급방식을 상정하여 산정하므로 수급인의 적정이윤은 개발비용에 포함해야 한다는 점에 유의한다. 실제 공사비 지출은 도급인지 자가공사인지에 따라 차이가 난다. 그러나 자가공사의 경우 분양대금에서 발생한 부가가치를 제거하기 때문에 도급기준으로 파악해야 한다.

　㉡ 이자비용 및 개발업자의 적정이윤

　　분양대금에서 발생한 부가가치를 제거하고 소지가액을 구하기 위해서는 이자비용 및 개발업자의 적정이윤은 개발비용에 포함해야 한다. 그러나 개발법에서는 분양대금 및 개발비용(이자비용 및 개발업자의 적정이윤 제외)을 시장할인율로 할인함으로써 이자비용 및 개발업자의 적정이윤을 개발비용에 포함하는 것과 동일한 결과를 얻고 있다. 따라서 이자비용 및 개발업자의 적정이윤을 개발비용에 포함하게 되면 이중으로 계상하게 된다. 따라서 이자비용 및 개발업자의 적정이윤은 개발비용에서 제외해야 함에 유의한다. 그러나 할인율 결정시 이자비용 및 개발업자의 적정이윤을 감안하지 않았다면 개발비용에 포함하여 산정할 수도 있다.

기출문제

[제5회 문제 3-2]
소지가격을 약술하시오. (10점)

5 특수토지의 감정평가

1. 광천지

1) 개념

(1) 의의

광천지란 지하에서 온수·약수·석유류 등이 용출되는 용출구와 그 유지에 사용되는 부지를 말한다. 다만, 온수·약수·석유류 등을 일정한 장소로 운송하는 송수관·송유관 및 저장시설의 부지는 제외한다.

(2) 규정

광천지는 그 광천의 종류, 광천의 질과 양, 부근의 개발상태 및 편익시설의 종류와 규모, 사회적 명성, 그 밖에 수익성 등을 고려하여 감정평가하되, 토지에 화체되지 아니한 건물, 구축물, 기계·기구 등의 가액은 포함하지 아니한다.

2) 감정평가방법

(1) 공시지가기준법

광천지의 감정평가는 광천의 종류, 광천의 질과 양, 부근의 개발상태 및 편익시설의 종류와 규모, 사회적 명성, 그 밖에 수익성 등을 고려하여 공시지가기준법을 적용한다.

(2) 거래사례비교법

우리나라는 온천의 정상적인 거래사례가 희소하다. 거래사례가 있더라도 토지, 건물에 포함하여 일체로 거래되거나 특수한 거래사례를 수반하고 있다. 따라서 적정한 거래사례를 확보할 수 있어야 거래사례비교법을 적용할 수 있다.

(3) 원가법

광천지를 원가법에 의할 경우 "공구당 총 가액 ÷ 대상 광천지의 면적"으로 구한다. 공구당 총 가액은 소지가액에 개발비용을 더한 금액에서 광천지에 화체되지 아니한 건물, 구축물 등의 가치상당액을 공제하여 결정한다. 개발비용은 굴착비, 그라우팅비, 펌프, 모터, 동력, 배관비, 부대비용, 업자이윤 등이 있다. 개발비용은 토지의 심도, 지질의 양상 등에 따라 달라진다. 그러나 온천수의 수온, 수량, 수질 등과 비례한다고는 보기 어렵다. 따라서 개발비용을 그대로 광천지의 가치로 인정하는 것은 한계가 있으므로 감정평가시 유의해야 한다.

(4) 수익환원법

온천업은 토지, 건물, 광천지로 이루어진 숙박업소의 형태이다. 따라서 숙박업소의 순수익에서 광천지만의 순수익을 추출해야 한다. 그러나 온천의 운영은 법인보다 개인의 형태로 이루어진다. 그러므로 신뢰할 수 있는 자료를 확보하는 것이 어렵다.

(5) 혼합법

$$표준광천지기준 개발비(원/m^2) \times 광(온)천지지수 \times \frac{대상광천지용출량지수}{표준광천지용출량지수}$$

① 광(온)천지수는 "표준광천지 수익가액 ÷ 표준광천지 기준 개발비(원/m^2)"로 구한다.

② 표준광천지 수익가액은 "{총용출량(t/일) × 실제 양탕비율 × [판매단가(원/t) − 양탕비용 (원/t)]} ÷ 환원율"로 구한다.

③ 양탕비율은 "판매량 ÷ 총 용출량"으로 구한다.

④ 용출량지수는 "온천지 용출량 × 온도보정률 = 온도 보정 후 용출량"을 용출량지수(도표)에 적용하여 구한다.

2. 골프장용지

1) 개념

(1) 의의

골프장용지란 체육활동에 적합한 시설과 형태를 갖춘 골프장의 토지와 부속시설물의 부지를 말한다. 가치형성요인에는 위치, 교통편의 및 접근성, 개발지의 비율, 홀의 수, 회원 수, 명성, 시설관리상태, 코스설계의 적정성 등이 있다.

(2) 구분

① 개발지

개발지는 골프코스, 주차장 및 도로, 조정지, 조경지, 클럽하우스 등 관리 시설의 부지를 말한다.

② 원형보존지

원형보존지는 개발지 이외의 토지를 말한다. 즉, 해당 골프장의 사업계획승인시부터 현재까지 원형상태 그대로 보전이 되고 있는 임야 등의 토지를 의미한다.

(3) 개별감정평가와 일괄감정평가

① 개별감정평가는 토지, 건물, 구축물 등으로 이루어진다. 토지는 개발지와 원형보존지의 등록된 면적을 일단지로 감정평가한다. 토지의 조성비용 상당액은 통상 홀당 비용이 시장에 노출되어 있다.

② 일괄감정평가는 토지 등의 골프장 전체를 홀당 금액으로 거래하는 관행 등을 고려한다. 회원제와 대중제를 구분할 수 있다. 또한 대상 골프장의 영업이익 자료 등을 통해 수익환원법으로도 일괄감정평가할 수 있다.

2) 감정평가방법

① 골프장용지를 비교표준지로 하여 공시지가기준법을 적용할 수 있다. 골프장용지는 본건이 비교표준지인 경우가 많다.

② 골프장의 거래사례를 기준으로 가치형성요인 등을 고려하여 감정평가한다.

③ 원가법을 적용할 때는 토지에 화체되지 아니한 건물, 구축물, 수목 등의 가액은 포함하지 않는다.

④ 수익환원법을 적용할 때는 토지 순수익을 추출하여 감정평가할 수 있다.

3. 공공용지

1) 개념

공공용지란 도시기반시설의 설치에 이용하는 토지 등을 말한다. 공공용지에는 도로, 학교, 도서관, 공원, 운동장, 체육시설, 철도, 하천부지 등이 있다.

2) 감정평가방법

(1) 제한 등을 고려

공공용지는 공공용지의 특성에 따라 용도제한이나 거래제한 등을 고려하여 감정평가한다. 즉, 공공용지는 인근지역의 주된 용도 토지의 표준적인 획지의 적정가격에 제한 등에 따른 적정한 감가율 등을 고려한다.

(2) 용도폐지를 전제한 경우

공공용지가 다른 용도로 전환하는 것을 전제로 의뢰된 경우에는 전환 이후의 상황을 고려하여 감정평가한다.

(3) 국공유지의 처분인 경우

국공유지는 도시·군관리계획으로 정하여진 목적 외의 목적으로 매각하거나 양도할 수 없다.

4. 사도

1) 개념

사도란 다음의 도로가 아닌 것으로 그 도로에 연결되는 길을 말한다.
① 도로법 제2조 제1호에 따른 도로(도로는 차도, 보도, 자전거도로, 측도, 터널, 교량, 육교 등 대통령령으로 정하는 시설로 구성된 것으로서 제10조에 연결된 것을 말하며, 도로의 부속물을 포함한다. 도로법 제10조의 도로의 종류는 고속국도, 일반국도, 특별시도, 광역시도, 지방도, 시도, 군도, 구도가 있다)
② 도로법의 준용을 받는 도로
③ 농어촌도로 정비법 제2조 제1항에 따른 농어촌도로(농어촌도로는 도로법에 규정되지 아니한 도로로서 농어촌지역 주민의 교통 편익과 생산·유통활동 등에 공용되는 공로 중 제4조 및 제6조에 따라 고시된 도로를 말한다)
④ 농어촌정비법에 따라 설치된 도로

2) 감정평가방법

(1) 인근 토지와 함께 의뢰된 경우

사도가 인근 토지와 함께 의뢰된 경우에는 인근 토지와 사도 부분의 감정평가액 총액을 전면적에 균등 배분하여 감정평가한다. 이때 인근 토지와 사도 부분이 가치형성 측면에서 밀접한 관련이 있는 경우에는 동일한 단가로 결정할 수 있다.

(2) 사도만 의뢰된 경우

① 인접토지와의 관계

사도만 의뢰된 경우에는 해당 토지로 인해 효용이 증진되는 인접토지와의 관계를 고려하여 감정평가할 수 있다.

② 제한 등에 따른 감가율

용도제한이나 거래제한 등에 따른 적절한 감가율을 적용하여 감정평가할 수 있다. 특별한 사정이 없는 한 일반인의 통행을 제한하거나 금지할 수 없는 점 등을 고려하기 때문이다.

③ 토지보상법 시행규칙 제26조에 따른 도로의 고려

토지보상법 시행규칙 제26조에 따른 도로의 감정평가방법을 적용할 수 있다. ① 사도법에 의한 사도의 부지는 인근 토지에 대한 평가액의 5분의 1 이내, ② 사실상의 사도의 부지는 인근 토지에 대한 평가액의 3분의 1 이내로 감정평가한다. 인근토지란 당해 도로부지가 도로로 이용되지 아니할 경우에 예상되는 표준적인 이용상황과 유사한 토지로서 당해 토지와 위치상 가까운 토지를 말한다.

5. 석산

1) 개념

① 석산이란 산지관리법에 따른 토석채취허가를 받거나 채석단지의 지정을 받은 토지, 국토의 계획 및 이용에 관한 법률에 따른 토석채취, 개발행위허가를 받은 토지 또는 골재채취법에 따른 골재채취허가(육상골재에 한함)를 받은 토지를 말한다.

② 석산의 감정평가액은 합리적인 배분기준에 따라 토석(석재와 골재)의 가액과 토지가액으로 구분하여 표시할 수 있다.

2) 감정평가방법

(1) 수익환원법 적용 원칙

석산을 감정평가할 때는 수익환원법을 적용해야 한다. 수익환원법을 적용할 때는 허가기간 동안의 순수익을 환원한 금액에서 장래 소요될 기업비를 현가화한 총액과 현존 시설의 가액을 공제하고 토석채취 완료시점의 토지가액을 현가화한 금액을 더하여 감정평가한다. 이 때 토석채취 완료시점의 토지가액을 현가화한 금액은 허가기간 말의 토지 현황(관련 법령 또는 허가의 내용에 원상회복·원상복구 등이 포함되어 있는 경우는 그 내용을 고려한 것을 말한다)을 상정한 기준시점 당시의 토지 감정평가액으로 한다.

(2) 다른 감정평가방법의 적용

석산을 수익환원법으로 감정평가하는 것이 곤란하거나 적절하지 아니한 경우에는 토석의 시장성, 유사 석산의 거래사례, 평가사례 등을 고려하여 공시지가기준법 또는 거래사례비교법으로 감정평가할 수 있다.

(3) 용도폐지된 광업용지

용도폐지된 광업용지는 인근지역 또는 동일수급권 안의 유사지역에 있는 용도폐지된 광업용지의 거래사례 등 가격자료에 의하여 공시지가기준법 및 거래사례비교법으로 평가한다. 다만, 용도폐지된 광업용지의 거래사례 등 가격자료를 구하기가 곤란한 경우에는 인근지역 또는 동일수급권 안의 유사지역에 있는 주된 용도 토지의 가격자료에 의하여 평가하되, 다른 용도로의 전환가능성 및 용도전환에 소요되는 통상비용 등을 고려한 가격으로 평가한다.

6. 공법상 제한을 받는 토지

1) 개념

토지에 관한 공법상 제한이란 관계 법령의 규정에 의한 토지이용 및 처분 등의 제한을 말한다. 토지는 다양한 공법상 제한을 받고 있고 이는 토지가치에 중요한 영향을 미친다.

2) 감정평가방법

(1) 원칙

공법상 제한을 받는 토지를 감정평가할 때는 비슷한 공법상 제한상태의 표준지 공시지가를 기준으로 감정평가한다. 다만, 그러한 표준지가 없는 경우에는 비교표준지 선정기준을 충족하는 다른 표준지 공시지가를 기준으로 한 가액에서 공법상의 제한의 정도를 고려하여 감정평가할 수 있다.

(2) 잔여부분의 단독이용가치가 희박한 경우

토지의 일부가 공법상 제한을 받아 잔여부분의 단독이용가치가 희박한 경우에는 해당 토지 전부가 그 공법상 제한을 받는 것으로 감정평가할 수 있다.

(3) 둘 이상의 용도지역에 걸쳐 있는 경우

둘 이상의 용도지역에 걸쳐 있는 토지는 원칙적으로 각 용도지역 부분의 위치, 형상, 이용상황, 그 밖에 다른 용도지역 부분에 미치는 영향 등을 고려하여 면적비율에 따른 평균가액으로 감정평가한다. 다만, 용도지역을 달리하는 부분의 면적비율이 현저하게 낮아 가치형성에 미치는 영향이 미미하거나, 관련 법령에 따라 주된 용도지역을 기준으로 이용할 수 있는 경우에는 주된 용도지역의 가액을 기준으로 감정평가할 수 있다.

7. 일단으로 이용 중인 토지

1) 개념

(1) 의의

일단지란 용도상 불가분의 관계에 있는 2필지 이상의 일단의 토지를 말한다.

(2) 용도상 불가분의 관계

① 용도상 불가분의 관계란 2필지 이상의 토지가 일단으로 이용 중인 상황이 사회적·경제적·행정적 측면에서 합리적이고 해당 토지의 가치형성 측면에서 타당하다고 인정되는 관계를 말한다. 즉, 인접한 2필지 이상의 토지가 개별 필지별로 이용하는 것보다 일단으로 이용하는 것이 최유효이용 측면에서 타당하여 실제로 이용되고 있어야 한다.

② 나지는 일반적으로 용도가 확정되어 있지 않고 범위를 정하기 곤란하다. 그러나 일단의 토지소유자가 같고 주위환경 등으로 보아 개별 필지별로 이용이나 거래하는 것이 사실상 곤란하거나 현저히 불합리하여 장차 일단으로 이용되는 것이 확실시 되는 경우에는 용도상 불가분의 관계에 있다고 할 수 있다.

③ 용도상 불가분의 관계는 최유효이용의 판정 기준을 고려하여 개별 토지의 용도별로 구체적으로 판정되어야 한다. 즉, 물리적 가능성, 법적 허용성, 경제적 타당성, 최대 수익성 등을 고려해야 한다.

(3) 판단기준

① 토지소유자의 동일성

㉠ 토지소유자의 동일성은 직접적인 판단기준이 아니다. 토지소유자가 다른 경우에도 민법 제262조에서 규정한 공유관계로 보아 일단지로 보기 때문이다.

㉡ 다만, 나지는 용도상 불가분의 관계에 대한 확정성이 없고 일단지의 범위를 정하는 것이 사실상 곤란하다. 따라서 나지상태의 토지는 토지소유자가 동일할 필요가 있다.

② 지목

일단지는 용도상 불가분의 관계에 따라 판단하는 것이지 지목에 따라 달라지지 않는다. 따라서 지목과 일치할 수도 있고 일치하지 않을 수도 있다.

③ 일시적 이용상황

일시적 이용상황은 일단지로 보지 않는다. 일시적 이용상황으로는 가설 건축물의 부지, 조경수목 재배지, 조경자재 제조장, 골재 야적장, 간이창고, 간이체육시설용지(테니스장, 골프연습장, 야구연습장 등) 등이 있다.

④ 건축물 존재 여부 및 인정시점

㉠ 건축물 등이 있는 경우에는 용도상 불가분의 관계가 있다.

㉡ 건축 중에 있는 토지나 건축허가 등을 받고 공사를 착수한 경우에는 토지소유자가 다른 경우에도 일단지로 본다.

㉢ 나지는 주위환경, 토지의 상황, 거래관행 등을 종합적으로 고려하여 장래에 일단으로 이용되는 것이 확실시된다면 용도상 불가분의 관계를 인정할 수 있다.

㉣ 판례는 개발단계에 있는 나지에 대한 현실적인 이용상황의 판단과 관련하여 관계 법령에 의해 건축물의 부지조성을 목적으로 한 개발행위허가를 받아 그 토지의 형질을 대지로 변경한 다음 건축물을 신축하는 내용의 건축허가를 받고 그 착공신고서까지 제출하였고, 형질변경 후 그 토지가 대지로서 매매되는 등 형질변경된 현황에 따라 정상적으로 거래된 사정이 있는 경우 건축물을 건축하는 공사를 착공하지 못하였더라도 대지로 평가함이 상당하다고 판시하였다.

2) 감정평가방법

2필지 이상의 토지가 일단으로 이용 중이고 그 이용 상황이 사회적·경제적·행정적 측면에서 합리적이고 대상토지의 가치형성 측면에서 타당하다고 인정되는 등 용도상 불가분의 관계에 있는 경우에는 일괄감정평가를 할 수 있다.

기출문제

[제20회 문제 3]
일단지 감정평가에 관한 다음 물음에 답하시오. (20점)
1) 일단지의 개념과 판단시 고려할 사항에 대하여 설명하시오. (10점)
2) 일단지 감정평가가 당해 토지가격에 미치는 영향을 설명하고, 일단지 감정평가의 사례 3가지를 서술하시오. (10점)

8. 지상 정착물과 소유자가 다른 토지

1) 개념

(1) 의미

지상 정착물과 소유자가 다른 토지는 토지 이용 등에 제한을 받을 수 있다. 따라서 정착물이 토지에 미치는 영향을 고려해야 한다.

(2) 법정지상권

법정지상권이란 당사자의 설정계약에 의하지 않고 법률의 규정에 의해 당연히 인정되는 지상권을 말한다. 법정지상권이 인정되는 경우 토지의 사용·수익 등에 영향을 미친다.

2) 감정평가방법

토지소유자와 지상 정착물의 소유자가 다른 경우에는 정착물이 토지에 미치는 영향을 고려하여 감정평가한다. 즉, 다른 소유자의 정착물이 존재함에 따른 불리함 등을 고려한다. 법정지상권이 성립된다면 지상권이 설정된 토지의 감정평가를 준용한다.

9. 제시외 건물 등이 있는 토지

1) 개념

(1) 제시외 건물 등이 있는 토지의 의의

제시외 건물 등이 있는 토지란 의뢰인이 제시하지 않은 지상 정착물이 있는 토지를 말한다.

(2) 제시외 건물의 개념

제시외 건물이란 종물과 부합물을 제외하고 의뢰인이 제시하지 않은 지상 정착물을 말한다. 제시외 건물 등이란 토지만 의뢰되었을 경우 그 지상 건물, 구축물 등을 의미한다. 토지와 건물이 함께 의뢰되었을 경우 공부상 등재되어 있지 않은 물건을 의미한다.

2) 감정평가방법

(1) 지상 정착물과 소유자가 다른 토지의 감정평가 준용

제시외 건물 등이 있는 토지의 감정평가는 지상 정착물과 소유자가 다른 토지의 감정평가방법을 준용하여 감정평가한다. 제시외 건물 등이 토지와 별개로 매매되는 경우 등에 따라 법정지상권의 성립가능성 등을 고려하여 보수적인 관점에서 지상 정착물과 소유자가 다른 경우로 보아 감정평가한다.

(2) 국·공유지의 처분을 위한 감정평가의 경우

타인의 정착물이 있는 국·공유지의 처분을 위한 감정평가의 경우에는 지상 정착물이 있는 것에 따른 영향을 고려하지 않고 감정평가한다. 해당 제시외 건물은 권원 없이 건축되었거나 자진철거 대상인 경우가 대부분이다. 따라서 행정처분 등에 의한 철거가 가능하기 때문에 지상 정착물의 존재 여부와 관계없이 해당 토지의 적정한 감정평가액을 구한다.

(3) 제시외 건물 등의 소재에 따른 감가방법

제시외 건물 등의 소재로 인하여 토지이용에 제한을 받는 경우에는 등기 여부 및 구조, 면적, 용도 등에 따라 정상적인 평가액의 일정 비율을 감가하여 감정평가한다. 이때 제시외 건물 등의 위치에 따라서 잔여 부분의 이용에 제한이 있을 수 있는 점 등을 종합적으로 고려해야 한다. 제시외 건물의 위법 정도, 멸실의 난이성 및 감정평가 목적에 따라 토지를 감액평가, 감정평가 외 또는 정상평가할 수 있다.

10. 지상권이 설정된 토지

1) 개념

(1) 지상권의 개념

① 지상권의 의의

지상권이란 타인의 토지에 건물 기타 공작물이나 수목을 소유하기 위해 그 토지를 사용하는 권리를 말한다.

② 법정지상권

㉠ 법정지상권이란 당사자의 동의 없이 법률이 지상권을 부여한 것을 말한다. 법정지상권은 건물소유자에게 법률상 토지를 이용할 수 있도록 하기 위함이다.

㉡ 민법 제366조(법정지상권)는 저당물의 경매로 인하여 토지와 그 지상 건물이 다른 소유자에 속한 경우에는 토지소유자는 건물소유자에 대하여 지상권을 설정한 것으로 본다고 한다. 그러나 지료는 당사자의 청구에 의하여 법원이 정한다.

㉢ 전세권에서의 법정지상권, 저당권 실행 경매시의 법정지상권, 매매 등의 원인으로 건물소유자와 토지소유자가 달라지는 경우의 관습법상 법정지상권 등이 있다.

③ 지상권자와 지상권 설정자

㉠ 지상권자는 토지에 대한 사용권을 취득한 자이다. 지상권 설정자는 지상권자의 토지소유자를 말한다.

㉡ 지상권 설정자는 지상권이 소멸되었을 때 지상권자로 하여금 건물 등을 철거하거나 원상회복을 명할 수 있다. 또한 월세 2년치 이상을 연체할 정도의 수인한도를 넘으면 효력정지를 주장할 수 있다.

㉢ 지상권자는 계약 기간이 종료된 때 현존 건물 등이 있으면 계약의 갱신을 청구할 수 있다. 토지소유자가 거절하는 경우 매수를 청구할 수 있다. 또한 지료의 증감을 청구할 수 있다. 그러나 지상권자에게 불리한 것은 그 효력이 없다(민법 제289조).

(2) 입체이용률과 입체이용저해율

① 입체이용률

입체이용률이란 토지의 지표를 기준으로 지상 또는 지하 공간의 이용가치 비율을 말한다.

② 입체이용저해율

㉠ 입체이용저해율이란 토지의 지상 또는 지하 공간을 이용함으로써 해당 토지의 이용이 저해되는 정도에 따른 적정한 비율을 말한다. 송·변전설비 주변 지역의 보상 및 지원에 관한 법률에서는 송전선로를 설치함으로써 토지의 이용이 저해되는 정도에 따른 적정한 비율이라고 한다.

㉡ 나지인 경우나 기존 건물이 최유효이용에 현저히 미달되는 경우 등에서 입체이용저해율은 "건물등 이용저해율 + 지하이용저해율 + 기타이용저해율"로 구한다.

$$건물등이용저해용 = \frac{저해층의 층별효용비율 합계}{전체 층별효용비율 합계} \times 건물등이용률$$

    © 기존건물이 최유효이용 중이거나 유사한 상태인 경우 등에서 입체이용저해율은 다음과 같이 구한다.

$$입체이용저해율 = (최유효이용상태 건물등이용저해율 + 지하이용저해율)$$
$$\times 노후율 + 기타이용저해율$$
$$노후율 = \frac{건물의 유효경과연수}{건물의 경제적 내용연수}$$

2) 감정평가방법

(1) 제한정도 등을 고려

① 지상권 가치를 구하여 차감하는 방법

    ⊙ 지상권자에게 지급하는 대가 등을 파악할 수 있는 경우에는 지상권의 가치를 구하여 지상권이 설정되지 않은 토지가액에서 차감한다.

$$지상권 가치 = [(P \times R) + C - L] \times \frac{(1+r)^n - 1}{r \times (1+r)^n}$$

P: 토지의 시장가치 R: 적정 기대이율
C: 필요제경비 L: 실제지불임료(또는 지상권의 지료)
n: 지상권의 존속기간 r: 이율

    즉, 정상지료와 실제지료의 차이를 현가한 것이다. 정상지료는 사용하는 토지가치에 대한 시장임대료를 의미한다.

    ⓒ 지료의 등기가 있는 경우에는 지료증감청구권이 인정된다. 그러므로 정상지료와 실제지료는 동일하다. 그 결과 장래 기대이익은 없다. 지료의 등기가 없는 경우에는 제3자에 대한 대항력이 발생하지 않는다. 따라서 무상의 지상권으로 본다. 그 결과 지상권의 가치는 정상지료만을 현가한 것이 된다.

    ⓒ 지상권이 설정된 토지가 표준지인 경우에는 지상권 성립 여부와 지상권 가치 상당액은 고려하지 않는다. 나지상정을 적용하기 때문이다.

    ⓔ 경매감정평가에서는 지상권 성립 여부를 감정평가사가 판단하지 않는다. 감정평가서에는 정상적인 감정평가액과 제한받는 감정평가액을 병기한다. 왜냐하면 건물소유자 등의 입찰 가능성까지 고려하기 때문이다.

② 일정비율을 적용하는 방법

    일반적으로 지상권이 설정된 토지는 토지소유자의 토지이용이 제한된다. 따라서 제한의 정도를 고려한 일정비율을 적용하여 감정평가한다. 일정비율은 대상토지의 제반요인을 고려하여 결정한다.

(2) 저당권자가 설정한 경우

    저당권자가 채권확보를 위해 지상권을 설정한 경우에는 구애 없이 감정평가한다. 저당권자는 토지의 사용·수익을 위한 것이 아니므로 토지소유자가 토지의 이용에 제한을 받지 않기 때문이다.

(3) 보상감정평가의 경우

① 감정평가방법

토지보상법 시행규칙 제29조(소유권 외의 권리의 목적이 되고 있는 토지의 평가)에 따라 지상권이 설정된 토지는 지상권이 설정되지 않은 토지가액에서 지상권의 가치를 뺀 금액으로 감정평가한다.

② 지상권의 가치

㉠ 토지보상법 시행규칙 제28조

지상권의 가치는 토지보상법 시행규칙 제28조(토지에 관한 소유권 외의 권리의 평가)에 따라 지상권의 종류, 존속기간, 기대이익 등을 종합적으로 고려하여 감정평가한다.

㉡ 거래사례비교법

지상권은 거래사례비교법에 의해 감정평가함을 원칙으로 한다. 양도성이 없는 경우에는 지상권의 유무에 따른 토지가액의 차이 또는 권리설정계약을 기준으로 감정평가한다.

㉢ 지상권의 유무에 따른 토지가액의 차이에 의한 방법

지상권이 설정되지 않은 토지가액에서 지상권이 설정된 토지가액을 차감하여 구하는 방법이다. 지상권은 영구적이라고 하더라도 소유권과 가치가 동일하지 않다. 소유권은 처분권이 있기 때문이다.

㉣ 권리설정계약에 의한 방법

이미 지급된 보상금액을 기준으로 지상권의 경과연수 등을 고려하여 구하는 방법이다.

㉤ 입체이용저해율에 의한 방법

지상권이 설정되지 않은 토지가액에 지상권 설정에 따른 입체이용저해율을 곱하여 구하는 방법이다.

③ 유의사항

지료의 등기가 있는 경우의 지상권, 저당권에 부대하여 설정된 지상권, 분묘기지권, 법정지상권 및 관습법상 법정지상권 등은 별도의 경제적 가치가 없는 것으로 보아 보상감정평가하지 않음에 유의한다.

3) 구분지상권의 감정평가

(1) 구분지상권의 개념

구분지상권이란 지하 또는 지상의 공간을 상하의 범위를 정하여 건물 기타 공작물을 소유하기 위한 지상권의 목적으로 설정된 권리이다(민법 제289조의2). 이 경우 설정행위로써 지상권의 행사를 위하여 토지의 사용을 제한할 수 있다.

(2) 감정평가방법

구분지상권은 지상권의 일종으로 용익물권이다. 따라서 지상권의 감정평가방법을 활용할 수 있다. 그러나 지상권과는 달리 특정 부분만을 대상으로 한다.

4) 공중권의 감정평가

(1) 공중권의 개념

① 의의

공중권이란 지표상의 공중공간을 이용하고 지배할 수 있는 권리를 말한다. 공중권은 법적으로 인정되지 않고 당사자간의 계약과 같은 절차에 따른다.

② 이용방법

공중권은 토지의 소유권을 일정한 높이에서 수평면으로 잘라 이용하지 않는 공간을 이용하는 방법이 있다. 또한 이용하지 않는 공간을 인근으로 이전시켜 이용하는 방법도 있다. 그러나 우리나라는 규정이 미비하여 구분지상권 또는 점용의 형태로 이용하고 있다. 따라서 권리관계가 불분명하고 대지에 대한 소유권의 공유지분이 없거나 등기가 되지 않는 등의 문제가 있다.

③ 양도가능개발권

양도가능개발권은 토지소유자가 사용할 수 없는 개발권리 등을 다른 위치의 토지소유자에게 매각할 수 있는 권리를 말한다. 개발권리 등을 매각할 수 있다는 점에서 자기토지 위의 공중공간을 사용하는 공중권과는 차이가 있다.

(2) 감정평가방법

공중권은 거래사례비교법, 수익환원법 등에 의해 구할 수 있다. 수익환원법에 의할 경우 공중권이 설정되지 않은 토지에 대한 소유권의 순수익에서 공중권이 설정된 토지에 대한 순수익을 차감하여 적정 환원율로 환원하여 구할 수 있다. 또한 공제방식으로 "대체토지 매수금액 - 공사비 등 + 추가이익"으로 구할 수 있다.

기출문제

[제1회 문제 3]
토지의 입체이용률에 대하여 약술하시오. (10점)

[제3회 문제 3-2]
구분지상권의 평가원리를 약술하시오. (10점)

[제7회 문제 5]
공중권의 이용방법과 평가방법에 관하여 설명하시오. (10점)

[제10회 문제 6-1]
한계심도에 대하여 약술하시오. (5점)

[제20회 문제 1]
지상권이 설정된 토지가 시장에서 거래되고 있다. 이와 관련된 다음 물음에 답하시오. (40점)
1) 위 토지의 담보 감정평가시 유의할 점과 감가 또는 증가요인을 설명하시오. (15점)
2) 위 토지의 보상 감정평가시 검토되어야 할 주요 사항을 설명하시오. (10점)
3) 감정평가목적에 따라 감정평가액의 차이가 발생할 수 있는 이유를 감정평가의 기능과 관련하여 설명하시오. (15점)

11. 공유지분 토지

1) 개념

(1) 공유지분 토지의 의의

공유지분 토지란 하나의 토지를 2인 이상이 소유하고 지분을 가지고 있는 토지를 말한다.

(2) 구분소유적 공유의 의의

구분소유적 공유란 1필의 토지 중 위치나 면적 등이 특정된 일부를 양수하고서도 공유지분을 가지고 있는 것을 말한다. 대표적으로 분필에 의한 소유권이전등기를 하지 않은 채 양수부분의 면적비율만큼 공유지분등기를 하는 경우가 있다. 구분소유적 공유 관계는 공유자 간 상호명의신탁 관계로 본다. 즉, 토지의 특정 부분을 소유했지만 공부상 공유지분을 가지는 것이다.

2) 감정평가방법

(1) 지분비율

공유지분 토지는 대상토지 전체의 가액에 지분비율을 적용하여 감정평가한다.

(2) 구분소유적 공유인 경우

대상 지분의 위치가 확인되는 경우에는 그 위치에 따라 감정평가할 수 있다. 즉, 위치가 특정되어 공유하고 있을 때는 특정 위치의 토지를 기준으로 감정평가할 수 있다.

(3) 위치 확인방법

특정 위치는 공유지분자 전원 및 인근 공유지분자 2인 이상의 위치확인 동의서를 받아서 확인할 수 있다. 건부지의 경우에는 합법적인 건축허가도면이나 합법적으로 건축된 건물로 확인할 수 있다. 또한 상가나 빌딩 관리사무소 등에 비치된 위치도면으로 확인할 수 있다.

12. 규모가 과대하거나 과소한 토지

1) 개념

(1) 규모가 과대한 토지의 의의

규모가 과대한 토지란 인근지역의 표준적인 이용규모를 훨씬 초과하는 토지를 말한다.

(2) 규모가 과소한 토지의 의의

규모가 과소한 토지란 해당 지역에 적용되는 건축법상의 최소 대지면적 이하인 토지를 말한다.

(3) 규모와 가치의 관계

토지는 최유효이용 면적이어야 한다. 최유효이용 면적은 보편적이고 객관적인 이용, 양식과 통상의 이용능력을 가진 사람에 의한 이용, 합리적이고 합법적인 이용을 전제로 한다. 최유효이용 면적은 인근 건부지의 표준적인 면적, 도시계획의 내용, 건축허가가 가능한 면적과 제한사항, 해당 지역의 거래관행 등을 종합적으로 고려하여 판단한다.

2) 감정평가방법

(1) 원칙과 예외

규모가 과대하거나 과소한 토지는 대상토지의 면적과 비슷한 규모의 표준지 공시지가를 기준으로 감정평가한다. 다만, 표준지 공시지가가 없는 경우에는 규모가 과대하거나 과소한 것에 따른 불리한 정도를 개별요인 비교시 고려하여 감정평가한다.

(2) 규모가 과대한 토지의 감정평가

① 거래가 가능한 경우

거래가 가능한 경우에는 인근지역의 가격수준과 무관할 수 있다. 오히려 상대적 희소성이 증가함에 따라 수요가 증가하여 표준적 규모의 가격수준을 초과할 수 있다. 따라서 최유효이용 분석에 유의해야 한다.

② 거래가 불가능한 경우

거래가 불가능한 경우에는 불리한 정도를 고려하여 감정평가한다. 이때 불리한 정도는 거래를 위해 표준적인 규모로 분할하는 데 필요한 감보율, 분할비용 등으로 구할 수 있다.

③ 초과토지와 잉여토지

규모가 과대한 토지는 초과토지와 잉여토지로 나누어 살펴볼 수도 있다. 초과토지와 잉여토지는 건부지와 다른 용도로 분리되어 독립적으로 사용될 수 있는지에 따라 판단한다.

(3) 규모가 과소한 토지의 감정평가

① 건축이 가능한 경우

건축이 가능한 경우에는 건축허가의 대상이 되는 경우 등을 의미한다. 즉, 건축 완화 규정이 적용되거나 법령 등의 개정 등으로 인해 건축이 가능하게 되는 경우를 말한다. 건축이 가능한 경우에는 건폐율, 용적률 등에서 해당 지역의 표준적인 제한보다 유리할 수 있다. 그 결과 표준적 규모의 가격수준을 초과할 수 있다.

② 건축이 불가능한 경우

건축이 불가능한 경우에는 규모의 비적합성으로 인해 표준적 규모의 가격수준 이하에서 거래된다. 따라서 불리한 정도를 고려하여 감정평가한다. 그러나 인접토지와의 합병 등에 따라 기여도가 크거나 건축이 불가능한 불리함을 극복하고도 남을 만한 위치적 가치를 가지는 경우 등에는 표준적 규모의 가격수준을 초과할 수 있다.

기출문제

[제32회 문제 3]

광평수(廣坪數) 토지란 해당 토지가 속해 있는 시장지역에서 일반적으로 사용하는 표준적 규모보다 훨씬 더 크다고 인식되는 토지로서, 최근에 대단위 아파트 단지개발 및 복합용도개발 등으로 인해 광평수 토지에 대한 감정평가가 증가하고 있다. 이와 관련한 다음 물음에 답하시오. (20점)

1) 광평수 토지면적이 해당 토지의 가치에 미치는 영향을 감가(減價)와 증가(增價)로 나누어 설명하시오. (10점)
2) 광평수 토지의 최유효이용이 단독이용(single use)인 경우 감정평가방법에 대해 설명하시오. (10점)

13. 맹지

1) 개념

(1) 의의

맹지란 지적도상 도로에 접한 부분이 없는 토지를 말한다. 즉, 건축법상 대지가 될 수 없는 토지를 의미한다.

(2) 접면도로와 가치의 관계

접면도로가 없는 토지는 건축법상 대지가 될 수 없다. 즉, 맹지는 건물을 지을 수 없는 토지이다. 따라서 맹지의 가치는 매우 낮다. 물론 주위의 토지이용상태 등에 따라 매수될 수도 있다. 그러나 이는 인접 토지소유자에 의한 것이므로 실현 가능성이 불확실하다.

2) 감정평가방법

(1) 원칙과 예외

① 실무기준

맹지는 민법 제219조(주위토지통행권)에 따라 공로에 출입하기 위한 통로를 개설하기 위한 비용을 고려하여 감정평가한다. 다만, 관습상 도로가 있거나 지역권 등이 설정되어 있는 경우에는 해당 도로에 접한 것으로 보고 감정평가할 수 있다.

② 유의사항

㉠ 관습상 도로가 있는 경우

관습상 도로가 있는 경우에는 맹지로서의 감가가 상당히 낮은 수준임에 유의한다. 현황도로로 인정할 수 있는 경우는 폭 4m 이상의 도로가 개설되어 있는 경우, 폭 4m 이하라 하더라도 차량통행이 가능하며 포장이 되어 있는 경우, 폭 4m 이하의 비포장도로라 하더라도 해당 도로를 불특정 다수인이 상시 이용하는 경우 등이 있다.

㉡ 도로개설 가능성이 높은 경우

도로개설 가능성이 높은 맹지는 감가의 정도에 유의해야 한다. 구거점용허가를 받을 수 있는 경우 등에는 점용허가비, 포장비용 등을 부담하면 맹지가 아닌 토지와 동일하게 이용할 수 있음에 유의한다.

㉢ 인접토지 소유자가 동일한 경우

인접토지 소유자가 동일한 경우에는 인접토지를 통하여 출입하여 해당 토지를 사용 · 수익함에 제한이 없을 수 있다. 이러한 경우에는 감가에 유의해야 한다.

(2) 진입로 개설 비용을 감안한 감정평가

도로개설 가능성이 높은 경우 진입로 개설을 전제로 자루형 토지를 상정한 금액을 구한 후 도로개설비용을 공제하여 감정평가할 수 있다. 진입로 개설 기간이 장기로 예상되는 경우에는 기회비용을 감안하여 적정한 할인율로 할인하여 현재가치를 구한다. 그리고 도로개설의 현실성을 고려하여 적정한 감가율로 보정하여 감정평가액을 결정한다.

(3) 현황 감정평가

맹지가 농지, 임야 등인 경우에는 현재 상태로 이용함에 제한이 없고 인근 지역의 상황으로 보아 최유효이용일 수 있다. 이런 경우에는 현황 맹지 상태로 감정평가한다. 다만, 관습상 도로 유무, 향후 도로개설 가능성 정도 등을 검토해야 한다.

(4) 인접토지 합병 조건부 감정평가

인접토지와 합병을 조건으로 하는 경우에는 해당 맹지와 인접토지를 합한 토지를 기준으로 합병 전 토지가액을 공제하고 적정한 감가율을 적용하여 최종 감정평가액을 결정한다.

14. 송전선로 부지

1) 개념

(1) 의의

① 송전선로

송전선로란 발전소 상호간, 변전소 상호간 및 발전소와 변전소간을 연결하는 전선로(통신용으로 전용하는 것은 제외한다)와 이에 속하는 전기설비를 말한다.

② 송전선로부지

송전선로부지란 토지의 지상 또는 지하 공간으로 송전선로가 통과하는 토지를 말한다.

③ 추가보정률

㉠ 의의

추가보정률이란 입체이용저해율 외에 송전선로를 설치함으로써 해당 토지의 경제적 가치가 감소되는 정도를 나타내는 비율을 말한다.

㉡ 감가요인

추가보정률을 산정하는 경우 다음의 요인을 고려한 적정한 율로 한다. 다만, 각 요인별로 그 저해정도를 고려하여 산정한다. 한시적으로 사용하는 경우에서 사용료의 감정평가시에는 구분지상권 설정 여부는 적용하지 않는다.

첫째, 송전선로요인에는 통과전압의 종별 및 송전선의 높이, 회선 수, 해당 토지의 철탑 건립 여부, 주변 철탑 수, 철탑거리, 철탑으로 인한 일조 장애, 송전선 통과 위치 등이 있다.

둘째, 개별요인에는 용도지역, 고저, 경사도, 형상, 필지면적, 도로접면, 간선도로 거리, 구분지상권 설정 여부 등이 있다.

셋째, 그 밖의 요인에는 인구 수준(인구수, 인구 순 유입), 경제 활성화 정도, 장래의 동향 등이 있다.

㉢ 감가율

감가율이란 송전선로부지 또는 재산적 보상토지의 가치하락의 정도를 나타내는 비율을 말한다.

㉣ 재산적 보상지역

재산적 보상지역이란 지상 송전선로의 건설로 인하여 재산상의 영향을 받는 지역을 말한다. 76만 5천 볼트 송전선로의 경우에는 송전선로 양측 가장 바깥 선으로부터 각각 33m 이내의 지역, 34만 5천 볼트 송전선로의 경우에는 송전선로 양측 가장 바깥 선으로부터 각각 13m 이내의 지역을 말한다. 다만, 전기사업법 제90조의2 또는 전원개발촉진법 제6조의2에 따른 보상이 적용되는 지역과 국유재산법 제5조 및 공유재산 및 물품관리법 제4조에 따른 부동산은 제외한다.

㉤ 재산적 보상토지

재산적 보상토지란 송전설비주변법 제2조 제3호에 따른 재산적 보상지역에 속한 토지로서 같은 법 제4조 제1항에 따라 재산적 보상이 청구된 토지를 말한다. 다만, 토지보상법 제73조에 따른 잔여지 보상을 받은 토지는 제외한다.

ⓑ 주택매수 청구지역

주택매수 청구지역이란 지상 송전선로 건설로 인하여 주거상·경관상의 영향을 받는 지역을 말한다. 76만 5천 볼트 송전선로의 경우에는 송전선로 양측 가장 바깥 선으로부터 각각 180m 이내의 지역, 34만 5천 볼트 송전선로의 경우에는 송전선로 양측 가장 바깥 선으로부터 각각 60m 이내의 지역을 말한다. 이 경우 '주택'은 주택법 제2조 제1호에 따른 주택을 말한다.

(2) 감가요인

① 건축 및 시설제한

건축 및 시설제한에는 특별고압 가공전선과 건축물의 접근상태에 따라 받게 되는 건축의 금지 또는 제한으로 건축물의 이격거리, 고압전선의 지표상의 높이 제한 등이 있다.

② 위험시설로서의 심리적 부담감

송전선로부지는 TV 수신 장애 등 전파장애, 소음으로 인한 불쾌감, 감전 사고의 위험 등으로 위험시설로 간주된다. 이러한 위험시설이 존재함으로 인해 소유자에게 심리적·정신적 고통을 주게 된다.

③ 등기사항전부증명서상 하자

토지의 등기사항전부증명서에 지상권 등이 설정되면 지상권자 등은 행위 제한을 요구할 수 있다. 또한 대상토지가 최유효이용으로 제한을 받지 않는다고 하더라도 담보권 설정이 어렵거나 건축허가를 받기 위해 심의를 거쳐야 하는 등의 규제가 있다.

④ 입체이용저해

송전선로가 설치되어 입체이용을 제한하는 경우에는 이용이 저해되는 정도에 따라 토지가치는 감가된다. 저해 정도는 물리적·법적·경제적 타당성 등을 고려한다.

⑤ 장래 기대이익의 상실

송전선로부지는 지상권, 임차권 등이 설정됨에 따라 장래 기대이익이 상실하므로 감가된다. 현재 농지나 임야로 이용 중이라고 하더라도 장래 도시지역에 포함되거나 대지로의 전환 가능성이 있기 때문에 기대이익은 상실된다.

⑥ 기타

송전선로부지는 건축제한 등으로 인해 최유효이용을 할 수 없다. 따라서 감가가 발생한다.

2) 감정평가방법

(1) 실무기준

① 제한을 감안한 방법

송전선로부지는 통과전압의 종별, 송전선의 높이, 송전선로부지의 면적, 송전선로의 통과 위치, 건축 및 기타 시설의 규제정도, 구분지상권의 유무 등의 감가요인을 종합적으로 고려하여 감정평가한다.

② 감가액을 공제하는 방법

송전선로의 통과부분과 잔여부분의 감가율을 파악할 수 있는 경우에는 각각의 적정비율을 곱하여 구한다. 즉, 송전선로가 통과하지 않는 토지가액에서 각각의 감가율에 의한 가치하락분을 공제하는 방식으로 감정평가한다.

(2) 송전선로부지의 지상 또는 지하 공간의 사용에 따른 손실보상평가
① 기준
　　㉠ 전기사업법 제90조의2 또는 전원개발촉진법 제6조의2에 따른 토지의 지상 또는 지하
　　　공간을 사용하는 경우에 있어서 그 손실보상을 위한 감정평가는 토지의 지상 또는 지하
　　　공간의 사용료를 감정평가하는 것으로 한다.
　　㉡ 사용료의 감정평가는 토지의 지상 또는 지하 공간을 일정한 기간 동안 한시적으로 사용
　　　하는 것에 따른 감정평가와 구분지상권(등기된 임차권을 포함한다. 이하 같다)을 설정하
　　　여 사실상 영구적으로 사용하는 것에 따른 감정평가로 구분한다.
② 지상 공간의 한시적 사용을 위한 감정평가
　　"해당 토지의 단위면적당 토지사용료 × 감가율 × 지상 공간의 사용면적"으로 감정평가한다.
③ 지상 또는 지하 공간의 사실상 영구적 사용을 위한 감정평가
　　㉠ "해당 토지의 단위면적당 토지가액 × 감가율 × 지상 또는 지하 공간의 사용면적"으로
　　　감정평가한다.
　　㉡ 단위면적당 토지가액은 해당 송전선로의 건설로 인한 지가의 영향을 받지 아니하는 토
　　　지로서 인근 지역에 있는 유사한 이용상황의 표준지를 기준으로 감정평가한다.
　　㉢ 적용공시지가의 선정은 토지보상법 제70조 제3항 또는 제4항을 준용한다.
④ 감가율
　　감가율은 "입체이용저해율 + 추가보정률"로 구한다. 지상 공간의 한시적 사용을 위한 감정
　　평가는 입체이용저해율만을 감가율로 본다.
⑤ 사용면적
　　㉠ 지상공간의 사용면적은 전기사업법 제90조의2 제2항 제1호에 따라 송전선로의 양측 가장
　　　바깥 선으로부터 수평으로 3m를 더한 범위에서 수직으로 대응하는 토지의 면적을 말한다.
　　㉡ 지하 공간의 사용면적은 송전선로 시설물의 설치 또는 보호를 위하여 사용되는 토지의
　　　지하 부분에서 수직으로 대응하는 토지의 면적을 말한다.

(3) 송전선로 주변지역 토지의 재산적 보상 등을 위한 감정평가
① 감정평가액
　　㉠ "해당 토지의 단위면적당 토지가액 × 감가율 × 재산적 보상토지의 면적"으로 구한다.
　　㉡ 단위면적당 토지가액은 해당 송전선로의 건설로 인한 지가의 영향을 받지 아니하는 토
　　　지로서 인근 지역에 있는 유사한 이용상황의 표준지를 기준으로 감정평가한다.
　　㉢ 재산적 보상평가액은 전기사업법 제90조의2 또는 전원개발촉진법 제6조의2에 따른 보
　　　상수준을 초과할 수 없다.
② 주택매수의 청구 대상 토지의 감정평가
　　㉠ 주택매수의 가액은 부동산공시법 제3조에 따른 표준지 공시지가를 기준으로 한다.
　　㉡ 주택매수 청구지역의 보상계획을 수립한 경우에는 지상 송전선로 건설에 관한 승인, 지정
　　　또는 인·허가(이하 "승인 등") 중 최초 승인 등이 있은 날(이하 "승인등완료일") 전의 시점
　　　을 공시기준일로 하는 표준지 공시지가를 기준으로 주택매수 협의 성립 당시 공시된 표준
　　　지 공시지가 중 그 승인등완료일과 가장 가까운 시점에 공시된 표준지 공시지가로 한다.

ⓒ 승인등완료일 전에 사업공고 등으로 주택매수의 청구 대상 주택의 가격이 변동되었다고 인정되는 경우에는 해당 사업공고 전의 시점을 공시기준일로 하는 표준지공시지가로서 그 주택 매수의 협의 성립 당시 공시된 표준지공시지가 중 사업공고 시점과 가장 가까운 시점에 공시된 표준지공시지가로 할 수 있다.

기출문제

[제22회 문제 1]
부동산의 가치는 여러 가지 요인에 의해 영향을 받기 때문에 감정평가사는 대상부동산의 개별적인 특성뿐만 아니라 정부의 정책과 부동산시장변화에 대해서도 이해할 필요가 있는바, 다음의 물음에 답하시오. (40점)
1) 최근 전력난을 완화하기 위한 초고압 송전선로 설치가 빈번하게 발생하고 있으며 이를 둘러싼 이해관계자들의 갈등도 증폭되고 있는데, 이와 관련된 송전선로부지 보상평가방법과 송전선로 설치에 따른 '보상되지 않는 손실'에 대해 설명하시오. (15점)
2) 최근 수익형 부동산에 대한 관심이 확산되고 있는데 수익형 부동산의 특징과 그 가치형성원리에 대해 설명하시오. (15점)
3) 수익형 부동산의 감정평가방법에 대해 설명하시오. (10점)

15. 택지 등 조성공사 중에 있는 토지

1) 농지·산림전용허가, 형질변경허가를 받아 택지 등으로 조성 중인 토지

(1) 조성 중인 상태대로 가격이 형성되어 있는 경우

조성 중인 상태대로 가격이 형성되어 있는 경우에는 비교방식 등을 통하여 감정평가한다. 즉, 공시지가기준법, 거래사례비교법 등으로 구할 수 있다.

(2) 조성 중인 상태대로 가격이 형성되어 있지 아니한 경우

조성 중인 상태대로 가격이 형성되어 있지 아니한 경우에는 비교방식 등의 적용이 어려울 수 있다. 따라서 원가방식의 적용이 신뢰성이 높을 수 있다. 따라서 가산방식에 의한 조성원가법, 공제방식에 의한 개발법 등으로 구할 수 있다. 이때는 조성 전 토지의 소지가액, 기준시점까지 조성공사에 실제 든 비용상당액, 공사진행정도, 택지조성에 걸리는 예상기간 등을 종합적으로 고려하여 감정평가한다.

2) 도시개발법상 환지방식에 따른 사업시행지구 안의 토지

(1) 환지예정지로 지정된 경우

환지예정지로 지정된 경우에는 환지예정지의 위치, 확정예정지번, 면적, 형상, 도로의 접면 상태와 성숙도 등을 고려하여 감정평가한다. 다만, 환지면적이 권리면적보다 큰 경우로서 청산금이 납부되지 않은 경우에는 권리면적을 기준으로 한다.

(2) 환지예정지로 지정 전인 경우

환지예정지로 지정 전인 경우에는 종전 토지의 위치, 지목, 면적, 형상, 이용상황 등을 기준으로 감정평가한다.

3) 택지개발촉진법상 택지개발사업시행지구 안의 토지

(1) 확정예정지번이 부여된 경우

확정예정지번이 부여된 경우에는 개발사업 예정지의 위치, 확정예정지번, 면적, 형상, 도로의 접면상태와 성숙도, 해당 택지의 지정용도 등을 고려하여 감정평가한다.

(2) 확정예정지번이 부여되기 전인 경우

확정예정지번이 부여되기 전인 경우에는 종전 토지의 위치, 지목, 면적, 형상, 이용상황 등을 기준으로 공사의 진행정도 등을 고려하여 감정평가한다. 용도지역이 변경된 경우에는 변경된 용도지역을 기준으로 한다.

기출문제

[제30회 문제 1]

공기업 A는 소지를 신규취득하고 직접 조성비용을 투입하여 택지를 조성한 후, 선분양방식에 의해 주택공급을 진행하려고 하였다. 그러나 주택공급에 관한 규칙의 변경에 따라 후분양방식으로 주택을 공급하려고 한다. 다음의 물음에 답하시오. (40점)

1) 선분양방식으로 진행하려는 시점에서 A사가 조성한 택지의 감정평가방법을 설명하시오. (10점)
2) 상기 개발사업을 후분양방식으로 진행하면서 택지에 대한 감정평가를 실시한다고 할 경우, 최유효이용의 관점에서 감정평가방법을 제안하시오. (10점)
3) '예상되는 분양대금에서 개발비용을 공제하여 대상획지의 가치를 평가'하는 방법에서 분양대금의 현재가치 산정과 개발비용의 현재가치 산정시 고려할 점을 설명하시오. (20점)

제2절 | 건물의 감정평가

1 개념

1. 건물의 기초

1) 건축물의 개념(건축법 제2조 제2호)

건축물이란 토지에 정착하는 공작물 중 지붕과 기둥 또는 벽이 있는 것과 이에 딸린 시설물, 지하나 고가의 공작물에 설치하는 사무소·공연장·점포·차고·창고, 그 밖에 대통령령으로 정하는 것을 말한다

2) 감정평가대상이 되는 건물과 구축물

① 건축법에서의 건축물은 감정평가의 대상이 되는 건물과 구축물을 포함하는 개념이다.
② 기업회계기준서 제5호 제39조에서 건물은 건물과 냉난방, 전기, 통신 및 기타의 건물 부속설비를 말한다. 구축물은 교량, 궤도, 갱도, 정원설비 및 기타의 토목설비 또는 공작물 등을 말한다.

3) 건폐율과 용적률

(1) 건폐율

① 건폐율이란 대지면적에 대한 건축면적의 비율을 말한다. 최대한도는 국토계획법 제77조(용도지역의 건폐율)에 따른다.

② 건폐율은 충분한 일조, 채광 등을 얻고 화재시 연소방지 및 소방 등을 쉽게 하기 위함이다.

(2) 용적률

① 용적률이란 대지면적에 대한 연면적의 비율을 말한다. 최대한도는 국토계획법 제78조(용도지역에서의 용적률)에 따른다.

② 용적률은 대지에 공간확보 및 도시전체에 공지공간을 확보하기 위함이다.

2. 건축

1) 신축

신축이란 건물이 없는 대지에 새로 건축물을 축조하는 것을 말한다. 건물이 없는 대지는 기존 건축물이 철거되거나 멸실된 것을 포함한다. 새로 건축물을 축조하는 것은 부속 건축물만 있는 대지에 새로이 주된 건축물을 축조하는 것은 포함하나, 개축이나 재축은 제외한다.

2) 증축

증축이란 기존 건물이 있는 대지 안에서 건축물의 건축면적, 연면적, 층수, 높이 등을 증가시키는 것을 말한다. 기존 건물이 있는 대지에 건축하는 것은 기존 건물에 붙여서 건축하거나 별도로 건축하는 것과 상관없이 증축이 된다.

3) 개축

개축이란 기존 건물의 전부나 일부를 철거하고 그 대지 안에서 종전과 동일한 규모의 범위 안에서 건축물을 다시 축조하는 것을 말한다. 건축물의 위치변경이나 구조는 문제되지 않는다. 건물의 규모가 종전과 같거나 작은 경우에는 개축이 된다.

4) 재축

재축이란 기존 건축물이 천재지변 등에 의해 멸실된 경우 그 대지 안에서 종전과 동일한 규모의 범위 안에서 건축물을 다시 축조하는 것을 말한다.

5) 이전

이전이란 건축물의 주요 구조부를 해체하지 아니하고 그 대지 안의 다른 위치로 옮기는 것을 말한다. 건축법에서는 동일한 대지 안에서 위치를 바꾸는 것만을 이전이라 하고 다른 대지로 위치를 바꾸는 것은 이전이라 하지 않는다. 그러나 토지보상법에서의 '이전'은 양자 모두를 의미한다.

3. 대수선

대수선이란 건축물의 기둥, 보, 내력벽, 주계단 등의 구조나 외부형태를 수선 · 변경하거나 증설하는 것으로서 대통령령[건축법 시행령 제3조의2(대수선의 범위)]으로 정하는 것을 말한다(건축법 제2조 제9호).

4. 건물의 생애주기

1) 개념

건물의 생애주기란 건물이 신축되어 철거에 이르기까지 가치가 감소하는 과정을 말한다. 이는 인근 지역의 생애주기와는 별개의 개념이다.

2) 생애주기

(1) 신축

신축단계는 건물이 새로 태어나는 단계다. 물리적 감가는 없는 상태이나 기능적 · 경제적 감가는 있을 수 있다.

(2) 안정

안정단계는 건물의 기능이 안정적으로 발휘되는 단계다. 안정단계의 기간은 관리상태에 따라 달라진다.

(3) 노후

노후단계는 건물의 기능이 급격하게 악화되는 단계다. 물리적 · 기능적 상태가 악화됨에 따라 철거 후 신축, 리모델링 등의 의사결정이 요구된다.

(4) 철거

철거단계는 건물의 기능이 전혀 발휘되고 있지 않은 단계다. 따라서 건물의 가치가 가장 낮다.

5. 건물의 개별요인

건물의 개별요인에는 구조와 재질, 규모, 설계와 설비, 시공의 양과 질, 유지관리상태, 주변 환경과의 적합성, 공법 및 사법상의 규제 등이 있다.

2 자료의 수집 및 정리

1. 사전조사

건물을 감정평가할 때는 ① 소재지, 지번, 용도, 구조, 지붕, 명칭 및 번호 ② 용도지역, 지구 등 공법상 제한사항 ③ 건폐율과 용적률 ④ 층수(지하, 지상) 및 층별 용도 ⑤ 면적(건축면적, 바닥면적, 연면적) ⑥ 구조와 지붕 ⑦ 주차장 시설(옥내, 옥외, 자주식, 기계식) ⑧ 건축설비(승강기 대수 등) ⑨ 오수정화시설 ⑩ 준공 및 사용승인일 ⑪ 소유자 현황 등 권리관계(구분소유권) 등을 조사한다.

2. 실지조사

1) 도로와의 관계

(1) 대지와 도로

도로란 보행과 자동차 통행이 가능한 너비 4m 이상의 도로로서 다음 중 어느 하나에 해당하는 도로나 그 예정도로를 말한다(건축법 제2조 제1항 제11호). 다음은 ① 국토계획법, 도로법, 사도법, 그 밖의 관계 법령에 따라 신설 또는 변경에 관한 고시가 된 도로, ② 건축허가 또는 신고시에 특별시장·광역시장·특별자치시장·도지사·특별자치도지사 또는 시장·군수·구청장이 위치를 지정하여 공고한 도로이다. 건축물의 대지는 2m 이상의 도로에 접해야 한다.

(2) 건축선의 지정

건축선이란 도로와 접해 건축물을 건축할 수 있는 선을 말한다. 다만, 건축법 제2조 제1항 제11호의 규정에 의한 소요너비에 미달되는 너비의 도로인 경우에는 그 중심선으로부터 당해 소요너비의 2분의 1에 상당하는 수평거리를 후퇴한 선을 건축선으로 한다.

2) 면적사정

(1) 개념

① 면적사정 및 층수

면적사정이란 건물의 감정평가시 적용할 면적을 확정하는 것을 말한다. 건물의 층수에 있어 옥상층 부분의 수평투영면적의 합계가 건축면적의 8분의 1 이하일 때에는 층수에 산입하지 않는다. 지하층은 건축물의 층수에 산입하지 않는다. 층의 구분이 명확하지 않은 경우 높이 4m마다 구분하여 하나의 층으로 산정한다. 건축물의 부분에 따라 층수를 달리하는 경우 가장 많은 층수로 조사한다.

② 건물의 대지면적

㉠ 대지면적은 수평투영면적으로 한다.

㉡ 폭 4m 미만의 도로인 경우 그 중심선으로부터 소요너비의 50%에 상당하는 도로와 건축선 사이는 도로용지이므로 대지면적에 포함하지 않는다(건축한계선).

㉢ 폭 4m 이상의 도로에서 건축선을 별도로 지정한 경우 도로와 건축선 사이의 면적은 대지면적에 포함한다(건축지정선). 이는 대지 내 건축물을 건축할 수 있는 위치를 지정하는 건축선 후퇴이기 때문이다.

㉣ 대지 분할제한은 그 대지에 지정된 지역·지구의 지정목적에 따라 건축행위를 할 수 있는 대지면적의 최소한도를 말한다.

③ 전용면적 등

㉠ 전용면적은 1세대가 전용으로 점유하는 면적을 말한다. 주거전용면적이라고도 한다. 단독주택의 경우 지하실, 건물과 분리된 창고, 차고 및 화장실의 면적은 제외한다. 공동주택의 경우 외벽의 내부선을 기준으로 한 면적으로 발코니는 제외한다.

㉡ 주거공용면적은 복도, 계단, 현관 등 지상층에 있는 공용면적을 말한다. 기타공용면적은 주거공용면적을 제외한 지하층, 관리사무소 등 그 밖의 공용면적을 말한다.

ⓒ 공급면적은 전용면적과 주거공용면적을 합친 면적이다. 분양면적은 공급면적에 기타공용면적을 합친 면적이다. 계약면적은 분양면적에 지하 주차장 면적을 합친 면적이다.

(2) 기준

면적사정은 원칙적으로 대상물건의 건축물대장상의 면적을 기준으로 한다. 실제면적과 현저히 차이가 나는 경우 등에는 실제면적을 기준으로 할 수 있다. 실제면적은 바닥면적으로 하되 건축물의 각 층 또는 그 일부로서 벽, 기둥, 그 밖에 이와 비슷한 구획의 중심선으로 둘러싸인 부분의 수평투영면적을 실측에 의하여 산정한다.

(3) 유의사항

공부상 건물의 면적, 구조 등이 물적 동일성이 없는 경우에는 소유권이 인정되지 않을 수 있음에 유의한다. 또한 지번이 불일치하는 건물은 동일한 건물임을 인정할 수 있는 자료를 확보할 수 있는지, 건물의 사용·수익에 지장이 없는지 등을 파악해야 함에 유의한다.

3) 건축설비

(1) 의의

건축설비란 건축물에 설치하는 전기, 가스, 급수, 배수, 난방, 엘리베이터 등의 설비를 말한다.

(2) 일반설비

일반설비에는 전등 및 전열설비, 전화설비, 동력, 간선설비 등이 있다.

(3) 특수설비

특수설비에는 화재탐지설비, 방송설비, TV시청설비, 피뢰침설비, 변전설비 등이 있다.

(4) 위생설비

위생설비에는 급배수설비, 급탕설비, 냉난방설비, 소화 및 자동제어설비 등이 있다.

(5) 승강기설비

승강기설비에는 승객용, 화물용, 에스컬레이터, 덤웨이터, 자동차용 승강기 및 주차기 등이 있다.

4) 종물과 부합물

(1) 종물

종물은 물건의 소유자가 그 물건의 상용에 공하기 위하여 자기 소유인 다른 물건을 이에 부속하게 한 때 그 물건을 말한다. 종물은 주물의 처분에 따른다. 종물은 사회통념상 계속하여 주물의 효용을 다하게 해야 한다. 또한 종물은 주물과 장소적으로 부속된다고 인정되고, 독립된 물건으로 인정되어야 한다. 주물과 종물은 동일한 소유자여야 한다.

(2) 부합물

부합물은 소유자를 달리하는 수 개의 물건이 결합하여 1개의 물건으로 될 때, 이러한 부합에 의해 만들어진 물건을 말한다. 부동산의 소유자는 그 부동산에 부합한 물건의 소유권을 획득한다. 그러나 타인의 권원에 의하여 부속된 것은 그러하지 아니한다. 동산과 동산이 부합하여 훼손하지 않으면 분리할 수 없거나, 그 분리에 과다한 비용을 요할 경우 그 합성물의 소유권은 주된 동산의 소유자에게 귀속한다.

❸ 감정평가방법

1. 원가법

1) 기준

건물을 감정평가할 때는 원가법을 적용해야 한다. 다만, 원가법을 적용하는 것이 곤란하거나 부적절한 경우에는 다른 감정평가방법을 적용할 수 있다.

2) 재조달원가

① 원가법으로 감정평가할 때 건물의 재조달원가는 직접법이나 간접법으로 산정한다. 직접법으로 구하는 경우에는 대상 건물의 건축비를 기준으로 한다. 간접법으로 구하는 경우에는 건물신축단가표와 비교하거나 비슷한 건물의 신축원가 사례를 조사한 후 사정보정 및 시점수정 등을 하여 대상 건물의 재조달원가를 산정할 수 있다.

② 건물의 일반적 효용을 위한 전기설비, 냉·난방설비, 승강기설비, 소화전설비 등 부대설비는 건물에 포함하여 감정평가한다. 다만, 특수한 목적의 경우에는 구분하여 감정평가할 수 있다.

3) 감가수정

① 원가법으로 감정평가할 때 건물의 감가수정은 경제적 내용연수를 기준으로 한 정액법, 정률법, 상환기금법 중 대상 건물에 가장 적합한 방법을 적용한다. 이 경우 물리적·기능적·경제적 감가요인을 고려하여 관찰감가 등으로 조정하거나 다른 방법에 따라 감가수정할 수 있다.

② 내용연수를 표준으로 한 감가수정은 정액법에 의하고 잔가율은 고려하지 않는다. 다만, 대상물건의 성격과 감정평가목적 등에 따라 잔가율이 필요한 경우에는 그에 부응하는 적정한 잔가율을 적용할 수 있다.

2. 거래사례비교법

1) 기준

① 적절한 건물의 거래사례를 선정하여 사정보정, 시점수정, 개별요인 비교를 하여 비준가액을 산정한다. 다만, 적절한 건물만의 거래사례가 없는 경우에는 공제방식이나 비율방식 등을 적용하여 건물가액을 배분할 수 있다.

② 지역요인 비교는 특수한 경우를 제외하고 하지 않는다.

③ 건물의 잔가율과 연면적 비교는 개별요인에 포함하여 비교한다.

2) 건물만의 거래사례를 기준하는 경우

적절한 건물만의 거래사례를 선정하여 사정보정, 시점수정, 개별요인 비교를 하여 비준가액을 산정한다. 이는 건물만의 거래사례의 확보가 어려울 수 있다.

3) 일체의 거래사례를 기준하는 경우

일체의 거래가격에서 건물가액을 구하여 대상건물과 사정보정, 시점수정, 개별요인 비교를 하여 비준가액을 산정한다. 토지와 건물을 일체로 한 거래사례를 선정하여 토지가액을 빼는 공제방식이나 토지와 건물의 가액 구성비율을 적용하는 비율방식 등을 적용하여 건물가액을 배분할 수 있다. 비율방식에 의할 때 건물가격 구성비율은 인근 지역의 감정평가전례, 거래사례의 분석 등을 통하여 인근 지역의 표준적인 건물가격 구성비율을 구할 수 있다.

4 특수건물의 감정평가

1. 공법상 제한을 받는 건물

1) 제한 등을 고려

(1) 공법상 제한을 받는 상태대로의 가격이 형성되어 있는 경우

공법상 제한을 받는 상태대로의 가격이 형성되어 있는 경우에는 그 가격을 기초로 감정평가해야 한다. 다만, 제한을 받는 상태대로의 가격이 형성되어 있지 아니한 경우에는 제한을 받지 않는 상태를 기준으로 하되 그 제한의 정도를 고려하여 감정평가한다.

(2) 잔여부분이 효용가치가 없는 경우

건물의 일부가 도시·군계획시설에 저촉되어 저촉되지 않은 잔여부분이 건물로서 효용가치가 없는 경우에는 건물 전체가 저촉되는 것으로 감정평가한다. 잔여부분만으로도 독립건물로서의 가치가 있다고 인정되는 경우에는 그 잔여부분의 벽체나 기둥 등의 보수에 드는 비용 등을 고려하여 감정평가한다.

2) 현재 용도로 계속 사용할 수 있는 경우

공법상 제한을 받는 건물로서 현재의 용도로 계속 사용할 수 있는 경우에는 이에 따른 제한 등을 고려하지 않고 감정평가한다. 즉, 건물의 사용·수익 등에 영향이 없는 경우에는 제한 등을 고려하지 않는다.

2. 기존 건물 상층부에 증축한 건물

1) 증축 부분의 경과연수

기존 건물 상층부에 증축한 건물의 경과연수는 기존 건물의 경과연수와 관계없이 결정할 수 있다. 증축부분의 경과연수는 실제 경과연수를 기준으로 한다.

2) 증축 부분의 장래보존연수

기존 건물 상층부에 증축한 건물의 장래보존연수는 기존 건물의 장래보존연수 범위 안에서 결정해야 한다. 증축 부분은 기존 부분의 경제적 효용이 다하는 경우 함께 소멸하기 때문이다.

3. 토지와 그 지상 건물의 소유자가 다른 건물

1) 제한 등을 고려

토지와 그 지상 건물의 소유자가 다른 건물은 정상적인 사용·수익이 곤란할 경우에 그 정도를 고려하여 감정평가한다.

2) 제한 등을 미고려

① 건물의 사용·수익에 지장이 없다고 인정되는 경우나 ② 사용·수익의 제한이 없는 상태로 감정평가할 것을 요청한 경우에는 제한 등을 고려하지 않고 감정평가할 수 있다.

4. 공부상 미등재 건물

1) 감정평가방법

공부상 미등재된 건물은 경제적 가치를 지니고 있다면 감정평가의 대상이 된다. 그러나 공부상 미등재된 건물은 감정평가목록에 포함되지 않을 가능성이 높다. 따라서 의뢰인에게 감정평가 포함 여부를 확인해야 한다. 감정평가목록에 포함하는 경우에는 실측면적을 기준으로 감정평가할 수 있다.

2) 유의사항

(1) 소유권의 확인

해당 건물의 소유권을 확인해야 한다. 공부상 미등재된 건물과 해당 건부지의 소유자가 다른 경우에는 가치에 영향을 미칠 수 있기 때문이다.

(2) 면적사정

공부상 미등재된 건물은 그 면적에 대해 신뢰할 수 있는 자료가 없을 수 있다. 이 경우에는 해당 건물에 대해 현황 측량결과를 활용할 수 있다. 측량결과도 없는 경우에는 실지조사 시 실측하여 면적을 확정해야 한다.

5. 건물 일부가 인접 토지상에 있는 건물

1) 제한 등을 고려

건물 일부가 인접 토지상에 있는 건물은 그 건물 사용·수익의 제한을 고려하여 감정평가한다.

2) 제한 등을 미고려

건물 일부가 인접 토지상에 있는 건물이 그 건물의 사용·수익에 지장이 없다고 인정되는 경우에는 이에 따른 제한 등을 고려하지 않고 감정평가할 수 있다. 예를 들어, 인접 공용 도로상에 걸쳐 소재한 건물의 감정평가시 대상 건물 일부가 인접 공용 도로상에 걸쳐 소재하더라도 점용 허가 기간 내이고 준공검사를 필한 경우가 있다.

6. 공부상 지번과 실제 지번이 다른 건물

1) 감정평가 제외

공부상 지번과 실제 지번이 다른 건물은 감정평가하지 않는다.

2) 감정평가 가능

(1) 토지의 지번은 변경되었으나 건축물대장의 지번은 변경되지 않은 경우

분할·합병 등으로 건물이 있는 토지의 지번은 변경되었지만 건축물대장의 지번은 변경되지 않은 경우에는 해당 건물의 구조, 용도, 면적 등을 확인하여 동일한 건물일 때 감정평가할 수 있다.

(2) 건물이 있는 토지가 동일 소유자의 일단지인 경우

건물이 있는 토지가 같은 소유자에 속하는 여러 필지로 구성된 일단지로 이용되고 있는 경우에는 일단지 여부 등을 파악하여 감정평가할 수 있다.

(3) 건축물대장의 지번이 수정 가능한 경우

건축물대상의 지번을 실제 지번으로 수정이 가능한 경우 이를 수정하고 감정평가할 수 있다.

7. 녹색건축물

1) 개념

(1) 의의

① 녹색건축물이란 「기후위기 대응을 위한 탄소중립·녹색성장 기본법」 제31조(녹색건축물의 확대)에 따른 건축물과 환경에 미치는 영향을 최소화하고 동시에 쾌적하고 건강한 거주환경을 제공하는 건축물을 말한다(녹색건축법 제2조 제1호).

② 제로에너지건축물이란 건축물에 필요한 에너지 부하를 최소화하고 신에너지 및 재생에너지를 활용하여 에너지 소요량을 최소화하는 녹색건축물을 말한다(녹색건축법 제2조 제4호).

(2) 기준

녹색건축물은 온실가스 배출량 감축설비, 신·재생에너지 활용설비 등 친환경 설비 및 에너지 효율화 설비에 따른 가치증가분을 포함하여 감정평가한다.

2) 감정평가방법

(1) 원가법

① 추가 투입비용은 재조달원가에 가산비율을 적용하거나 부대설비 보정단가에 녹색건축물 항목을 추가하여 반영할 수 있다.

② 수명관리항목 등은 건물의 경제적 내용연수나 잔존내용연수 결정에 반영할 수 있다.

(2) 거래사례비교법

건물의 쾌적성, 환경성, 경제성 등의 효용 증가요인은 가치형성요인 비교에서 반영할 수 있다. 이는 개별요인에서 세부 항목별로 반영하거나 인증등급을 기준으로 대항목에 반영할 수 있다.

(3) 수익환원법

녹색건축물은 임차수요 증가, 임대료 상승 등으로 수익성을 증가시키면서 위험성을 감소시킨다. 따라서 순수익 비교시 개별요인에 세부 항목별로 반영하거나 인증등급을 기준으로 대항목에 반영할 수 있다. 또한 임대수요 증가에 따른 위험성의 감소, 에너지 효율 증대에 따른 관리의 난이성 감소 등 위험할증률을 낮출 수 있다.

8. 한옥

1) 개념

한옥은 전통 한국 건축양식을 사용하여 건축한 집 또는 건물을 말한다. 넓은 의미로는 전통건축물을 지칭하고 있다. 한옥의 구조는 주춧돌, 기둥, 들보, 서까래, 벽, 지붕 등으로 이루어져 있다. 목조를 기본으로 하며, 개량형 한옥은 현대식 건축자재와 공법을 혼합하여 이용하고 있다. 특히 최근에는 한옥을 이용한 숙박시설, 판매시설, 문화시설, 한옥마을 등 다양한 형태로 나타나고 있다.

2) 감정평가시 유의사항

(1) 한옥의 유형과 용도

한옥은 구조, 평면 유형, 가구, 공표, 지붕, 처마 등 유형이 다양하다. 한옥은 유형별로 비용 차이가 매우 크다. 또한 한옥은 주거용 외에도 다양한 용도로 활용되고 있다. 따라서 한옥의 유형과 용도에 따른 적절한 공사비를 고려하여 감정평가한다.

(2) 한옥의 건축 자재와 공법의 특수성

한옥은 동일한 유형인 경우에도 투입된 목재와 투입재료에 따라 비용 차이가 크다. 개량한옥은 설계와 설비가 매우 다양하다. 따라서 건축 자재 및 공법의 특수성을 가치에 적절히 반영해야 한다. 이를 위해서는 대상과 시장에 대한 조사가 필요하다.

(3) 한옥의 지역특성과 역사성

한옥은 입지에 따라 철거대상이 되기도 하고 한옥마을을 구성하여 지역 경제활동의 중심이 되기도 한다. 또한 한옥은 역사성과 문화재적 가치를 지니기도 한다. 따라서 입지, 주변 지역의 특성, 비시장재화의 가치 등을 고려해야 한다.

9. 호텔

1) 개념

(1) 특징

호텔산업은 경기에 순환적인 사업이다. 즉, 호텔의 가치는 경기에 따라 객실점유율과 객실단가의 등락에 따라 빠르게 상승하거나 하락한다. 호텔산업은 다양한 수익과 위험이 내재되어 있다. 따라서 다양한 수익과 위험을 잘 이해해야 한다.

(2) 호텔의 가치 요소

① 부동산 요소

호텔은 부동산을 기반으로 한다. 호텔산업은 부동산을 기초로 대규모 자본이 투입되어 장기간 수익을 발생하는 산업이다. 따라서 호텔의 부동산 가치는 호텔의 가치를 구성하는 기본요소이자 중요한 요소이다.

② 기업경영 요소

호텔은 고객에게 상품과 서비스를 판매하는 기업이다. 호텔기업은 전문적인 경영을 통해 수익을 향상시켜 가치를 높이고 있다. 또한 호텔산업은 노동집약적인 산업이므로 높은 인건비, 고정비, 경비 등을 개선하기 위해 합리적인 경영이 필요하다. 그리고 호텔의 기업가치에 의해 영업권 등이 형성된다. 따라서 호텔의 기업경영 요소는 중요한 가치 요소이다.

③ 외부환경 요소

호텔산업은 외부환경에 민감하다. 즉, 호텔산업은 영업활동으로 인한 안정적인 수익이 불확실하다. 따라서 안정적인 자금조달이 어렵다. 그러므로 불확실성이 강한 환경요소들은 호텔의 위험요소이다.

2) 감정평가 방법

(1) 원가법

호텔의 토지와 건물 가치를 더하여 구한다. 건물에서 재조달원가에는 건축비, 집기 비품, 개업비, 창업비 등이 포함된다. 원가법은 외부환경에 민감한 호텔산업의 특징을 반영하기에 한계가 있다.

(2) 거래사례비교법

대상 호텔과 유사한 호텔을 비교하는 방법이다. 비교요소는 입지, 매출, 자금조달 조건, 등급, 평판 등이 있다. 시장자료를 객관적으로 확보할 수 있는 경우에는 유용하다. 하지만 비교의 조정, 다양한 구매 동기 등으로 인해 한계가 있다.

(3) 수익환원법

① 객실점유율

객실점유율은 판매가능한 객실 수를 판매된 객실 수로 나눈 비율이다. 즉, 얼마나 많은 객실을 판매했는지를 측정하는 것이다.

② 1일 평균 객실 단가(ADR)

1일 평균 객실 단가는 판매된 객실 수를 객실 수입액으로 나눈 비율이다. 즉, 얼마에 객실을 판매하였는지를 측정하는 것이다.

③ 영업수입(RevPAR)

영업수입은 판매가능한 객실수를 객실 수입액으로 나눈 비율이다. 또는 객실점유율에 1일 평균 객실 단가를 곱하여 구할 수 있다. 즉, 객실점유율을 고려한 수입을 파악하는 것이다.

기출문제

[제25회 문제 1]
최근 부동산시장 환경변화로 부동산감정평가에서 고려할 사항이 늘고 있다. 감정평가원리 및 방식에 대한 다음 물음에 답하시오. (40점)
1) 리모델링된 부동산에 대해 감정평가3방식을 적용하여 감정평가할 때 유의할 사항을 설명하시오. (10점)
2) 토양오염이 의심되는 토지에 대한 감정평가안건의 처리방법을 설명하시오. (15점)
3) 공익사업을 위해 수용될 지구에 포함되어 장기 미사용 중이던 토지가 해당 공익사업의 중단으로 지구지정이 해제되었을 때, 당해 토지 및 주변부 토지에서 초래될 수 있는 경제적 손실을 부동산평가원리에 근거하여 설명하시오. (15점)

[제35회 문제 4]
최근 투자의사결정과 관련된 판단기준 중 지속가능한 성장을 판단하는 종합적 개념으로 ESG가 있으며, 부동산가치의 평가에도 영향을 미치고 있다. ESG는 환경(Environment)요인, 사회(Social)요인 및 지배구조(Governance)의 약칭이다. ESG의 각각에 해당하는 구성요소를 설명하고, 친환경 인증을 받은 건축물의 감정평가 시 고려해야 할 내용을 설명하시오. (10점)

1 개념

1. 구분소유부동산

구분소유부동산이란 집합건물법에 따라 구분소유권의 대상이 되는 건물부분과 그 대지사용권(대지 지분소유권을 의미)을 말한다.

2. 층별과 위치별 효용

1) 개념

① 층별 효용이란 건물의 층별에 따른 효용의 차이를 말한다. 층별 효용비율이란 층별 효용에 따른 가격 격차의 비율을 말한다.

② 위치별 효용이란 동일층 내 위치에 따른 효용의 차이를 말한다. 위치별 효용비율이란 위치별 효용에 따른 가격 격차의 비율을 말한다.

③ 층별·위치별 효용비율은 전유면적을 기준으로 한다. 다만, 공용부분의 면적이 전유면적의 가치에 영향을 미치는 경우 가감한 면적으로 할 수 있다. 층별과 위치별 효용비는 단위면적당 효용의 질적 차이다.

2) 구분소유부동산의 가치형성

구분소유부동산은 층별, 위치별에 따라 가치가 달라진다. 즉, 층과 위치에 따라 쾌적성, 수익성, 기능성 등에 의한 효용이 다르다. 따라서 감정평가시 층별과 위치별 효용의 격차를 반영해야 한다.

3) 지가배분율

지가배분율이란 토지의 가치를 위치적으로 파악하여 배분한 비율이다. 대지사용권 가액과 건물부분 가액을 합하여 구한다. 대지사용권 가액은 전체 토지가액에 층별·위치별 지가배분율을 곱한다. 건물부분 가액은 전체 건물가액에 전유면적 등에 의한 배분비율을 곱한다.

3. 구분소유권

1) 의의

① 구분소유권이란 구분건물 또는 구분점포를 목적으로 하는 소유권을 말한다(집합건물법 제2조 제1호).

② 구분소유자란 구분소유권을 가지는 자를 말한다(집합건물법 제2조 제2호).

2) 구분건물

(1) 의의

구분건물이란 1동의 건물 중 구조상 구분된 여러 개의 부분이 독립한 건물로 사용될 수 있을 때에 그 각 부분을 말한다.

(2) 성립요건

구분건물이 성립하기 위해서는 구조상·이용상 독립성과 구분행위가 있어야 한다. 구분행위는 구분소유권을 객체로 하는 의사표시를 의미한다.

3) 구분점포

(1) 의의

구분점포란 1동의 건물이 법에서 정한 방식으로 여러 개의 건물부분으로 이용상 구분된 경우에 그 건물부분을 말한다.

(2) 성립요건

구분점포는 이용상 독립성과 구분행위가 있어야 한다. 법에서 정한 방식에는 ① 구분점포의 용도가 건축법상 판매시설 및 운수시설일 것, ② 경계를 명확하게 알아볼 수 있는 표지를 바닥에 견고하게 설치할 것, ③ 구분점포별로 부여된 건물번호표지를 견고하게 붙일 것이 있다.

4. 전유부분과 공용부분

1) 개념

(1) 전유부분

전유부분이란 구분소유권의 목적인 건물부분을 말한다(집합건물법 제2조 제2호). 전유부분과 대지사용권은 일체성을 지닌다.

(2) 공용부분

공용부분이란 전유부분 외의 건물부분, 전유부분에 속하지 아니하는 건물의 부속물 및 집합건물법 제3조 제2항 및 제3항에 따라 공용부분으로 된 부속의 건물을 말한다(집합건물법 제2조 제3호). 공용부분은 구분소유자 전원의 공유이고, 전유부분과 분리하여 처분할 수 없다.

2) 특정 공용부분

(1) 개념

특정 공용부분이란 일부 구분소유자에게만 제공되는 공용부분을 말한다. 주상용 건물에서 상업용에만 제공되는 출입구, 통로 등과 주거용에만 제공되는 출입구, 계단, 복도 등이 있다. 또한 관리규약 등에 따라 특정된 위치의 주차장사용권, 1층 부분 전면의 전용 화단 이용권, 공용부분의 일부를 창고로 이용할 수 있는 권리 등이 있다. 공용부분은 구조상 공용부분과 규약상 공용부분으로 구성되기 때문이다.

(2) 감정평가시 고려사항

특정 공용부분은 현장조사를 통해 확인해야 한다. 특정 공용부분은 법적 측면에서 현실적인 이용에 하자가 없어야 한다. 특정 공용부분이 경제적 측면에서 가치에 영향을 미친다면 감정평가시 반영해야 한다. 따라서 감정평가시 유사한 거래사례가 있는지, 추가 임대료와 관리비용이 있는지 등을 고려해야 한다.

2 자료의 수집 및 정리

1. 사전조사

① 소재지, 지번, 건물 동수 및 호수
② 용도, 구조
③ 용도지역·지구 등 공법상 제한사항
④ 건폐율과 용적률
⑤ 준공 및 사용승인일자
⑥ 대지권 등재 여부
⑦ 그 밖의 참고사항

2. 실지조사

① 건물의 구조·용도·면적 및 전유부분의 층별·위치별 효용도
② 기초와 용재
③ 시공 및 관리상태
④ 부대시설
⑤ 그 밖의 참고사항

3 감정평가방법

1. 거래사례비교법

1) 기준

집합건물법에 따른 구분소유권의 대상이 되는 건물부분과 그 대지사용권을 일괄하여 감정평가하는 경우에는 거래사례비교법을 적용해야 한다. 이 경우 감정평가액은 합리적인 기준에 따라 토지가액과 건물가액으로 구분하여 표시할 수 있다.

2) 적용

구분소유부동산은 일반적으로 전유부분, 공용부분, 대지사용권의 일체성에 따라 일체로 거래된다. 따라서 감정평가시 유사한 거래사례를 기초로 대상의 현황에 맞게 보정 및 비교를 하게된다. 이때 층별과 위치별 효용요인을 반영해야 한다.

3) 토지가액과 건물가액의 배분

거래사례비교법에 의한 비준가액 등의 감정평가액은 합리적인 배분 기준을 적용하여 토지가액과 건물가액으로 구분하여 표시할 수 있다. 배분 방법은 ① 적정비율을 적용하는 방법, ② 토지 또는 건물의 가액을 구하여 일체의 가액에서 공제하는 방법 등이 있다. 배분 비율은 해당지역의 거래 관행, 전유면적과 대지사용권의 구성비율 등을 고려하여 적용할 수 있다.

2. 원가법

구분소유부동산은 원가법을 적용할 수 있다. 먼저 토지와 건물의 전체 감정평가액을 구한다. 그리고 층별과 위치별 효용비율을 적용하여 구하게 된다.

4 대지사용권이 없는 구분건물의 감정평가

1. 개념

① 대지사용권이란 구분소유자가 전유부분을 소유하기 위하여 건물의 대지에 대하여 가지는 권리를 말한다(집합건물법 제2조 제6호).
② 건물의 대지란 전유부분이 속하는 1동의 건물이 있는 토지 및 제4조(규약에 따른 건물의 대지)에 따라 건물의 대지로 된 토지를 말한다(집합건물법 제2조 제5호).

2. 감정평가방법

1) 대지사용권이 없는 경우

① 대지사용권이 없는 경우란 전유부분에 대한 소유권이전등기만 이루어지고 대지사용권은 미등기된 상태를 의미한다. 이는 대지의 분필이나 합필, 환지 절차의 지연, 각 세대당 지분비율 결정의 지연, 토지에 대한 분쟁 등에 기인한다.
② 대지사용권을 수반하지 않는 구분건물은 건물만의 가액으로 감정평가한다. 건물만의 가액을 구하는 경우라도 거래사례비교법을 주된 방법으로 한다. 그리고 수익환원법, 원가법으로 합리성을 검토한다. 다만, 건물만의 가격자료를 구할 수 없는 경우에는 대지사용권을 포함한 가액에서 건물만의 가액을 배분하여 구할 수 있다.
③ 대지사용권이 정리되지 않은 미확정 상태에서 분양된 아파트의 건물만의 감정평가는 해당 아파트 가액이 대지사용권을 수반하지 않은 건물만의 가격으로 형성되어 있을 경우에는 그 가격을 참작하여 감정평가한다.

2) 대지사용권이 적정지분으로 정리될 수 있는 경우

① 대지사용권이 적정지분으로 정리될 것을 전제로 대지사용권을 포함한 가격으로 형성되는 경우에는 건물만 의뢰되더라도 지분면적을 확인하여 토지와 건물을 일체로 감정평가한다. 따라서 일반적인 구분소유 부동산의 감정평가방법과 기준을 적용한다.
② 대지사용권이 정리될 것을 전제로 한 상태에서 아파트의 감정평가는 일체 비준가액에서 아파트부지로서의 제한정도를 고려한 토지가액을 차감하여 배분할 수 있다. 지분면적이 확정될 경우에는 그 증감변동에 따라 감정평가액도 변동될 수 있다는 요지를 평가의견란에 기재한다.

[제7회 문제 3]
구분소유부동산의 감정평가에 대하여 다음 사항을 설명하시오. (20점)
1) 구분소유권의 특징·성립요건과 대지권(垈地椦)
2) 구분소유부동산의 감정평가방법

[제25회 문제 2]
근린형 쇼핑센터 내 구분점포(「집합건물의 소유 및 관리에 관한 법률」에 의한 상가건물의 구분소유부분)의
시장가치를 감정평가하려 한다. 인근에 경쟁적인 초대형 쇼핑센터가 입지하여, 대상점포가 소재한 근린형
쇼핑센터의 고객흡인력이 급격히 감소하고 상권이 위축되어 구분점포 거래가 감소하게 된 시장동향을 고려
하여 다음 물음에 답하시오. (35점)
1) 대상 구분점포의 감정평가에 거래사례비교법을 적용할 경우 감정평가방법의 개요, 적용상 한계 및 수집
   된 거래사례의 거래조건보정(Transactional adjustments)에 대하여 설명하고, 그 밖에 적용 가능한 다른
   감정평가방법의 개요 및 적용 시 유의할 사항에 대하여 설명하시오. (25점)
2) 적용된 각 감정평가방법에 의한 시산가액 간에 괴리가 발생되었을 경우 시산가액 조정의 의미, 기준 및
   재검토할 사항에 대하여 설명하시오. (10점)

[제34회 문제 4]
다세대주택을 거래사례비교법으로 감정평가하기 위하여 거래사례를 수집하는 경우 거래사례의 요건과 각
요건별 고려사항에 대하여 약술하시오. (10점)

[제35회 문제 2]
감정평가와 관련된 다음 자료를 참고하여 물음에 답하시오. (30점)

> 1. 본건은 토지와 건물로 구성된 부동산으로 「집합건물의 소유 및 관리에 관한 법률」 시행 이전에 소유권
>   이전등기가 되어, 현재 '건물'은 각 호수별로 등기되어 있고, '토지'의 경우도 별도로 등기되어 있음.
> 2. 본건 부동산은 1층(101호, 102호, 103호, 104호, 105호)과 2층(201호, 202호, 203호, 204호, 205호)
>   이 각각 5개호로 구성된 상가로, 현재 건물소유자는 교회 A(101호~204호)와 개인 B[205호(교회에
>   임대됨)]임.
> 3. 상가 전체가 교회로 이용 중이며, 이 중 202호, 203호, 204호는 교회의 부속시설로 소예배실, 성경
>   공부방, 교회휴게실로 이용 중이고, 용도상 불가분의 관계가 있을 수 있음.
> 4. 202호는 5년 전에, 203호는 3년 전에, 204호는 1년 전에 교회 앞으로 각각 소유권이전등기가 되었
>   고, 건물과 함께 토지 역시 일정 지분이 동시에 교회 앞으로 소유권이전등기됨.
> 5. 건물은 각 호 별로 구조상 독립성과 이용상 독립성이 유지되고 있음
> 6. 토지는 각 호 별 면적에 비례하여 적정한 지분으로 각 건물소유자들이 공유하고 있음.
> 7. 평가대상 물건은 202호, 203호, 204호이며, 평가목적은 시가참고용임.

1) 감정평가사 甲은 평가 대상물건을 개별로 감정평가하기로 결정하였다. 주어진 자료에 근거하여 감정평가
   사 甲이 개별평가로 결정한 이유를 설명하시오. (10점)
2) 반면, 감정평가사 乙은 평가 대상물건을 일괄로 감정평가하기로 결정하였다. 주어진 자료에 근거하여 감
   정평가사 乙이 일괄평가로 결정한 이유를 설명하시오. (10점)
3) 개별평가와 일괄평가의 관점에서 대상물건에 부합하는 평가방법을 설명하시오. (10점)

제4절 산림의 감정평가

1 개념

1. 산림의 개념

1) 의의(산림자원법 제2조 제1호)

산림이란 ① 집단적으로 자라고 있는 입목·대나무와 그 토지, ② 집단적으로 자라고 있던 입목·대나무가 일시적으로 없어지게 된 토지, ③ 입목·대나무를 집단적으로 키우는 데에 사용하게 된 토지, ④ 산림의 경영 및 관리를 위하여 설치한 도로(임도), ⑤ ①,②,③의 토지에 있는 암석지와 소택지 중 하나에 해당하는 것을 말한다. 다만, 농지, 초지, 주택지, 도로, 그 밖의 대통령령으로 정하는 토지에 있는 입목·대나무와 그 토지는 제외한다.

2) 산림과 임야의 차이

① 산림은 집단적으로 자라고 있는 입목, 대나무와 그 토지 등을 의미한다. 즉, 토지와 입목 전체를 지칭한다.
② 임야는 공간정보관리법에 따른 지목 중 하나이다. 임야는 산림 및 원야를 이루고 있는 수림지, 죽림지, 암석지, 자갈땅, 모래땅, 습지, 황무지 등의 토지를 말한다(공간정보관리법 시행령 제58조 제5호). 즉, 토지만을 지칭한다.

2. 산림의 구분

① 소유형태에 따라 국유림, 공유림, 사유림으로 구분한다.
② 조성형태에 따라 원시림, 천연림, 인공림으로 구분한다.
③ 수고에 따라 교림, 왜림, 중림으로 구분한다.
④ 수종의 혼효도에 따라 순림, 혼효림으로 구분한다.
⑤ 수령에 따라 동령림, 이령림, 전령림으로 구분한다.
⑥ 경영목적에 따라 경제림, 보안림, 다용림으로 구분한다.

2 자료의 수집 및 정리

1. 사전조사

산림을 감정평가할 때는 등기사항전부증명서, 임야대장, 임야도, 토지이용계획확인서, 입목등록원부, 입목등기사항전부증명서 등을 통해 소재지, 지번, 지목, 면적, 입목의 내용, 소유자 및 분수계약, 지역권, 지상권, 임대차 등 소유권의 제한사항 등을 조사한다. 아울러 관련 법령에 따른 산림의 사용 및 처분 등의 제한 또는 그 해제 등 그 밖의 참고사항을 확인한다.

2. 실지조사

산림을 감정평가할 때 실지조사에서는 지황조사, 임황조사, 영림 실태 파악 등을 하여야 한다. 지황조사는 기후, 지형, 지세, 지리, 토양 및 지위 등을 조사하는 것이다. 임황조사는 임종, 수종, 임상, 혼효율, 수령, 수고, 경급, 입목도, 소밀도, 재적, 생장률 및 하층식생 등을 파악하는 것이다. 영림 실태 파악은 산림 연혁 및 경영관리상태, 조림 및 수확관계, 피해상황, 인근 산림의 상황 및 입지조건 등 조사 확인하는 것이다. 그 외에 산림에 대한 항공사진이 있는 경우 이를 참고하여 산림 전체의 상황을 파악한다.

③ 감정평가방법

1. 기준

1) 구분감정평가

① 산림을 감정평가할 때에 산지와 입목을 구분하여 감정평가해야 한다. 이 경우 입목은 거래사례비교법을 적용하되, 소경목림인 경우에는 원가법을 적용할 수 있다.

② 입목의 경제적 가치가 없다고 판단되는 경우에는 입목을 감정평가에서 제외할 수 있다. 유실수 단지의 감정평가는 과수원의 감정평가를 준용하여 거래사례비교법을 적용해야 한다.

2) 일괄감정평가

① 산지와 입목을 일괄하여 감정평가할 때는 거래사례비교법을 적용해야 한다. 이는 산림이 일체로 거래된 사례가 있거나 산지와 입목의 가치를 더한 것으로 결정하는 것이 불합리한 경우에 적용할 수 있다. 입목이 성숙기에 도달할수록 산지와 입목의 가치를 더한 것과 동일 또는 유사한 가치를 가진다.

② 거래사례비교법으로 적용이 곤란하거나 적절하지 않은 경우에는 산림비용가법이나 산림기망가법을 적용할 수 있다.

3) 유의사항

(1) 경계 확인

산림은 경계를 특정하기 어렵다. 따라서 임야도, 지적도, 항공측량도 등과 실제 능선, 계곡의 형상, 경사도 등을 참고하여 경계를 확인해야 한다. 다만, 경계의 판단이 사실상 불가능한 경우에는 의뢰인에게 알리고 경계측량 등을 요청하여 경계를 확정해야 한다.

(2) 공·사법 제한

산림은 보전산지, 준보전산지, 보안림 지정 여부 등 공법상 제한에 유의한다. 또한 산림의 이용과 수익을 제한하는 부담(법정지상권 등)을 확인함에 유의한다.

(3) 감정평가목적

담보감정평가는 수요가 제한된 상태이므로 안전성에 유의한다. 보상감정평가나 임대료감정평가는 해당 법령 등에서 정하고 있는 사항을 검토해야 함에 유의한다.

2. 산지와 입목의 구분감정평가

1) 산지의 감정평가

(1) 공시지가기준법

산지의 감정평가는 토지의 감정평가방법을 준용하므로 공시지가기준법을 적용한다.

(2) 원가성을 고려하는 방법

산지가 산지 개량사업이 실시되었거나 산지 보호시설이 있는 경우에는 원가 등을 고려하여 감정평가할 수 있다. 원가성을 고려하는 방법은 소지 상태의 산지를 취득하고 개량하는 데 소요된 비용 등을 감안하여 기준시점 현재의 산지 가액을 감정평가하는 방법이다. 비용 항목은 임지의 취득과 유지관리에 소요된 비용, 개량하는 데 소요된 비용, 기준시점까지의 기간에 대한 이자 등이 있다.

2) 입목의 감정평가

(1) 입목의 개념

① 의의

입목이란 토지에 부착된 수목의 집단으로 소유권의 등기를 받을 것을 말한다. 입목은 수관, 수고, 수관폭, 흉고직경, 근원직경 등으로 규격을 표시한다.

② 분류

㉠ 유령림

유령림은 식재부터 1회 간벌을 실시하기 전인 15년생까지의 임분을 말한다. 벌기령의 1/3까지의 기간을 유령림으로 취급하기도 한다. 일반적으로 원가법(조림비용가법)으로 감정평가한다.

㉡ 중령림

중령림은 유령림과 성숙림 중간의 임분을 의미한다. 일반적으로 원가와 수익의 절충방식인 글라저법으로 감정평가한다.

㉢ 벌기 미만의 장령림

벌기 미만의 장령림은 아직 미성숙한 상태이나 입목으로 이용가치가 있는 임분을 말한다. 일반적으로 벌기에 도달할 때의 이용가치를 할인하는 기망가법으로 감정평가한다.

㉣ 성숙림

벌기에 도달하거나 초과한 임분은 이용가치가 있다. 일반적으로 벌채하여 판매하는 시장가역산법으로 감정평가한다.

(2) 감정평가방법

① 거래사례비교법

입목은 거래사례비교법을 원칙으로 감정평가한다. 입목의 거래사례는 대상 입목의 구성내용, 지위, 지리, 수종별, 직경별 등이 유사한 사례를 선정해야 한다. 지역요인은 임업을 입지 주체로 하는 입지조건을, 개별요인은 임업의 생산성, 입목의 임황 등을 고려해야 한다.

② 조림비용가법

조림비용가법은 입목이 유령림인 경우 투입된 원가를 기준으로 감정평가하는 방법이다. 입목은 지속적인 성장과정에 있으므로 감가수정을 요하지 않는다. 따라서 기준시점까지 투하된 육성비에서 간벌 등에 의한 수익의 증가를 공제한다. 유령림이 거래되는 사례가 있는 경우에는 거래사례비교법을 통해 합리성을 검토한다.

$$HKm = (B + V)[(1+p)^m - 1] + C(1+p)^m - \sum Da(1+p)^{m-a}$$

HKm: 입목비용가, B: 지대, V: 관리자본
p: 이자율 C: 조림비 Da: a년의 간벌수익
m: 조림 후 평가년도까지의 기간

③ 입목기망가법

입목기망가법은 입목이 벌기 미만의 장령림인 경우 벌채될 때의 예상수익에서 소요된 비용을 공제하는 방법이다. 예상수익은 주벌수익과 간벌수익으로 기준시점에서의 시가를 적용한다. 이자율은 물가상승률만큼 낮춘 실질 임업이율을 적용한다.

$$Hcm = \frac{A_u + D_n(1+P)^{u-n} - (B+V)[(1+P)^{u-m} - 1]}{(1+p)^{u-m}}$$

Hcm: 입목기망가 u: 벌채예정년(벌기령)
A_u: 벌기수익 m: 조림 후 평가년도까지의 기간(당해 임령)
D_n: m년도 이후 n년도의 간벌수익 n: 간벌시의 임령
B: 산지가액 P: 이자율(임업이율)
V: 관리자본

④ 글라저법

글라저법은 중령림인 경우 주벌수익과 조림비용을 분배하는 방법이다. 즉, 유령림과 성숙림 사이의 성장 시기에 따라 수익과 비용을 조절하는 방법이다. 우량한 조림지는 기망가가 비용가보다 높다. 불량한 조림지는 비용가가 기망가보다 높다. 따라서 글라저법에 의한 가액과 벌채가액 등을 비교하여 검토해야 한다.

$$Am = (A_u - C)\frac{m^2}{u^2} + C$$

A_u: 적정벌기령 U년의 주벌수입(단 m년 현재시가액)
C: 초년도조림비(단 m년 현재시가액)
u: 적정벌기령 m: 현재수령 Am: m년 현재 구하는 입목가액

⑤ 시장가역산법

시장가역산법은 성숙림인 경우 시장가에서 생산비용 등을 차감하는 방법이다. 즉, 입목을 벌채하여 제품으로 만들어 팔릴 것으로 예상되는 시장까지 운반하여 판매할 때까지의 비용 등을 고려한다.

$$\text{산식}: X = f\left(\frac{A}{1+mp+r} - B\right)$$

X: 산원입목가 f: 조재율 A: 원목시장가
m: 자본회수기간 p: 이자율 r: 기업자 이윤 및 투자위험율
B: 생산비용(벌목조재비, 산지집재비, 운반비 및 임도보수·신설비용, 잡비 등)

(3) 감정평가시 유의사항

① 입목재적

입목재적이 많을수록 입목을 비싸게 거래된다. 한 장소에서 입목의 반출량이 많으면 반출비의 단가는 낮아진다. 따라서 입목의 단가는 입목재적에 따라 달라질 수 있음에 유의한다.

② 입목형질

입목은 수종이나 형질 등에 따라 가격이 달라진다. 따라서 입목의 형질조사에 유의한다.

③ 입목경급

입목은 경급에 따라 가격이 달라진다. 혼효림의 경우에는 수종별·직경급별 차이가 심하게 발생한다. 따라서 직경급별로 입목단가를 조사하고 가액이 달라질 수 있음에 유의한다.

3) 임업부대시설의 감정평가

(1) 개념

임업부대시설이란 임업경영에 사용되는 일체의 시설 등을 말한다. 이는 산지와 임목 외의 부분을 의미한다. 따라서 산지 등의 감정평가에 포함된 경우에는 중복되지 않도록 유의한다.

(2) 감정평가

① 임도 및 방화선

임도 및 방화선을 감정평가할 때는 원가법을 적용해야 한다. 다만, 산지의 감정평가액에 임도가액을 포함시킨 경우에는 따로 감정평가하지 않는다.

② 건물 및 소방망대

건물 및 소방망대를 감정평가할 때는 원가법을 적용해야 한다. 건물이나 소방망대와 같은 구축물 등은 건물의 감정평가방법을 적용하기 때문이다.

③ 임간묘포

임간묘포를 감정평가할 때는 거래사례비교법을 적용해야 한다. 다만, 거래사례비교법의 적용이 곤란하거나 적절하지 않은 경우에는 원가법을 적용할 수 있다. 임간묘포는 묘목을 가꾸는 밭을 말한다.

3. 산지와 입목의 일괄감정평가

1) 거래사례비교법

거래사례비교법을 적용할 때는 적정한 거래사례를 선정하여 비준가액을 산정한다. 입목의 가치가 경미하거나 구분할 수 없는 경우에 산림 전체의 거래사례를 이용해야 한다. 감정평가시 거래사례 가격을 산림면적으로 나누어 단위면적당 단가로 비교한다.

2) 산림비용가법

산림비용가법은 임분이 성립된 후 현재까지 들어간 비용을 일정한 이율로 계산한 후가에서 그동안 거두어들인 수익을 같은 방법으로 계산하여 비용의 후가에서 공제하는 방법이다. 이는 입목의 비용가와 지가를 합한 것으로 볼 수 있다.

3) 산림기망가법

산림기망가법은 임분에 대해 현재부터 벌채예정 사이에 기대되는 장래 수익의 현가합계에서 그동안 소요된 비용의 현가합계를 공제하는 방법이다. 입목기망가와 지가를 합한 것으로 볼 수 있다.

1 개념

1. 의의(공간정보관리법 시행령 제58조 제3호)

과수원이란 사과, 배, 밤, 호두, 귤나무 등 과수류를 집단적으로 재배하는 토지와 이에 접속된 저장고 등 부속시설물의 부지를 말한다. 다만, 주거용 건축물의 부지는 "대"로 한다.

2. 정상식재의 판단과 적용

① 정상식재는 정상적으로 생육이 가능한 최상의 재배를 기준하여 정상적인 이익을 실현할 수 있는 상태를 말한다. 즉, 단순히 표준적인 식재 주수를 의미하는 것은 아니다.
② 집단 재배관리가 되는 경영 과수원이 아닌 경우에는 재배관리의 난점과 수익에 미치는 제반 불합리한 요인을 감안하여 감가해야 한다.

2 자료의 수집 및 정리

1. 사전조사

등기사항전부증명서, 토지대장, 지적도, 토지이용계획확인서 등을 통해 소재지, 지번, 지목, 면적 및 관련 법령에 따른 토지의 사용·처분 등의 제한 또는 그 밖의 참고사항을 조사한다.

2. 실지조사

과수원 내 있는 과수 상황(수종, 품종, 수령, 주수 및 면적), 재배관리상황(비배관리, 관개, 배수상황, 병충해의 정도 및 구제 예방), 과거의 수확량 및 품등 정도, 생산물의 판로, 판매가격, 판매방법, 토양 및 입지조건, 수지 예상 및 장래성 등을 조사한다.

3 감정평가방법

1. 거래사례비교법

과수원을 감정평가할 때는 거래사례비교법을 적용해야 한다. 과수원은 과수와 그 과수가 식재된 토지가 일체로 거래되는 경우가 대부분이기 때문이다. 거래사례비교법을 적용할 때는 적정한 거래사례를 선정하되, 지상 과수의 수종, 수령, 발육 및 관리상태 등에 따른 시장 내에서의 과수원 거래 가격수준 차이에 유의한다.

2. 원가법

과수원에 대한 거래사례가 없거나 유령수의 과수로 구성되어 거래사례비교법의 적용이 곤란하거나 적정하지 아니한 경우에는 원가법을 적용할 수 있다. 원가법에 의한 감정평가액은 과수원 부지와 과수를 개별 감정평가하여 합산하는 방식이다. 과수원 부지는 공시지가기준법을 적용하고 과수는 해당 과수에 대한 소요비용 등을 감안하여 감정평가하게 된다.

3. 수익환원법

지상 과수에서 일정한 수익이 창출되는 경우 과수원은 수익성 부동산으로서의 성격을 가지게 되므로 수익환원법을 적용할 수 있다. 수익환원법에 의한 감정평가액을 잔존 효용연수에 대한 순수익의 현가 합계액과 기간 말의 토지의 복귀가액을 합산하여 산정한다. 소요비용은 조세공과, 비료대, 약제대, 노임, 일반관리비 및 판매비, 운영자금이자 등이 있다.

제6절 공장재단 및 광업재단의 감정평가

1 공장재단의 감정평가

1. 개념

1) 공장의 개념

(1) 의의

공장이란 영업을 하기 위하여 물품의 제조, 가공, 인쇄, 촬영, 방송 또는 전기나 가스의 공급 목적에 사용하는 장소를 말한다(공장저당법 제2조 제1호).

(2) 구성요소

공장의 구성요소는 토지, 건물, 기계기구, 구축물, 무형자산 등이 있다. 공장 내에 설치된 동산은 공장저당법에 따라 토지 또는 건물과 일체로 등기할 수 있다.

(3) 특수한 공장

① 지식산업센터

지식산업센터란 동일 건축물에 제조업, 지식산업 및 정보통신산업을 영위하는 자와 지원시설이 복합적으로 입주할 수 있는 다층형 집합건축물로서 대통령령으로 정하는 것을 말한다(산업집적법 제2조 제13호).

② 도시형공장

도시형공장은 시장·군수·구청장 및 관리기관이 첨단산업의 공장, 공해발생정도가 낮은 공장 및 도시민생활과 밀접한 관계가 있는 공장 등 대통령령으로 지정한 것을 말한다(산업집적법 제28조).

(4) 공장입지의 유형

① 계획입지

계획입지란 산업단지에 입지한 것을 말한다. 산업단지란 산업입지 및 개발에 관한 법률 제6조, 제7조, 제7조의2, 제8조에 따라 지정·개발된 국가산업단지, 일반산업단지, 도시첨단산업단지, 농공단지를 말한다(산업집적법 제2조 제14호).

② 개별입지

개별입지란 산업단지 외에 입지한 것을 말한다. 수도권은 공장 총량제, 과밀억제지역 등의 공장설립 제한의 적용을 받으므로 유의한다.

2) 공장재단의 개념

(1) 의의

공장재단이란 공장에 속하는 일정한 기업용 재산으로 구성되는 일단의 기업재산으로서 공장저당법에 따라 소유권과 저당권의 목적이 되는 것을 말한다(공장저당법 제2조 제2호).

(2) 구성요소

공장재단은 토지, 건물, 기계기구, 등기나 등록이 가능한 동산, 지상권, 전세권, 지식재산권 등이 있다. 여기서 기계기구는 반드시 공장에 속하는 토지 또는 건물에 설치된 것일 필요는 없다.

2. 자료의 수집 및 정리

1) 사전조사

토지, 건물의 공부 등을 통해 해당 공장 등의 소재지, 지번, 지목, 면적 및 관련 법령에 의한 사용, 처분 등의 제한 또는 그 해제사항과 그 밖의 참고사항을 조사한다.

2) 실지조사

(1) 사업의 적부

사업체의 개요, 원료의 수급 관계, 제품의 시장성, 생산능력 및 규모의 적정성, 생산공정의 적부, 생산실적 및 예상, 입지조건, 경영 및 기술능력과 그 밖의 참고사항 등을 조사한다.

(2) 토지, 건물 등

토지, 건물 등은 해당 물건의 실지조사 규정이 준용된다. 기계기구 및 공작물 등은 명칭(종류), 규격, 용량, 형식, 능력, 제작자, 제작번호, 제작연월일이나 취득연월일, 용도 및 배치상황 등을 조사한다.

3. 감정평가방법

1) 계속적인 운영을 전제한 경우

(1) 기준

공장재단을 감정평가할 때는 공장재단을 구성하는 개별물건의 감정평가액을 합산하여 감정평가해야 한다. 다만, 계속적인 수익이 예상되는 경우 등 감칙 제7조 제2항에 따라 일괄하여 감정평가하는 경우에는 수익환원법을 적용할 수 있다.

(2) 개별감정평가

① 토지

토지는 일반적인 토지의 감정평가방법을 준용한다. 공장의 토지는 일반적으로 다수의 필지가 공업용 등 하나의 이용상황으로 이용되는 경우가 많다. 따라서 현실적인 이용상황의 판단과 관련하여 적법성, 합리성, 전환가능성 등이 중요하다. 또한 일단지 여부, 규모의 적정성 등을 고려해야 한다.

② 건물

　　건물은 일반적인 건물의 감정평가방법을 준용한다. 공장의 건물은 생산공정에 따라 규모, 배치, 부대설비 등이 달라진다. 따라서 구조, 층고, 시공의 자재, 기둥의 크기 등을 고려해야 한다.

③ 기계기구류

　　㉠ 개념

　　　　기계란 동력을 받아 외부의 대상물에 작용을 하는 설비 및 수동식 구조물로 일정한 구속운행에 의하여 작용을 하는 설비를 말한다. 기구란 인력 또는 기계에 의하여 이루어지는 모든 노동을 보조하는 것 또는 작업에 간접적으로 사용되는 물건을 말한다. 장치란 내부에 원료 등을 수용하여 이를 분해, 변형, 운동시키는 설비를 말한다.

　　㉡ 자료의 수집 및 정리

　　㈀ 사전조사

　　　　기계기구의 종류, 형식, 등록일자와 번호 및 용도, 검사의 조건 및 검사예정일자 등을 확인한다. 또한 견적서, 계약서 및 세금계산서 등을 통해 계약 내용 및 조건 등을 확인하고, 설치 및 부대비용과 옵션 등의 사항을 확인한다. 도입기계의 경우 해당 도입기계의 수입신고서 및 Invoice, Packing List, Offer Sheet 및 Catalogue 등을 징구하여 각 서류에 기재된 사항 및 내용을 점검하여 동일 기계기구의 서류 여부를 진위를 확인한다.

　　㈁ 실지조사

　　　　기계기구 설치 및 배치현황, 명판 및 표지판 내용(명칭, 제조번호, 모델명, 제작회사, 제조연월 및 구입처 등), 의뢰목적과 실제 기계기구의 동일성 여부를 확인한다. 또한 소유권유보부 및 리스 여부, 정상작동 여부, 유휴시설 여부, 옵션의 부가 여부 등을 조사한다.

　　㉢ 감정평가방법

　　㈀ 기준

　　　　기계기구류를 감정평가할 때는 원가법을 적용해야 한다. 그럼에도 불구하고 대상물건과 현상, 성능 등이 비슷한 동종물건의 적절한 거래사례를 통해 시중시가를 파악할 수 있는 경우에는 거래사례비교법으로 감정평가할 수 있다.

　　㈁ 원가법

　　　　㉮ 재조달원가

> a) 국산기계
>
> 　ⅰ) 기준
>
> 　　국산기계의 재조달원가는 기준시점 당시 같거나 비슷한 물건을 재취득하는데에 드는 비용으로 한다. 명칭 및 규격이 같은 물건인 경우에도 제조기술, 제작자, 성능, 부대시설의 유무 등에 따른 가격의 차이가 있다면 이를 고려한다. 대상물건에 대한 가격자료가 없거나 재조달원가를 직접 구함이 곤란한 경우에는 구조, 규격, 형식, 용량 등 가치구성요인이 비슷한 물건의 재조달원가를 비교하여 결정할 수 있다.

ii) 검토사항

재조달원가 산정 시 단종 및 특수 제작하는 기계는 동종유사 기계의 신조 가격을 참고한다. 이때 대상 기계의 제작 시점과 기준시점 간의 괴리에 따른 진부화, 기술진보 등에 따른 사항을 고려한다. 또한 제조기술, 제작자, 성능, 부대시설의 유무에 따라 가격의 차이가 발생할 수 있으므로 이를 고려한다.

b) 도입기계

ⅰ) 기준

도입기계의 재조달원가는 수입가격에 적정한 부대비용을 포함한 금액으로 한다. 다만, 수입 시차가 상당하여 이 방법에 따라 산정된 재조달원가가 부적정하다고 판단될 때에는 대상물건과 제작자·형식·성능 등이 같거나 비슷한 물건의 최근 수입가격에 적정한 부대비용을 더한 금액으로 한다. 재조달원가를 산정하는 것이 불합리하거나 불가능한 경우에는 같은 제작국의 동종 기계로서 가치형성 요인이 비슷한 물건의 최근 수입가격 또는 해당 기계의 도입 당시 수입 가격 등을 기준으로 추정한 수입가격에 적정한 부대비용을 더하여 산정할 수 있다.

ⅱ) FOB 기준 및 CIF 기준

도입 당시 FOB 가격이 확인되고 기준시점의 운임과 보험료의 파악이 가능한 경우에는 FOB 가격을 기준으로 재조달원가를 산정한다. FOB 가격의 적용이 어려운 경우에는 CIF 가격을 기준으로 재조달원가를 산정한다. CIF 가격은 FOB 가격에 운임, 보험료를 포함한다. 실무적으로는 현행 운임과 보험료를 산정하는 것이 어렵기 때문에 CIF 가격을 기준으로 감정평가한다.

ⅲ) 기계가격 보정지수

기계가격 보정지수는 기준시점의 기계가격지수와 도입시점의 기계가격지수를 통해 구한다. 일반기계는 전기기계를 제외한 기계에 적용한다. 전기기계는 전기설비와 전기기구로 이루어진 기계에 적용한다.

ⅳ) 외화환산율

외화환산율은 실무상 통일되어 있지 않다. 다만, 담보감정평가에서는 기준시점 이전 최근 15일 평균을 적용한다. 환율변동이 심한 경우에는 기준시점 이전 최근 3개월 평균을 적용한다.

ⅴ) 적정 부대비용

적정 부대비용은 L/C 개설비, 하역료, 통관비, 창고료, 육상운반비, 설치비, 관세, 농어촌특별세, 소요자금 이자, 감독비 등으로 구성된다.

첫째, L/C 개설비, 하역료, 통관비, 창고료, 육상운반비 등은 수입가격의 3% 이내에서 적정수준을 고려하여 적용한다.

둘째, 설치비는 일반적으로 수입가격의 1.5% 이내를 적용하되, 대상물건의 규모 또는 종류에 따라 별도로 사정할 수 있다. 즉, 실험기기 및 이동성 기기류의 경우에는 별도의 설치비용이 소요되지 않으므로 현장조사시 설비의 규모, 설치현황 등에 따라 설치비의 포함 여부를 결정하여야 한다. 별도의 설치공사 항목의 기계장치의 취득원가에 포함되어 있다면 도입가격의 산정 시 설치비 항목은 고려하지 않는다.

셋째, 소요자금 이자 및 감독비 등은 상당한 건설 기간이 소요된 사업체 설비에 한하여 가산한다. 소요자금 중 외자는 실제 발생한 이자율을 적용한다. 또한 기준시점에서의 동종 이자율과 현저한 차이가 있을 경우에는 기준시점의 동종 이자율을 참작 조정하여 적용할 수 있다. 내자(회사채 포함)는 적정한 시설자금의 현행 이자율을 적용한다.

넷째, 자주식 기계만의 담보감정평가인 경우에는 설치비를 고려하지 않는다.

다섯째, 관세는 "기계수입가격 × 현행 관세율 × (1-현행 관세감면율)"로 구한다. 관세 적용순위는 다음과 같다.

- 1순위: 덤핑방지, 보복, 긴급, 특별긴급, 상계관세
- 2순위: 편익, 국제협력관세
  (다만, 3, 4, 5순위보다 낮은 경우만 적용)
  (농림축산물 양허관세는 4, 5순위보다 우선적용)
- 3순위: 조정, 계절, 할당 관세
- 4순위: 잠정관세
- 5순위: 기본관세

여섯째, 농어촌특별세는 관세를 감면받는 경우 감면액의 20%를 적용한다 즉, "기계수입가격 × 현행 관세율 × 현행 관세감면율 × 0.2"로 구한다.

㉯ 감가수정

a) 기준

기계기구의 감가수정은 정률법을 원칙으로 한다. 다만, 정률법으로 감가수정하는 것이 적정하지 않은 경우에는 정액법 또는 다른 방법에 따라 감가수정할 수 있다.

b) 내용연수

내용연수는 경제적 내용연수를 기준으로 한다. 내용연수의 조정은 설비의 특성에 따라 유형고정자산 내용연수표를 참고한다. 통상적으로 기계기구의 감가수정은 만년 감가에 의한다. 경과연수의 조정기준일은 당해 기계의 제작일자로 한다.

c) 장래보존연수

장래보존연수는 경제적 내용연수를 한도로 결정한다. 이때 사용 및 수리의 정도, 관리상태 등을 고려하여 장래 사용이 가능한 기간으로 결정한다.

㉰ 유의사항

a) 소유권 유보부

소유권 유보부란 매도인이 매수인에게 기계기구를 인도하면서 대금의 일부만 수령하고 소유권은 매도인이 갖고, 추후 잔금을 치르고 완납시점에 매수인이 완전한 소유권을 갖게 되는 것을 말한다. 대법원은 소유권 유보부매매가 성립될 여지는 없다고 판시하였다.

b) 리스 물건

리스 물건은 시설대여업의 소유로 감정평가하지 않는 것이 원칙이다. 그러나 실무적으로 리스 물건인지 판별이 어렵다. 따라서 기계기구의 명판, 표지판 등을 통해 확인하고 의뢰인 등을 통해 관련 사항을 검토해야 한다.

ⓒ 거래사례비교법

거래사례비교법을 적용하기 위해서는 기계기구가 현재 사용 중인 상태로서의 매각시장 등이 존재해야 한다. 또한 해당 기계기구의 매각 가능가액 및 가치의 변동추이에 대한 확인이 가능해야 한다. 이때 거래사례의 적정성 및 객관성 여부, 공정한 시장의 존재 여부 등에 대한 판단이 선행되어야 한다.

④ **구축물**

㉠ 기준

구축물을 감정평가할 때는 원가법을 적용해야 한다. 구축물이 주된 물건의 부속물로 이용 중인 경우에는 주된 물건에 대한 기여도 및 상관관계 등을 고려하여 주된 물건에 포함하여 감정평가할 수 있다. 구축물 중 별도로 효용을 갖고 있지 않은 경우에는 토지 또는 건물에 포함하여 감정평가해야 한다. 별도로 효용을 갖고 있다면 효용을 받는 토지 또는 건물 등의 감정평가에서 해당 금액을 차감한다.

㉡ 유의사항

구축물이 지하에 매립되어 있는 경우 등 실지조사가 불가능한 경우에는 의뢰인과 협의해야 한다. 의뢰인이 준공도면, 준공내역서 등으로 설치상태를 확인할 수 있는 자료를 제시하고 감정평가가 가능한 경우에는 실지조사를 생략하고 감정평가할 수 있다.

⑤ **과잉유휴시설**

㉠ 기준

다른 사업으로 전용이 가능한 과잉유휴시설은 정상적으로 감정평가한다. 이때 전환 후의 용도, 전환비용, 시차 등을 고려해야 한다. 다른 사업으로 전용이 불가능한 과잉유휴시설은 해체처분가액으로 감정평가한다. 이때 해체, 철거, 운반 등에 드는 비용을 고려해야 한다.

㉡ 과잉유휴시설의 판단

과잉유휴시설은 시장상황, 업체의 경영사항, 정상적인 작동 여부 등을 고려하여 결정한다. 담보감정평가의 경우에는 감정평가에서 제외된다.

⑥ **무형자산**

무형자산의 감정평가는 영업권, 지식재산권 등의 감정평가방법을 준용한다.

(3) **일괄감정평가**

① **수익환원법의 적용**

계속적인 수익이 예상되는 경우에는 개별감정평가의 예외로서 수익환원법을 적용한 일괄감정평가가 가능하다. 현금흐름의 추정은 재무상태표 등을 바탕으로 장래 시장상황 등을 고려한다. 자본환원율은 동종 유사공장의 수익 등을 바탕으로 결정한다.

② **감정평가시 유의사항**

순수익은 정상적인 상각 전 순수익만을 의미한다. 따라서 초과 순수익이 적용되는 경우에는 과대평가될 수 있음에 유의한다. 또한 수익가액에는 수익에 기여가 없는 과잉유휴시설에 대한 가치는 고려하지 않음에 유의한다.

2) 청산을 전제한 경우

(1) 청산의 개념

청산이란 해산에 의해 활동을 정지한 법인과 기타 단체의 재산관리를 정리하는 것을 말한다. 즉, 청산은 기업의 자산을 채권자와 경영자에게 배분하는 것을 의미한다. 파산에 의해 해산할 때는 파산법에 규정된 절차에 따른다.

(2) 전용 가능성

다른 용도로 전환이 가능한 경우에는 전환 후의 용도를 전제한 가치로 감정평가한다. 청산을 전제한다는 것은 당해 공장 등을 매각하여 처분하는 것을 의미한다. 따라서 청산가치나 처분가치를 구한다. 이 가치는 매각방법, 자산의 성격, 향후 활용가능성 등에 따라 달라진다.

(3) 감정평가방법

전환이 가능한 경우에는 전환 후 용도를 전제한 가치에서 전환비용 등을 고려하여 감정평가한다. 전환이 불가능한 경우에는 청산, 해체, 철거 등에 소요되는 비용을 고려한 매각처분가액으로 감정평가한다.

기출문제

[제5회 문제 2]
공장의 감정평가방법 (20점)

---

2 광업재단의 감정평가

1. 개념

1) 광산

(1) 개념

광산이란 광업활동을 영위하는 일단의 장소를 말한다. 광업은 광물의 탐사 및 채굴과 이에 따르는 선광, 제련 또는 그 밖의 사업을 말한다(광업법 제3조 제2호). 광업권은 탐사권과 채굴권을 말한다(광업법 제3조 제3호). 광업권은 물권이고 광업법에 의한 허가와 등록으로서 성립된 배타적·독점적 권리다.

(2) 특징

① 광산은 광량, 품등 등에 대한 실태 파악이 어렵다.

② 광산은 소모성 자산이다. 광업은 지하자원을 채취하는 산업이므로 유한하다.

③ 광업은 위험성이 높다. 광업은 지하자원을 채취하므로 낙반, 발파 등에 따른 사고의 위험성이 많다.

④ 광업은 광업권의 존속기간 중에 투하자본을 회수해야 한다. 또한 재생산을 통한 투자가 불가능하다.

2) 광업재단

광업재단이란 광업권과 광업권에 기하여 광물을 채굴, 취득하기 위한 각종 설비 및 이에 부속하는 사업의 설비로 구성되는 일단의 기업재산으로서 공장저당법에 따라 소유권과 저당권의 목적이 되는 것을 말한다(공장저당법 제2조 제3호).

2. 자료의 수집 및 정리

1) 사전조사

토지 및 건물에 대한 소재지, 용도, 구조, 면적 등과 기계, 기구, 차량, 선박, 그 밖에 부속물에 대한 용도, 용량, 규격 등에 대한 사항을 조사한다. 또한 광종, 광구면적, 등록번호, 등록연월일 및 광업권의 존속기간 및 부대조건, 지상권, 토지의 사용권 등에 대한 사항을 조사한다.

2) 실지조사

입지조건, 지질 및 광상, 채광 및 선광, 설비 등의 사항을 조사한다. 입지조건은 광산의 위치, 교통상황, 공업용수, 동력 및 노동력 등에 관한 사항이다. 지질 및 광상은 암층, 구조, 노두, 광상의 형태, 광물품위 및 매장량 등의 사항이다. 채광 및 선광은 채굴방법, 선광 방법, 지주, 배수, 통지, 운반방법 및 갱도현황 등의 사항이다. 설비는 채광, 선광, 제련, 운반, 배수, 통기 등에 관한 설비의 정도에 관한 사항을 말한다.

3) 가격자료

수익자료는 재무제표, 최근 생산판매실적표, 자금계획서, 연간 순수익예상표 등이 있다. 비용자료는 조성비용 및 원가계산서 등이 있다. 시장자료는 매광조건, 수요관계, 가격추세, 운임, 하역비, 시장상황 등이 있다.

3. 감정평가방법

1) 기준

광업재단을 감정평가할 때는 수익환원법을 적용해야 한다. 수익환원법을 적용할 때는 대상 광산의 생산 규모와 생산시설을 전제로 한 가행연수 동안의 순수익을 환원한 금액에서 장래 소요될 기업비를 현가화한 총액을 공제하여 광산의 감정평가액을 산정한다.

2) 수익환원법

(1) 수익가액

$$감정평가액 = a \times \cfrac{1}{S + \cfrac{i}{(1+i)^n - 1}} - E$$

a: 상각전 연간 순수익,　S: 배당이율,　i: 축적이율,　n: 가행연수

E: 장래소요기업비의 현가화 총액

(2) 상각 전 연간 순수익

상각 전 연간 순수익은 3년 이상의 수익실적을 기초로 생산여건, 시장성, 장래 월간생산량, 연간 가행월수 등을 고려하여 산정한 사업수익에서 소요경비를 공제하여 산정한다. 소요경비는 시설능력의 보존, 능률 유지를 위한 지출이므로 채광비, 선광비, 제련비, 일반관리비 및 판매비, 운영자금이자 등을 고려한다.

(3) 배당이율

$$\text{배당이율}(S) = \frac{S}{1-X}$$

S : 배당률 (광업 관련 산업부문의 상장법인 시가배당율을 고려하여 산정)
X : 세율 (법인세, 방위세, 주민세)

(4) 축적이율

축적이율은 광산의 자원 고갈 등을 감안하여 다른 안전한 사업으로 재투자를 가정한 이율을 적용한다. 축적이율은 순수이율을 참작하여 결정한다. 따라서 위험성까지 고려하는 환원율보다 낮다.

(5) 가행연수

가행연수는 확정 및 추정 가채매장량의 합을 연간 채광가능 매장량으로 나누어 산정한다. 이 경우 매장량 산정과 관련된 평균 품등과 산정근거를 기재한 계산표와 도면을 감정평가서에 첨부해야 한다.

(6) 장래소요기업비

장래소요기업비는 적정 생산량을 가행 최종연도까지 유지하기 위하여 장차 소요될 광산설비 투자소요액의 현가액을 합산하여 산정한다. 기업비는 시설능력의 증진, 능률향상을 위한 지출을 의미한다. 따라서 기업비는 상각 전 연간 순수익 산정시 소요경비와는 다른 지출이라 할 수 있으므로 기업비 계산시 그 한계를 구분하여야 한다. 기업비에 포함되는 지출로는 ① 채광, 탐광, 배수, 통기, 조명설비, ② 갱도의 연장, 확장 또는 신굴착, ③ 갱내외 운반설비, 육해수송설비, ④ 선광, 제련, 분석, 연구설비, ⑤ 동력, 용수설비, ⑥ 건물, 보건 후생설비 등을 들 수 있다.

기출문제

[제9회 문제 6-2]
가행연수의 의의와 산정방법에 대해 약술하시오. (5점)

제7절 자동차 등의 감정평가

1 자동차의 감정평가

1. 개념

1) 의의

① 자동차란 원동기에 의하여 육상에서 이동할 목적으로 제작한 용구 또는 이에 견인되어 육상을 이동할 목적으로 제작한 용구(이하 "피견인자동차")를 말한다. 다만, 대통령령으로 정하는 것은 제외한다(자동차관리법 제2조 제1호).

② 적용이 제외되는 자동차는 건설기계관리법에 따른 건설기계, 농업기계화 촉진법에 따른 농업기계, 군수품관리법에 따른 차량, 궤도 또는 공중선에 의하여 운행되는 차량, 의료기기법에 따른 의료기기가 있다.

2) 구성

(1) 차체

차체는 승용차의 경우 승객 및 운전사의 좌석이 있는 부분이고, 화물차의 경우 운전실과 화물을 적재하기 위하여 만들어 놓은 부분이다.

(2) 차대

차대는 완전 결합된 자동차에서 차체를 제외한 모든 구성장치 부분을 말한다.

3) 종류

자동차의 종류는 승용자동차, 승합자동차, 화물자동차, 특수자동차, 이륜자동차로 구분한다(자동차관리법 제3조). 자동차의 규모별·유형별 세부기준은 자동차의 크기·구조, 원동기의 종류, 총배기량 또는 정격출력 등에 따라 정하고 있다(자동차관리법 시행규칙 별표 1 참조).

2. 자료의 수집 및 정리

1) 사전조사

자동차등록원부, 자동차등록증, 검사증, 사업면허증 등을 통해 차종과 차적, 등록일자와 번호 및 용도, 검사의 조건 및 검사 예정일자, 면허사항 및 그 밖의 참고사항 등을 조사한다.

2) 실지조사

자동차의 등록번호, 연식과 형식, 차대 및 기관번호, 사용 연료와 기통수 및 엔진 출력, 정원이나 적재정량, 제작자, 제작연월일, 자동차의 주행거리 및 현황 등을 조사한다.

3) 가격자료

자동차는 주행거리, 사고 유무, 엔진 교체 여부, 옵션부착 여부, 자동차 차체검사, 잔존유효기간의 장단, 총 주행거리의 장단, 손모 정도, 전문 기사의 운전 여부 등에 따라 가치가 달라진다. 특히 중고자동차는 사용 정도, 관리상태 및 검사, 수리 등에 따라 가격 격차가 크다. 따라서 감정평가시 충분한 가격자료 및 근거를 조사 및 수집해야 한다.

3. 감정평가방법

1) 기준

자동차를 감정평가할 때는 거래사례비교법을 적용해야 한다. 다만, 거래사례비교법으로 감정 평가하는 것이 곤란하거나 부적절한 경우에는 원가법을 적용할 수 있다.

2) 거래사례비교법

자동차가 거래된 사례 등을 수집 정리하고 유사성이 인정되는 거래사례를 비교 분석하여 감정 평가한다.

3) 원가법

원가법으로 감정평가할 때는 정률법으로 감가수정한다. 다만, 필요하다고 인정되는 경우 사용 정도 · 관리상태 · 수리 여부 등을 고려하여 관찰감가 등으로 조정하거나 다른 방법에 따라 감 가수정할 수 있다.

4) 해체처분가액

자동차로서 효용가치가 없는 것은 해체처분가액으로 감정평가할 수 있다. 사업용 차량의 감정 평가를 할 때는 차량에 결부된 각종 무형의 가치(택시면허 등)는 별도 고려하지 않는다. 그러 나 차량의 처분시 소요되는 제반 비용 및 수리 소요비용 등은 고려해야 한다.

2 건설기계의 감정평가

1. 개념

건설기계란 건설공사에 사용할 수 있는 기계로서 대통령령으로 정하는 것을 말한다(건설기계관리 법 제2조 제1호). 건설기계의 범위는 불도저, 굴삭기, 로더, 지게차, 스크레이퍼, 덤프트럭, 기중 기, 모터그레이더, 롤러, 노상안정기, 콘크리트뱃칭플랜트, 콘크리트피니셔, 콘크리트살포기, 콘 크리드믹서트럭, 아스팔트믹싱플랜트, 아스팔트피니셔, 아스팔트살포기, 골재살포기, 쇄석기, 공 기압축기, 천공기, 향타 및 향발기, 사리채취기, 준설선, 특수건설기계, 타워크레인이 있다(시행령 제2조 별표1).

2. 자료의 수집 및 정리

1) 사전조사

등록원부, 등록증, 검사증 등을 통해 건설기계의 종류, 형식, 등록일자와 번호 및 용도, 검사의 조건 및 검사 예정일자 등을 조사한다.

2) 실지조사

건설기계의 종류와 등록번호, 사용지와 사용방법, 사용 연료의 종류, 구조, 규격, 형식, 용량, 제작자와 제작연월일, 사용 정도, 차량번호 및 기계번호 등을 조사한다.

3) 가격자료

건설기계는 중고거래시장이 존재하므로 중고거래가격 수준에 대한 검토가 필요하다. 일반적인 건설기계는 시중 거래가격의 편차가 크지 않다. 특수한 건설기계는 가격조사가 쉽지 않으므로 제작처, 판매처 등에 조사가 요구된다.

3. 감정평가방법

1) 기준

건설기계를 감정평가할 때는 원가법을 적용해야 한다. 다만, 원가법으로 감정평가하는 것이 곤란하거나 부적절한 경우에는 거래사례비교법으로 감정평가할 수 있다.

2) 원가법

① 원가법으로 감정평가할 때에는 정률법으로 감가수정한다. 다만, 필요하다고 인정되는 경우 사용정도·관리상태·수리 여부 등을 고려하여 관찰감가 등으로 조정하거나 다른 방법에 따라 감가수정할 수 있다.

② 도입건설기계의 재조달원가는 도입기계의 감정평가방법을 준용한다. 감가수정은 최초 등록일자를 기준으로 한다. 또한 동년식 유사 건설기계의 거래사례를 파악하여 잔존가치율을 구한 후 대상 건설기계의 잔존가치율과 비교·검토해야 한다.

3) 거래사례비교법

건설기계는 감정평가시 중고거래가격 수준에 대한 검토가 이루어져야 한다. 이때 지역 및 건설 경기에 따라 가격수준의 차이가 크므로 이를 고려하여야 한다.

4) 해체처분가액

건설기계로서 효용가치가 없는 것은 해체처분가액으로 감정평가할 수 있다. 건설기계를 해체처분가액으로 감정평가하는 경우는 실제 해체상태에 있는 건설기계의 부품인 경우와 감정평가 조건에서 해체를 전제로 하는 경우이다. 이때 해체 후 전용할 수 있는 부품은 전용가치 등을 고려하여 가격을 결정해야 한다.

3 선박의 감정평가

1. 개념

1) 의의

선박이란 수상 또는 수중에서 항행용으로 사용하거나 사용할 수 있는 배 종류를 말한다(선박법 제1조의2 제1항). 선박의 구분은 기선, 범선, 부선으로 한다. 기선은 기관을 사용하여 추진하는 선박과 수면비행선박을 말한다. 범선은 돛을 사용하여 추진하는 선박을 말한다. 부선은 자력항행능력이 없어 다른 선박에 의하여 끌리거나 밀려서 항행되는 선박을 말한다.

2) 구성

(1) 선체

선체의 크기는 톤수로 표시한다. 일반적으로 총톤수를 기준으로 감정평가한다.

(2) 기관

기관은 선체를 운항시키는 동력이 된다. 일반적으로 실마력을 기준으로 감정평가한다.

(3) 의장품

의장품이란 선박이 항행 및 정박하는 데 필요한 일체의 설비를 말한다. 즉, 선박의 운항에 필요한 항해기구, 구명설비 등을 의미한다. 이는 선체의장, 기관의장, 전기의장 등으로 구분한다.

3) 선박톤수

(1) 국제총톤수

1969년 선박톤수측정에 관한 국제협약(이하 "협약") 및 협약의 부속서에 따라 주로 국제항해에 종사하는 선박에 대하여 그 크기를 나타내기 위하여 사용되는 지표를 말한다.

(2) 총톤수

우리나라의 해사에 관한 법령을 적용할 때 선박의 크기를 나타내기 위하여 사용되는 지표를 말한다.

(3) 순톤수

협약 및 협약의 부속서에 따라 여객 또는 화물의 운송용으로 제공되는 선박 안에 있는 장소의 크기를 나타내기 위하여 사용되는 지표를 말한다.

(4) 재화중량톤수

항행의 안전을 확보할 수 있는 한도에서 선박의 여객 및 화물 등의 최대적재량을 나타내기 위하여 사용되는 지표를 말한다.

2. 자료의 수집 및 정리

1) 사전조사

국적증서, 선적증서, 검사증 등을 통해 선적 및 국적, 선력, 검사의 내용 및 면허사항, 선급협회가입 여부 등을 조사한다.

2) 실지조사

선체, 기관, 의장별 규격, 형식, 제작자, 제작연월일, 선종 및 선적량, 선박의 관리, 운영상황 등을 조사한다.

3) 가격자료

① 거래사례는 선박의 거래가격 등이, 제조원가는 선박의 선체, 기관, 의장별 생산원가 등이 있다. 시장자료는 중고시장에서의 가격 및 부품가격 등이 있다.

② 선박은 선형, 규모, 구조, 성능 등이 다양하고 동일한 성능을 갖는 선박이라도 선령 및 유지상태에 따라 가격이 달라진다. 선박의 거래사례를 수집할 경우 선종, 톤수, 선형, 속력,

의장품의 구성 및 성능, 선급, 조선소의 기술수준 등 물적 요인이 유사한 것을 선택해야 한다. 또한 해당 선박의 도면이나 사양서만으로 재조달원가를 산출하기에는 많은 시간과 노력이 필요하므로 선급별로 다양한 유형의 자료를 수집해야 한다. 이때 선체, 기관, 의장별로 구분하여 선체는 총톤수당, 기관은 엔진 출력, 의장품은 품목에 대한 Capacity별로 자료를 분류하고 작성한다.

③ 선박의 거래가격 및 신조가격 등은 영국의 Clarkson회사에서 주 단위로 조사·발표하는 자료와 한국조선협회, 한국해양수산개발원 및 국내 선박 중개회사 등에서 필요한 자료를 수집할 수 있다. 또한 해운시장의 변동과 원자재 가격의 변동 등은 선박가격의 변동을 가져온다. 따라서 최신 자료수집에 많은 시간을 투자해야 한다.

3. 감정평가방법

1) 기준

선박을 감정평가할 때는 선체, 기관, 의장별로 구분하여 감정평가한다. 이때 각각 원가법을 적용해야 한다.

2) 원가법

① 선박을 감정평가할 때에는 선체는 총 톤수, 기관은 엔진 출력을 기준으로 감정평가하는 것을 원칙으로 한다.
② 선박의 감가수정은 선체·기관·의장별로 정률법을 적용한다. 다만, 필요하다고 인정되는 경우 사용 정도, 관리상태, 수리 여부 등을 고려하여 관찰감가 등으로 조정하거나 다른 방법에 따라 감가수정할 수 있다.
③ 선박경기가 좋을 때는 중고선가가 원가법에 의한 감정평가액을 상회할 수 있다. 이러한 경우 감정평가액의 증액이 필요하다. 또한 선박경기가 좋지 않을 때는 원가법에 의한 감정평가액이 중고선가를 상회할 수도 있다. 따라서 기준시점에서의 신조선가 및 중고선가 추이, 운임지수 등 시장 경기상황에 대한 고려가 필요하다.

3) 해체처분가액

선박으로서 효용가치가 없는 것은 해체처분가액으로 감정평가할 수 있다. 선박을 해체처분가액으로 감정평가하는 경우는 실제 해체상태에 있는 선박의 부품인 경우와 감정평가조건에서 해체를 전제로 하는 경우이다. 이때 해체 후 전용할 수 있는 부품은 전용가치 등을 고려하여 감정평가한다.

4 항공기의 감정평가

1. 개념

항공기란 공기의 반작용(지표면 또는 수면에 대한 공기의 반작용은 제외한다. 이하 같다)으로 뜰 수 있는 기기로서 최대이륙중량, 좌석 수 등 국토교통부령으로 정하는 기준에 해당하는 비행기, 헬리콥터, 비행선, 활공기와 그 밖에 대통령령으로 정하는 기기를 말한다(항공안전법 제2조 제1호).

2. 자료의 수집 및 정리

1) 사전조사

등록원부, 등록증명서, 감항증명서 등을 통해 항공기의 국적 및 등록기호, 항공기의 종류, 형식 및 등록번호, 항공기 제작 일련번호, 운용분류, 감항분류, 감항증명 유효기간 등을 조사한다.

2) 실지조사

① 기체: 종류, 형식, 제작자, 제작연월일, 제작 후 기준시점까지의 비행시간, 최종 오버홀한 시점부터 기준시점까지의 비행시간
② 원동기: 형식, 규격, 제작자, 제작연월일, 일련번호, 최종 오버홀한 시점부터 기준시점까지의 비행시간
③ 프로펠러: 형식, 규격, 제작자, 제작연월일, 일련번호, 최종 오버홀한 시점부터 기준시점까지의 비행시간
④ 부대시설에 대하여 무선시설, 객석, 조종위치, 계기비행 가능 여부 등
⑤ 그 밖의 참고사항: 항공기의 수리현황, 최대이륙중량, 항공기의 속도, 원동기의 출력, 기종별로 국토교통부령으로 정하는 기체, 원동기, 프로펠러 등의 오버홀 한계시간 및 오버홀 비용, 로그 북 등

3) 가격자료

거래사례는 항공기의 실제 거래가격 등이 있다. 제조원가는 항공기의 생산원가, 기체·원동기·프로펠러의 생산원가 등이 있다. 비용자료는 기체, 원동기, 프로펠러의 오버홀 비용이다. 시장자료는 중고시장가격, 부품가격 등이 있다. 항공기의 정확한 비행시간 및 오버홀 비용을 확인할 수 있는 경우에는 주요부분별가액을 합산하여 항공기 전체의 감정평가액을 산정할 수 있다.

3. 감정평가방법

1) 기준

항공기를 감정평가할 때는 원가법을 적용해야 한다.

2) 원가법

① 원가법으로 감정평가할 때는 정률법으로 감가수정한다. 다만, 필요하다고 인정되는 경우에는 관찰감가 등으로 조정하거나 다른 방법으로 감가수정할 수 있다.
② 항공기의 정확한 비행시간 및 오버홀 비용을 확인할 수 있는 경우에는 주요 부분별 가액을 합산하여 항공기 전체의 감정평가액을 산정할 수 있다. 주요 부분별 가액은 기체, 원동기, 프로펠러별로 구한다.

$$(재조달원가 - 오버홀비용) \times (1 - 감가율) + 오버홀비용 \times$$
$$\frac{오버홀 한계시간 - 최종 오버홀 이후부터 기준시점까지의 비행시간}{오버홀 한계시간}$$

3) 해체처분가액

항공기로서 효용가치가 없는 것은 해체처분가액으로 감정평가할 수 있다. 항공기를 해체처분 가액으로 감정평가하는 경우는 실제 해체상태에 있는 항공기의 부품인 경우와 감정평가조건에 서 해체를 전제로 하는 경우이다. 이때 해체 후 전용할 수 있는 부품은 전용가치 등을 고려하 여 감정평가한다.

4) 유의사항

항공기 감정평가시 산식을 제시하는 것은 감정평가에 제약이 크게 되어 적절한 가격산출에 도 움을 주지 못하고 있다. 산식에 대한 의견으로는 기체는 오버홀되는 경우가 거의 없으므로 산 식이 의미가 없고, 프로펠러는 오버홀이 아닌 교체되는 경우가 많다. 또한 대형 항공기의 경우 랜딩기어 등의 교체주기도 중요하여 기체, 원동기, 프로펠러로 나누기 어렵다. 특히 제트기의 경우 프로펠러가 없는 경우도 있으므로 감정평가방법 적용시 유의할 필요가 있다.

제8절　동산의 감정평가

1 개념

① 동산이란 상품, 원재료, 반제품, 재공품, 제품, 생산품 등 부동산 이외의 물건을 말한다.
② 동산의 공시방법은 점유 또는 인도에 의한다. 동산은 공신의 원칙과 선의취득이 인정된다. 동 산은 용익물권의 목적은 되지 않으나 질권의 목적이 된다. 또한 취득시효와 환매의 기간이 짧 고, 무주물선점과 유실물습득의 적용이 있다. 동산은 부동산과 부합하는 경우에는 권리가 소멸 한다.

2 자료의 수집 및 정리

1. 조사 및 확인사항

해당 동산의 가격 변동사항, 계절성의 유무 및 보관의 난이, 변질 또는 처분 가능 여부, 수요 및 장래성, 그 밖의 참고사항 등을 조사·확인한다. 불용품인 동산은 불용품의 발생원인, 불용품의 상태, 불용품의 보관 및 관리상태의 양부, 불용품의 유통과정, 불용품의 가격변동요인 등을 조 사·확인한다.

2. 가격자료

거래사례는 해당 동산이 거래되는 시장의 거래가격(도매가격, 소매가격 및 협정가격) 등이 있다. 제조원가는 동산의 생산원가 등이 있다. 시장자료는 중고시장에서의 가격과 동산을 구성하는 부품 의 가격과 그 변동상황 등이 있다.

3 감정평가방법

1. 기준

동산을 감정평가할 때는 거래사례비교법을 적용해야 한다. 적절한 거래사례가 없거나 거래사례비교법 적용이 불가능한 경우에는 원가법 등을 적용할 수 있다.

2. 거래사례비교법

거래사례비교법을 적용할 때는 유사 동산의 거래사례 등을 파악하고 선택된 사례를 기준으로 비교·분석한다. 동산은 생산원가, 도매가격, 소매가격 등을 거래단계별로 시계열적으로 파악한다. 그리고 각 단계별 가격 차이의 발생요인을 분석하여 감정평가한다. 가격차이의 발생요인은 거래단계에 따른 상하차비, 운반비, 창고보관비, 감손상당액, 업자이윤 등이 있다.

3. 해체처분가액

① 동산이 본래의 용도로 효용가치가 없는 경우에는 해체처분가액으로 감정평가할 수 있다. 다른 용도로의 전환이 가능한 경우에는 전용가치를 기준으로 감정평가한다. 만약 해체하여 부품으로 사용될 수 있는 경우는 해체처분가액으로 감정평가한다.
② 불용품인 동산을 감정평가할 때는 현 상태대로 시장가치가 형성되어 있으면 거래사례비교법으로 감정평가한다. 재활용이 불가능한 경우에는 해체처분가액으로 감정평가한다. 해체처분가액은 구성 재질별로 중량을 산출한 후 시중 재생재료 시세를 적용한다. 이때 해체에 따른 철거비, 운반비, 상하차비, 업자이윤 등을 감안하여 감정평가한다.

제9절 임대료의 감정평가

1 개념

1. 의의

임대료(사용료를 포함한다)란 임대차 계약에 기초한 대상물건의 사용대가로서 지급하는 금액을 말한다.

2. 성격

소유권은 사용, 수익, 처분의 권능을 가진다. 임대료는 소유자 입장에서는 소유권 계약에 대한 대가이다. 임대료는 임차인입장에서는 사용과 수익에 대한 대가이다.

3. 종류

1) 실질임대료와 지급 임대료

① 실질임대료란 임대료 산정 기간 동안에 임대인에게 귀속되는 모든 경제적 대가를 말한다. 실질임대료는 순임대료와 임대차 등을 계속하기 위해 통상 필요한 경비들의 합으로 구성된다. 감정평가는 실질임대료를 기준으로 한다.

② 지급 임대료는 각 지급 시기에 지급되는 임대료를 말한다. 이는 실질임대료에서 계약시 보증금 등의 일시금이 수수되는 경우 당해 일시금 운용이익 및 상각액을 고려하지 않은 순수한 지급금액을 말한다.

2) 신규 임대료와 계속 임대료

① 신규 임대료란 처음 이루어지는 임대차 계약의 임대료를 말한다. 감정평가는 신규 임대료를 기준으로 한다.

② 계속 임대료란 기존의 임대차 계약을 갱신한 경우의 임대료를 말한다.

4. 임대료 관련 시점

1) 기준시점

기준시점이란 대상물건의 감정평가액을 결정하는 기준이 되는 날짜를 말한다(감칙 제2조 제2호). 임대료는 임대기간 동안에 발생한다. 일반적으로 임대료 산정기간은 기초시점을 기점으로 한다. 따라서 임대료의 기준시점은 임대개시시점이다.

2) 실현시점

실현시점이란 대상 물건의 사용·수익의 대가가 실제 실현되는 시점을 의미한다. 일반적으로 월세의 형태로 임대료가 지급되는 경우 기간 말일이 실현시점이 된다.

3) 산정기간

산정기간이란 임대계약의 조건 등에 따라 임대료를 계산하는 기간을 의미한다. 일반적으로 임대 계약기간이 임대료 산정기간이 된다. 통상적으로 산정기간은 1년을 기준으로 한다. 그러나 주택임대차보호법 등과 같이 최단 임대기간이 법으로 명시되어 있는 경우에는 이를 임대료 산정기간으로 적용할 수 있다.

4) 지불시기

지불시기란 실제 임대료를 지불하는 시기를 말한다. 이는 임대료의 실현 시점과 달리 임차인이 임대인에게 임대료를 지불하는 시점을 의미한다. 임대료는 월납, 분기납, 사글세, 전액 보증금 형태의 지급 등 다양한 시기에 지급될 수 있다. 그러므로 기준이 되는 월납을 중심으로 개별 계약조건을 고려하여 판단한다.

5. 계약의 특수성

1) 개념

① 임대차 계약은 개별성이 강하다. 임대목적물, 목적물의 사용범위 및 방법, 임대료 형태 및 지급 시기와 방법, 전대차 가능성, 임대갱신 관련 사항 등에 따라 다양하기 때문이다.

② 임대차 계약은 임대인과 임차인의 계약 내용에 따라 다양한 사용·수익 조건이 설정될 수 있다. 또한 계약 기간 및 임대료 지급 조건이 다양하다는 특징이 있다. 따라서 감정평가시 이와 같은 임대차 계약 내용 및 임대 관행에 대한 분석이 이루어져야만 정확한 임대료 산정이 가능하다.

③ 우리나라의 경우 전세제도와 보증부 월세의 관행이 존재한다. 이러한 관행은 지역별·용도별 시장에 따라 다를 수 있다. 따라서 시장에서 설득력 있는 임대료의 평가를 위해서는 대상 지역의 시장 관행과 대상 물건의 구체적 계약관계를 조사해야 한다.

2) 고려방법

임대사례비교법을 적용하는 경우에는 임대차 등의 계약 내용이 같거나 비슷한 사례를 선택해야 한다. 적산법을 적용하는 경우에는 기초가액과 기대이율의 성격을 결정하는 과정에서 개별성을 고려할 수 있다. 수익분석법 및 적산법의 적용과정에서 필요제경비를 산정할 때도 임대계약의 개별성을 고려하여 구체적 금액을 정한다.

3) 유의사항

주택 및 상가의 임대차는 임대차보호법과 관련하여 그 계약의 내용과 구체적 사항이 일정한 수준으로 표준화되는 경향이 존재한다. 그러나 지역, 부동산의 규모와 품등, 소유자와 임차인의 관계 등에 따라 개별성이 존재한다. 그러므로 표준적 임대차의 내용을 기준으로 개별 계약의 내용을 검토하고 판단해야 한다.

4) 비율 임대차

(1) 의의

비율임대차란 고정된 임대료에 임차자의 매상고나 생산에 대한 일정 비율을 더하여 지급하는 것을 말한다.

(2) 적용 검토

임대차 계약 내용이 비율임대차로 형성된 경우에 추정 임대료는 임차인의 노력에 의한 영업 성과가 포함되어 있다. 따라서 임대료 감정평가시 비율임대차에 의한 임대료를 적용할지, 인근의 표준적인 수준의 임대료를 반영할 것인지 검토가 필요하다.

(3) 적정성 검토

비율임대차는 운용 주체의 경험, 노하우 등이 반영되어 있다. 따라서 비율임대차에 의해 형성된 임대료가 인근의 적정한 임대료 수준을 반영하는 경우 등에 사용할 수 있다. 정상적인 영업이 어려운 경우에는 비율 임대차에 의한 임대료를 표준적인 수준의 임대료 수준으로 볼 수 있다. 이때는 적정성 검토가 반드시 필요하다.

(4) 유의사항

비율임대차에 의한 임대료가 인근의 표준적인 수준의 임대료를 반영하고 있는 것이라면 해당 금액이나 표준적인 금액을 기준으로 사용할 수 있다. 그러나 임대차 계약의 형태가 상이하여 가치형성요인 비교가 어렵고 사정개입 발생 가능성이 존재하므로 주의가 필요하다. 또한 감정평가목적 등에 따라 비율임대차와 관련된 일정 조건이 부여되는 경우에는 조건의 합리성 등을 검토한 후 조건부 감정평가를 할 수 있다.

기출문제

[제6회 문제 4]
다음 용어를 간략하게 설명하시오. (10점)
1) 임대료의 기준시점
2) 임대료의 실현시점
3) 임대료의 산정기간
4) 임대료의 지불시기

[제7회 문제 1]
최근 부동산 시장에서 임대료의 감정평가가 점차 중요시되고 있다. 이에 있어 다음 사항을 논하시오. (40점)
1) 가액과 임대료와의 관계
2) 신규임대료와 계속임대료의 감정평가방법과 유의점
3) 부가사용료와 공익비의 차이점과 이들의 실질임대료 산정시 처리방법
4) 임대료의 시산가액 조정시 유의점

2 대상물건의 확정과 확인

1. 물적사항에 대한 확정과 확인

물적사항은 공부, 임대차 계약서, 실지조사 등을 통해 확인하고 확정한다. 특히 임대차 목적물의 범위, 임대면적, 배타적 사용·수익 여부 등은 임대료에 직접적인 영향을 미친다.

2. 권리관계에 대한 확정과 확인

권리관계는 임대차 계약의 조건, 불법적 이용 여부, 현황과의 일치성 등을 통해 확인하고 확정한다. 사용·수익 등에 제한이 있는지, 전대차가 있는지 등에 대한 내용을 검토해야 한다. 전대차의 경우에는 전대 권한이 있는지, 해당 전대차를 위한 제반 법률상 절차 등을 하자 없이 이행했는지, 전대차 기간 동안 사용·수익하는 데 장애 요인이 없는지 등을 검토해야 한다.

3 자료의 수집 및 정리

1. 가격자료

임대료를 감정평가할 때는 임대사례자료, 원가자료, 거래자료, 수익자료, 시장자료 등이 필요하다. 임대료도 가치 3면성을 고려한다. 따라서 확인자료, 요인자료, 사례자료의 수집과 정리가 필요하다.

2. 유의사항

임대료를 감정평가할 때는 ① 현황이 기재내용이나 표시사항과 다른 원인, ② 기재내용이나 표시사항의 수정 가능성 및 방법, ③ 물적 불일치에 해당하는지 여부, ④ 임대차 계약서의 진위 또는 사정개입 여부 등에 유의한다.

4 감정평가방법

1. 기준

① 임대료를 감정평가할 때는 임대사례비교법을 적용해야 한다.

② 임대료의 산정기간은 1월이나 1년을 단위로 하는 것을 원칙으로 한다.

③ 임대료는 산정 기간 동안에 임대인에게 귀속되는 모든 경제적 대가에 해당하는 실질임대료를 구하는 것을 원칙으로 한다. 다만, 의뢰인이 보증금 등을 포함한 계약 내용에 따라 지급 임대료를 산정하도록 요청할 때에는 해당 계약 내용을 고려한 지급 임대료를 구하되, 감정평가서에 그 내용을 적어야 한다.

2. 임대사례비교법 등

임대료를 감정평가할 때는 임대사례비교법을 적용해야 한다. 실무적으로 임대료를 감정평가하는 경우는 기업의 관계사간의 거래, 국·공유재산의 대부료(사용료) 감정평가인 경우가 대부분이다. 이러한 경우는 임대사례를 수집하기가 힘들다. 따라서 적산법에 의한 적산 임대료로 산정하고 있다. 운영 방법상 특이사항이 있는 경우에는 수익분석법에 의한 수익 임대료를 산정한다. 특이사항이란 주말에만 영업하는 경마장, 공영주차장 등이 있다.

3. 그 밖의 임대료 등의 감정평가

1) 계속 임대료의 감정평가방법

(1) 계속 임대사례비교법

계속 임대료는 계속 임대사례를 선정하여 사정보정, 시점수정, 가치형성요인의 비교 등으로 구한다.

(2) 이율법

이율법은 기준시점 기초가액에 계속 임대료의 기대이율을 곱한 후 기준시점 필요제경비를 더하여 구하는 방법이다.

(3) 슬라이드법

슬라이드법은 전기 임대료에 슬라이드지수를 곱하거나 전기 순임대료에 슬라이드지수를 곱한 후 기준시점 필요제경비를 더하여 구하는 방법이다.

(4) 차액배분법

차액배분법은 전기 임대료에 기준시점 신규 임대료에서 전기 임대료를 공제한 금액에 일정 비율을 배분한 것을 더하여 구하는 방법이다.

기출문제

[제3회 문제 3-1]
계속임대료의 각 평가방법에 대한 특질과 그 문제점을 설명하시오. (10점)

2) 임대차 감정평가

(1) 개념

① 임대차란 토지나 건물 등 임대차 대상물건을 일정한 기간 동안 점유하거나 사용 및 수익할 수 있는 권리를 일정한 대가에 의해 임대인으로부터 임차인에게 이전하는 것을 말한다.

② 임대차 감정평가에서는 실질임대료가 아닌 순임대료가 적용된다.

③ 임대차 기간에는 계약 임대료가, 임대차 기간 종료 후에는 시장 임대료가 적용된다.

④ 소유권 가치와 임대권 및 임차권 가치 합은 자본환원율의 적용 문제, 임차인의 질, 최유효이용 여부 등에 의해 달라질 수 있다.

(2) 일반 임대차

① 임대권

임대권은 임대차에 있어 소유자가 대상 부동산에 대해 가지는 법적 권리를 말한다. 임대권의 가치는 "계약 임대료(순임대료) × PVAF + 기말 복귀가액 × PVAF"로 구한다. 임대권 가치를 감정평가할 때는 기존의 임대공간에 대해서는 계약 임대료가, 빈 공간이나 소유자의 사용공간에 대해서는 시장임대료가 적용된다.

② 임차권

임차권은 임대차에 있어 임차인이 가지는 권리를 말한다. 임차인 개량물은 임차인이 설치한 건물이나 구조물로 기말 임차인에게 귀속되는 경우에만 임차권에 포함한다. 임차권의 가치는 "(시장 임대료 - 계약 임대료) × PVAF + 임차인 개량물의 잔존가치 × PVAF"로 구한다.

(3) 특수 임대차

① 전대권

전대권은 임차인이 가진 권리를 다른 사람에게 양도할 때 전대인이 가지는 권리를 말한다. 전대권의 가치는 "(전대차 임대료 - 계약 임대료) × PVAF"로 구한다.

② 전차권

전차권은 임차인이 가진 권리를 다른 사람에게 양도할 때 전차인이 가지는 권리를 말한다. 전차권의 가치는 "(시장 임대료 - 전대차 임대료) × PVAF"로 구한다.

3) 매후환대차 감정평가

(1) 개념

① 매후환대차란 토지와 건물을 매도한 후 다시 임대차하여 이용하는 것을 말한다.

② 매도인(원소유자)은 매도를 통해 자금을 확보하고, 임차인으로 들어간다. 매수자(투자자)는 원소유자가 임차인으로 들어오기 때문에 안정적인 임대수익을 얻는다. 또한 buyback 조건을 전제하는 경우에는 부동산 가치가 하락할 수 있는 위험도 감소된다.

(2) 비교

① 계속 보유하는 경우

계속 보유하는 경우에는 보유 기간 말 순매도액(양도소득세 차감)의 현가에 보유 기간 동안 감가상각비 절세분을 더하여 현금흐름을 구한다.

② 매후환대차하는 경우

매후환대차하는 경우에는 현재 순매도액(양도소득세 차감)에서 보유 기간 동안의 임차료 (절세분 감안)의 현가를 차감하여 현금흐름을 구한다.

(3) 의사결정

의사결정은 계속 보유하는 경우와 매후환대차하는 경우를 비교하여 더 큰 현금흐름을 나타 내는 방안으로 결정한다.

제10절 무형자산의 감정평가

1 무형자산

1. 개념

1) 인식

① 무형자산이란 물리적 실체는 없지만 식별할 수 있는 비화폐성자산을 말한다(기업회계기준 서 제1038호). 무형자산으로 인식되기 위해서는 정의와 인식기준을 모두 충족해야 한다.
② 무형자산의 정의는 식별 가능성, 자원에 대한 통제, 미래 경제적 이익을 말한다.
③ 무형자산의 인식기준은 자산으로부터 발생하는 미래 경제적 이익이 기업에 유입될 가능성 이 높을 것과 자산의 원가를 신뢰성 있게 측정할 수 있을 것을 말한다.

2) 요건

(1) 식별 가능성

① 식별 가능성이란 무형자산이 다른 자산으로부터 분리될 수 있거나 법적 권리를 창출할 수 있는 경우 등을 말한다. 분리될 수 있다는 것은 기업의 의도와 무관하게 기업에서 분리할 수 있고, 개별적으로 식별 가능한 자산·부채와 함께 매각, 이전, 라이선스, 임대, 교환할 수 있다는 의미다. 법적 권리를 창출할 수 있다는 것은 자산이 계약상 권리나 법적 권리로부터 발생한다는 의미다. 이때 권리가 이전이 가능한지, 분리가 가능한지 등은 고려하지 않는다.
② 기업회계기준서는 영업권과 구별하기 위하여 무형자산이 식별 가능해야 한다고 한다. 사업 결합으로 인식하는 영업권은 사업결합에서 획득하였지만, 개별적으로 식별하여 별도로 인 식하는 것이 불가능한 그 밖의 자산에서 발생하는 미래 경제적 이익을 나타내는 자산이다.

(2) 자원에 대한 통제

① 자원에 대한 통제란 대상 자원으로부터 미래 경제적 이익을 획득할 수 있고, 미래 경제적 이익에 대해 제3자의 접근을 제한할 수 있는 것을 말한다.
② 무형자산은 일반적으로 법적 권리에 의해 통제된다. 시장이나 기술적 지식, 고객 관계와 충 성도의 지속성 등도 미래 경제적 이익이 발생할 수 있고, 법적 권리에 의해 보호된다면 통 제되는 것이다.

(3) 미래 경제적 이익

① 미래 경제적 이익은 제품의 매출, 용역수익, 원가절감, 자산의 사용에 따른 기타 이익의 형태를 말한다.

② 미래 경제적 이익이 기업에 유입될 가능성은 무형자산의 내용연수 동안의 경제적 상황에 대한 경영자의 최선의 추정치를 반영하는 합리적이고 객관적인 가정에 근거하여 판단한다.

③ 미래 경제적 이익의 유입에 대한 확실성 정도는 무형자산을 최초로 인식하는 시점에 이용이 가능한 증거에 근거하고 외부증거에 비중을 더 크게 둔다. 따라서 무형자산을 최초로 인식할 때는 원가로 측정하지만, 감정평가사 등의 전문가에 의한 객관적 외부증거가 필요하다.

④ 내부적으로 창출한 영업권은 미래 경제적 이익을 창출하기 위한 지출이라도 기업회계기준서의 무형자산이 될 수 없다. 자가창설 영업권은 기업이 통제하는 식별 가능한 자원이 아니고, 원가를 신뢰성 있게 측정할 수 없기 때문이다.

3) 구성

(1) 시장 자본

시장 자본이란 ① 고객명단, 고객 관계 등 고객기반 무형자산, ② 기업의 명성, 이미지 등 기업의 평판도, ③ 인지도 있는 상표, 상호 등 기업브랜드, ④ 효과적인 유통망 등으로서 수요자나 공급자 등 거래처와의 관계에서 형성되는 긍정적인 가치를 말한다.

(2) 인적자본

인적자본이란 기업의 부가가치를 창출하는 데 직접 기여한 사람의 가치를 말한다. 예를 들어 기업의 조직적인 노동력, 고용계약, 비경쟁합의 등이 있다. 인적자본을 평가하기 위해서는 계약관계의 조건, 기존 산업 및 시장조건 등을 검토하고 분석해야 한다.

(3) 지식 자본

① 지식 자본은 지식재산이라고도 한다. 그러나 지식재산은 지식 자본 중에서 재산적 가치를 가지는 것을 말한다.

② 지식재산이란 인간의 창조적 활동 또는 경험 등에 의하여 창출되거나 발견된 지식·정보·기술, 사상이나 감정의 표현, 영업이나 물건의 표시, 생물의 품종이나 유전자원, 그 밖에 무형적인 것으로서 재산적 가치가 실현될 수 있는 것을 말한다(지식재산 기본법 제3조 제1호).

③ 신지식재산이란 경제·사회 또는 문화의 변화나 과학기술의 발전에 따라 새로운 분야에서 출현하는 지식재산을 말한다(지식재산 기본법 제3조 제2호).

(4) 영업권

① 영업권이란 대상기업이 경영상의 유리한 관계 등 배타적 영리 기회를 보유하여 같은 업종의 다른 기업들에 비하여 초과수익을 확보할 수 있는 능력으로서 경제적 가치가 있다고 인정되는 권리를 말한다.

② 회계적 측면에서 영업권은 기업이 매수나 영업양수 등의 경우 유상으로 취득한 것만 인정된다.

2. 감정평가목적의 다양성

① 무형자산은 법률에 따른 강제평가와 자율적인 임의평가가 있다. 강제평가는 법률 규정에 따른 공정성, 객관성 등이 중요하다. 임의평가는 의사결정을 위해 합리성, 신뢰성 등이 중요하다.
② 무형자산은 다양한 목적으로 감정평가할 수 있다. 금융 목적으로 현물출자, 지식재산의 담보설정 및 증권화 등이 있다. 세무 목적으로 지식재산권의 기증, 처분, 상각 등이 있다. 소송 목적으로 특허권 침해, 채무불이행, 지식재산 분쟁 등이 있다.

3. 3방식

1) 기준

① 무형자산을 감정평가할 때는 수익환원법을 적용해야 한다.
② 감정평가방법은 대상물건의 특성, 감정평가목적, 시장상황, 자료의 신뢰성 등에 따라 선택할 수 있다. 기준시점 현재 대상물건과 동질성 있는 무형자산이 거래된다면 거래사례비교법을 우선 적용할 수 있다. 또한 시장성과 수익성이 혼합된 로열티면제법을 적용할 수 있다.

2) 수익방식

(1) 현금흐름할인법

① 개념
현금흐름할인법은 대상 무형자산이 창출할 것으로 기대되는 미래 경제적 이익을 예측하고 위험을 반영한 적절한 할인율로 할인하는 방법이다. 즉, 미래 경제적 이익의 현재가치와 잔존가치의 합으로 구할 수 있다. 잔존가치는 예측기간 이후의 경제적 이익에 대한 현금흐름의 현재가치다.

② 증분 현금흐름법(할증이익법)
증분 현금흐름법은 현금흐름할인법을 유입의 관점에서 미래 초과이익의 현재가치를 구하는 방법이다. 즉, 무형자산을 사용하여 예상되는 경제적 이익의 현금흐름에 대한 현재가치에서 무형자산을 사용하지 않고 예상되는 경제적 이익의 현금흐름에 대한 현재가치를 차감하여 구한다.

③ 직접 현금흐름법(그린필드법)
직접 현금흐름법은 현금흐름할인법을 유출의 관점에서 해당 자산을 보유함으로써 감소시킬 수 있는 미래 현금유출의 현재가치를 구하는 방법이다. 이는 대상 무형자산 외에 다른 자산은 갖고 있지 않고 모두 구입, 건설, 임차한다고 가정한다. 즉, 투자비용을 공제하고 남는 잔여 현금흐름이 대상 무형자산에서 얻을 수 있는 경제적 이익으로 본다.

(2) 로열티면제법

로열티면제법은 제3자로부터 라인선스가 되었다면 지급할 로열티를 부담하지 않음으로써 절감할 수 있는 지불액을 추정하여 현재가치로 구하는 방법이다. 즉, 무형자산으로 인해 창출할 미래 경제적 이익에 적절한 로열티율을 곱하여 매년 절감할 수 있는 가액을 구한 후, 현재가치로 할인하여 구한다. 로열티율은 무형자산 소유자가 사용자에게 해당 자산의 자발적인 사용에 대해 적용하는 율이다. 로열티율은 일반적으로 순매출액에 대한 일정 비율로 표시한다.

3) 비교방식

(1) 거래사례비교법

거래사례비교법은 대상 무형자산과 동일 또는 유사한 거래사례를 비교 · 분석하는 방법이다. 따라서 비교가 가능한 사례를 찾는 것이 중요하다. 거래사례는 거래된 무형자산의 법적 소유권 묶음의 내용, 거래 관련 금융조건, 거래의 공정성과 효율성, 시장조건 등을 분석해야 한다.

(2) 시장배수법

① 시장배수법은 대상 무형자산이 창출하는 미래 경제적 이익에 시장배수를 곱하는 방법이다.
② 시장배수는 총현금흐름, 순현금흐름, 세전이익, 상각전이익, 총매출 등이 있다. 시장배수를 이용한다는 것은 어느 정도 효율적 시장을 전제로 하고 있다는 의미다. 즉, 시장배수는 신뢰할 수 있는 정보나 효율성이 있다는 것을 전제로 한다.

(3) 시장로열티법

시장로열티법은 대상 무형자산과 비교 가능한 거래사례로부터 로열티율을 산정한 후, 미래 경제적 이익에 적용하는 방법이다. 대상 무형자산은 확인이 가능한 경제적 이익을 창출하고 있어야 한다.

4) 원가방식

(1) 개념

원가방식은 대상 무형자산의 재조달원가에서 감가상각액을 공제하는 것이다. 즉, 무형자산이 가져오는 미래 경제적 이익을 재창출하기 위해 필요한 금액을 구하는 것이다.

(2) 감가상각

무형자산의 가치는 시간이 지남에 따라 감소한다. 자산가치의 하락은 물리적 · 기능적 · 경제적 측면에서 나타난다. 무형자산은 물리적 감가보다 기능적 감가가 빠르다. 왜냐하면 무형자산은 기술진보 등으로 급격한 가치하락이 발생하기 때문이다.

(3) 한계

무형자산의 원가방식은 다른 방식보다 가치에 영향을 미치는 요인들의 반영이 쉽지 않다. 따라서 원가방식은 수익방식이나 비교방식과 함께 이용해야 한다. 즉, 다른 방식의 합리성이나 적정성을 검토하는 수단으로서 의미가 있다.

2 광업권의 감정평가

1. 개념

① 광업권이란 탐사권과 채굴권을 말한다(광업법 제3조 제3호).
② 탐사권이란 등록을 한 일정한 토지의 구역(이하 "광구")에서 등록을 한 광물과 이와 같은 광상에 묻혀 있는 다른 광물을 탐사하는 권리를 말한다(광업법 제3조 제3의2호).
③ 채굴권이란 광구에서 등록을 한 광물과 이와 같은 광상에 묻혀 있는 다른 광물을 채굴하고 취득하는 권리를 말한다(광업법 제3조 제3의3호).

④ 조광권이란 설정행위에 의하여 타인의 광구에서 채굴권의 목적이 되어 있는 광물을 채굴하고 취득하는 권리를 말한다(광업법 제3조 제4호).

2. 감정평가방법

1) 기준

광업권을 감정평가할 때는 감칙 제19조 제2항에 따른 광업재단의 감정평가액에서 해당 광산의 현존시설 가액을 빼고 감정평가해야 한다. 이 경우 광산의 현존시설 가액은 적정 생산규모와 가행조건 등을 고려하여 산정하되, 과잉유휴시설은 포함하지 않는다.

2) 수익환원법

(1) 현존시설 가액

광산의 감정평가액은 광업권 및 시설의 가액이 포함되어 있다. 따라서 광산의 현존시설 가액을 빼고 감정평가해야 한다. 현존시설 가액은 건물 등 해당 시설과 관련된 규정을 준용한다.

(2) 광업권의 존속기간(광업법 제12조)

① 탐사권의 존속기간은 7년을 넘을 수 없다.
② 채굴권의 존속기간은 20년을 넘을 수 없다.
③ 채굴권자는 채굴권의 존속기간이 끝나기 전에 대통령령으로 정하는 바에 따라 산업통상자원부장관의 허가를 받아 채굴권의 존속기간을 연장할 수 있다. 이 경우 연장할 때마다 그 연장기간은 20년을 넘을 수 없다.

3) 광산의 감정평가가 불가능한 경우

① 광업권의 감정평가방법은 광산의 가치를 감정평가할 수 있는 경우를 전제한다. 즉, 광업재단으로 등록되어 있는 경우에 광업권을 감정평가할 수 있다. 따라서 광산의 가치를 감정평가할 수 없는 경우에는 광업권만의 가치를 감정평가하거나 다른 방법을 적용해야 한다.
② 광업권을 자가 창설한 경우에는 그 과정의 소요비용을 기준하여 원가법을 적용할 수 있다.
③ 광업권을 유상으로 취득한 경우에는 취득가액을 기준하여 거래사례비교법을 적용할 수 있다.

3 어업권의 감정평가

1. 개념

① 어업권이란 수산업법 제7조(면허어업)에 따라 면허를 받아 어업을 경영할 수 있는 권리를 말한다(수산업법 제2조 제7호).
② 어업이란 수산동식물을 포획 · 채취하는 사업과 염전에서 바닷물을 자연 증발시켜 소금을 생산하는 사업을 말한다(수산업법 제2조 제2호).

2. 자료의 수집 및 정리

1) 사전조사

① 소재지, ② 면허번호, ③ 어업권의 종류, ④ 존속기간 및 연장 여부, ⑤ 어업권에 부가된 조건 및 제한사항

2) 실지조사

① 사업체의 개요
② 어종 및 어기(면허받은 양식생물의 종류, 어업의 준법 여부 등)
③ 어장의 입지 및 해당 지역 어업실태
④ 어장의 수심, 저질(底質), 조류의 방향 및 세기 등
⑤ 어장의 시설현황
⑥ 어획고와 판로(어업생산량, 판매단가 등)
⑦ 어업의 경영현황
⑧ 어업권의 연장 가능 여부
⑨ 그 밖에 어업권에 관련된 사항

3. 감정평가방법

1) 기준

① 어업권을 감정평가할 때는 어장 전체를 수익환원법에 따라 감정평가한 가액에서 해당 어장의 현존시설 가액을 빼고 감정평가해야 한다. 이 경우 어장의 현존시설 가액은 적정 생산규모와 어업권 존속기간 등을 고려하여 산정하되, 과잉유휴시설은 포함하지 않는다.
② 수익환원법으로 감정평가하는 것이 곤란하거나 적절하지 아니한 경우에는 거래사례비교법으로 감정평가할 수 있다.

2) 수익환원법

(1) 어장의 순수익

① 어장의 순수익은 장기간의 자료에 근거한 순수익을 산정해야 한다.
② 어장의 순수익은 평년수익을 의미한다. 평년수익은 평균연간어획량에 연간판매단가를 곱한 후 평년어업경비를 공제하여 구한다.

(2) 어업권의 존속기간

① 어업권의 존속기간은 어장의 상황, 어업권의 잔여기간 등을 고려하여 어업이 가능한 연한으로 결정한다.
② 수산업법 제7조에 따른 어업면허의 유효기간은 10년으로 한다. 다만, 제4조 제4항(어장이용개발계획 등) 및 어장관리법 제8조 제5항에 해당하는 경우(면허ㆍ허가 동시 갱신)와 수산자원보호와 어업조정을 위하여 대통령령으로 정하는 경우(어업면허의 유효기간 단축사유)에는 각각 그 유효기간을 10년 이내로 할 수 있다.

(3) 현존시설 가액

현존시설 가액은 생산규모와 어업권 존속기간 등을 고려하여 감정평가하되, 과잉유휴시설은 제외한다.

3) 거래사례비교법

① 거래사례비교법으로 감정평가할 때는 어종, 어장의 규모, 존속기간 등이 비슷한 인근의 어업권 거래사례를 기준으로 어업권의 가치에 영향을 미치는 개별요인을 비교하여 감정평가한다.
② 어업권만의 거래사례는 희박하다. 따라서 어장 전체의 거래가격에서 시설물 가격 등을 공제하여 대상 어업권과 비교한다.
③ 개별요인을 비교할 때는 대상 어업생물과 수질, 수심, 수온, 유속, 저질상태, 시설물 상태, 가용시설 규모 등 어장환경의 적합성 등에 유의한다.

4 영업권의 감정평가

1. 개념

1) 의의

(1) 실무기준

① 영업권이란 대상기업이 경영상의 유리한 관계 등 배타적 영리 기회를 보유하여 같은 업종의 다른 기업들에 비하여 초과이익을 확보할 수 있는 능력으로서 경제적 가치가 있다고 인정되는 권리를 말한다.
② 이는 기업의 유리한 영업 관계 등에서 오는 초과이익의 개념으로 파악하는 관점이다. 하지만 영업권은 다양한 구성요소들의 지속적 결합작용의 결과로 생성된 것이다. 즉, 기업의 유·무형자산 등이 유기적으로 결합하여 현재와 미래의 경제적 이익을 가진다는 점을 간과하고 있다.

(2) 국제평가기준(IVS)

① 영업권은 기업이나 기업의 어떤 권리, 또는 다른 자산에서 별도로 인식되지 않는 자산 집합을 이용함으로써 발생하는 미래의 모든 경제적 이익이다. 영업권 가치는 일반적으로 기업가치에서 모든 식별 가능한 유형자산, 무형자산 및 화폐성 자산의 가치(실제 또는 우발부채 수정 후)를 공제한 후에 남는 가액이다.
② 이는 기업이 창출하는 모든 경제적 이익의 가치를 초과하는 잔여 가치의 개념으로 파악하는 관점이다.

(3) 기업회계기준(KIFRS)

① 사업결합으로 인식하는 영업권은 개별적으로 식별하여 별도로 인식하는 것이 불가능한 그 밖의 자산에서 발생하는 미래 경제적 효익을 나타내는 자산이다.
② 이는 사업결합으로 인식하는 영업권에 대해서만 접근하고 있다.

2) 구성 요소

① 계속기업 가치 요소란 이용 가능한 자산이 결합하여 영업권이 형성된다는 것이다.
② 초과이익 가치 요소란 정상이익을 넘는 이익 중에서 유형자산과 기타 무형자산을 제외하고 남는 가치로 영업권이 형성된다는 것이다.
③ 미래기대 가치 요소란 미래 예상되는 전망 등으로 영업권이 형성된다는 것이다.

3) 특징

(1) 종속성

종속성이란 영업권은 기업과 분리할 수 없다는 것이다. 즉, 영업권은 단독으로 존재할 수 없고, 식별 가능한 자산과 별도로 매각할 수 없다. 따라서 계속기업의 전제가 있어야 한다.

(2) 누적성

누적성이란 시간이 지남에 따라 기업의 경영과 함께 가치가 상승한다는 것이다. 즉, 영업권은 영업을 시작하자마자 발생하거나, 직후에 발생하는 것이 아니다. 특히 영업권의 가치는 기업의 제품이나 서비스의 품질, 상표의 사용범위, 기업조직구조의 우수성, 인력의 질과 교육수준, 서비스 태도, 조직문화 등에 따라 달라진다.

(3) 총체성

총체성이란 영업권의 가치는 사업 전체를 볼 때 나타나는 결과물이라는 것이다. 즉, 영업권 자체가 수익을 별도로 창출하는 자산이 아니라는 의미다. 따라서 영업권 가치는 초과이익이나 잔여 가치가 존재하는 경우에 나타날 수 있다.

(4) 지속성

지속성이란 영업권의 가치는 장기에 걸쳐 형성된다는 것이다. 즉, 법정 존속기간이 없고, 기업의 품질 개선이 계속해서 이루어진다면 영업권의 가치는 지속될 수 있다.

(5) 수익 상관성

수익 상관성이란 영업권의 가치는 기업의 수익성과 양의 상관성이 있다는 것이다. 영업권은 사업결합으로 인한 매수 및 부대비용을 기초로 원가 인식이 가능하다. 여기에 지속적인 경영 등으로 일종의 부외자산이 창출되므로 수익 상관성이 있다.

2. 자료의 수집 및 정리

1) 조사 및 확인사항
① 같은 업종의 현황 및 장래성
② 해당 기업의 장래성 및 위험성
③ 기준시점 현재 총재산의 감정평가액
④ 초과수익의 발생원인
⑤ 초과수익의 장래수요성·지속성 및 이전성의 정도
⑥ 등록된 제 권리 및 각종 계약에 관한 증빙서류를 통한 권리별 상관관계
⑦ 그 밖에 영업권에 관련된 사항

2) 가격자료

영업권은 기업 내부 자료, 산업분석 및 시장분석 등의 시장자료를 수집한다. 그리고 제시자료, 관련 업종 자료, 시장의 외부 자료 등을 통해 적정성을 검토한다. 영업권 자료는 대상기업의 인적·물적 시설, 업종의 전망, 재무적 자료 등을 통해 감정평가목적 등을 고려하여 분석한다.

3. 감정평가방법

1) 기준

① 영업권을 감정평가할 때는 수익환원법을 적용해야 한다. 영업권은 초과이익이나 잔여 가치로서의 경제적 가치를 가지기 때문이다.

② 수익환원법으로 감정평가하는 것이 곤란하거나 적절하지 아니한 경우에는 거래사례비교법이나 원가법으로 감정평가할 수 있다. 그러나 거래사례비교법이나 원가법은 법적 근거, 품등비교의 어려움, 외부요인 등으로 한계가 있다.

2) 수익환원법

(1) 대상기업의 영업 관련 기업가치에서 영업 투하자본을 차감하는 방법

이 방법은 대상기업의 영업 관련 기업가치에서 영업 투하자본을 차감하는 방법이다. 영업 관련 기업가치는 기업가치의 감정평가방법을 준용한다. 단, 비영업용 자산은 제외한다. 영업 투하자본이란 영업자산에서 영업부채를 차감한 금액이다. 영업자산이란 영업활동을 영위하기 위한 자산으로 투자목적용 자산은 제외한다. 영업부채란 영업 관련 부채로 이자부 부채는 제외한다.

(2) 초과이익을 할인하거나 환원하는 방법

이 방법은 대상기업이 달성할 것으로 예상되는 지속 가능 기간의 초과이익을 현재가치로 할인하거나 환원하는 방법이다. 초과이익은 유사한 자산 규모를 가진 통상적인 기업의 정상이익을 상회하는 이익을 말한다. 이는 매출 증가, 비용감소, 투자감소 등을 포함하는 개념이다. 초과이익은 평균 순이익에서 순자산가치에 정상 수익률을 곱한 것을 공제하여 구한다. 초과이익의 정도는 초과이익의 발생원인을 사용과 소유 등으로 세분하여 파악한다.

(3) 기타 방법

① 잔여법

잔여법은 전체 기업가치에서 영업권을 제외한 유·무형의 자산가치를 공제하는 방법이다. 즉, 기업가치에서 유동자산, 고정자산(재평가액), 식별 가능한 무형자산, 조직화된 노동력, 개발소프트웨어, 고객목록 등을 공제하여 구한다.

② 초과이익법

초과이익법은 단기간 초과이익법과 다기간 초과이익법이 있다. 단기간 초과이익법은 잉여현금흐름에서 순운전자본과 고정자산의 정상이익을 차감한 초과이익을 적정 환원율로 환원하는 방법이다. 다기간 초과이익법은 여러 해의 현금흐름에서 기여자산 공헌율을 공제한 초과이익을 적정 할인율로 할인하는 방법이다.

③ 매수가격배분법

매수가격배분법은 사업결합시 인수대상 기업의 자산과 부채를 공정가치로 평가하고, 기존에 인식되지 않았던 무형자산이 새롭게 추가 인식됨에 따라 매수대가와 장부가액의 차이를 공정가치로 평가된 자산에 배분하는 방법을 말한다. 즉, 매수원가에서 순운전자본, 고정자산, 식별 가능한 무형자산 등을 차감하는 방법이다.

3) 거래사례비교법

(1) 영업권만의 거래사례가 있는 경우

영업권만의 거래사례가 있는 경우에는 영업권만의 거래사례를 대상 영업권과 비교하여 감정평가할 수 있다. 영업권만의 거래사례는 대상과 같거나 비슷한 업종의 사례를 선정한다.

(2) 기업가치의 거래사례가 있는 경우

영업권을 포함한 기업가치의 거래사례가 있는 경우에는 사례의 영업권만의 거래가격을 구한 후 대상 영업권과 비교하여 감정평가할 수 있다. 즉, 대상과 같거나 비슷한 업종의 기업 전체 거래가격에서 영업권을 제외한 순자산가치를 차감한 가치를 영업권의 거래사례 가격으로 보고 대상 영업권과 비교한다.

(3) 대상기업 상장된 경우

대상기업이 상장된 경우에는 시장에서 거래되고 있으므로 발행주식 수에 발행주식의 주당 가격을 곱한 가치에서 영업권을 제외한 순자산가치를 차감하는 방법으로 감정평가할 수 있다.

4) 원가법

(1) 감가액을 공제하는 방법

이 방법은 기준시점에서 새로 취득하기 위해 필요한 예상비용에서 감가요인을 파악하고 그에 해당하는 금액을 공제하는 방법이다. 이는 대상 영업권을 기회비용 측면에서 접근하는 방법이다. 즉, 영업권 구축에 드는 기간 동안 취득할 수 있었던 상대적 경제적 이윤으로 구한다. 예를 들어, 영업권 구축에 2년이 들었다면, 설비 구입과 설치, 부동산 구입, 협력업체 선정, 유통시스템 구축, 고객의 인지도 등이 포함된다.

(2) 대상 취득비용을 시점수정하는 방법

이 방법은 대상 영업권의 취득에 든 비용을 물가변동률 등에 따라 기준시점으로 수정하는 방법이다. 이는 과거의 취득비용으로 영업권의 가치가 변하는 것과 경기변동 등이 일치하지 않아 왜곡이 발생할 수 있다.

5 지식재산권의 감정평가

1. 개념

1) 의의

① 지식재산권이란 법령 또는 조약 등에 따라 인정되거나 보호되는 지식재산에 관한 권리를 말한다(지식재산 기본법 제3조 제3호).
② 지식재산권이란 특허권·실용신안권·디자인권·상표권 등 산업재산권 또는 저작권 등 지적창작물에 부여된 재산권에 준하는 권리를 말한다(실무기준).

2) 종류

(1) 산업재산권

① 특허권
특허권이란 특허법에 따라 독점적으로 이용할 수 있는 권리를 말한다.

② 실용신안권

실용신안권이란 실용신안법에 따라 등록한 실용신안을 독점적으로 이용할 수 있는 권리를 말한다.

③ 디자인권

디자인권이란 디자인보호법에 따라 등록한 디자인을 독점적으로 이용할 수 있는 권리를 말한다.

④ 상표권

상표권이란 상표법에 따라 등록한 상표를 독점적으로 이용할 수 있는 권리를 말한다.

(2) 저작권

저작권이란 저작권법에 따라 저작권자가 가지는 권리를 말한다.

2. 자료의 수집 및 정리

1) 특허권

(1) 조사 및 확인사항

① 등록특허공보를 통한 특허권의 내용
② 특허의 기술적 유효성과 경제적 유효성
③ 특허권자, 특허권의 존속기간, 존속기간 연장 여부
④ 특허권의 효력 및 계약관계
⑤ 특허권의 수용 여부 및 질권설정 여부
⑥ 특허권에 관한 심판·소송 여부
⑦ 재무상태표상 특허권의 장부가치

(2) 가격자료

① **거래사례**: 특허권의 거래가격 등
② **비용자료**: 특허권의 취득을 위해 드는 비용 등
③ **수익자료**: 수익력 추정자료, 수익률, 라이선스 계약에 따른 수익 및 실시료율, 재무제표 등
④ **시장자료**: 경제성장률, 물가상승률, 금리, 환율 등
⑤ 그 밖에 감정평가액 결정에 참고가 되는 자료

2) 상표권

(1) 조사 및 확인사항

① 상표등록증을 통한 상표권의 내용
② 상표권자, 출원인, 상표권의 존속기간, 존속기간 갱신 여부
③ 상표권의 효력, 계약관계 및 등록상표 등의 보호범위
④ 상표권의 소송 여부 및 질권설정 여부
⑤ 재무상태표상 상표권의 장부가치

(2) 가격자료

① **거래사례**: 상표권의 거래가격 등
② **비용자료**: 상표권의 취득을 위해 드는 비용 등

③ **수익자료:** 상표권 사용수익, 수익률, 라이선스 계약에 따른 수익 및 실시료율, 재무제표 등

④ **시장자료:** 경제성장률, 물가상승률, 금리, 환율 등

⑤ 그 밖에 감정평가액 결정에 참고가 되는 자료

3) 저작권

(1) 조사 및 확인사항

① 저작자의 실명 · 이명 · 국적 · 주소 · 거소

② 저작물의 제호 · 종류 · 창작연월일

③ 저작물 공표 여부 · 공표연월일 · 공표된 국가

④ 저작인격권(공표권 · 성명표시권 · 동일성유지권)

⑤ 저작재산권(복제권 · 공연권 · 공중송신권 · 전시권 · 배포권 · 대여권)

⑥ 실연자의 권리(복제권 · 배포권 · 대여권 · 공연권 · 방송권 · 전송권 등)

⑦ 음반제작자의 권리(복제권 · 배포권 · 대여권 · 전송권 등)

⑧ 방송사업자의 권리(복제권 · 동시중계방송권)

⑨ 저작재산권의 양도, 질권의 행사, 권리변동

(2) 가격자료

① **거래사례:** 저작권의 거래가격 등

② **비용자료:** 저작권의 취득을 위해 드는 비용 등

③ **수익자료:** 저작권 사용수익, 수익률, 라이선스 계약에 따른 수익 및 실시료율, 재무제표 등

④ **시장자료:** 경제성장률, 물가상승률, 금리, 환율 등

⑤ 그 밖에 감정평가액 결정에 참고가 되는 자료

3. 감정평가방법

1) 기준

① 지식재산권을 감정평가할 때는 수익환원법을 적용해야 한다. 다만, 대상 지식재산권이 창출할 것으로 기대되는 적정수익에 근거하여 합리적으로 감정평가할 수 있는 다른 방법이 있는 경우에는 그에 따라 감정평가할 수 있다.

② 수익환원법으로 감정평가하는 것이 곤란하거나 적절하지 아니한 경우에는 거래사례비교법이나 원가법으로 감정평가할 수 있다.

2) 수익환원법

(1) 현금흐름을 할인하거나 환원하는 방법

이 방법은 대상 지식재산권만의 현금흐름을 할인하거나 환원하는 방법이다. 여기서 현금흐름은 ① 절감 가능한 사용료, ② 증가된 현금흐름, ③ 기업의 총이익에서 일정 비율을 배분하여 구할 수 있다.

(2) 기술기여도법

① 기술기여도법은 기업 전체의 영업 가치에 해당 지식재산권의 기술기여도를 곱하여 구하는 방법이다. 기술기여도는 기업의 경제적 이익 창출에 기여한 유 · 무형의 자산 중에서 해당 지식재산권이 차지하는 상대적 비율을 말한다.

② 기술기여도를 구하는 방법은 비슷한 지식재산권의 기술기여도를 해당 지식재산권에 적용하는 방법과 산업기술요소 · 개별기술강도 · 기술비중 등을 고려한 기술요소법이 있다.

3) 거래사례비교법

(1) 지식재산권만의 거래사례가 있는 경우

비슷한 지식재산권이 거래사례가 있는 경우에는 대상과 비교하여 구할 수 있다. 다만, 지식재산권은 배타적이고 독점적인 권리이므로 사례를 찾기 어려울 수 있다.

(2) 실시료율법

① 실시료율법이란 매출액이나 영업이익 등에 시장에서 형성되고 있는 실시료율을 곱하여 산정된 현금흐름을 할인하거나 환원하여 구하는 방법이다. 여기서 실시료율은 사용기업의 매출액이나 영업이익 등에 대한 비율을 말한다. 이는 지식재산권을 배타적으로 이용하기 위해 제공되는 기술사용료를 측정하기 위한 것이다.

② 실시료율을 산정할 때는 지식재산권의 개발비, 특성, 예상수익에 대한 기여도, 실시의 난이도, 사용기간 등을 고려해야 한다.

4) 원가법

(1) 감가액을 공제하는 방법

이 방법은 기준시점에서 새로 취득하기 위해 필요한 예상비용에서 감가요인을 파악하고 그에 해당하는 금액을 공제하는 방법이다.

(2) 제작이나 취득비용을 시점수정하는 방법

이 방법은 대상 지식재산권을 제작하거나 취득하는 데 들어간 비용을 물가변동률 등에 따라 기준시점으로 수정하는 방법이다.

기출문제

[제9회 문제 2]
기업평가에 있어 영업권 가치와 지식재산권 가치를 설명하고, 이와 관련된 발생 수익의 원천 및 평가방법을 서술하시오. (20점)

[제10회 문제 6-3]
자본자산가격모형(CAPM)에 대하여 약술하시오. (5점)

[제28회 문제 4]
영업권과 상가권리금을 비교 · 설명하시오. (10점)

[제33회 문제 1]
최근 지식재산권에 대한 관심이 높아지면서 지식재산권에 대한 감정평가 수요도 증가하고 있다. 지식재산권 감정평가와 관련하여 다음 물음에 답하시오. (40점)
1) 감정평가 실무기준상 지식재산권의 개념 및 종류, 가격자료에 대해 설명하시오. (10점)
2) 감정평가 3방식의 성립 근거와 각 방식간의 관계에 대해 설명하시오. (10점)
3) 감정평가 실무기준상 감정평가 3방식에 따른 지식재산권의 평가방법을 설명하고, 각 방식 적용시 유의사항에 대해 설명하시오. (20점)

제11절 유가증권 등의 감정평가

1 주식의 감정평가

1. 상장주식

1) 개념
① 상장주식이란 자본시장법에서 정하는 증권상장 규정에 따라 증권 시장에 상장된 증권 중 주권을 말한다. 즉, 상장된 회사의 주식을 의미한다.
② 상장이란 자본시장법에 따른 허가를 받고 개설된 거래소에서 주권을 매매할 수 있도록 인정하는 것을 말한다.
③ 주식이란 주식회사의 자본을 구성하는 금액적 의미와 주주의 권리와 의무의 단위로서 주주권의 의미를 말한다.
④ 상장법인이란 증권 시장에 상장된 증권(이하 "상장증권")을 발행한 법인을 말한다(자본시장법 제9조 제15항 제1호).
⑤ 주권상장법인이란 상장법인, 주권과 관련된 증권예탁증권이 증권 시장에 상장된 경우에는 그 주권을 발행한 법인을 말한다(자본시장법 제9조 제15항 제3호).

2) 자료의 수집 및 정리

(1) 조사 및 확인사항
① 제한
상장주식은 거래소에 등록되어 증권 시장에서 자유롭게 거래되고 시장가격이 결정된다. 따라서 양도방법이나 거래에 제한이 있는지를 조사·확인해야 한다.
② 배당권
계속기업에 대한 주식은 배당금 등의 가치에 따라 주식 가치가 달라진다. 따라서 배당권 여부 등에 대해 조사·확인해야 한다.
③ 상장일자와 발행일자
상장주식은 상장일자와 발행일자를 조사·확인해야 한다. 상장법인 거래소에 등록되어 있는지, 해당 법인이 발행할 것인지를 확인해야 하기 때문이다.
④ 거래상황
상장주식은 증권 시장이 존재한다. 따라서 거래상황을 조사·확인해야 한다. 거래가 정지되어 있는 경우도 있을 수 있기 때문이다.
⑤ 실효, 위조, 변조
증권이 유효한지, 상장이 폐지되지 않았는지, 증권 증서가 위조나 변조되지 않았는지 등을 조사·확인해야 한다.

(2) 가격자료
상장주식은 거래소, 금융감독원 등의 전산 자료, 증권회사의 재무자료, 상장주식의 거래 내역, 종가, 시가 등의 자료가 있다. 그 밖에 가치 결정에 참고가 되는 자료는 다음과 같다.

① 전체 상장기업 관련 지수
② 동종업종 및 유사업종의 각종 지수
③ 외부감사 대상법인의 1주당 가격
④ 경쟁업종의 종가와 관련된 자료
⑤ 해당기업 및 유사기업 등의 1주당 순자산가치
⑥ 해당기업 및 유사기업 등의 1주당 순이익가치
⑦ 기타 주식 관련 통계자료

3) 감정평가방법

(1) 기준

① 상장주식을 감정평가할 때는 거래사례비교법을 적용해야 한다. 이때 상장주식은 자본시장법 제373조의2에 따라 허가를 받은 거래소에서 거래가 이루어지는 등 시세가 형성된 주식으로 한정한다.

② 상장주식으로서 자본시장법 제373조의2에 따라 허가를 받은 거래소 등의 시세가 없는 경우에는 비상장주식의 감정평가방법을 준용한다.

(2) 거래사례비교법

① 거래사례비교법을 적용할 때는 대상 상장주식의 기준시점 이전 30일간 실제 거래가액의 합계액을 30일간 실제 총거래량으로 나누어 감정평가한다.

② 기준시점 이전 30일간의 기간 중 증자·합병 또는 이익이나 이자의 배당 및 잔여재산의 분배청구권 또는 신주인수권에 관하여 상법에 따른 기준일의 경과 등의 이유가 발생한 상장주식은 그 이유가 발생한 다음 날부터 기준시점까지의 실제 거래가액의 합계액을 해당 기간의 실제 총거래량으로 나누어 감정평가한다.

2. 비상장주식

1) 개념

① 비상장주식이란 주권비상장법인의 주권을 말한다.
② 비상장법인이란 상장법인을 제외한 법인을 말한다(자본시장법 제9조 제15항 제2호).
③ 주권비상장법인이란 주권상장법인을 제외한 법인을 말한다(자본시장법 제9조 제15항 제4호).
④ 비상장주식의 감정평가는 회사 경영권을 매입하는 투자의 경우, 국유주식의 처분, 상장을 위해 공개되는 경우의 공모가격, 상속세 과세를 위한 경우 등에 필요하다.

2) 자료의 수집 및 정리

(1) 조사 및 확인사항

① 계속기업의 전제
비상장주식을 감정평가할 때는 특별한 경우를 제외하고 계속기업을 전제로 한다. 그러나 기업이 활동을 영위할 수 없는 경우에는 청산을 전제로 한다.

② 기업 재무제표
㉠ 비상장주식을 감정평가할 때는 해당 기업의 재무상태표, 손익계산서, 현금흐름표 등의 각종 재무제표를 활용한다.

ⓒ 재무상태표는 기준일 현재의 모든 자산, 부채, 자본을 적정하게 나타내는 보고서다. 왜냐하면 재무상태표는 경제적 자원에 관한 정보, 지급능력 또는 유동성에 관한 정보, 재무구조에 관한 정보, 투자의사결정 등에 관한 유용한 정보, 투자자들의 청구권에 관한 정보 등을 제공하기 때문이다.

③ 소유지분의 비중

소유지분의 비중은 기업의 경영활동에 큰 영향을 미친다. 소유지분의 비중은 기업의 의사결정에 대한 지배력, 내국인과 외국인간의 상대적 비율, 개인투자자와 기관투자자간의 상대적 비율 등을 조사·확인해야 한다.

④ 그 밖의 조사 및 확인사항
   ㉠ 해당 기업의 개요
   ㉡ 영업권과 지식재산권 등에 대한 검토
   ㉢ 주식양도방법
   ㉣ 대상 주식의 의결권 여부
   ㉤ 해당 기업의 신용등급
   ㉥ 보통주식의 소유 관계 등

(2) 가격자료

① 경제분석자료

   ㉠ 경제성장 및 고용·임금자료: 경제성장률, 국내 총투자율, 제조업평균가동률, 명목임금증감률, 실업률 등
   ㉡ 물가자료: 생산자물가상승률, 수입물가등락률, 유가등락률 등
   ㉢ 통화, 금융·증권자료: 어음 부도율, 이자율과 할인율, 종합주가지수 등
   ㉣ 국제수지와 무역·외환자료: 경상수지, 환율, 외환보유액, 수출증감률 등

② 산업분석자료

산업분석자료는 해당 기업이 속하는 산업환경에 영향을 미칠 수 있는 자료를 의미한다. 산업분석은 다음의 자료를 수집한다.
   ㉠ 관련 산업의 기술이나 유통과정 또는 재무 구조적 특성
   ㉡ 해당 산업의 시장전망과 규모 및 경제적 지위
   ㉢ 제품 및 원재료의 수요·공급에의 영향요인
   ㉣ 경기변동이나 산업 수명주기상의 추정단계
   ㉤ 해당 산업에서의 시장진입의 난이도
   ㉥ 예상되는 행정규제 및 지원 등

③ 내부현황자료

   ㉠ 기업 개요 사항: 조직형태, 기업 연혁, 계열 관계, 주요 주주 및 경영진의 약력, 사업개요, 주요시장 및 고객과 경쟁사 현황 등
   ㉡ 생산·제조활동 사항: 주요제품과 서비스, 생산설비와 생산능력 및 가동률, 생산 라인의 기술인력, 시설의 리스와 노후화 및 유지보수 정도 등
   ㉢ 영업활동 사항: 주요 원재료 및 구입처와 구입현황, 주요제품별 생산공정 및 매출 현황, 주요 거래처별 매출실적과 채권 회수 및 부실현황, 제품개발 및 영업 신장 계획 등

ⓔ 재무·회계 관련 사항: 과거 일정 기간의 감사보고서, 결산서, 세무신고납부서류, 운영계획 및 예산서, 영업보고서 및 주요 비용분석자료, 차입금 및 담보 제공 현황, 소송 및 지급보증현황 등

3) 감정평가방법

(1) 기준

① 비상장주식은 해당 회사의 자산·부채 및 자본 항목을 평가하여 수정재무상태표를 작성한 후 기업체의 유·무형의 자산가치(이하 "기업가치")에서 부채의 가치를 빼고 산정한 자기자본의 가치를 발행주식 수로 나누어 감정평가한다. 기업가치를 감정평가할 때는 기업가치의 감정평가방법을 따른다.

② 비슷한 주식의 거래가격이나 시세 또는 시장배수 등을 기준으로 감정평가할 때는 비상장주식의 주당가치를 직접 산정할 수 있다.

(2) 자기자본 가치법

① 자기자본 가치법이란 해당 회사의 자산·부채 및 자본 항목을 평가하여 수정재무상태표를 작성한 후 기업체의 유·무형의 자산가치(이하 "기업가치")에서 부채의 가치를 빼고 산정한 자기자본의 가치를 발행주식 수로 나누는 방법이다.

② 자기자본 가치법은 기업의 재무제표를 활용하는 방법이다. 따라서 주식회사의 기업가치를 반영한다는 점에 유용하다.

③ 자기자본 가치법은 수정 재무상태표를 어떻게 작성할 것인지에 대한 기준이 불명확하다. 그리고 보통주와 우선주를 구분하지 않기 때문에 의결권이 있는 보통주의 가치를 파악하기 어렵다.

(3) 주당 가치법

주당 가치법은 대상 주식의 거래가격, 시세, 시장 배수 등을 파악할 수 있는 경우에는 기업가치를 구하지 않고 직접 구하는 방법이다.

(4) 보통주 가치법

보통주 가치법은 의결권이 있는 보통주의 가치를 구하는 방법이다. 보통주는 자기자본 가치에서 우선주 가치를 차감하여 구한다. 즉, 영업자산 가치와 비영업자산 가치를 더한 기업가치에서 타인자본인 부채 가치와 자기자본 중 의결권이 없는 우선주 가치를 차감하는 방법이다.

(5) 상속세 및 증여세법 시행령 제54조에 의한 방법(보충적 방법)

① 개요

　　㉠ 상속세 및 증여세법 시행령 제54조 제1항에 따라 1주당 순손익가치와 1주당 순자산가치를 각각 3과 2의 비율로 가중평균한 가액으로 한다.

　　㉡ 다만, 가중평균한 가액이 1주당 순자산가치에 100분의 80을 곱한 금액보다 낮은 경우에는 1주당 순자산가치에 100분의 80을 곱한 금액을 비상장주식 등의 가액으로 한다.

　　㉢ 동조 제4항 제1호에서 제6호의 어느 하나에 해당하는 경우에는 순자산가치에 따른다. 즉, 가중평균한 가액을 적용하지 않는다.

② 순손익가치

1주당 순손익가치는 1주당 최근 3년간의 순손익액의 가중평균액을 3년 만기 회사채의 유통수익률을 고려한 기획재정부령으로 정하는 이자율로 나누어 구한다.

③ 순자산가치

1주당 순자산가치는 당해 법인의 순자산가액을 발행주식총수로 나누어 구한다. 발행주식총수는 평가기준일 현재의 발행주식총수에 따른다.

기출문제

[제17회 문제 5-1]
비상장주식의 평가를 약술하시오. (5점)

[제19회 문제 3]
향후 전자제품을 개발·생산·판매하기 위하여 설립된 비상장 영리법인인 A기업은 설립 후 자본금 전액을 기술개발에 지출하여 당해 금액을 무형자산으로 계상하였다(다른 자산·부채는 없음). 당해 기업의 주식가치를 감정평가하고자 한다. 적합한 감정평가방법 및 근거를 구체적으로 설명하고 장·단점을 설명하시오. (20점)

[제21회 문제 2]
비상장법인 A주식회사는 특허권을 가지고 전자제품을 제조 판매하는 공장과 임대업에 사용하는 업무용빌딩을 소유하고 있다. A주식회사는 2009년 전자제품부문에서 50억원, 임대업에서 20억원의 당기순이익을 얻었다. A주식회사의 주식을 감정평가하고자 한다. (30점)
1) 본건 감정평가와 관련하여 감정평가에 관한 규칙이 인정하는 감정평가방법 및 그 장·단점을 논하시오. (15점)
2) 감정평가에 관한 규칙에서 규정하고 있지 않은 주식 감정평가방법(양 방법을 혼합한 방법 포함)들을 예시하고, 감정평가이론의 관점에서 동 규칙 외의 방법에 의한 감정평가의 타당성을 논하시오. (15점)

[제24회 문제 4]
부동산업을 법인형태로 영위하는 경우, 해당 법인의 주식가치 감정평가방법을 설명하시오. (10점)

---

2 채권의 감정평가

1. 개념

1) 의의

① 증권이란 내국인 또는 외국인이 발행한 금융투자상품으로서 투자자가 취득과 동시에 지급한 금전 등 외에 어떠한 명목으로든지 추가로 지급의무(투자자가 기초자산에 대한 매매를 성립시킬 수 있는 권리를 행사하게 됨으로써 부담하게 되는 지급의무를 제외한다)를 부담하지 아니하는 것을 말한다(자본시장법 제4조 제1항).

② 증권은 채무증권, 지분증권, 수익증권, 투자계약증권, 파생결합증권, 증권예탁증권으로 구분한다(자본시장법 제4조 제2항).

③ 채무증권이란 국채증권, 지방채증권, 특수채증권, 사채권, 기업어음증권, 그 밖에 이와 유사한 것으로서 지급청구권이 표시된 것을 말한다(자본시장법 제4조 제3항).

2) 분류

(1) 발행주체에 따른 분류

채권은 발행주체에 따라 국채, 지방채, 특수채, 금융채, 회사채 등으로 분류한다.

① 국채란 국가가 발행하는 채권으로 국고채권, 국민주택채권, 외국환평형기금채권 등이 있다.

② 지방채는 지방자치단체에서 발행하는 채권으로 지역개발공채, 도시철도채권(서울시, 부산시), 상수도공채, 도로공채 등이 있다.

③ 특수채는 특별법에 의하여 설립된 특별법인이 발행한 채권으로 토지개발채, 전력공사채 등이 있다.

④ 금융채는 특수채 중 발행주체가 금융기관인 채권으로 통화안정증권, 산업금융채, 국민은행채, 중소기업금융채 등이 있다.

⑤ 회사채는 주식회사가 발행하는 채권으로 보증사채, 무보증사채, 담보부사채, 전환사채, 신주인수권부사채, 교환사채, 옵션부사채 등이 있다.

(2) 이자 지급방법에 따른 분류

채권은 이자 지급방법에 따라 이표채, 할인채, 복리채 등으로 분류한다.

① 이표채란 채권의 권면에 이표가 붙어 있어 이자지급일에 일정 이자를 받는 채권이다. 회사채와 금융채 중 일부가 이에 해당한다.

② 할인채는 액면금액에서 상환기일까지의 이자를 공제한 금액으로 매출하는 채권이다. 통화안정증권, 산업금융채권 등 금융채 중 일부가 이에 해당한다.

③ 복리채는 이자가 단위 기간 수만큼 복리로 재투자되어 만기시에 원금과 이자가 지급되는 채권이다. 국민주택채권, 지역개발공채, 금융채 중 일부가 이에 해당한다.

(3) 상환기간에 따른 분류

채권은 상환기간에 따라 단기채, 중기채, 장기채 등으로 분류한다.

① 단기채는 상환기간이 1년 이하인 채권이다. 통화안정증권 등이 있다.

② 중기채란 상환기간이 1년에서 5년 미만인 채권이다. 국고채권, 외국환평형기금채권, 회사채 등이 있다.

③ 장기채는 상환기간이 5년 이상인 채권이다. 국민주택채권, 도시철도채권 등이 있다.

(4) 모집방법에 따른 분류

채권은 모집방법에 따라 사모채, 공모채 등으로 분류한다.

① 사모채란 채권발행사가 특정 인수자에 대하여 일정 조건으로 인수계약을 체결하고 발행하는 채권이다.

② 공모채란 채권 발행사가 불특정다수인에게 발행하는 채권이다.

(5) 보증유무에 따른 분류

채권은 보증유무에 따라 보증채, 담보부채, 무보증채 등으로 분류한다.

① 보증채란 정부 또는 금융기관이 원리금 지급이행을 보증하는 채권이다. 정부보증채, 일반보증채(시중은행, 보증보험, 신용보증기금 등) 등이 있다.

② 담보부채란 채권에 물상담보권이 붙어 있는 채권이다. 금융채, 회사채 중 일부가 이에 해당한다.

③ 무보증채는 발행자의 신용도에 의해 발행되어 유통되는 채권이다. 국민주택채권, 상수도 공채, 금융채, 회사채 중 일부가 이에 해당한다.

(6) 이자율 변동 여부에 따른 분류

채권은 이자 지급의 변동 여부에 따라 확정금리부 채권과 금리연동부 채권으로 분류한다.
① 확정금리부 채권이란 확정이자율에 의한 일정 금액을 약정기일에 지급하는 채권이다. 국공채와 회사채의 대부분이 이에 해당한다.
② 금리연동부 채권이란 정기예금금리 등 기준금리에 연동되어 지급이자율이 변동되는 조건의 채권이다. 금융채와 회사채 중 일부가 이에 해당한다.

2. 자료의 수집 및 정리

1) 조사 및 확인사항

① 채권 발행인의 신용
② 상장 여부, 상장일자, 거래상황
③ 매출일자, 발행일자, 상환일자
④ 상환조건
⑤ 이율과 이자율 및 그 지급방법
⑥ 채권의 양도방법과 그 제한
⑦ 미도래의 이표 부착 여부
⑧ 실효, 위조, 변조 유무
⑨ 그 밖에 채권에 관련된 사항: 채권의 고유요인(비체계적 위험), 거시 경제적 요인(체계적 위험), 채권 수급 상황

2) 가격자료

① **거래사례**: 채권의 거래가격 등
② **수익자료**: 이율이나 이자율 등
③ **시장자료**: 거래량, 동종 채권 및 유사채권의 평균수익률 등
④ 그 밖에 감정평가액 결정에 참고가 되는 자료

3. 감정평가방법

1) 상장채권

① 상장채권은 거래사례비교법으로 감정평가한다. 거래사례비교법의 구체적인 적용은 상장주식과 같다.
② 상장채권 중에서 거래사례를 수집할 수 없거나 시세를 알 수 없는 경우에는 수익환원법으로 감정평가할 수 있다.

2) 비상장채권

① 비상장채권은 수익환원법으로 감정평가한다.
② 수익환원법을 적용하는 것이 곤란하거나 부적절한 경우에는 거래사례비교법으로 감정평가할 수 있다.

3) 수익환원법

수익환원법으로 감정평가할 때는 지급받을 원금과 이자를 기간에 따라 적정수익률로 할인하는 방법으로 한다. 적정수익률은 거래소에서 공표하는 동종 채권(동종 채권이 없는 경우에는 유사종류 채권의 기준시점 이전 30일간 당일 결제거래 평균 수익률)의 산술평균치로 한다. 다만, 같은 기간에 당일 결제거래 평균 수익률이 없는 경우에는 보통거래 평균 수익률 등 다른 수익률을 적용할 수 있다.

❸ 기업가치의 감정평가

1. 개념

1) 투하자본 접근법

(1) 자산 기준접근법(자산합계법)

자산 기준접근법은 기업가치를 투하자본 측면에서 감정평가할 때 재무상태표의 차변으로 구하는 방법이다. 이는 자본의 운용으로 접근한다고 하여 자금 운용접근법이라고도 한다. 기업은 필요한 자본을 조달하여 제품을 생산하고 판매한다. 즉, 기업이 보유한 유·무형의 자산 등을 이용하여 영업활동을 하고, 그 결과 수익을 창출한다. 따라서 기업이 영업활동에 필요한 자산은 영업자산이 되고, 영업활동에 필요하지 않은 자산은 비영업자산이 된다. 즉, 기업가치는 영업 자산가치와 비영업 자산가치를 더한 것이다. 비영업자산에는 초과 여유 현금, 예금 등 시장성 유가증권, 임대용 부동산 등이 있다.

(2) 자본 기준접근법(자본합계법)

자본 기준접근법은 기업가치를 투하자본 측면에서 감정평가할 때 재무상태표의 우변으로 구하는 방법이다. 이는 자본의 조달방법으로 접근한다고 하여 자금 조달접근법이라고도 한다. 기업의 자본 조달방법은 자기자본과 타인자본으로 이루어진다. 즉, 기업가치는 자기자본 가치와 타인자본 가치를 더한 것이다. 타인자본 가치는 투자자가 언제든지 자본을 회수할 수 있다. 따라서 자기자본, 즉 지분가치만을 기준으로 접근하기도 한다. 그리고 지분가치는 의결권이 있는 보통주 가치와 의결권이 없는 우선주 가치로 이루어져 있다. 따라서 기업가치는 의결권이 있는 보통주 가치로만 접근하기도 한다.

2) 3방식 접근법

(1) 수익가치법

수익가치법은 미래에 발생할 기대수익으로부터 기업가치를 구하는 방법이다. 기대수익은 잉여현금흐름, 배당금, 순이익 등이 있다.

(2) 상대가치법

상대가치법은 시장에서 유사한 비교사례로부터 기업가치를 구하는 방법이다. 비교지표는 주가수익비율, 주가현금흐름비율, 주가배당금비율, 주가총수익비율, 주가장부가비율, 주가시장가비율 등이 있다.

(3) 자산가치법

자산가치법은 투입된 비용으로부터 기업가치를 구하는 방법이다. 투입된 비용은 기준시점 현재 재조달원가, 기준시점 현재 장부가, 기준시점 현재 시장의 청산가, 기준시점 현재의 순자산가치 등이 있다.

2. 자료의 수집 및 정리

1) 비상장주식의 감정평가 준용

기업가치를 감정평가할 때 수집하고 정리할 자료는 비상장주식을 감정평가할 때와 동일하다. 따라서 비상장주식의 감정평가 내용을 준용한다.

2) 재무적 정보의 분석

(1) 재무제표의 분석

재무정보의 분석은 활용되는 회계 및 재무자료의 신빙성을 확보하기 위해 재무제표를 분석하는 것을 말한다. 재무제표를 분석하는 과정에서 적정한 감정평가를 위하여 필요하다고 판단되면 재무제표 수치에 대한 조정을 해야 한다.

(2) 재무상태표 계정과목

계정과목		내용
자산	유동자산	① 현금 및 현금성자산: 통화, 통화대용 증권(만기 3개월 이내) ② 은행예금: 수시 인출 가능 무이자 요구불예금 ③ 금융상품: 단기금융상품(만기 1년 이내) ④ 단기매매증권: 단기예금, 단기증권, 단기대여금 ⑤ 수취채권: 외상으로 판매 또는 대여할 경우 발생하는 채권 　－ 외상매출금(받을어음): 일반 상거래의 외상판매 　－ 미수금(대여금): 특수 거래의 외상거래 　－ 미수수익: 발생주의 원칙으로 조정된 당기수익 　－ 대손충당금 ⑥ 가지급금
	비유동자산	① 투자자산: 투자이익을 얻을 목적으로 보유하는 자산 　－ 투자부동산: 투자목적 또는 비업무용으로 소유하는 부동산 　－ 장기금융상품: 1년 이후에 만기가 도래하는 금융상품 　－ 매도가능증권: 주식 또는 채권 　－ 단기보유증권: 만기가 확정된 채무증권 　－ 지분법적용투자주식: 피투자회사에 영향력 행사 주식 　－ 장기대여금: 특수관계인에 대한 대여금 ② 기타비유동자산 　－ 이연법인세: (납부 법인세 － 장부상 법인세) 　－ 장기성매출채권: 장기의 외상매출금 및 받을어음 　－ 선급비용, 임차보증금 ③ 유형자산: 영업활동 목적으로 보유하는 물리적 자산 　－ 토지, 건물, 구축물, 기계장치, 차량운반구, 선박, 비품 ④ 무형자산: 영업활동 목적으로 보유하는 非물리적 자산 　－ 영업권, 산업재산권, 개발비, 기타 무형자산
부채	유동부채	① 단기차입금: 상환예정 차입금(1년 이내) ② 미지급법인세: 연간 추정 법인세 － 중간예납세액 ③ 부가가치세예수금 ④ 유동성장기부채: 상환예정 사채, 장기차입금(1년 이내)
	비유동부채	① 장기차입금: 차입금(1년 초과) ② 장기성매입채무: 외상매입금과 지급어음(1년 초과) ③ 퇴직급여충당부채: 사내적립 퇴직금 ④ 장기제품보증충당부채
자본		① 자본금: 법정자본금 ② 자본잉여금: 증자(감자)를 통한 주주간의 자본거래 ③ 자본조정: 자본금, 자본잉여금 외 자본거래 ④ 기타포괄손익누계액: 매도가능증권 등에 대한 평가손익 ⑤ 이익잉여금: 장부상 손익 ＋ 자본조정 － 주주배당

3) 비재무적 정보의 분석

비재무적 정보의 분석은 대상기업을 둘러싼 경제여건, 해당 산업 동향 등에 관한 정보를 수집·분석하는 것을 말한다. 이는 대상기업에 대한 이해를 높이고 이후의 감정평가 절차를 수행하기 위한 기본적 평가근거자료를 마련하기 위함이다.

① 조직 형태(주식회사, 조합기업 등), 기업 연혁 및 사업 배경
② 주요 제품과 서비스
③ 경쟁사현황, 시장 및 고객현황
④ 경영진의 자질
⑤ 경제, 산업 및 회사에 대한 전망
⑥ 비상장주식의 과거 거래 내역
⑦ 계절적 요인이나 경제 순환적 요인에 대한 민감도 등의 위험요인
⑧ 이용정보의 출처
⑨ 기타 평가대상 기업을 이해하기 위해 필요한 정보

3. 감정평가방법

1) 기준

① 기업가치를 감정평가할 때는 수익환원법을 적용해야 한다.
② 다만, 수익환원법을 적용하는 것이 곤란하거나 적절하지 아니한 경우에는 원가법, 거래사례비교법 등 다른 방법으로 감정평가할 수 있다.

2) 수익환원법

(1) 적용

수익환원법을 적용할 때는 할인현금흐름분석법, 직접환원법, 옵션평가모형 등으로 감정평가한다.

(2) 수익의 기본 요소

① 현금흐름

　㉠ 기업잉여현금흐름(FCFF)은 세후영업이익에서 감가상각비 등을 더한 후 순투자금액(자본적지출)을 빼고, 순운전자본의 증감액을 고려한다.
　㉡ 자본적지출은 실제 비용 발생이 이루어진 항목이지만 영업이익에 반영되어 있지 않기 때문에 차감한다.
　㉢ 운전자본은 매출채권, 재고자산, 매입채무 등 영업활동에서 발생하는 채권, 채무를 말한다. 현금흐름을 구할 때 매출채권, 재고자산 등 (+)운전자본의 증가는 차감하고, 매입채무 등 (−)운전자본의 감소는 가산한다. 순운전자본이 추가로 소요되었다면 현금유출이 일어난 것이므로 차감하는 것이다. 반대로 순운전자본이 전년도에 비해 감소되었다면 예상되는 현금유출이 덜 일어난 것이므로 현금유입과 같은 효과로 가산하는 것이다.
　㉣ 주주잉여현금흐름(FCFE)은 기업잉여현금흐름에서 세후이자비용과 원금상환액 등을 차감하고 신규부채 발행액 등을 더한 후, 우선주 배당액 등을 차감한다.

② 할인율

　㉠ 자본비용의 개념

자본비용이란 자금 사용에 대한 대가로 부담하는 비용을 말한다. 기업의 자본비용은 투자자의 요구수익률과 동일한 의미를 지닌다. 기업은 영업활동을 하려면 주식이나 부채를 통해 자금을 조달한다. 따라서 투자자는 기업에 자금을 조달해 주는 대가로 일정한 수익률을 요구한다. 그러므로 자본비용을 측정하기 위해서는 재무상태표의 우변 항목을 검토해야 한다. 그 결과 요구수익률로서 할인율 등으로 이용하는 것이 가중평균 자본비용이다. 가중평균 자본비용은 자본구성비율에 따라 가중평균한 자본비용을 말한다.

　㉡ 자기자본비용

자기자본비용은 투자자가 자기자본을 투자한 대가로 요구하는 수익률이다. 이는 일반적으로 의결권이 있는 보통주의 자본비용을 의미한다. 자기자본비용을 측정하는 방법은 배당성장모형, 차익거래가격결정모형, 자본자산가격결정모형(CAPM), 요소구성법 등이 있다. 자기자본비용은 다음과 같이 구한다.

$$K_e = R_f + \beta(R_m - R_f)$$

K_e : 자기자본비용(특정자본자산의 기대수익률)
R_f : 무위험수익률
β : 베타(체계적 위험)
R_m : 시장포트폴리오의 기대수익률

자본자산가격결정모형을 이용하는 경우에는 보통주의 기대수익률로 구할 수 있다.

$$k_e = R_f + \beta_e[E(R_m) - R_f]$$

β는 주식의 체계적 위험을 나타내는 계수로서 개별주식의 수익률이 시장수익률의 변동에 어느 정도 민감하게 반응하는가를 나타낸다. 어느 주식의 수익률이 시장수익률의 변화와 같은 크기로 변화할 때 그 주식의 β는 1이 된다. 어느 주식의 β가 1보다 크면 그 주식은 시장수익률보다 변화가 크다는 것을 의미한다.

기업이 자금을 조달하는 과정에서 그 기업의 레버리지가 변하면 재무위험도 변하게 되므로 β가 변하고 보통주비용도 변하게 된다. 실제로 부채를 사용하는 기업과 부채를 사용하지 않는 기업에 있어서 주식의 체계적 위험 β는 다음과 같은 관계를 가진다.

$$\beta_{j1} = \beta_{ju}\left[1 + \frac{B}{S}(1-t)\right]$$

β_{j1} : 부채를 사용하는 기업 주식의 β　　β_{ju} : 부채를 사용하지 않는 기업 주식의 β
B : 부채의 시장가치　　S : 자기자본의 시장가치　　t : 법인세율

　㉢ 타인자본비용

타인자본비용은 채권자가 자본을 투자한 대가로 요구하는 수익률이다. 즉, 부채에 대한 이자율이다. 타인자본비용을 측정하는 방법은 유통 중인 기존의 회사채 만기수익률로 구하는 방법, 신규발행 채권의 표면금리로부터 구하는 방법 등이 있다. 타인자본을 측정할 때는 세후 타인자본비용이라는 점, 자본조달을 목적으로 하는 부채만을 대상으로 한다는 점 등에 유의해야 한다.

③ 경제적 수명(수익의 지속기간)

경제적 수명이란 기업이 부가가치를 창출할 수 있는 기간을 말한다. 기업가치는 경제적 수명 동안 가치를 가지므로 수익이 유지되는 기간을 할인해야 한다.

(3) 할인현금흐름분석법

① 개념

할인현금흐름분석법은 영업 가치에 비영업가치를 더하여 기업가치를 구하는 방법이다. 영업 가치는 예측 기간의 영업 가치에 잔존가치를 더하여 구한다. 비영업가치는 영업 외 현금흐름에서 세금을 차감한 후의 남은 부분을 투자자의 요구수익률인 가중평균자본비용으로 할인하여 구한다. 영업 외 현금흐름에는 영업에 사용되지 않는 자산으로부터 발생하는 현금흐름, 일시적이고 특별한 영업으로부터 발생하는 현금흐름, 본래 영업과 관련이 없는 자회사 투자로부터 발생하는 현금흐름, 특별이익 등이 있다.

② 기업잉여현금흐름분석법(FCFF법)

기업잉여현금흐름분석법은 총투하자본에 대한 현금흐름을 자본투자자의 요구수익률인 할인율로 할인하는 방법이다. 즉, 영업가치와 비영업가치를 더하는 할인현금흐름분석을 의미한다. 할인율은 가중평균 자본비용을 적용한다.

③ 주주잉여현금흐름분석법(FCFE법)

주주잉여현금흐름분석법은 자기자본에 대한 현금흐름을 지분투자자의 요구수익률인 자기자본비용으로 할인하는 방법이다. 즉, 자기자본가치를 기준으로 현금흐름, 할인율 등을 구하는 방법이다. 그 밖에 자기자본가치에서 의결권이 없는 우선주가치를 차감하는 보통주가치법도 활용할 수 있다. 그리고 배당금을 기준으로 보통주가치를 구하는 배당금평가법도 활용할 수 있다.

(4) 직접환원법

직접환원법은 대상기업의 단일연도의 예상이익 추정액이나 몇 년간의 예상이익의 연평균액을 환원율로 환원하는 방법이다. 그러나 실무적으로 단일연도의 예상이익을 추정하기 어렵다. 또한 급변하는 기업의 경영활동에서 몇 년간의 예상이익을 평균화하는 것도 한계가 있다.

(5) 옵션평가모형

옵션평가모형을 적용할 때는 환경변화에 의한 경영자의 의사결정에 따라 변동하는 미래현금흐름과 투자비용을 고려한다. 옵션평가모형은 경영 혹은 관리상의 의사결정에 따른 유연성을 평가에 반영한다는 논리이다. 즉, 감정평가시 현실적 불확실성을 고려하여 실질적인 기업의 의사결정에 따른 미래의 현금흐름과 투자비용을 반영한다. 이때 각 의사결정 방법의 합리성, 합법성 등에 대한 고려가 이루어져야 한다. 그러나 이 경우 기업의 경영 주체 또는 의사결정의 방법에 따라 감정평가금액이 달라지는 문제가 발생한다.

3) 거래사례비교법

(1) 적용

거래사례비교법을 적용할 때는 유사기업이용법, 유사거래이용법, 과거거래이용법 등으로 감정평가한다.

(2) 시장배수

시장배수는 시장배수별 특성 등을 고려하여 가장 적절한 둘 이상의 것을 선정하여 산정한다. 다만, 기간별로 시장배수의 차이가 클 경우에는 기간별 시장배수에 적절한 가중치를 부여하여 산정할 수 있다.

① 주가이익비율(PER): 현재의 주식가격이 주당이익의 몇 배로 형성되어 있는지를 나타내는 비율

② 주가순자산비율(PBR): 현재의 주식가격이 주당순자산가치의 몇 배로 형성되어 있는지를 나타내는 비율

③ 주가매출액비율(PSR): 현재의 주식가격을 주당매출액으로 나눈 비율

④ 주가현금흐름비율(PCR): 현재의 주식가격이 기업의 주당 영업활동 현금흐름의 몇 배로 형성되어 있는지를 나타내는 비율

(3) 유사기업이용법

① 개념

유사기업이용법이란 대상기업과 비슷한 상장기업들의 주가를 기초로 산정된 시장배수를 이용하여 대상기업의 가치를 감정평가하는 방법을 말한다. 즉, 대상기업과 업종 및 규모가 유사한 상장회사의 주가를 선택하여 대상기업과 상장회사의 재무적 특성치를 비교하는 방법이다.

② 유사기업의 선택

유사기업은 ㉠ 사업의 유형이 비슷할 것, ㉡ 규모 및 성장률이 비슷할 것, ㉢ 자료의 양이 풍부하고 검증 가능할 것, ㉣ 시장점유율, 경쟁 관계, 판매처 및 구매처와의 관계 등 영업환경이 비슷할 것, ㉤ 영업이익률·부채비율 등 재무지표가 비슷할 것, ㉥ 자본구조, 신용상태, 경영관리의 질, 종업원의 경험, 경쟁의 본질, 기업의 성숙도, 제품, 시장, 이익, 배당여력, 장부가치, 산업에서의 위치 등이 동일 또는 유사할 것 등을 기준으로 선택한다.

③ 비교요인

㉠ 소수지분 할인

소수지분 할인이란 경영권에 대한 통제 가능성이 떨어지는 상황을 반영하는 것이다. 경영권에 대한 통제 가능성은 해당 주식의 전체주식에 대한 비율, 해당 주식의 주주구성 및 분산 정도, 관련 법규에서 정하는 주식 소유비율 한도, 기업 자체의 정관이나 내규, 관련 거래의 이해당사자간 계약 등에 따라 달라진다.

㉡ 시장성 할인

시장성 할인이란 비상장기업일 경우 시장이 존재하지 않는 상황을 반영하는 것이다. 이는 동일한 상장기업의 가치를 기준으로 일괄할인하는 방식을 적용한다. 시장성 할인에 영향을 미치는 요인은 잠재적인 매수자의 존재 여부, 기업공개나 인수합병 가능성, 주식매매에 대한 제한사항(주주간 협약내용, 매매단위에 대한 제한 등), 상환 옵션(상환우선주 등)의 존재 여부, 기업의 성장 가능성에 대한 예상, 기업정보에 대한 신뢰성, 배당금 지급능력, 지배주주의 신뢰성 및 우호적 태도, 시장에서의 투자 분위기 등 기타 시장성에 영향을 미칠 수 있는 사항 등이 있다. 현재 감정평가에 적용할 만한 시장성 할인의 규모에 대한 체계적인 실증 자료가 부족한 실정이다.

ⓒ 회사의 유형

운영회사인 경우에는 이익력 변수에 초점을 두는 경향이 있다. 그러므로 운영회사를 평가하는 경우에는 현금흐름, 이익, 배당에 대한 가격의 비율에 중점을 둔다. 지주회사의 경우에는 자산가치 변수에 초점을 두는 경향이 있다. 따라서 지주회사의 경우에는 조정 장부가치 또는 장부가치 대 가격의 비율에 중점을 둔다.

회사가 안정될수록 현금흐름 변수에 더 중점을 두는 반면에, 성장국면에 있는 회사의 경우에는 순이익에 더 많은 중점을 두게 된다. 유형자산이 상대적으로 많은 기업일수록 비교요인을 산정할 때 유형자산을 중요한 변수로 고려해야 한다.

금융기관의 경우에는 금융자산과 부채가 매우 중요하다. 특히 장부가치 비율은 운영회사의 다른 어떤 변수보다도 훨씬 중요하다.

(4) 유사거래이용법

① 개념

유사거래이용법이란 대상기업과 비슷한 기업들의 지분이 기업 인수 및 합병 거래시장에서 거래된 가격을 기초로 산정된 시장배수를 이용하여 대상기업의 가치를 감정평가하는 방법이다. 즉, 대상기업과 같은 산업에 속하거나 유사한 산업에 속한 기업을 선택하여 총거래가격을 기준으로 비교하는 방법이다.

② 유사기업의 선택

유사기업을 선택할 때는 대상기업과 동일한 산업에 속하거나, 동일한 경제 요인에 의해 영향을 받는 산업에 속해야 한다. 따라서 ㉠ 사업 특성상의 정성적·정량적 유사성, ㉡ 유사기업에 대하여 입수 가능한 자료의 양과 검증 가능성, ㉢ 유사기업의 가격이 독립적인 거래를 반영하는지 여부 등을 고려해야 한다.

③ 유사기업이용법과의 차이

㉠ 유사기업이용법은 공개시장에서 거래되는 시장성이 있는 소수지분의 거래자료를 이용한다. 즉, 대상기업의 주식은 시장성이 있으나 경영권이 없는 소수 주식이다.

㉡ 유사거래이용법은 경영권 이전에 관한 자료를 이용한다. 즉, 대상기업 전체 또는 사업 단위의 경영권이 매매되는 가액을 기준으로 한다.

④ 산식

유사거래이용법은 "유사거래기업 주당 거래단가 × 사정보정치 × 시점수정치 × 요인비교치 × 조정계수"로 구한다. 이때 조정계수는 자료의 신뢰도, 비영업자산, 초과자산, 부족 자산 등의 보정치를 의미한다.

(5) 과거거래이용법

과거거래이용법은 대상기업 지분의 과거 거래가격을 기초로 산정된 시장배수를 이용하여 대상기업의 가치를 감정평가하는 방법이다. 이는 과거 거래가격을 기초로 하므로 해당 거래가 이루어진 이후 상황의 변화에 대해 검토와 조정이 요구된다.

4) 원가법

(1) 적용

① 원가법을 적용할 때는 대상기업의 유·무형의 개별자산의 가치를 합산하여 감정평가한다. 이때 모든 자산은 기준시점에서의 공정가치로 측정되어야 한다. 즉, 원가법은 재무상태표상의 자산과 부채를 평가하여 총자산가치에서 총부채가치를 차감한 순자산가치로 기업가치를 감정평가하는 방법을 말한다. 만약 매각을 전제로 한 감정평가인 경우에는 매각과 관련된 비용이 고려되어야 한다.

② 계속기업을 전제로 하여 감정평가를 할 때는 원가법만을 적용하여 감정평가해서는 아니 된다. 다만, 원가법 외의 방법을 적용하기 곤란한 경우에 한정하여 원가법만으로 감정평가할 수 있으며, 이 경우 정당한 근거를 감정평가서에 기재해야 한다.

(2) 자산

자산가치는 ① 투입 측면에서 역사적 원가와 현행 대치원가, ② 산출 측면에서 순실현가능가치와 미래 현금유입액의 현재가치와 청산가치, ③ 투입과 산출의 절충 측면에서 공정가치 등으로 측정할 수 있다. 일반적으로 공정가치나 청산가치에 의해 측정한다.

(3) 부채

부채는 채권자의 청구권이므로 기업은 부채의 원금과 이자를 지급할 의무가 있다. 따라서 기준시점 현재의 부채를 일정한 기준에 의하여 감정평가해야 한다. 일반적으로 부채는 채권자와 채무자 쌍방의 협약에 따른다. 그러나 기준시점에서의 시간 요소를 고려한 현가에 의해 공정가치로 측정해야 한다. 부채 가치를 측정할 때는 재무상태표에 기록되지 않은 부외부채나 허위 기록된 가공부채를 정확히 파악할 필요가 있다.

기출문제

[제27회 문제 1]

지식정보사회로의 이행 등에 따라 기업가치 중 무형자산의 비중(Portion)이 상대적으로 증가하고 있다. 감정평가 실무기준에 규정하고 있는 계속기업가치(going concern value)의 감정평가와 관련하여 다음 물음에 답하시오. (40점)

1) 기업가치의 구성요소를 설명하고, 기업가치의 감정평가시 유의사항을 설명하시오. (10점)

2) 기업가치의 감정평가에 관한 이론적 배경과 감정평가방법을 설명하고, 각 감정평가방법 적용시 유의사항 및 장단점을 설명하시오. (20점)

3) 기업가치의 감정평가에 있어서 시산가액 조정에 대하여 설명하고, 조정된 기업가치에 대한 구성요소별 배분방법에 관해 설명하시오. (10점)

1 개념

1. 의의

소음 등으로 인한 대상물건의 가치하락분이란 장기간 지속적으로 발생하는 소음·진동·일조침해 또는 환경오염 등(이하 "소음등")으로 대상물건에 직접적 또는 간접적인 피해가 발생하여 대상물건의 객관적 가치가 하락한 경우 소음등의 발생 전과 비교한 가치하락분을 말한다.

2. 유형

1) 소음

소음이란 기계·기구·시설, 그 밖의 물체의 사용 또는 공동주택(「주택법」 제2조 제3호에 따른 공동주택을 말한다) 등 환경부령으로 정하는 장소에서 사람의 활동으로 인하여 발생하는 강한 소리를 말한다(소음진동관리법 제2조 제1호).

2) 진동

진동이란 기계·기구·시설, 그 밖의 물체의 사용으로 인하여 발생하는 강한 흔들림을 말한다(소음진동관리법 제2조 제2호).

3) 일조침해

일조침해란 일조권이 침해되는 것을 말한다. 일조권이란 법률상 일정한 양의 햇빛을 확보할 수 있는 권리를 말한다.

4) 환경오염

환경오염이란 인간의 활동으로 인해 토양, 수질, 대기 등이 오염되는 현상을 말한다.

3. 원리 및 요인

1) 가치하락분 산정의 원리

가치하락분은 소음등이 발생하기 전 가치에서 소음등이 발생한 후 가치를 차감하여 산정한다. 가치하락분은 결국 소음등이 발생하기 이전과 이후의 차이를 의미하기 때문이다.

2) 제외요인과 포함요인

가치하락분은 객관적인 가치하락분을 대상으로 한다. 즉, 관련 법령 등에 따른 허용사항 및 원상회복에 소요되는 비용과 스티그마 효과가 해당된다. 다만, 일시적이거나 정신적인 피해 등 주관적인 가치하락분은 포함되지 않는다. 그러나 소음등으로 인하여 가축이나 생명체에 발생한 피해는 가치하락분에 포함할 수 있다.

4. 스티그마

1) 개념

① 스티그마란 무형의 또는 양을 잴 수 없는 불리한 인식을 말한다. 즉, 스티그마는 환경오염으로 인해 발생하는 위험을 시장참가자들이 인식함으로 인하여 부동산 가치가 하락하는 부정적인 효과를 의미한다.

② 스티그마는 정화대책비용, 모니터링 비용 등과 별도로 취급한다. 오염 및 정화 등에 의한 최유효이용의 제한이나 감가와도 구별된다. 정화대책비용과 이용상 제한에 의한 감가는 유형적인 측면이다. 그러나 스티그마는 불확실성 등에 의한 무형적이고 심리적인 측면만을 고려하는 개념이다.

③ 스티그마는 오염피해에 대한 우려 등 부동산 가치에 영향을 주는 모든 무형적인 요인을 포함한다.

2) 특징

① 정화 전의 스티그마 감가는 정화 후의 스티그마 감가보다 크다.

② 주거 · 상업 · 공업용지의 스티그마 감가는 주거용지에서 가장 크고, 공업용지에서 가장 작다.

③ 스티그마 감가는 오염원으로부터 멀어짐에 따라 감소한다.

④ 정화 후 남은 스티그마는 시간이 경과함에 따라 감소하고 소멸한다.

3) 산정방법

스티그마는 조건부가치측정법(CVM법), 특성가격함수모형법(HPM법) 등에 의해 직접 산정할 수 있다. 그리고 임대료손실환원법, 대쌍자료분석법, 분해법 등에 의해 간접적으로 산정할 수 있다.

4) 감정평가시 처리방법

① 가치하락분은 소음등이 발생하기 전 가치에서 소음등이 발생한 후 가치를 차감하여 산정할 수 있다. 이때 스티그마는 여기에 포함된다. 따라서 감정평가시 별도의 처리가 필요하지 않다.

② 가치하락분은 원상회복이 가능한 비용에 원상회복이 불가능한 비용을 더하여 산정할 수도 있다. 이때 스티그마는 감정평가시 별도의 처리가 필요하다.

2 자료의 수집 및 정리

① 소음등의 실태(가치하락을 유발한 원인의 종류 · 특성 등)

② 소음등의 관련 법령상 허용기준

③ 소음등이 대상물건에 미치는 물리적 영향과 그 정도

④ 소음등의 복구시 책임 관계

⑤ 가치하락을 유발한 원인으로부터의 복구 가능성 및 복구에 걸리는 시간

⑥ 소음등의 복구 방법과 소요비용

⑦ 소음등의 발생 전 · 후 대상물건의 물리적 · 경제적 상황

⑧ 소음등의 발생 후 대상물건에 대한 시장의 인식

⑨ 소음등을 관련 전문가(전문 연구기관을 포함)에 의해 측정한 경우 그 자문이나 용역의 결과

3 감정평가방법

1. 기준

소음·진동·일조침해 또는 환경오염 등(이하 "소음등")으로 대상물건에 직접적 또는 간접적인 피해가 발생하여 대상물건의 가치가 하락한 경우 그 가치하락분을 감정평가할 때에 소음등이 발생하기 전의 대상물건의 가액 및 원상회복비용 등을 고려해야 한다.

2. 일반적인 경우

1) 거래사례비교법(전후비교법)

소음등의 발생 전과 발생 후의 대상물건의 가액은 거래사례비교법에 의한 비준가액으로 구한다. 이때 비준가액은 대상물건에 영향을 미치고 있는 소음등과 같거나 비슷한 형태의 소음등에 의해 가치가 하락한 상태로 거래된 사례를 선정하여 시점수정을 하고 가치형성요인을 비교하여 산정한다.

2) 수익환원법(전후비교법)

소음등의 발생 전과 발생 후의 대상물건의 가액은 수익환원법에 의한 수익가액으로 구한다. 이때 수익가액은 소음등이 발생한 후의 순수익을 소음등으로 인한 위험이 반영된 환원율로 환원하여 산정한다.

3) 원가법(분리합산법)

가치하락분을 원가법에 의하여 직접 산정하는 경우에는 소음등을 복구하거나 관리하는 데 드는 비용 외에 원상회복이 불가능한 가치하락분을 고려하여 감정평가한다.

3. 오염토지

1) 개념

① 토양오염이란 사업 활동이나 그 밖의 사람의 활동에 의하여 토양이 오염되는 것으로서 사람의 건강·재산이나 환경에 피해를 주는 상태를 말한다(토양환경보전법 제2조 제1호).
② 토양오염은 피해가 광범위하고 지속적이고 누적해서 나타난다. 그리고 오염상태의 치유나 원상태로의 복원이 어렵고, 가능하더라도 상당한 시간과 비용이 소요된다.

2) 가치형성요인

① 직접적인 요인에는 정화비용, 오염으로 인한 토지이용 등의 제한 등이 있다.
② 간접적인 요인에는 환경위험, 스티그마 등이 있다.

3) 감정평가방법

(1) 3방법

① 오염토지를 원가법으로 감정평가할 때는 정상적인 토지 가치에서 오염으로 인한 토지이용 규제, 정화비용, 스티그마 감가 등을 공제하여 구한다. 오염으로 인한 가치손실액은 오염 전과 후 가치를 비교하거나 CVM법, HPM법 등을 활용하여 별도의 감가율을 산정할 수 있다.

② 오염토지를 거래사례비교법으로 감정평가할 때는 대상과 유사한 사례를 기준으로 오염의 정도 등을 비교하여 구한다.

③ 오염토지를 수익환원법으로 감정평가할 때는 순수익이나 현금흐름을 환원하거나 할인하여 구한다.

(2) 기타 방법

그 밖에 CVM법, HPM법, 델파이 기법 등을 이용하여 오염토지의 가치를 구할 수 있다.

4. 일조권 및 조망권

1) 개념

① 일조권이란 법률상 일정한 양의 햇빛을 확보할 수 있는 권리를 말한다.

② 조망권이란 조망 침해의 대상이 되는 권리를 말한다.

③ 대법원은 헌법 제35조에서 직접 도출되지는 않고, 구체적인 법률 규정이 있어야 환경권이 법적 권리가 된다고 하였다. 일조권은 건축법 규정으로 법적 권리가 된다. 그러나 조망권은 구체적인 규정이 없다.

2) 침해의 판단기준

(1) 일조권

① 동지일을 기준으로 9시부터 15시까지 사이에 일조시간이 연속하여 2시간 이상 확보되는 경우 또는 8시에서 16시까지 사이에 일조시간이 통틀어서 최소한 4시간 이상 확보되는 경우에는 이를 수인해야 한다. 위 두 가지 중 어느 것에도 속하지 아니하는 경우에는 수인한도를 넘는다고 본다.

② 대법원은 피해의 정도, 피해이익의 성질 및 그에 대한 사회적 평가, 가해 건물의 용도, 지역성, 토지이용의 선후 관계, 가해 방지 및 피해 회피의 가능성, 공법적 규제의 위반 여부, 교섭 경과 등 모든 사정을 종합적으로 고려하여 판단하여야 한다고 판시하였다.

(2) 조망권

조망권은 일반적으로 ① 일반통념에 비추어 조망 가치가 있는 경관이 존재할 것, ② 해당 건물의 경제적 가치가 조망에 상당히 의존하고 있을 것, ③ 조망의 보전·유지가 주위 토지의 이용 상황과 조화를 이루는 상황에서 조망이 침해될 것을 요구하고 있다. 다만, 현실적으로는 일조권에 비해 좁게 인정되는 경향이 있다.

3) 감정평가방법

(1) 3방법

① 원가법으로 감정평가할 때는 일조·조망 침해로 발생하는 추가적인 비용을 자본환원하여 구한다.

② 거래사례비교법으로 감정평가할 때는 일조·조망 침해가 없는 부동산과 침해가 있는 부동산의 가격 격차율을 도출하여 구한다.

③ 수익환원법으로 감정평가할 때는 일조·조망 침해가 없는 경우의 정상적인 임대료와 침해가 있는 경우의 임대료를 비교하여 수익의 감소분을 구하고, 이를 건물의 잔존내용연수 동안 자본환원하여 구한다.

(2) 기타 방법

그 밖에 회귀분석법을 이용하여 가치하락율을 구한 후 대상에 적용할 수 있다.

[제16회 문제 2]

감정평가에 관한 규칙 제25조(소음 등으로 인한 대상물건의 가치하락분에 대한 감정평가)에 환경오염이 발생한 경우의 감정평가에 대한 기준을 제시하고 있다. 토양오염이 부동산의 가치에 미치는 영향과 감정평가시 유의사항에 대하여 설명하시오. (20점)

[제25회 문제 1]

최근 부동산시장 환경변화로 부동산감정평가에서 고려할 사항이 늘고 있다. 감정평가원리 및 방식에 대한 다음 물음에 답하시오. (40점)

1) 리모델링된 부동산에 대해 감정평가3방식을 적용하여 감정평가할 때 유의할 사항을 설명하시오. (10점)

2) 토양오염이 의심되는 토지에 대한 감정평가안건의 처리방법을 설명하시오. (15점)

3) 공익사업을 위해 수용될 지구에 포함되어 장기 미사용 중이던 토지가 해당 공익사업의 중단으로 지구지정이 해제되었을 때, 당해 토지 및 주변부 토지에서 초래될 수 있는 경제적 손실을 부동산평가원리에 근거하여 설명하시오. (15점)

[제27회 문제 3]

사회가 발전하면서 부동산의 가치가 주위의 여러 요인에 따라 변동하게 되었는바, 소음·환경오염 등으로 인한 토지 등의 가치하락분에 대한 감정평가와 관련하여 다음 물음에 답하시오. (20점)

1) 가치하락분 산정의 일반적인 원리와 가치하락분의 제외요인 및 포함요인에 관해 설명하고, 부동산가격제원칙과의 연관성에 관해 논하시오. (15점)

2) 스티그마(STIGMA) 효과의 개념 및 특징에 관해 설명하시오. (5점)

[제33회 문제 3]

다음 자료를 참고하여 물음에 답하시오. (20점)

> 〈자료〉
> 법원감정인인 감정평가사 甲은 손해배상(기) 사건에서 원고가 주장하는 손해액을 구하고 있다.
> 본 사건 부동산(제2종일반주거지역 〈건폐율 60%, 용적률 200%〉) 매매 당시 매수자인 원고는 부지 내에 차량 2대의 주차가 가능하다는 피고의 주장을 믿고 소유권이전을 완료하였으나, 부지 내의 공간(공지) 부족으로 현실적으로는 주차가 불가능함을 알게 되었다.
> 현장조사 결과 대상 건물(연와조)의 외벽과 인접부동산 담장 사이에 공간이 일부 있으나 협소하여 주차가 불가능한 것으로 나타났다.
> 기준시점 현재 대상 건물은 용적률 110%로 신축 후 50년이 경과하였으나 5년 전 단독주택에서 근린생활시설(사무소)로 용도변경 허가를 받은 후 수선을 하여 경제적 잔존내용연수는 10년인 것으로 판단되었다.
> 대상부동산의 인근지역은 기존주택지역에서 소규모 사무실로 변화하는 특성을 보이고 있고 현재 건물의 용도(이용상황)에 비추어 차량 2대의 주차공간 확보가 최유효이용에 해당한다고 조사되었다.

1) 이 사안에서 시장자료(market data)를 통하여 손해액을 구하기 위한 감정평가방법과 해당 감정평가방법의 유용성 및 한계점에 대하여 설명하시오. (10점)

2) 만일 물음 1)에서 시장자료(market data)를 구할 수 없는 경우, 적용 가능한 다른 감정평가방법들에 대하여 설명하고 이러한 접근방식을 따르는 경우 손해액의 상한은 어떻게 판단하는 것이 합리적인지 설명하시오. (10점)

1 개념

1. 의의

① 권리금이란 임대차 목적물인 상가 건물에서 영업을 하는 자 또는 영업을 하려는 자가 영업시설·비품, 거래처, 신용, 영업상의 노하우, 상가건물의 위치에 따른 영업상의 이점 등 유형·무형의 재산적 가치의 양도 또는 이용 대가로서 임대인, 임차인에게 보증금과 차임 이외에 지급하는 금전 등의 대가를 말한다(상가임대차법 제10조의3 제1항).

② 권리금 계약이란 신규임차인이 되려는 자가 임차인에게 권리금을 지급하기로 하는 계약을 말한다(상가임대차법 제10조의3 제2항).

③ 유형재산이란 영업을 하는 자 또는 영업을 하려고 하는 자가 영업활동에 사용하는 영업시설, 비품, 재고자산 등 물리적·구체적 형태를 갖춘 재산을 말한다(실무기준).

④ 무형재산이란 영업을 하는 자 또는 영업을 하려고 하는 자가 영업활동에 사용하는 거래처, 신용, 영업상의 노하우, 건물의 위치에 따른 영업상의 이점 등 물리적·구체적 형태를 갖추지 않은 재산을 말한다(실무기준).

2. 유형

1) 시설권리금

시설권리금은 영업을 위한 건물의 구조 변경, 영업장 내부에 고착시킨 인테리어, 집기 및 비품 등 유형물에 대한 대가를 말한다.

2) 영업권리금

영업권리금은 영업을 영위하며 발생하는 영업이익에 대한 무형의 재산적 가치에 대한 권리금이다. 즉, 장기간 영업을 하면서 확보된 고객 수, 광고나 평판 등으로 쌓은 명성, 신용, 영업상의 노하우 등의 이전에 대한 대가를 의미한다.

3) 바닥권리금

바닥권리금은 영업장소가 위치한 장소적 이점에 관한 대가를 말한다.

4) 기타

① 허가권리금은 법률이나 행정규제, 대리점권 등으로 새로운 영업자가 진입하지 못하게 됨으로써 기존의 임차인이 향유하는 초과이익에 대한 대가가 금전으로 수수되는 경우를 말한다.

② 임차인이 임대인에게 지급하는 임차권 보장권리금은 상당한 존속기간 보장의 약속 및 이를 전제로 한 임대차 계약이 발생하는 특별한 사정에 한하여 발생하는 권리금을 말한다.

3. 감정평가시 유의사항

① 권리금의 감정평가 대상은 영업활동에 사용하거나, 장래 사용할 의도가 있는 경우이다. 따라서 타인에게 이전되지 않는 무형재산이나 영업활동과 관련 없는 유형재산(유휴시설 등)은 감정평가 대상에서 제외해야 한다.

② 권리금 감정평가시 "영업을 하는 자 또는 영업을 하려고 하는 자" 중 누구의 업종을 기준으로 감정평가할 것인지 문제가 된다. 감정평가 의뢰시 감정평가조건이 부가되어 있으면 그에 따르면 된다. 감정평가조건이 없는 경우에는 원칙적으로 현재의 임차인 업종을 기준으로 하되, 업종 변경이 합리적인 경우에는 인근의 표준적인 업종을 기준으로 할 수 있다.

2 자료의 수집 및 정리

1. 확인자료

확인자료는 사업자등록증, 임대차 계약서, 해당 상가 건물에 대한 공부, 영업시설 등 유형재산 구입내역서, 공사비 내역서, 기지불한 권리금자료, 신규 지불예정인 권리금자료 등이 있다.

2. 요인자료

요인자료는 상가 매출액 및 영업이익, 신용도, 노하우, 거래처 관계, 시설상태 및 규모 관련 자료, 상가 위치, 상권, 배후지, 업종특성, 경기 동향 및 수요자특성자료 등이 있다.

3. 사례자료

사례자료는 동일 또는 유사업종 상가의 권리금 거래사례, 방매사례, 임대사례, 수익자료 및 지역, 상권, 업종별 시장자료 등이 있다.

4. 조사 및 확인사항

권리금 거래자료 수집시 거래 내역, 동종 또는 이종 업종으로의 변경 여부, 기존 영업시설의 활용 정도, 추가 영업시설의 필요 여부, 수익 정도 등을 확인해야 한다. 거래자료가 없는 경우에는 인근의 비교 가능성 있는 방매자료를 수집하여 감정평가에 활용할 수 있다. 방매자료를 이용하는 경우 다수의 방매사례를 수집하여 동일로변의 방매가격수준을 확인할 수 있어야 한다. 사정보정이 필요한 경우에는 보정이 가능한 자료를 수집·분석하여야 한다. 수익자료 수집시 상가의 업종, 임차인의 영업능력, 경쟁상가 동향, 임대차 현황, 적법 여부 등 특수성 등을 고려하여 자료의 적정성을 검토해야 한다.

3 감정평가방법

1. 기준

① 권리금을 감정평가할 때는 유형·무형의 재산마다 개별로 감정평가한다.
② 권리금을 개별로 감정평가하는 것이 곤란하거나 적절하지 아니한 경우에는 일괄하여 감정평가할 수 있다. 이 경우 감정평가액은 합리적인 배분 기준에 따라 유형재산 가액과 무형재산 가액으로 구분하여 표시할 수 있다.

2. 개별감정평가

1) 유형재산

(1) 기준

① 유형재산을 감정평가할 때는 원가법을 적용해야 한다.

② 원가법을 적용하는 것이 곤란하거나 부적절한 경우에는 거래사례비교법 등으로 감정평가할 수 있다.

(2) 원가법 및 거래사례비교법

① 유형재산은 시간의 경과에 따라 가치가 하락하고, 상가의 개별성에 따라 맞춤형으로 제작이나 설치하는 경우가 많다. 따라서 유형재산은 원가법을 적용하여 감정평가한다.

② 유형재산은 업종전환 등으로 재사용이 불가능하거나 업종의 특성 등으로 원가법을 적용하는 것이 어려울 수 있다. 이 경우에는 거래사례비교법을 적용하여 감정평가할 수 있다.

(3) 해체처분가액에 의한 방법

유형재산 중 효용 가치가 없는 시설은 해체처분가액으로 감정평가할 수 있다. 효용 가치 유무의 판단은 동종 또는 이종 업종으로의 변경, 임차인의 의도, 일반적인 상가의 효용 정도, 잔존내용연수, 시장성, 대체 가능성, 관리상태 및 사회통념 등을 종합적으로 고려하여 결정한다.

(4) 감정평가시 유의사항

① 대상물건 확정 및 확인시 유의사항

유형재산은 등기사항증명서 등 공적 장부에 등기 또는 등록되지 않는 점, 소유권 관계를 객관적으로 확인하기 어려운 점, 임대차 계약기간 만료시 임차인에게 영업시설 등에 대한 원상회복의무를 지우고 있는 점, 민법상 임차인의 부속물매수청구권(제646조) 및 임차인의 비용상환청구권(제626조) 등 관련 법률에 의거 분쟁이 발생할 우려가 많은 점 등으로 감정평가 대상물건의 확정과 확인시 유의해야 한다.

② 감정평가 제외

재고자산이 통상적인 규모를 초과하는 경우에는 감정평가에서 제외할 수 있다. 이는 권리금의 구성요소가 아니라 별도의 동산을 거래한 것으로 보아야 하기 때문이다. 다만, 의뢰인이 요청하는 경우에는 감정평가조건을 명기하고 감정평가할 수 있다.

2) 무형재산

(1) 기준

① 무형재산을 감정평가할 때는 수익환원법을 적용해야 한다.

② 수익환원법을 적용하는 것이 곤란하거나 부적절한 경우에는 거래사례비교법이나 원가법 등으로 감정평가할 수 있다.

(2) 수익환원법

① 기준

무형재산을 수익환원법으로 감정평가할 때는 무형재산으로 인하여 발생할 것으로 예상되는 영업이익이나 현금흐름을 현재가치로 할인하거나 환원하는 방법으로 감정평가한다.

다만, 무형재산의 수익성에 근거하여 합리적으로 감정평가할 수 있는 다른 방법이 있는 경우에는 그에 따라 감정평가할 수 있다.

② 모형

㉠ 정상영업 중인 경우

정상영업 중인 경우는 무형재산 귀속 영업이익 또는 현금흐름(이하 "영업이익 등"이라 한다)을 할인기간 동안 환원 또는 할인하여 현재가치를 구한다.

㉡ 영업이 중단된 경우 등

영업이 중단되고 있거나 영업이익이 비정상적인 경우는 동일용도 지대 내 동일 또는 유사업종 상가의 평균 영업이익 등을 고려하되, 감정평가 대상 상가의 개별성을 반영한 조정된 영업이익 등을 기준으로 한다.

③ 영업이익 등

㉠ 영업이익을 적용하는 방법(소규모 상가)

> (ㄱ) 개념
>
> 영업이익은 재무제표상 상가 전체의 영업이익(매출액 − 매출원가 − 판매비 및 일반관리비)에서 무형재산에 귀속하는 영업이익을 환원 또는 할인대상으로 하는 방법이다.
>
> 의뢰인이나 임차인에게 영업이익을 제시받지 못하거나 제시받은 영업이익의 신뢰성 및 객관성이 현저히 떨어진다고 판단되는 경우는 인근의 평균 영업이익 또는 통계자료 등을 고려하여 산정할 수 있다.
>
> 영업을 하지 않거나 영업이익이 (−)인 경우는 인근의 평균 영업이익을 고려하되, 상가의 개별성을 반영한 조정된 영업이익 등을 기준으로 감정평가할 수 있다. 이 경우 '인근의 평균 영업이익'은 동일 용도지대 내 동일 또는 유사업종 상가의 평균적인 영업이익을 의미한다. 다만 현실적으로 평균 영업이익을 구하기 어려운 경우에는 임대료승수환원법, 거래사례비교법, 원가법 등을 적용할 수 있다.
>
> (ㄴ) 감가상각비와 자가인건비 상당액
>
> 유형재산에 대한 감가상각비는 영업이익에 대응되는 비용이다. 자가 인건비 상당액은 임차인의 투하된 노동력에 대한 대가로 지불하는 비용이다. 따라서 모두 비용처리를 한다. 감가상각비는 매출원가에, 자가인건비 상당액은 판매관리비로 반영한다.

㉡ 현금흐름을 적용하는 방법(기업형 상가)

현금흐름은 재무제표상의 영업이익에 세금 등을 가감한 순현금흐름(매출액 −매출원가 − 판매비 · 일반관리비 − 세금 + 비현금흐름 − 자본적 지출액 ± 순운전자본증감액)에서 무형재산에 귀속하는 현금흐름을 환원 또는 할인 대상으로 하는 방법이다.

세금은 개인일 경우 소득세, 법인일 경우 법인세 상당액을 기준으로 하며, 해당 상가로 인하여 발생하는 영업이익에 대해 일정 세율을 적용하여 추정한다.

자본적 지출은 해당 할인기간 동안 기존자산을 유지하거나 새로운 자산을 구입하는 데 재투자해야 하는 비용이므로 자본적 지출만큼 차감해 주어야 한다.

순운전자본이란 유동자산과 유동부채의 차이를 의미하며 순운전자본 증감액을 반영한다.

ⓒ 무형재산 귀속 영업이익 등의 산정방법

　　ⓐ 비율 추출방식

비율 추출방식은 감정평가 대상 상가가 속한 지역의 거래 관행 등을 조사하여 전체 영업이익 중 무형재산 귀속 영업이익을 일정 비율로 추출해내는 방법이다. 무형재산 귀속 영업이익 비율은 권리금 거래 관행 및 시장탐문 등에 의해 추정 가능하며, 지역별·상권별·업종별로 다양하게 나타날 수 있다. 이 방식은 권리금 거래 관행을 잘 반영할 수 있고, 시장에서 탐문 등을 통하여 정보 수집이 가능하여 현실적으로 유용한 방법이다.

영업이익(현금흐름)에는 자가 인건비 상당액이 공제된 금액이므로 거래 관행 조사시 영업이익이 자가 인건비 상당액을 공제하기 전인지 후인지에 유의해야 한다. 만약 시장탐문 조사된 자료가 공제 전 금액이라면 자가 인건비 상당액을 고려하여 무형재산 귀속 영업이익 비율을 수정해 주어야 한다.

　　ⓑ 비교사례 추출방식

비교사례 추출방식은 감정평가 대상 상가가 속한 노변 혹은 동일수급권 내 유사지역의 권리금이 수수되지 않는 상가와 권리금이 수수되고 있는 상가의 영업이익 차이로 추출하는 방법이다.

이는 권리금이 "0인" 경우에도 영업이익이 존재한다는 상황을 반영하지만, 권리금이 "0"인 상태의 영업이익을 실무상 측정하기가 곤란하여 적용에 한계가 있다.

　　ⓒ 공제방식

공제방식은 전체 영업이익 중에서 영업이익 형성에 기여 하는 권리금 외의 생산요소별 기여분을 공제하고 남은 부분(매출액 – 매출원가 – 판매비 및 일반관리비 – 투하자산 기여이익 – 임차인 경영이익)을 무형재산 귀속 영업이익으로 추정하는 방법이다.

이 방법은 투하자산 및 임차인 경영이익에 대한 적정이익을 구하기 어렵고, 무형재산에 상응하는 영업이익이 없거나 높은 영업이익이 산출되는 경우 현실 권리금 거래 관행과의 괴리를 가져올 수 있다는 한계가 있다.

④ 할인율

　ⓐ 요소구성법

무위험률은 일반적으로 은행의 정기예금이자율, 3년·5년 만기 국채수익률 등을 사용할 수 있다. 위험할증률은 감정평가 대상 상가의 영업에 따른 장래 위험프리미엄으로서 입지특성, 영업 및 상권특성, 시설특성 및 장래 발생 가능한 영업환경의 변화, 경영상의 위험률 등을 고려하여 결정한다.

　ⓑ 가중평균 자본비용

가중평균 자본비용은 자기자본과 타인자본에 대한 자본비용을 각 자본의 구성비율로 가중평균한 가중평균 자본비용을 적용하여 결정하는 방법이다. 이는 상가의 임차인이 자기자본과 타인자본을 이용하여 영업을 영위하는 점, 각각의 자본조달에 소요되는 비용이 상이한 점 등을 고려한다.

⑤ 할인기간

영업기간은 지역별·업종별·상가별로 다르게 나타난다. 권리금은 선불적 성격이고, 상가건물 임대차보호법상 10년을 보장하고 있으므로 10년을 기준으로 한다. 다만, 권리금에 상응하는 적정한 영업이익 등 비율을 구할 수 없거나 그 비율에 객관성 및 신뢰성이 없다고 판단되는 경우는 감정평가 대상 상가의 전체 영업이익을 기준으로 하되, 적정 할인기간을 조정하여 감정평가할 수 있다. 이 경우 적정 할인기간은 시장관행 및 탐문 등에 의해 지역별·상권별·업종별 및 영업특성 등을 고려하여 결정한다.

(3) 거래사례비교법

① 기준

무형재산을 거래사례비교법으로 감정평가할 때는 동일 또는 유사업종의 무형재산만의 거래사례와 대상의 무형재산을 비교하는 방법이나 동일 또는 유사업종의 권리금 일체 거래사례에서 유형의 재산적 가치를 차감한 가액을 대상의 무형재산과 비교하는 방법으로 감정평가한다. 다만, 무형재산의 거래사례에 근거하여 합리적으로 감정평가할 수 있는 다른 방법이 있는 경우에는 그에 따라 감정평가할 수 있다.

② 사례 선정

㉠ 거래사례는 동일 또는 유사업종의 무형재산만의 거래사례나 동일 또는 유사업종의 권리금 일체 거래사례에서 유형재산을 차감한 가액으로 실무기준에 부합하는 거래사례를 선정한다.

㉡ 본건과 동일 또는 유사업종이란 해당 지역의 특성, 상권의 특성 등을 고려할 때 권리금 가치형성요인이 유사하고 비교·대체가능성이 높은 것을 의미한다. 실무상 절대적인 것은 아니지만 건축법 시행령 제14조 규정에 의거한 9개의 시설군 분류체계 내의 업종일 경우 유사업종으로 볼 수 있다.

㉢ 방매사례를 인근 거래사례로 사용하는 경우에는 유사 상가의 권리금 수준, 다수의 유사 방매사례 수집 등을 통하여 방매 가격의 합리성을 검토해야 한다. 방매 가격 기준시 시점수정에 대해 논란이 있으나 방매개시 시점을 정확히 파악하기 어렵고 기준시점 현재 시장에 출품된 상태이므로 별도의 시점수정은 하지 않을 수도 있다.

③ 가치형성요인 비교

㉠ 사례와 대상과의 가치형성요인 비교과정은 입지조건, 영업조건, 시설조건, 기타조건에 따라 각 조건별로 비교하여 최종 격차율을 산정한다. 지역요인의 경우 입지, 영업, 기타조건이 해당된다. 개별요인 비교시 개별상가의 시설조건이 추가된다.

㉡ 표준적인 상가면적은 업종 및 지역, 상권에 따라 다르게 나타난다. 표준적인 상가면적 이상의 경우에는 단위면적당 권리금이 다소 낮아지는 경향을 보이므로 개별요인 비교시 면적에 따른 비교치를 고려해야 한다. 가치형성요인 비교시 기준이 되는 면적은 임대면적, 계약면적, 전유면적 등이 있으나 시장에서 자료수집이 가능하고 신뢰성 있게 비교·분석할 수 있는 면적을 선정하는 것이 바람직하다.

㉢ 동일건물 내 상가라도 층별·위치별 임대료 및 가격수준의 차이가 발생하며 권리금도 마찬가지이다. 상층부 또는 지하층의 상가권리금은 통상 1층에 비해 권리금이 낮게 형성되거나 없는 경우도 발생한다. 따라서 층이 다른 상가를 사례로 선정하고자 하는 경우는 해당 상가건물의 층별·위치별 비교치를 구할 수 있는 경우에만 적용해야 한다.

④ 비교항목

지역요인			개별요인		
조건	항목	세항목	조건	항목	세항목
입지 조건	위치	교통 접근성	입지 조건	위치	지하철역세권, 버스노선
		유동인구			유동인구, 접면도로 상태 등
		편의시설 정도			편의시설 정도
	상권	경제기반도		상권	크기
		영업수준			주요고객 유형
		소비성향도			유효구매력 수요
	배후지	배후지의 성격, 규모 등			상가적합성
				배후지	위치, 종류, 크기
					세대수, 구성원 등
영업 조건	영업 형태	영업의 전문화	영업 조건	신용도	고객인지도(브랜드 등)
					신용도
				노하우	영업 노하우
				거래처 관계	업종간 경쟁관계
					고객 수준, 영업(업종)난이도
		상권의 집단화		상가면적 및 건물관리 상태 등	건물규모, 관리상태, 임차자 혼합 정도, 주차상태 등
					상가면적, 층/위치 등
				임대차 계약정도 등	초기 권리금 수준 임대차계약내용(계약기간, 보증금과 월임료, 특약 등)
		명성 및 트렌드	시설 조건	시설 상태, 규모 등	인테리어 정도
					영업시설의 형식 및 상태
					시설규모 등
					경쟁업체와의 시설수준
기타 조건	기타	허가난이도 및 경기동향 등 그 밖의 사항	기타 조건	기타	그 밖의 사항

(4) 원가법

① 기준

㉠ 무형재산을 원가법으로 감정평가할 때는 대상 상가의 임대차 계약 당시 무형재산의 취득가액을 기준으로 취득 당시와 기준시점 당시의 수익 변화 등을 고려하여 감정평가한다. 다만, 무형재산의 원가에 근거하여 합리적으로 감정평가할 수 있는 다른 방법이 있는 경우에는 그에 따라 감정평가할 수 있다.

㉡ 이는 권리금 시장에서 권리금을 기지급한 임차인은 신규임차인에게 권리금을 받고 상가를 양도하기 원하고, 적어도 기지급한 권리금 수준 이상을 받고자 하는 점을 고려한 방법이다. 따라서 원가법은 검증방법으로 유용하다. 다만, 기지급한 권리금이 적정금액인지는 주변의 권리금 수준 등과 비교·검토하여 판단해야 한다.

② 기지급 권리금

임차인이 기지급한 권리금은 영업 개시 시점에 투입된 비용 성격이다. 감정평가대상은 이 중 무형재산에 상응하는 권리금만 해당한다. 따라서 기지급한 권리금 중 유형재산에 해당하는 권리금을 차감한 후 적용해야 한다.

③ 시점수정

시점수정은 기존 권리금 지급 시점과 기준시점간 시간 경과에 따라 권리금 가격 변화에 대한 보정이다. 시점수정은 권리금과 임대료와의 정의 상관관계가 형성되는 점을 고려하여 한국감정원에서 분기별 조사·발표하는 매장용 부동산의 임대가격지수, 소비자물가지수 등을 활용할 수 있다.

④ 수정률

수정률은 권리금의 기지급 시점과 기준시점간 권리금을 둘러싼 경제 사정의 변화, 상권변화, 임차인의 영업활동 변화 등에 따른 보정치이다. 수정률은 감정평가 대상 상가 및 동일 용도지대 내 유사 상가의 권리금 거래수준, 상권의 변화 정도, 업종특성, 장래 변화 가능성, 경기변동 등을 종합적으로 고려하여 결정한다.

3. 일괄감정평가

1) 기준

① 유형재산과 무형재산을 일괄하여 감정평가할 때는 수익환원법을 적용해야 한다.
② 제1항에도 불구하고 수익환원법을 적용하는 것이 곤란하거나 부적절한 경우에는 거래사례비교법 등으로 감정평가할 수 있다.

2) 거래사례비교법 등

① 거래사례비교법을 적용할 때는 거래사례와 감정평가 대상 상가와의 유·무형재산의 구성비율 비교, 유·무형재산의 지역·개별요인 비교항목에 대한 비교 등을 해야 한다.
② 원가법을 적용할 때는 유·무형재산의 특성을 반영해야 한다.

3) 기타 방법

(1) 회귀분석법

이는 권리금을 종속변수로 하고, 권리금에 영향을 미치는 변수를 독립변수로 한 다중 회귀분석을 이용하여 권리금을 감정평가하는 방법이다.

(2) 월임대료 승수법(MRM법)

① 월임대료 승수법은 대상과 동일 또는 유사업종 상가의 임대료와 권리금간 표준적인 승수에 감정평가 대상 상가의 임대료를 곱하여 상가권리금을 감정평가하는 방법이다.
② 임대료와 권리금 간 승수는 권리금이 임대료 대비 몇 배인지를 나타내는 배수이다. 상가의 임대료는 실질임대료를 의미하고, 기준시점 현재의 임대료를 의미한다. 수정률은 감정평가 대상 상가의 개별성, 임차인의 투하자본과 업종별 특성 등에 따른 보정치이다.

[제25회 문제 4]
정부에서 추진 중인 상가권리금 보호방안이 제도화될 경우 권리금 감정평가업무에 변화가 나타날 것으로 예상된다. 이에 관한 상가권리금에 대해 설명하시오. (10점)

[제28회 문제 4]
영업권과 상가권리금을 비교·설명하시오. (10점)

제14절   비시장재화의 감정평가

1 개념

① 비시장재화란 시장가격이 없거나 통상적인 시장에서 거래가 드물거나 발생하지 않아 거래가격이 없는 재화를 말한다. 예를 들어, 자연환경, 역사적 문화재, 공공서비스, 특수목적용 부동산 등이 있다.
② 비시장재화의 가치는 특정 당사자의 특정 상황과 관련된다. 따라서 시장참가자의 행태 등을 분석해야 한다.

2 감정평가방법

1. 시장성이 없는 경우

환경재나 공공재와 같이 시장성이 존재하지 않는 경우는 조건부가치평가법(CVM법)을 활용할 수 있다. 스티그마 효과를 수반한 오염부동산이나 생태하천 복원사업 등의 가치는 비용편익분석법(CBA법)을 적용할 수 있다. 일조권, 조망권, 소음피해 등과 같이 일부 특성의 가치의 경우는 특성가격함수모형법(HPM법) 등을 활용할 수 있다.

2. 시장성이 제한된 경우

대상물건의 특성에 따라 새로운 감정평가방법들을 적용할 수 있다. 공사가 중단된 개발사업, 개발예정 프로젝트의 사업 가치, 거래사례가 없는 기업가치 등은 실물옵션가치평가방법(ROPM법)을 활용할 수 있다.

[제15회 문제 2]
시장가격이 없는 부동산 혹은 재화의 가치를 감정평가하는 방법에 대하여 설명하시오. (20점)

제5장 목적별 감정평가

제1절 담보 감정평가

1 개념

1. 의의

담보감정평가란 금융기관 등이 대출을 하거나 채무자가 대출을 받기 위하여 의뢰하는 담보물건에 대한 감정평가를 말한다. 금융기관 등은 은행, 보험회사, 신탁회사, 일반기업체 등이 있다. 채무자는 담보를 제공하고 대출 등을 받아 채무상환의 의무를 지닌 자를 말한다. 담보물건이란 채무자로부터 담보로 제공받는 물건을 말한다.

2. 기능

1) 대출금액의 결정 기준 제시

담보감정평가는 금융기관 등에 대출금액의 결정 기준을 제시한다. 담보대출은 채무불이행시 담보물의 처분을 통해 채권을 회수하기 위함이다. 따라서 담보물의 시장가치를 파악하기 위해 감정평가가 필요하다.

2) 금융시장의 건전성 확보

담보감정평가는 금융시장의 건전성을 확보한다. 담보물의 가치가 적절하지 못하면 금융시장의 부실화를 초래할 수 있기 때문이다.

3) 채권의 보전 가능성에 대한 판단기준 제시

담보감정평가는 담보물의 가치변동을 고려하여 채권을 보전할 것인지에 대한 판단기준을 제시한다. 따라서 담보감정평가는 안전성과 장래의 가치 변동성을 고려한다.

4) 담보물의 현황 확인

담보감정평가는 담보물에 대한 물적·법적 사항을 확인한다. 이 과정에서 문제가 될 수 있는 사항을 알려줌으로써 사전에 분쟁을 예방한다.

2 감정평가

1. 기준

1) 기준가치

담보감정평가의 기준가치는 시장가치를 기준으로 한다. 다만, 시장가치 외의 가치로 할 수 있는 경우에는 시장가치 외의 가치로 할 수 있다.

2) 준수사항

(1) 직업윤리에 따라 업무에 임할 것

감정평가법인 등은 의뢰인의 의뢰목적과 의뢰내용을 충분히 이해하고, 의뢰인과 이해관계인들에게 성실하게 응대하며, 감정평가가 적정하고 합리적으로 이루어질 수 있도록 노력한다.

(2) 관계 법규와 협약서를 준수하여 업무에 임할 것

① 감정평가법인 등은 감정평가 관계법규에서 규정한 제반 의무 및 윤리규정을 준수한다.
② 감정평가법인 등은 의뢰인과 체결한 협약서를 확인하고 그에 따라 업무를 처리한다.

(3) 공정하게 업무에 임할 것

① 감정평가법인 등은 공정하고 성실하게 감정평가를 함으로써 의뢰인이 올바르고 정확하게 업무를 처리할 수 있도록 한다.
② 감정평가법인 등은 금융기관의 담보평가의 의뢰는 영업점이 하지만 감정평가 업무협약의 체결이나 담보평가 관련 정책·제도의 집행은 본점의 소관부서에서 담당하는 점을 이해해야 한다.
③ 따라서 영업점의 의뢰인이 윤리규정이나 협약서에 위배되는 업무 수임을 요구하는 경우에는 의뢰인에게 담보평가를 의뢰하기 전에 윤리규정이나 협약서를 확인하거나 본점 소관부서의 승인을 받을 것을 안내할 수 있다.

3) 적정성 검토사항

① 감정평가서의 위산·오기 여부
② 의뢰내용 및 공부와 현황의 일치 여부
③ 감정평가 관계법규 및 협약서에 위배된 내용이 있는지 여부
④ 감정평가서 기재사항이 적절히 기재되었는지 여부
⑤ 감정평가액의 산출근거 및 결정 이견이 적절히 기재되었는지 여부

2. 대상물건

1) 대상물건의 확인

(1) 물적사항

① 실지 조사에서 확인한 대상물건의 현황이 의뢰내용이나 공부의 내용과 부합하는지 여부
② 대상물건의 개별적인 상황
③ 대상물건에 담보권의 효력을 제한할 수 있는 다른 물건이 소재하는지 여부
④ 대상물건의 경제적 가치 및 담보물로서의 가치에 영향을 미치는 사항

⑤ 대상물건에 대하여 실지 조사에서 확인한 현황이 의뢰내용이나 공부의 내용과 부합하지 않는다고 판단하는 경우(이하 "물적 불일치")에는 그 내용을 의뢰인에게 알리고 감정평가 진행 여부를 협의

(2) 권리관계

① 대상물건에 대한 소유권 및 그 밖의 소유권 이외의 권리의 존부·내용
② 금융기관으로서 협약서상 임대차 조사를 수행하도록 한 경우 감정평가업자는 협약서에 따라 업무를 처리

(3) 임대차 조사 사항의 유의점

판례에 따르면 감정평가업자가 금융기관과 협약을 체결하면서 임대차 사항을 조사할 것을 약정하였다면 감정평가업자는 성실하고 공정하게 임대차 관계를 조사하여 금융기관에게 알림으로써 금융기관이 그 주택의 담보가치를 적정하게 평가하여 불측의 손해를 입지 않도록 협력하여야 할 의무가 있다고 하며, 다음의 경우에는 감정평가서에 임대차 사항을 잘못 작성함으로써 금융기관이 입은 손해를 배상할 책임이 있다고 하고 있다.

> 1. 단순히 다른 조사기관의 전화 조사만으로 확인된 실제와는 다른 임대차 관계 내용을 적은 경우
> 2. 거주자(임차인), 인근 주민들에 대한 탐문 등을 수행하지 않은 채 담보 부동산 소유자의 처로부터 임대차가 없다는 확인을 받고 감정평가서에 '임대차 없음'이라고 적었으나 이후 임차인의 존재가 밝혀진 경우
> 3. 담보 부동산의 소유자나 인근의 주민들에게 대상물건이 공실 상태로 있게 된 경위와 임차인이 있는지에 관하여 문의하는 등의 방법으로 임대차 사항을 조사하지 않고, 대상물건에 대하여 실지조사를 할 당시 거주자가 없었다는 사실만으로 감정평가서에 '임대차 없음'이라고 적은 경우
> 4. 특히 2와 3의 경우 감정평가업자는 만일 조사가 곤란하였다면 의뢰인에게 그러한 사정을 알림으로써 추가로 조사할 필요성이나 주의의무 등을 환기해야 하나 그렇게 하지 않았다는 점을 지적하면서 감정평가업자의 손해배상책임을 인정하고 있다.

2) 대상물건의 판단과 처리

(1) 대상물건의 범위를 파악하기 어려운 경우

담보권자는 원칙적으로 담보권의 효력이 미치는 범위를 파악하여 담보물을 확정할 책임이 있다. 즉, 감정평가 의뢰목록을 정확하게 제시할 책임이 있다. 따라서 담보감정평가를 할 때는 대상물건이 맞는지, 종물·부합물이 맞는지, 제시 외 물건인지 등을 정확하게 파악하기 어렵다면 의뢰인과 이를 협의하여 의뢰인이 판단·결정하도록 한다.

(2) 담보권 종류에 따라 담보물의 범위가 변동하는 경우

담보권의 종류에 따라 대상물건에 해당하는지가 달라질 수 있다. 예를 들어, 물품의 제조·가공, 인쇄, 촬영, 방송, 전기나 가스의 공급 목적에 사용하는 장소 등에 설치된 기계, 기구, 그 밖의 공용물 등이 있다. 부동산의 저당권 설정시에는 저당권 등기의 대상이 되지 않으나, 공장저당·재단의 목적물로서 등기의 대상이 되거나 등기의 목록을 구성할 수 있고, 동산·채권 등의 담보에 관한 법률에 따른 등기 요건을 구비하는 경우에는 동산담보권의 대상이 될 수 있다.

3. 부적절한 담보물건

1) 법률 규정에 의해 금지되거나 허가를 요하는 물건

① 국유재산법상 행정재산
② 보조금 관리에 관한 법률상 중요재산
③ 지방재정법상 지방보조사업자의 중요재산
④ 공익법인의 설립 운영에 관한 법률상 공익법인의 기본재산
⑤ 사립학교법상 학교법인의 재산
⑥ 의료법상 의료법인의 기본재산
⑦ 사회복지사업법상 사회복지법인의 기본재산
⑧ 전통사찰의 보존 및 지원에 관한 법률상 전통사찰의 동산 또는 부동산
⑨ 향교재산법상 향교재산
⑩ 공익신탁법상 공익사업을 위한 신탁재산
⑪ 주택법상 주택건설사업에 의하여 건설된 주택 및 대지
⑫ 한국주택금융공사법상 주택담보노후연금채권을 담보한 주택(담보주택)
⑬ 북한이탈주민의 보호 및 정착지원에 관한 법률상 주거지원을 받는 보호대상자가 주거지원에 따라 취득하게 된 소유권 등 정착금품
⑭ 민사집행법상 압류가 금지되는 물건 및 압류금지채권

2) 담보권을 제한하는 권리가 있는 물건

예고등기, 압류, 가압류, 가처분, 가등기, 경매개시등기 등의 등기가 되어 있는 물건은 관련 법령에 따라 처분이 금지된다. 해당 물건을 담보로 취득하는 경우는 등기권리자에게 대항할 수 없으므로 담보의 목적을 실현하지 못할 수 있다. 따라서 담보권을 제한하는 등기를 말소한 후에 저당권을 설정하거나, 선순위 설정금액을 공제하고 담보가액을 결정하여 담보로 취득해야 한다.

3) 제시외 건물

(1) 무허가건물

무허가건물은 건축법에 따른 허가 또는 신고를 받지 않고 건축된 건물을 말한다. 따라서 무허가건물은 건축물대장이나 등기에 등재되어 있지 않다. 다만, 시·군·구 등에서 재산세 과세 등의 행정 목적을 위하여 작성·비치하고 있는 무허가건축물대장에 등재되거나, 대위등기가 경료된 경우가 있을 수 있다.

(2) 사용승인 미필 건물

사용승인 미필 건물은 건축허가나 신고는 득하였으나 사용승인을 받지 못한 상태의 건물을 말한다. 예를 들어, 건축 도중에 건축주나 시공회사의 부도 등으로 인하여 건축공사를 완료하지 못한 경우의 건물이거나, 위법 등 기타의 사유로 인하여 건축주가 시장, 군수, 구청장 등에게 사용승인을 받지 못한 경우의 건물 등이 있다. 따라서 사용승인을 받지 못한 원인을 밝혀야 한다. 원인이 위법 등에 기인한 것이라면 위법 사항을 해소하고 취급해야 한다. 그리고 건축 중인 건물 등이 부도 등으로 인해 중지된 경우는 경매가 진행될 때 공사비로 인한 유치권이 발생할 수 있다.

(3) 채권자 대위권에 의해 등기된 건물

채권자 대위권에 의해 등기된 건물이란 부동산등기법상 채권자 대위권에 의한 등기 및 민법상 채권자 대위권에 의해 채권자가 채무자를 대위하여 집행력이 있는 공증서 또는 확정판결문을 기초로 등기한 건물을 말한다.

(4) 등기가 완료되지 않은 건물

등기가 완료되지 않은 건물은 금융기관에서 보존등기 신청과 동시에 저당권 설정을 하면 되므로 건축물대장을 기준으로 정상 감정평가할 수 있다.

4) 공부상 등재되지 않은 물건

(1) 토지에 미등기 건물만 존재하는 경우

미등기 건물이 건물로서 요건을 갖추고 있다면 당연히 법정지상권이 인정되므로, 먼저 보존등기를 한 후에 저당권을 설정해야 한다.

(2) 토지에 등기된 건물과 미등기 건물이 함께 있는 경우

등기건물에 설정한 저당권의 효력이 미등기 건물에 미치는지는 미등기 건물에 대하여 독립성이 인정되는지에 따라 판단해야 한다. 독립성이 인정될 경우 법정지상권이 성립할 수 있으므로, 미등기 건물에 대하여 보존등기를 한 후에 저당권을 설정해야 한다. 그러나 독립성이 인정되지 않는다면 등기된 건물의 종물이나 부합물이 되어 등기된 건물에 저당권을 설정하면 미등기 건물에도 효력이 미치므로 등기를 하지 않아도 된다.

5) 보존이 어려운 물건

(1) 리스 기계

리스 기계는 사업자가 리스회사로부터 임대받은 물건이다. 따라서 공장저당법에 의하여 취득한 담보물이 경매가 실행되면 복잡한 법률관계가 발생한다. 그러므로 통상적으로 담보에서 제외하고 감정평가시에도 평가하지 않는다.

(2) 소유권 유보부 기계·기구

대금분할지급매매는 대금의 완제 전에 목적물을 인도하는 경우가 있다. 소유권유보부는 대금의 완제가 있을 때까지 목적물의 소유권을 매도인에게 유보하는 계약을 말한다. 이때 소유권유보부 기계·기구는 담보로 취급되지 않는다.

6) 과잉유휴시설과 단독 효용가치가 희박한 물건

① 과잉유휴시설이란 해당 공장의 필요 정도를 넘어 설치된 시설과 업종 변경 등으로 인하여 가동하지 않고 가까운 장래에도 가동할 전망이 없는 시설을 말한다. 과잉유휴시설은 감정평가에서 제외한다.

② 단독 효용가치가 희박한 물건은 시장에서 거래가 제한되고 가치를 형성하지 못하므로 감정평가외로 처리한다.

4. 토지의 담보 감정평가

1) 일반적인 토지의 감정평가 준용

공공용지, 공법상 제한을 받는 토지, 일단으로 이용 중인 토지, 지상 정착물과 소유자가 다른 토지, 제시외 건물 등이 있는 토지 등은 일반적인 감정평가를 따른다.

2) 거래가격 및 거래의 상대방이 제한되는 토지

① 산업입지 및 개발에 관한 법률에 따라 개발한 토지
② 산업집적활성화 및 공장설립에 관한 법률에 따라 분양받은 토지
③ 연구개발특구의 육성에 관한 특별법에 따른 교육 · 연구 및 사업화 시설구역의 부지
④ 그 밖에 국가 · 지방자치단체 · 공공기관 등으로부터 분양받은 토지로서, 분양계약서 및 등기사항증명서에 매매 · 처분제한 또는 환매 특약 등의 취지가 기재 · 등기되어 있는 토지

위 사항의 경우 의뢰인과 감정평가 진행 여부 등을 협의해야 한다. 감정평가를 하는 경우는 거래가격 및 거래의 상대방이 제한됨에 따라 토지에 미치는 영향을 고려하여 감정평가하고, 의뢰인과 협의한 내용을 감정평가서에 기재한다.

3) 공익사업 시행지구에 편입된 토지

(1) 의뢰인과 협의

공익사업시행지구에 편입된 토지에 대하여 담보권이 효력이 미치는지는 의뢰인과 확인하여 판단하는 것이 원칙이다. 다만, 담보감정평가로 의뢰된 토지가 공익사업시행지구에 편입되었다는 것을 감정평가업자가 인지한 경우에는 의뢰인과 협의한 후 감정평가 진행 여부를 결정할 수 있다.

(2) 저당권 설정일이 사업인정고시일 이후인 경우

① 공익사업시행지구에 편입된 토지는 사업인정고시일 이전에 저당권을 설정하는 경우 저당권자는 토지보상법 제2조 제5호에 다른 관계인에 해당되므로 보상절차에 참여하거나, 보상금의 지급에 대하여 사업시행자로부터 통지를 받아 보상금을 압류하는 등의 방법으로 채권을 확보할 수 있다.
② 그러나 사업인정고시일 이후에 저당권을 설정한 경우에는 관계인에 포함되지 않아 저당권자에 대한 사업시행자의 고지의무가 없다. 따라서 보상금 지급 등에 대해 알기 어렵고, 특히 수용의 경우 저당권은 수용의 등기와 동시에 직권 말소되므로 채권확보에 유의해야 한다.

4) 사실상 사도

대상 부동산이 정상적인 효용을 발휘하거나 담보가치를 확보하기 위해서는 진 · 출입을 위한 사실상 사도의 소유권 또는 토지의 통행권이 확보되어야 한다. 대상 부동산으로 진 · 출입을 위한 사실상 사도의 지분권 등을 채무자가 확보하고 있음에도 불구하고 감정평가시 의뢰목록에서 해당 사도 부분이 누락되는 경우가 있다. 따라서 별도의 사실상 사도의 지분이 있는지를 인접토지의 등기사항전부증명서를 통해 확인하여 담보 대상목록에 포함시키는 절차가 반드시 필요하다. 담보감정평가시 사실상 사도는 감정평가외 처리한다.

[제5회 문제 3-1]

담보가격과 처분가격을 약술하시오. (10점)

[제14회 문제 3]

수익성 부동산의 가치는 할인된 현금흐름(discounter cash flow)와 순수익(net operating income)을 이용하여 구할 수 있고, 이 가치들은 대부기관의 담보가치 결정 기준이 된다. 다음 물음에 답하시오. (20점)

1) 두 감정평가방법으로 구한 부동산의 담보가치를 비교하여 설명하시오.

2) 담보가치의 결정에서 고려해야 할 사항들에 대하여 설명하시오.

[제34회 문제 3]

담보평가와 관련한 다음 물음에 답하시오. (20점)

1) 담보평가를 수행함에 있어 감정평가의 기능과 관련하여 감정평가의 공정성과 독립성이 필요한 이유를 설명하고, 감정평가의 공정성과 독립성을 확보할 수 있는 수단 3개를 제시하시오. (10점)

2) 감정평가법인이 담보목적의 감정평가서를 심사함에 있어 심사하는 감정평가사의 역할에 대하여 설명하시오. (10점)

제2절 경매 감정평가

1 개념

1. 의의

1) 경매

경매는 주로 담보권의 실행 또는 채권의 회수를 목적으로 법원에 의한 사적 소유권의 재설정 과정이다. 이 중 부동산 법원경매는 채무자 또는 물상보증인이 채권자에게 담보를 목적으로 제공한 부동산에 대하여 채무불이행 상태에 이르면 채권자의 신청에 따라 국가가 압류 등의 배당절차를 통하여 채권자의 금전채권을 만족시키는 목적으로 하는 법적 절차를 의미한다.

2) 유찰

유찰이란 매수희망자가 없어 다시 경매를 진행시키는 것을 말한다. 통상 한달 후에 다시 경매가 진행된다.

3) 낙찰

낙찰이란 최고가 입찰자에게 매수권한을 주는 것을 말한다.

4) 법사가격

법사가격이란 경매물건의 감정평가액을 말한다. 일반적으로 법사가격은 최초 경매시 최저 입찰가격이 된다.

2. 종류

1) 강제경매

강제경매란 법원이 채무자 소유의 부동산을 압류, 환가하여 그 매각대금을 가지고 채권자의 금전 채권의 만족을 목적으로 하는 강제집행절차를 말한다.

2) 임의경매

임의경매란 담보권을 가진 채권자의 담보권 실행을 위하여 법원이 담보권이 설정된 부동산을 압류, 환가하여 그 매각대금을 가지고 채권자의 금전채권을 만족시키는 절차를 말한다.

3) 형식경매

형식경매란 금전채권의 만족시키는 것 이외에 공유물 분할과 같이 법률이 정하는 특별한 목적을 위하여 행해지는 절차를 말한다.

3. 절차

① 경매신청 및 경매개시 결정
② 배당요구의 종기결정 및 공고
③ 매각의 준비
④ 매각 및 매각결정기일의 지정·공고·통지
⑤ 매각의 실시
⑥ 매각허부 결정절차
⑦ 매각대금의 납부
⑧ 배당절차
⑨ 소유권이전등기 등의 촉탁·부동산인도명령

2 감정평가

1. 개념

경매감정평가란 해당 집행법원이 경매의 대상이 되는 물건의 경매에서 최저매각가격을 결정하기 위해 의뢰하는 감정평가를 말한다. 민사집행법은 최저매각가격을 규정하여 공정한 경매가 이루어지도록 하고 있다.

2. 최저매각가격과의 관계

법원 실무상 경매감정평가액을 최저경매가격으로 결정하고 있다. 즉, 경매감정평가와 최저매각가격은 경매목적물의 염가처분을 막기 위하여 존재한다. 그리고 경매 입찰자에게 대상 물건의 시장가치를 제시하여 입찰가 결정에 있어 합리적인 의사결정의 판단기준을 제시해준다. 즉, 양자는 법원경매 절차상 목적이 동일관계에 있다.

3. 다가구 단독주택의 공유지분(실질 다세대)

다세대는 구조상·이용상 독립성이 있고 여러 세대가 독립된 주거생활을 영위할 수 있는 공동주택이다. 그러나 구분건물 등기가 없는 다가구 단독주택의 공유지분등기는 특정 부분에 대한 구분소유권을 가진다고 할 수 있다. 따라서 전체 건물 중 해당 구분건물이 점유하고 있는 위치를 반영한 가격이어야 한다. 즉, 지분비율에 의한 가액이 아니라, 구분소유 부동산의 거래사례비교법을 적용하여 해당 특정 부분의 가액을 기준으로 한다.

기출문제

[제26회 문제 1]

A법인은 토지 200m² 및 위 지상에 건축된 연면적 100m² 1층 업무용 건물(집합건물이 아님)을 소유하고 있다. 건물은 101호 및 102호로 구획되어 있으며, 101호는 A법인이 사무실로 사용하고 있고 102호는 B에게 임대하고 있다. 다음 물음에 답하시오. (40점)

1) A법인이 소유한 위 부동산(토지 및 건물)을 감정평가 할 경우 감정평가 규칙에 따른 원칙적인 감정평가방법 및 근거, 해당 방법의 적정성을 논하시오. (15점)
2) 임차인 C가 101호를 전세로 임차하기로 하였다. C는 전세금액 및 전세권 설정에 참고하기 위하여 101호 건물 50m²만을 감정평가 의뢰하였다. 본건 감정평가의 타당성에 관해 설명하시오. (10점)
3) A법인은 토지에 저당권을 설정한 이후 건물을 신축하였으나 건물에 대해서는 저당권을 설정하지 않았다. A법인이 이자지급을 연체하자 저당권자가 본건 토지의 임의경매를 신청하였다. 이 경우 토지의 감정평가방법에 관해 설명하시오. (5점)
4) 해당 토지의 용적률은 50%이나 주변 토지의 용적률은 100%이다. A법인이 용적률 100%를 조건으로 하는 감정평기를 의뢰하였다. 조긴부평가에 관해 설명하고 본건의 감정평가 가능 여부를 검토하시오. (10점)

---

❸ 부실채권(NPL)의 감정평가

1. 개념

1) 의의

부실채권이란 금융기관 대출금 중 3개월 이상 이자가 미납되어 회수가 어려운 채권을 말한다. 금융기관에서는 자산의 건전성(BIS비율)을 높이기 위해 3개월 이상 연체된 채권을 매각, 유동화하여 회계상 손실 처리한다. 부실채권을 매입한 유동화회사는 이를 투자자에게 판매하게 되고, 채권을 매입한 투자자는 채권행사로 해당 물건의 낙찰이나 배당으로서 일정한 수익을 창출한다.

2) 특징

(1) 거래시장 형성의 어려움

부실채권은 채권 회수에 상당한 위험이 발생하거나 발생할 우려가 있는 채권이다. 따라서 일반적인 채권과 달리 제한된 유동화 구조조정 시장을 제외한 일반적 거래시장의 형성이 어렵다.

(2) 정보분석의 어려움

부실채권은 일반채권보다 유동성이 제한되고 거래비용이 크다. 부실채권의 담보물은 환가성에 대한 감정평가가 필요하다. 그리고 채무자의 신용상태 등에 대한 정보분석이 필요하다. 그러나 정보분석이 어렵다.

(3) 가치형성의 특수성

부실채권은 담보물의 가치와 환가성, 채무자의 신용상태에 따라 회수 가능성이 달라진다. 따라서 회수 가능성과 부실채권의 가치가 비례관계를 가진다. 그리고 부실채권 중 구조조정 내지 환가 과정에서 의사결정에 큰 영향을 미치지 못하는 소액채권의 경우 가치를 인정받기 어렵다.

2. 감정평가

1) 기준

부실채권은 미상환 원금잔액의 현재가치와 경매 진행시 배당금액을 비교하여 결정한다. 배당금액은 "경매 ⇨ 낙찰가 ⇨ 선순위 공제 ⇨ 해당 채권에 따른 배당금액"으로 결정한다.

2) 수익환원법

부실채권의 감정평가방법에 관한 직접적인 규정은 없다. 그러나 감칙 제24조 제2항에서 비상장채권은 수익환원법의 적용을 원칙으로 하고 있다. 이 경우 대상 부실채권으로부터 회수 가능할 것으로 예상되는 장래 기대수익을 현가화하는 할인현금흐름분석법을 적용하여 그 현재가치를 구할 수 있다.

3) 거래사례비교법

감정평가 실무기준에서는 채권의 감정평가방법에서 수익환원법을 적용하는 것이 곤란하거나 부적절한 경우에는 거래사례비교법을 적용할 수 있다고 규정한다. 유사한 부실채권의 거래사례를 수집할 수 있는 경우에는 적용할 여지가 있다.

4) 다른 감정평가방법

시장에서는 부동산 담보가 있는 부실채권이 자산관리회사(AMC)를 통해 거래되고 있다. 이런 경우 그 담보인 부동산의 가치를 3방법으로 감정평가할 수 있다. 즉, 담보물의 가치를 기준으로 환가성, 회수 가능성, 회수비용 등을 반영하여 부실채권의 가치를 감정평가할 수 있다.

1 개념

1. 의의

재무보고 감정평가란 외감법 제5조의 회계처리기준에 따른 재무보고를 목적으로 하는 공정가치의 추정을 위한 감정평가를 말한다.

2. 범위

1) 업무의 범위

기업이 재무보고 등을 위하여 의뢰하는 감정평가 업무는 다양하다. 자산 및 부채의 공정가치 감정평가뿐만 아니라, 자산의 분류와 계상, 감가상각 목적을 위한 자산 가액의 안분, 외부공사를 위한 내용연수 및 잔존가치의 추정, 재평가 주기의 검토 등이 있다.

2) 적용의 범위

① 재무보고 감정평가는 영리기업이 국제회계기준에 근거한 재무제표 작성을 목적으로 의뢰하는 경우가 일반적이다. 그 밖에 정부 또는 준정부기관이 재무제표 작성, 민영화, 채권 발행, 대출 실행, 비용·편익분석, 경제성 분석, 성과평가 등을 위하여 업무를 의뢰할 수 있다.
② 우리나라는 국제비영리회계기준을 현재 공식적으로 채택하지 않았으며, 정부 기관은 국가회계기준에 관한 규칙에 의거 재무제표를 작성하고 있다. 국가회계기준에 관한 규칙 제38조의2(일반유형자산 및 사회기반시설의 재평가 기준)에서 재평가 관련 사항을 정하고 있다.

2 대상 및 확인사항

1. 기준

① 재무보고 감정평가의 대상은 회사·국가·지방자치단체·공공기관의 재무제표에 계상되는 유형자산·무형자산·유가증권 등의 자산 및 관련 부채와 재평가를 위한 시설 등의 자산으로서 의뢰인이 감정평가를 요청한 물건으로 한다.
② 재무보고 감정평가를 할 때는 다음의 사항을 의뢰인과 협의하여 명확히 확인해야 한다.

> 1. 의뢰인의 재무제표상의 자산분류 기준과 감정평가서에 표시될 감정평가 목록 분류의 기준의 일치 여부
> 2. 대상 자산에 대한 담보설정 등 소유권에 대한 제한사항의 내용

2. 자산의 분류와 계상

① 기업은 국제회계기준에 따라 자신이 보유한 전체 자산 중 일부 자산만을 분류하여 재평가 대상으로 의뢰할 수 있다. 그러나 재평가 대상으로서의 자산분류는 회계기준에서 정하고 있는 자산의 성격 및 유동성, 기업 내에서의 자산 기능, 부채의 금액, 성격 및 시기 등을 기준으로 합리적으로 분류해야 한다. 이러한 분류 기준에 지리적 위치나 가치 증감 여부는 포함될 수 없다. 영업용 토지에 대해서 재평가를 결정하였다면 해외에 소재하는 영업용 토지도 재평가 대상에 포함해야 한다. 같은 맥락에서 가격이 상승한 자산만 재평가 대상으로 삼을 수는 없다.

② 일반적으로 재무보고 감정평가는 대상 자산의 소유 및 용익 제한이 없는 것을 전제로 한다. 담보권 설정, 가압류 설정, 다툼 중이거나 계류 중인 소송이 있는 물건이더라도 재무보고 감정평가는 이에 구애됨이 없이 감정평가한다.

3 기준가치

1. 적용

① 재무보고 감정평가는 공정가치를 기준으로 감정평가한다.
② 공정가치는 한국채택국제회계기준에 따라 자산 및 부채의 가치를 추정하기 위한 기본적 가치기준으로서 합리적인 판단력과 거래의사가 있는 독립된 당사자 사이의 거래에서 자산이 교환되거나 부채가 결제될 수 있는 금액을 말한다.

2. 공정가치

1) 국제평가기준의 의의

국제평가기준(IVS)에서 공정가치는 시장에 정통하고, 정상적인 거래를 하고자 하는 당사자 사이에 자산 교환을 하거나 채무청산을 할 경우에 결정될 수 있는 가액을 말한다.

2) 시장가치와의 비교

회계기준에서 사용하는 공정가치 개념은 일반적으로 감정평가에서 사용하는 시장가치와 유사한 개념이지만, 시장가치보다 광범위한 개념이다. 일반적으로 특정 당사자 사이에서 공정한 의미가 있는 가격은 다른 시장참여자에게도 공정한 의미가 있다. 그러나 공정가치 산정시 고려하는 사항 중 일부는 시장가치에서는 고려하지 않는다. 공정가치는 기업체의 지분 취득을 위한 가격산정에 적용된다. 특정 당사자 사이에서만 발생하는 특수한 증분 가치는 해당 당사자간에는 공정한 가격일 수 있으나, 일반시장에서 형성되는 가격과는 다를 수 있다. 시장가치는 이와 같은 특수가치(결합가치)의 요소를 고려하지 않는다. 공정가치의 예로는 임대차 계약의 명도나 기한연장에 대한 대가를 반영한 임대인과 임차인 사이에 합의된 가격이나 미공개기업에서의 주식양도시 주식을 위한 가격 등이 있다.

기출문제

[제27회 문제 2]
감정평가사 甲은 乙주식회사가 소유한 △△동 1번지 소재 업무용 빌딩과 △△동 101번지 나지상태의 토지에 대하여 재무보고목적의 감정평가를 진행하려 한다. 다음 물음에 답하시오. (30점)
1) 본건 감정평가의 기준가치는 무엇인지 그 개념에 관해 설명하고, 시장가치기준원칙과의 관계에 관해 설명하시오. (10점)
2) 甲은 △△동 1번지 소재 업무용 빌딩에 대하여 할인현금흐름분석법(discounted cash flow method)을 적용하려 한다. 이때 적용할 할인율(discount rate)과 최종환원율(terminal capitalization rate)을 설명하고, 업무용 부동산시장의 경기변동과 관련하여 양자의 관계를 설명하시오. (15점)
3) △△동 1-1번지 토지에 대하여 공시지가기준법을 적용하여 시점수정, 지역요인 및 개별요인의 비교 과정을 거쳐 산정된 가액이 기준가치에 도달하지 못하였다고 가정할 경우 공시지가기준법에 따라 甲이 실무적으로 보정할 수 있는 방법에 관해 설명하시오. (5점)

1 도시정비사업의 개념

1. 정비사업 등의 개념

1) 정비구역(도시정비법 제2조 제1호)

정비사업을 계획적으로 시행하기 위하여 제16조(정비계획의 결정 및 정비구역의 지정·고시)에 따라 지정·고시된 구역을 말한다.

2) 정비사업(도시정비법 제2조 제2호)

도시정비법에서 정한 절차에 따라 도시기능을 회복하기 위하여 정비구역에서 정비기반시설을 정비하거나 주택 등 건축물을 개량 또는 건설하는 주거환경개선사업, 재개발사업, 재건축사업을 말한다.

3) 주거환경개선사업(도시정비법 제2조 제2호 가목)

주거환경개선사업이란 도시저소득 주민이 집단거주하는 지역으로서 정비기반시설이 극히 열악하고 노후·불량건축물이 과도하게 밀집한 지역의 주거환경을 개선하거나 단독주택 및 다세대주택이 밀집한 지역에서 정비기반시설과 공동이용시설 확충을 통하여 주거환경을 보전·정비·개량하기 위한 사업을 말한다.

4) 재개발사업(도시정비법 제2조 제2호 나목)

재개발사업이란 정비기반시설이 열악하고 노후·불량건축물이 밀집한 지역에서 주거환경을 개선하거나 상업지역·공업지역 등에서 도시기능의 회복 및 상권활성화 등을 위하여 도시환경을 개선하기 위한 사업을 말한다.

5) 재건축사업(도시정비법 제2조 제2호 다목)

재건축사업이란 정비기반시설은 양호하나 노후·불량건축물에 해당하는 공동주택이 밀집한 지역에서 주거환경을 개선하기 위한 사업을 말한다.

2. 정비사업의 목적

정비사업은 도시기능의 회복이 필요하거나 주거환경이 불량한 지역을 계획적으로 정비하고 노후·불량건축물을 효율적으로 개량하기 위하여 필요한 사항을 규정함으로써 도시환경을 개선하고 주거생활의 질을 높이는 데 이바지함을 목적으로 한다.

3. 정비사업의 절차

기본계획 수립 ⇨ 정비구역 지정 ⇨ 조합설립추진위원회 구성·승인 ⇨ 조합설립인가 ⇨ 사업시행계획인가 ⇨ 조합원 분양신청 ⇨ 관리처분계획인가 ⇨ 이주·철거 및 착공·분양 ⇨ 준공·이전고시 ⇨ 청산

❷ 도시정비사업과 감정평가

1. 국·공유재산 처분을 위한 감정평가

1) 도시정비법 제98조(국유·공유재산의 처분 등)

① 시장·군수등은 제50조 및 제52조에 따라 인가하려는 사업시행계획 또는 직접 작성하는 사업시행계획서에 국유·공유재산의 처분에 관한 내용이 포함되어 있는 때에는 미리 관리청과 협의하여야 한다. 이 경우 관리청이 불분명한 재산 중 도로·구거(도랑) 등은 국토교통부장관을, 하천은 환경부장관을, 그 외의 재산은 기획재정부장관을 관리청으로 본다.

② 제1항에 따라 협의를 받은 관리청은 20일 이내에 의견을 제시하여야 한다.

③ 정비구역의 국유·공유재산은 정비사업 외의 목적으로 매각되거나 양도될 수 없다.

④ 정비구역의 국유·공유재산은 국유재산법 제9조 또는 공유재산 및 물품 관리법 제10조에 따른 국유재산종합계획 또는 공유재산관리계획과 국유재산법 제43조 및 공유재산 및 물품 관리법 제29조에 따른 계약의 방법에도 불구하고 사업시행자 또는 점유자 및 사용자에게 다른 사람에 우선하여 수의계약으로 매각 또는 임대될 수 있다.

⑤ 제4항에 따라 다른 사람에 우선하여 매각 또는 임대될 수 있는 국유·공유재산은 국유재산법, 공유재산 및 물품 관리법 및 그 밖에 국·공유지의 관리와 처분에 관한 관계 법령에도 불구하고 사업시행계획인가의 고시가 있은 날부터 종전의 용도가 폐지된 것으로 본다.

⑥ 제4항에 따라 정비사업을 목적으로 우선하여 매각하는 국·공유지는 사업시행계획인가의 고시가 있은 날을 기준으로 평가하며, 주거환경개선사업의 경우 매각가격은 평가금액의 100분의 80으로 한다. 다만, 사업시행계획인가의 고시가 있은 날부터 3년 이내에 매매계약을 체결하지 아니한 국·공유지는 국유재산법 또는 공유재산 및 물품 관리법에서 정한다.

2) 사업시행계획인가고시일 3년 이전

(1) 기준

국·공유재산의 처분을 위한 감정평가는 사업시행계획인가고시가 있은 날의 현황을 기준으로 감정평가한다. 다만, 다음의 어느 하나에 해당하는 경우에는 그에 따를 수 있다.

① 재개발사업 등의 사업구역 안에 있는 국·공유지를 사업시행자에게 매각하는 경우로서 도로 등의 지목을 "대"로 변경하여 감정평가를 의뢰한 경우에는 "대"를 기준으로 그 국·공유지의 위치·형상·환경 등 토지의 객관적 가치형성에 영향을 미치는 개별적인 요인을 고려한 가액으로 감정평가한다.

② 재건축사업구역 안에 있는 국·공유지는 공부상 지목에도 불구하고 "대"를 기준으로 그 국·공유지의 위치·형상·환경 등 토지의 객관적 가치형성에 영향을 미치는 개별적인 요인을 고려한 가액으로 감정평가한다.

(2) 용도폐지 전제

① 도시정비법 제98조 제5항을 적용할 때 국·공유재산은 당해 사업시행계획인가고시일부터 용도가 폐지된 것으로 본다. 따라서 종래의 국·공유재산의 상태(도로, 구거 등)가 아닌 "대"를 기준으로 감정평가할 것을 요청한다.

② 정비기반시설 무상양도·귀속 감정평가는 사업시행계획인가고시일 3년 이전에 이루어지므로 동일하게 적용한다.

3) 사업시행계획인가고시일 3년 이후

(1) 기준

도시정비법 제98조 제6항 단서에 따라 사업시행계획인가의 고시가 있은 날부터 3년이 지난 후에 매매계약을 체결하기 위한 국·공유재산의 감정평가는 가격조사완료일의 현황을 기준으로 감정평가한다.

(2) 기준시점 당시 현황

국유재산법 제4조(다른 법률과의 관계) 등에 의해 기준시점 당시 현황을 기준으로 감정평가한다. 따라서 계약체결 당시를 기준으로 해당 정비사업에 의해 형질변경이 된 상태와 해당 사업의 성숙도 등이 고려된 가격으로 감정평가한다. 이때 토지의 감정평가시 비교표준지는 기준시점 당시에 공시된 표준지공시지가 중 기준시점에 가장 가까운 시점에 공시된 공시지가를 선정한다.

(3) 정비구역 내 비점유 국·공유지를 사업시행자에게 매각하는 경우

정비구역 내 비점유 국·공유지를 사업시행자(조합)에게 매각하는 경우는 정비사업이 토지보상법상 공익사업에 해당하므로 국유재산법 시행령 제42조(처분재산의 예정가격) 제9항 등에 따라 토지보상법에 따라 산출한 보상액을 처분가격으로 할 수 있다. 다만, 이는 임의규정으로 보상액은 시장가치 대비 낮게 산정될 수 있다.

2. 매도청구 감정평가

1) 개념

(1) 의의

① 매도청구는 재건축사업을 시행할 때 조합설립에 동의하지 않은 자 등에 대해 그 소유 토지 등을 시가에 매도할 것을 청구하는 것이다.

② 매도청구권은 재건축에 참가하는 토지등소유자가 재건축에 불참한 토지등소유자에 대하여 일정한 절차를 거쳐 토지·건물의 매도를 청구하는 권리다. 매도청구권은 형성권으로 당사자의 동의 없이 일방적으로 행사할 수 있다. 매도청구권을 행사하면 조합설립에 동의하지 않은 자와 사업시행자 사이에 매매계약이 성립한 것으로 본다. 이는 집합건물법 제48조(구분소유권 등의 매도청구 등)의 규정을 준용한다.

(2) 유형

① **도시정비법 제64조에 의한 매도청구 감정평가**

조합설립에 동의하지 아니한 자, 시장·군수 등, 토지주택공사 등, 신탁업자의 사업시행자 지정에 동의하지 아니한 자, 건축물 또는 토지만 소유한 자를 상대로 사업시행계획인가고시일 후에 매도청구권을 행사한다.

② **도시정비법 제73조에 의한 매도청구 감정평가**

조합설립에 동의하였으나 분양신청을 하지 않는 등의 사유로 현금청산대상자가 된 토지등소유자를 대상으로 현금청산기간이 종료한 다음 날부터 60일 이내에 매도청구 소송을 제기한다.

2) 도시정비법 제64조(재건축사업에서의 매도청구)

① 재건축사업의 사업시행자는 사업시행계획인가의 고시가 있은 날부터 30일 이내에 다음 각 호의 자에게 조합설립 또는 사업시행자의 지정에 관한 동의 여부를 회답할 것을 서면으로 촉구하여야 한다.

> 1. 제35조제3항부터 제5항까지에 따른 조합설립에 동의하지 아니한 자
> 2. 제26조제1항 및 제27조제1항에 따라 시장·군수등, 토지주택공사등 또는 신탁업자의 사업시행자 지정에 동의하지 아니한 자

② 제1항의 촉구를 받은 토지등소유자는 촉구를 받은 날부터 2개월 이내에 회답하여야 한다.

③ 제2항의 기간 내에 회답하지 아니한 경우 그 토지등소유자는 조합설립 또는 사업시행자의 지정에 동의하지 아니하겠다는 뜻을 회답한 것으로 본다.

④ 제2항의 기간이 지나면 사업시행자는 그 기간이 만료된 때부터 2개월 이내에 조합설립 또는 사업시행자 지정에 동의하지 아니하겠다는 뜻을 회답한 토지등소유자와 건축물 또는 토지만 소유한 자에게 건축물 또는 토지의 소유권과 그 밖의 권리를 매도할 것을 청구할 수 있다.

3) 도시정비법 제73조(분양신청을 하지 아니한 자 등에 대한 조치)

① 사업시행자는 관리처분계획이 인가·고시된 다음 날부터 90일 이내에 다음 각 호에서 정하는 자와 토지, 건축물 또는 그 밖의 권리의 손실보상에 관한 협의를 하여야 한다. 다만, 사업시행자는 분양신청기간 종료일의 다음 날부터 협의를 시작할 수 있다.

> 1. 분양신청을 하지 아니한 자
> 2. 분양신청기간 종료 이전에 분양신청을 철회한 자
> 3. 제72조제6항 본문에 따라 분양신청을 할 수 없는 자
> 4. 제74조에 따라 인가된 관리처분계획에 따라 분양대상에서 제외된 자

② 사업시행자는 제1항에 따른 협의가 성립되지 아니하면 그 기간의 만료일 다음 날부터 60일 이내에 수용재결을 신청하거나 매도청구소송을 제기하여야 한다.

4) 감정평가

(1) 기준시점

① 도시정비법 제64조에 의한 감정평가

재건축사업구역 안의 토지등에 대한 매도청구 감정평가는 법원에서 제시하는 날을 기준으로 한다. 매도청구 소송감정의 기준시점은 매매계약 체결 의제일이다. 감정평가 실무상으로는 법원의 감정평가명령서에 제시된 일자를 기준으로 한다. 매도청구권은 형성권이므로 매도청구의 의사표시가 상대방에서 도달한 시점이 매매계약 체결시점이 된다. 매도청구의 소장에 최고서를 첨부하여 송달하는 경우는 최고서 송달일로부터 집합건물법상의 회답 기간인 2개월이 경과한 다음 날 매매계약의 체결이 의제된다.

② 도시정비법 제73조에 의한 감정평가

㉠ 현행 도시정비법에 대한 대법원의 판례는 없다. 그러나 구법에 대한 판례의 태도를 참작하면 본 감정평가의 기준시점은 사업시행자의 현금청산금 지급의무 기산일이 된다. 도시정비법 제73조에서 관리처분계획인가고시일의 다음 날부터 90일 이내에 협의를 하도록 하고 있다. 따라서 관리처분계획인가고시일의 다음 날이 기준시점이 된다.

ⓛ 도시정비법 제39조 제3항에 따른 현금청산 감정평가의 기준시점은 현금청산대상자가 투기과열지구에서 재건축조합설립인가 후 해당 재건축사업구역 내 건축물 또는 토지를 양수한 날(매매잔금지급일과 소유권이전등기일 중 빠른 날)의 다음 날이다.

(2) 개발이익이 포함된 시가의 의미

① 매도청구 감정평가는 개발이익을 반영하여 감정평가한다. 다만, 기준시점에 현실화·구체화되지 아니한 개발이익이나 조합원의 비용부담을 전제로 한 개발이익은 배제한다.

② 판례에서 말하는 '재건축사업으로 인해 발생할 것으로 예상되는 개발이익이 포함된 시가'는 철거 예정에 있는 노후화된 건물의 감가를 모두 인정하고 토지자산에 준하는 상태의 가격, 즉 '노후되어 철거될 상태를 전제로 한 가격'이 아니다. 토지·건물이 일체로 거래되는 가격, 즉 재건축 결의 및 조합설립인가에 따라 시장에서 형성·반영되고 있는 개발이익 모두를 반영하라는 의미다.

③ 거래사례비교법에 의하는 경우 당해 재건축사업의 적정 리스크를 반영하지 않은 상태에서 인근의 기사용승인된 아파트부지 표준지와의 단순 비교(매도청구대상이 토지인 경우), 기입주한 아파트와의 단순 비교(매도청구대상이 공동주택인 경우)를 통한 예상 개발이익 추정은 조합원으로서의 비용부담 및 사업추진에 따른 각종 리스크(부동산 시장의 하락, 일반분양 실패, 정부 정책의 변경, 각종 소송 등) 부담을 전제로 함에도 불구하고 이를 반영하기 곤란하다는 점, 재건축으로 인한 장래의 이익까지 현재의 구분소유자, 즉 매도청구 소송의 피고에게만 귀속시키고 매도청구권자(매수자)에게는 전혀 그 이익을 향유하지 못하게 하는 셈이 되어 부당할 결과를 초래할 수 있다는 점뿐만이 아니라, 매도청구 소송에 의한 매매계약은 당사자가 자율적으로 체결한 매매가 아닌 사법절차에 의한 매매라는 점에서 그 이익을 어느 일방에게 귀속시켜서는 아니 된다는 점 등을 유의하여 감정평가하여야 할 것이다.

(3) 현황 도로

대법원은 토지 현황이 인근 주민의 통행에 제공된 도로 등인 사안에서 토지의 현황이 도로일지라도 주택재건축사업이 추진되면 공동주택의 일부가 되는 이상 시가는 재건축사업이 시행될 것을 전제로 할 경우의 인근 대지 시가와 동일하게 평가하되, 각 토지의 형태, 주요 간선도로와의 접근성, 획지조건 등 개별요인을 고려하여 감액 평가하는 방법으로 산정하는 것이 타당한데도, 현황이 도로라는 사정만으로 인근 대지 가액의 1/3로 감액한 평가액을 기준으로 시가를 산정한 원심판결에 법리오해의 잘못이 있다고 판시하였다.

(4) 영업손실 등

매도청구는 그 성격상 실질적으로 공용수용과 같다는 점, 단독주택 재건축사업의 경우 공동주택 재건축과 달리 부동산 유형별 구성이 재개발과 유사하고, 잡화점, 세탁소, 음식점 등 비교적 소규모의 상인이 많아 영업 손실보상금의 지급 필요성이 매우 큰 점 등을 근거로 단독주택 재건축사업에서 매도청구의 상대방에서 영업 손실보상금을 지급하여야 한다거나, '종래의 생활환경이 손상됨에 따라 손실상당액'이 '시가'에 포함되어야 한다는 주장이 제기되고 있다. 하지만 이는 입법정책의 문제로 토지보상법을 준용할 수 있는 공익사업에 해당하지 않는 재건축사업의 매도청구 소송의 시가에는 이러한 영업 손실보상금이 포함될 수 없다고 봄이 타당하다.

3. 종전자산 감정평가

1) 개념

(1) 의의

종전자산 감정평가란 도시정비법 제72조 제1항 제1호 및 제74조 제1항 제5호에 따라 실시되는 종전의 토지 또는 건축물에 대한 관리처분계획 수립을 위한 감정평가를 말한다.

(2) 규정

① 도시정비법 제72조 제1항 제1호

사업시행자는 제50조 제9항에 따른 사업시행계획인가의 고시가 있은 날(사업시행계획인가 이후 시공자를 선정한 경우에는 시공자와 계약을 체결한 날)부터 120일 이내에 다음 각 호의 사항을 토지등소유자에게 통지하고, 분양의 대상이 되는 대지 또는 건축물의 내역 등 대통령령으로 정하는 사항을 해당 지역에서 발간되는 일간신문에 공고하여야 한다. 다만, 토지등소유자 1인이 시행하는 재개발사업의 경우에는 그러하지 아니하다.

> 1. 분양대상자별 종전의 토지 또는 건축물의 명세 및 사업시행계획인가의 고시가 있은 날을 기준으로 한 가격(사업시행계획인가 전에 제81조제3항에 따라 철거된 건축물은 시장·군수등에게 허가를 받은 날을 기준으로 한 가격)

② 도시정비법 제74조 제1항 제5호

사업시행자는 제72조에 따른 분양신청기간이 종료된 때에는 분양신청의 현황을 기초로 다음 각 호의 사항이 포함된 관리처분계획을 수립하여 시장·군수등의 인가를 받아야 하며, 관리처분계획을 변경·중지 또는 폐지하려는 경우에도 또한 같다. 다만, 대통령령으로 정하는 경미한 사항을 변경하려는 경우에는 시장·군수등에게 신고하여야 한다.

> 5. 분양대상자별 종전의 토지 또는 건축물 명세 및 사업시행계획인가 고시가 있은 날을 기준으로 한 가격(사업시행계획인가 전에 제81조제3항에 따라 철거된 건축물은 시장·군수등에게 허가를 받은 날을 기준으로 한 가격)

(3) 대상

종전자산의 감정평가 대상은 토지, 건축물만이다. 관리처분계획 수립을 위한 감정평가이므로 해당 정비구역 내 소재한 토지 및 건축물에 한한다. 따라서 토지 및 건축물이 아닌 기타 지장물(수목, 구축물, 공작물, 영업권 등)은 종전자산 감정평가의 대상이 아니다. 무허가건축물은 조합정관으로 인정하는 경우에 감정평가대상에 포함된다.

(4) 성격

① 종전자산의 감정평가는 조합원별 조합출자 자산의 상대적 가치비율 산정의 기준이 된다. 따라서 대상물건의 유형·위치·규모 등에 따라 감정평가액의 균형이 유지되도록 해야 한다. 종전자산 감정평가액은 관리처분시 조합원이 내야 하는 분담금 산정의 기준이 된다. 따라서 절대적 가격보다 상대적 가격이 중요하다. 즉, 조합원간의 형평성과 적정한 가격균형 유지가 중요하다.

② 종전자산의 감정평가는 관리처분계획을 수립하기 위하여 조합원들 사이에 분배의 기준이 되는 권리 가액을 산정하는 데 주된 목적이 있다. 토지보상법상의 보상감정평가는 공익사업 시행시 보상가액을 정하기 위한 것으로 정당한 보상액을 정하는 데 주된 목적이 있다. 따라서 양자에 차이가 있음에 유념해야 한다.

2) 감정평가

(1) 기준시점 등

종전자산의 감정평가는 사업시행인가고시가 있은 날의 현황을 기준으로 감정평가한다.

(2) 공법상 제한

① 종전자산의 감정평가시 정비구역 지정은 그 공법상 제한이 해당 공익사업의 시행을 직접 목적으로 하여 가하여진 개별적 제한사항에 해당한다. 따라서 그 공법상 제한을 받지 아니하는 상태를 기준으로 하여 감정평가해야 한다. "해당 정비구역 지정에 따른 공법상 제한"은 해당 정비계획 결정·고시로 인한 도시계획시설의 저촉, 정비구역지정으로 인한 행위제한 등을 말하는 것이다. 즉, 종전자산 감정평가시 이러한 저촉 등을 고려하지 않는다는 의미로 이해해야 한다. 이를 보상감정평가의 개별적 계획제한으로 보아, 정비구역이 지정되지 아니한 상태를 기준으로 가격을 감정평가한다는 의미는 아니다.

② 해당 정비사업의 시행을 직접 목적으로 하여 용도지역이나 용도지구 등의 토지이용계획이 변경된 경우에는 변경되기 전의 용도지역이나 용도지구 등을 기준으로 감정평가한다. 다만, 변경된 용도지역이나 용도지구 등의 적용이 종전자산 감정평가액간의 균형유지에 지장이 없다고 판단될 경우에는 변경된 토지이용계획을 기준으로 감정평가할 수 있다.

(3) 비교표준지 선정

종전자산의 감정평가는 조합원별 조합출자 자산의 상대적 가치비율을 산정한다. 따라서 해당 정비사업으로 인한 영향을 배제한 상태의 가격균형이 유지되는 한, 해당 정비사업으로 인한 일반적이고 현실화·구체화된 개발이익은 이를 포함하여 감정평가할 수 있다. 그리고 정비구역은 통상 상당히 넓은 면적으로 지정되므로 해당 정비구역 내에도 여러 필지의 표준지가 소재하는 경우가 많고, 구역 내 표준지들은 각각 그 일대의 가격수준 및 토지 특성을 반영하고 있다. 그러므로 해당 정비구역 안에 있는 표준지를 선정하는 것을 원칙으로 하고 있다. 다만, 해당 정비구역 안에 적절한 표준지가 없거나 해당 정비구역 안 표준지를 선정하는 것이 적절하지 아니한 경우는 해당 정비구역 밖의 표준지를 선정할 수 있다.

(4) 적용공시지가 선택

적용공시지가의 선택은 해당 정비구역의 사업시행인가고시일 이전 시점을 공시기준일로 하는 공시지가로서 사업시행인가고시일에 가장 가까운 시점에 공시된 공시지가를 기준으로 한다.

(5) 개발이익

① 정비사업은 토지의 고도이용을 촉진하는 사업으로 이에 따라 용적률 등의 완화 및 용도지역 등의 조정 등이 수반된다. 따라서 사업계획 또는 시행의 공고·고시 및 이후의 사업 진행에 따라 상당한 개발이익이 발생한다. 정비사업은 토지등소유자 또는 조합이 시행하는 사업이므로, 이로 인한 개발이익은 사업시행자인 토지소유자 또는 조합이 향유해야 한다.

그러므로 정당보상을 목적으로 하는 보상 감정평가와 달리, 상대적 가치비율의 합리적 산정을 목적으로 하는 종전자산 감정평가는 개발이익을 반영하여 감정평가할 수 있다. 다만, 이 경우에도 개발이익을 반영하여 감정평가할 때 개발이익이 합리적이고 균형성 있게 배분되어야 한다.

② 문제가 되는 것은 대지지분이 소규모인 집합건물이다. 일반적으로 정비사업 등의 개발사업 시행이 없는 경우에도 집합건물부지는 집합건물이 아닌 일반 단독·다가구주택, 근린생활시설 부지에 대해 토지를 집약적으로 활용함으로써 높은 가격수준을 형성한다. 그러나 정비사업이 시행되는 경우는 정상적인 가격 격차에 더하여 1필지의 토지에 부여되는 수분양권이 증가함에 따라 이에 따른 예상 기대이익(이른바 '분양권 프리미엄')을 목적으로 하는 거래가 증가하게 된다. 따라서 현실에서 형성되는 가격수준을 기초로 한 집합건물부지의 가격에 '분양권 프리미엄'이 반영된다.

③ 분양권 프리미엄은 추후의 단계적 사업 진행에 따라 구체화되는 개발이익을 거래 시점 당시 미리 선취하려는 투기적 거래라는 점, 해당 정비사업의 시행으로 인해 가격균형이 왜곡되는 전형적인 사례라는 점 등에서 감정평가액에 반영할 수는 없다. 따라서 이런 경우는 대상 정비구역뿐 아니라 인근의 정비구역이 아닌 지역의 비교 가능성 있는 집합건물의 정상적 거래사례를 기준으로 감정평가해야 한다. 그리고 해당 정비구역 내 집합건물부지가 아닌 일반 토지가격 균형 등을 종합적으로 고려해야 한다.

(6) 현황도로

종전자산 감정평가는 청산금 산정의 기준이 된다. 따라서 현황 도로를 도로가 아닌 것으로 전제하거나 도로가 아닌 상태로 될 것이 예정됨에 따른 가치증가분을 반영하는 것은 감정평가목적에 부합하지 않는다. 그러므로 도로부지 감정평가 기준으로 인정되는 토지보상법 시행규칙 제26조 규정에 따라 감정평가한다. 이는 재개발사업과 재건축사업이 다르지 않다.

4. 종후자산 감정평가

1) 개념

(1) 의의

종후자산 감정평가란 도시정비법 제74조 제1항 제3호에 따라 실시되는 분양예정인 대지 또는 건축물에 대한 관리처분계획 수립을 위한 감정평가를 말한다.

(2) 도시정비법 제74조 제1항 제3호

분양대상자별 분양예정인 대지 또는 건축물의 추산액(임대관리 위탁주택에 관한 내용을 포함한다)

(3) 대상

① 종후자산은 조합원 분양분, 일반분양분, 임대주택, 근린생활시설 등의 분양으로 이루어진다. 일반분양분은 별도의 분양가격 결정절차가 예정되어 있다. 임대주택은 공공 부분에서 건축비와 부속토지의 가격을 합한 금액으로 인수한다. 조합원 분양분은 감정평가액으로 결정된다.

② 감정평가 진행 당시에는 조합원·일반분양분 등의 구분이 되지 않아 종후자산 감정평가는 분양예정자산 전체를 조합원 분양분으로 상정하여 조합원 분양가로 감정평가한다. 다만, 비례율 산정 시 분양예정자산의 총수입은 각 조합원 분양, 일반분양, 인수가격 등을 반영하여 산정한다.

(4) 성격

종후자산 감정평가는 종전자산 감정평가와 함께 관리처분을 위한 기준이 된다. 따라서 상대적인 가격균형의 유지가 중요하다. 특히 분양예정 공동주택은 규모별·층별·향별·위치별 효용 차이를 적정하게 반영해야 한다.

2) 감정평가

(1) 기준시점

① 종후자산 감정평가는 분양신청기간 만료일이나 의뢰인이 제시하는 날을 기준으로 한다.

② '분양신청기간 만료일'이라는 규정은 서울특별시 도시 및 주거환경정비 조례가 분양신청기간 만료일을 '관리처분계획기준일'로 정의한 것에 근거한 것이다. 그러나 분양신청기간 만료일은 당초 감정평가 가격시점의 기준일이라는 의미보다는 분양설계에 관한 계획 수립의 기준일로서 규정(도정법 제74조 제1항)되었다. 그리고 서울특별시 조례 역시 '관리처분계획기준일 현재'를 기준으로 분양대상자 여부를 판정하도록 하는 점, 종후자산 감정평가시 분양신청기간 만료일까지는 종후자산 감정평가의 주요 변수인 정비사업비 추산액이 확정되지 않은 경우가 대부분인 점 등을 고려하면, 현실적으로 기준시점이 분양신청기간 만료일로 되는 경우는 많지 않을 것이다. 따라서 사업시행자에게 별도로 기준시점을 서면으로 제시받는 것이 타당하다. 그리고 상당한 규모의 사업계획변경이나 당초 분양신청기간 만료일 후 상당한 기간의 경과와 부동산가격의 변동이 수반되어 사업시행자가 별도의 기준일을 서면으로 제시하는 경우 역시 제시받은 날을 기준시점으로 할 수 있다.

(2) 조건부 감정평가

종후자산 감정평가는 기준시점 현재 착공 전 상태이다. 따라서 기준시점 당시 실제로 존재하지 않는 대상 물건을 적법하게 완공된 상태를 전제로 하는 조건부 감정평가다. 그러므로 적법하게 인가받은 사업시행계획도서에 근거해야 한다.

(3) 감정평가방법

① 종후자산의 감정평가는 인근지역이나 동일수급권 안의 유사지역에 있는 유사물건의 분양사례·거래사례·평가선례 및 수요성, 총 사업비 원가 등을 고려하여 감정평가한다.

② 종후자산 감정평가시 과거에는 원가법에 의한 시산가액으로 감정평가액을 결정해야 한다고 보았다. 하지만 도시정비법 규정의 개정 연혁, 감정평가 관련 법령과 감정평가이론 등에 비추어 볼 때 감정평가대상의 특성에 따라 감칙 등에서 정한 물건별 주된 감정평가방법을 적용하고, 다른 감정평가방법으로 합리성을 검토해야 한다.

5. 수용 등 감정평가

1) 개념

(1) 수용 등

① 정비사업의 시행을 위해 사업시행자는 사업에 참여하지 않는 정비구역 내 토지등소유자 소유의 토지 및 건축물의 권원확보가 필수적이다. 따라서 재개발사업은 현금청산과 수용을 통해, 재건축사업은 매도청구와 현금청산을 통해 확보한다.

② 재개발 사업시행자는 정비구역 안에서 그 사업을 위해 필요한 토지, 건축물, 기타 권리를 수용할 수 있다. 수용 또는 사용은 도시정비법에 특별한 규정이 있는 경우를 제외하고 토지보상법이 준용된다. 사업시행계획인가는 토지보상법에 의한 사업인정으로 본다. 이때 재결신청은 토지보상법의 규정에도 불구하고 사업시행기간 내에 행해야 한다. 따라서 이러한 경우 보상감정평가가 필요하다.

(2) 도시정비법 제63조(토지 등의 수용 또는 사용)

사업시행자는 정비구역에서 정비사업(재건축사업의 경우에는 제26조 제1항 제1호 및 제27조 제1항 제1호에 해당하는 사업으로 한정한다)을 시행하기 위하여 공익사업을 위한 토지 등의 취득 및 보상에 관한 법률 제3조에 따른 토지·물건 또는 그 밖의 권리를 취득하거나 사용할 수 있다.

(3) 도시정비법 제65조(토지보상법의 준용)

① 정비구역에서 정비사업의 시행을 위한 토지 또는 건축물의 소유권과 그 밖의 권리에 대한 수용 또는 사용은 이 법에 규정된 사항을 제외하고는 공익사업을 위한 토지 등의 취득 및 보상에 관한 법률을 준용한다. 다만, 정비사업의 시행에 따른 손실보상의 기준 및 절차는 대통령령으로 정할 수 있다.

② 제1항에 따라 공익사업을 위한 토지 등의 취득 및 보상에 관한 법률을 준용하는 경우 사업시행계획인가 고시(시장·군수등이 직접 정비사업을 시행하는 경우에는 제50조 제9항에 따른 사업시행계획서의 고시를 말한다. 이하 이 조에서 같다)가 있은 때에는 같은 법 제20조 제1항 및 제22조 제1항에 따른 사업인정 및 그 고시가 있은 것으로 본다.

③ 제1항에 따른 수용 또는 사용에 대한 재결의 신청은 공익사업을 위한 토지 등의 취득 및 보상에 관한 법률 제23조 및 같은 법 제28조 제1항에도 불구하고 사업시행계획인가(사업시행계획변경인가를 포함한다)를 할 때 정한 사업시행기간 이내에 하여야 한다.

④ 대지 또는 건축물을 현물보상하는 경우에는 공익사업을 위한 토지 등의 취득 및 보상에 관한 법률 제42조에도 불구하고 제83조에 따른 준공인가 이후에도 할 수 있다.

(4) 도시정비법 시행령 제54조(손실보상 등)

① 제13조 제1항에 따른 공람공고일부터 계약체결일 또는 수용재결일까지 계속하여 거주하고 있지 아니한 건축물의 소유자는 공익사업을 위한 토지 등의 취득 및 보상에 관한 법률 시행령 제40조 제5항 제2호에 따라 이주대책대상자에서 제외한다. 다만, 같은 호 단서(같은 호 마목은 제외한다)에 해당하는 경우에는 그러하지 아니하다.

② 정비사업으로 인한 영업의 폐지 또는 휴업에 대하여 손실을 평가하는 경우 영업의 휴업기간은 4개월 이내로 한다. 다만, 다음 각 호의 어느 하나에 해당하는 경우에는 실제 휴업기간으로 하되, 그 휴업기간은 2년을 초과할 수 없다.

> 1. 해당 정비사업을 위한 영업의 금지 또는 제한으로 인하여 4개월 이상의 기간 동안 영업을 할 수 없는 경우
> 2. 영업시설의 규모가 크거나 이전에 고도의 정밀성을 요구하는 등 해당 영업의 고유한 특수성으로 인하여 4개월 이내에 다른 장소로 이전하는 것이 어렵다고 객관적으로 인정되는 경우

③ 제2항에 따라 영업손실을 보상하는 경우 보상대상자의 인정시점은 제13조 제1항에 따른 공람공고일로 본다.

④ 주거이전비를 보상하는 경우 보상대상자의 인정시점은 제13조 제1항에 따른 공람공고일로 본다.

(5) 대상

수용 등 감정평가는 보상감정평가가 적용되므로 토지, 건축물 외에 지장물, 영업손실도 감정평가의 대상이다.

2) 감정평가

(1) 기준시점

① 현금청산 감정평가는 손실보상 협의를 위한 보상감정평가다. 따라서 기준시점은 현금청산 협의성립(예정일)일이다. 도시정비법은 관리처분계획인가고시일의 다음 날부터 90일 내 손실보상에 관한 협의를 할 것을 규정하고 있다. 그러므로 기준시점은 관리처분계획인가고시일의 다음 날부터 90일 내 특정 시점이 된다.

② 수용재결 감정평가 이후에는 토지보상법 제67조 제1항이 직접 적용된다. 따라서 기준시점은 수용재결일이다.

(2) 개발이익

정비사업구역 안의 토지 등에 대한 현금청산 감정평가 및 수용에 따른 감정평가는 토지보상법의 규정을 준용한다. 그러므로 해당 정비사업으로 인한 개발이익은 배제해야 한다. 이 경우 현금청산자, 수용대상자의 종전자산평가액, 비례율, 분담금, 조합원 입주권의 프리미엄, 부동산 경기상황 등을 종합적으로 참작해야 한다.

(3) 영업손실보상 기준일

토지보상법 시행규칙 제45조 제1호는 사업인정고시일 등을 영업손실보상 기준일로 규정하고 있다. 그러나 도시정비법에 의한 보상감정평가는 도시정비법 시행령 제54조 제3항에 따라 정비구역 지정을 위한 주민공람공고일을 기준으로 한다.

[제13회 문제 2]
최근 노후공동주택의 재건축이 사회문제로 대두되고 있는 가운데 재건축의 용적률이 핵심쟁점이 되고 있다. "토지가치의 극대화"라는 최유효이용의 관점에서 재건축의 용적률이 이론적으로 어떻게 결정되는지를 설명하고, 현실적인 용적률 규제와 주택가격의 상승이 이러한 이론적 적정 용적률에 미치는 영향을 설명하시오. (20점)

[제16회 문제 6]
공동주택 재건축사업의 시행시 미동의자에 대한 매도청구 및 시가의 개념에 대해 약술하시오. (10점)

[제22회 문제 3]
정비사업은 도시환경을 개선하고 주거생활의 질을 높이는 것이 목적인데 그중 주택재개발사업은 정비기반시설이 열악하고 노후·불량건축물이 밀집한 지역의 주거환경을 개선하기 위한 사업이다. 이에 관한 감정평가사의 역할이 중요한바, 다음의 물음에 답하시오. (20점)
1) 주택재개발사업의 추진 단계별 목적에 따른 감정평가업무를 분류하고 설명하시오. (10점)
2) 종전자산(종전의 토지 또는 건축물)과 종후자산(분양예정인 대지 또는 건축물의 추산액)과의 관계를 설명하시오. (10점)

[제23회 문제 3-2]
정비사업의 재건축사업에 있어서 매도청구소송목적의 감정평가를 설명하시오. (10점)

[제28회 문제 3]
정비사업의 관리처분계획을 수립하기 위한 종후자산 감정평가에 대한 다음 물음에 답하시오. (20점)
1) 종후자산 감정평가의 기준가치에 관하여 설명하시오. (10점)
2) 종후자산 감정평가의 성격을 감정평가방식과 관련하여 설명하시오. (10점)

[제31회 문제 3]
A 토지는 ○○재개발사업구역에 소재하고 있다. A 토지에 대하여 재개발 사업의 절차상 종전자산의 감정평가를 하는 경우와 손실보상(현금청산)을 위한 감정평가를 하는 경우에 다음의 물음에 답하시오. (20점)
1) 각각의 감정평가에 있어 기준시점, 감정평가액의 성격 및 감정평가액 결정시 고려할 점에 관하여 설명하시오. (10점)
2) 각각의 감정평가에 있어 재개발사업으로 인한 개발이익의 반영 여부에 관하여 설명하시오. (10점)

ca.Hackers.com

부록

핵심의의 암기장

부록 핵심의의 암기장

001	고정성	위치가 물리적으로 고정되어 있다는 특성
002	부증성	물리적인 양을 늘릴 수 없는 특성
003	영속성	시간 경과 등에 의해 물리적으로 소멸하지 않는 특성
004	개별성	물리적으로 동일한 토지는 존재하지 않는 특성
005	용도의 다양성	토지를 다양한 용도로 이용할 수 있는 특성
006	인문적 위치의 가변성	사회적 · 경제적 · 행정적 위치에 따라 가치가 변하는 특성
007	개량물의 토지효용가변성	개량물로 인해 토지 효용이 변하는 특성
008	투자 고정성	부동산에 대한 투하자본의 회수 등은 장기간에 이루어진다는 특성
009	위치 선호성	시장참가자가 특정 위치를 선호한다는 특성
010	용도지역	토지의 이용 및 건축물의 용도, 건폐율, 용적률, 높이 등을 제한함으로써 토지를 경제적 · 효율적으로 이용하고 공공복리의 증진을 도모하기 위하여 서로 중복되지 아니하게 도시 · 군관리계획으로 결정하는 지역
011	부동산 현상	인간이 부동산을 대상으로 한 행위와 부동산활동의 결과가 표출되어 발현된 것
012	부동산 활동	인간이 부동산을 대상으로 전개하는 관리적 측면에서의 여러 행위나 태도 등
013	부동산 시장	① 부동산 거래를 위하여 매도인과 매수인이 만나는 장 ② 수요 · 공급을 통해 경쟁적 이용에 의한 공간배분 및 토지이용패턴을 결정하는 부동산의 교환 및 가격결정의 공간
014	정보의 효율성	시장정보가 가치에 반영되는 정도
015	배분의 효율성	수요와 공급의 한계수익률이 일치하는 지점에서 균형가격이 성립되고 효율적 배분을 가능하게 한다는 것
016	운영의 효율성	거래 또는 자원 이전이 원활하게 이루어지도록 하는 내부적 효율성
017	부동산 경기변동	확장 및 수축국면이 반복되어 나타나는 현상

018	부동산시장의 증권화	부동산시장과 자본시장이 통합되는 현상
019	공간시장	공간서비스에 대한 수요와 공급에 의해 임대료가 결정되는 시장
020	자산시장	부동산 자체에 대한 수요와 공급에 의해 가격이 결정되는 시장
021	4사분면 모형	공간시장과 자산시장의 작동과 장기균형에 대해 설명하는 모형
022	자본시장	1년 이상 장기의 자금대차가 이루어지는 장소
023	화폐시장	1년 미만 단기의 자금대차가 이루어지는 장소
024	기준금리	한국은행이 금융기관과 거래를 할 때 기준이 되는 정책금리
025	시장분석	시장지역을 확정하고 가치에 영향을 줄 수 있는 시장상황을 연구하는 것
026	유추분석(일반시장분석)	거시적 관점에서 지역 전체의 부동산시장을 분석하는 것
027	기초분석(부분시장분석)	미시적 관점에서 특정 부동산이 다른 부동산과 경쟁하는 부동산시장을 분석하는 것
028	생산성분석	시장지역 내 부동산 특성을 분석하여 대상 부동산의 잠재적 용도를 분석하는 단계
029	시장획정	부동산 유형, 용도, 위치 등에 따라 세분하여 연구하는 단계
030	수요분석	세분 시장별로 대상 부동산의 잠재적 수요자를 조사하는 단계
031	공급분석	시장지역 내 기존 및 신규 부동산의 공급을 조사하는 단계
032	균형분석	현재와 미래 수요·공급의 상호작용을 분석하는 단계
033	포착률 예측	세분 시장 내에서 차지하는 대상 부동산의 경쟁력을 분석하는 단계
034	포착률	유추분석과 기초분석을 통한 대상 부동산의 예상 시장점유율
035	타당성 분석	대상 부동산의 경제적 성공 가능성을 분석하는 단계
036	경제기반분석	경제기반산업과 해당 지역의 지역경제, 고용, 인구 성장간의 관계를 분석하는 것
037	시장성분석	대상부동산의 매매나 임대가능성을 분석하는 것
038	입지	부동산이 점하고 있는 위치
039	입지선정	입지주체가 추구하는 목적에 적합한 입지조건을 구비한 토지를 발견하는 일련의 행위

040	입지분석	새로운 토지를 선정하는 것 이외에 이미 보유한 토지를 어떤 용도와 규모로 이용할 것인가를 결정하는 것
041	부지분석	특정부지 자체를 분석하는 것
042	기술적 요소	대상토지가 용도에 적합하게 활용할 수 있는 조건을 갖추고 있는지에 대해 조사하는 요소
043	기능적 요소	부지에 시설이 건축될 경우 그 시설이 적합한 용도인지에 대해 조사하는 요소
044	갭분석	시장지역 내 특정유형의 부동산에 대한 유효수요면적과 실제공급면적간의 차이를 분석하는 기법
045	흡수율분석	흡수율이나 흡수시간 등을 통해 부동산의 수요와 공급을 조사하는 것
046	흡수율	시장에 공급된 부동산이 단위시간 동안 시장에서 흡수되는 비율
047	흡수시간	공급된 부동산이 시장에서 완전히 흡수될 때까지 걸린 시간
048	일반분석	일반경제사회에 있어 부동산의 이용 및 가격수준에 전반적으로 영향을 미치는 제반 요인을 분석하는 것
049	지역분석	지역 내 표준적 이용, 가격수준, 변동추이를 판정하는 것
050	지역성	부동산이 다른 부동산과 함께 특정 지역을 구성하고 그 지역과 상호 의존·보완관계에 있으며, 그 지역 내 다른 부동산과 협동, 대체, 경쟁 등의 상호관계를 통해 사회적·경제적·행정적 위치를 차지하게 되는 특성
051	인근지역 (감칙 제2조 제13호)	감정평가의 대상이 된 부동산이 속한 지역으로서 부동산의 이용이 동질적이고 가치형성요인 중 지역요인을 공유하는 지역
052	표준적이용	인근지역의 지역특성에 의한 개별 부동산의 일반적이고 평균적인 이용
053	가격수준	지역 내 부동산의 평균적인 가격
054	유사지역 (감칙 제2조 제14호)	대상 부동산이 속하지 아니하는 지역으로서 인근지역과 유사한 특성을 갖는 지역
055	동일수급권 (감칙 제2조 제15호)	대상부동산과 대체·경쟁관계가 성립하고 가치 형성에 서로 영향을 미치는 관계에 있는 다른 부동산이 존재하는 권역을 말하며, 인근지역과 유사지역을 포함
056	개별분석	지역분석을 통해 판정된 내용을 기초로 대상 부동산의 최유효이용을 판정하는 것

057	최유효이용	객관적으로 보아 양식과 통상의 이용능력을 가진 사람이 대상토지를 합법적이고 합리적이며 최고, 최선의 방법으로 이용하는 것
058	특수상황의 최유효이용	대상 부동산의 현재 이용상황이 이론적인 최유효이용의 조건을 충족하지는 못하지만, 현재 이용에서 그 유용성이 극대화되어 최유효이용으로 판정할 수 있는 상황에서의 최유효이용
059	단독이용	인근지역의 용도와는 전혀 다른 데도 불구하고 최유효이용이 되는 이용
060	중도적이용	가까운 장래에 새로운 최유효이용이 도래할 것으로 예상될 때 대기과정 중에 있는 이용
061	일치성이용의 원리	토지와 개량물에 대해 동일한 용도를 가정하고 평가해야 한다는 원리
062	비최유효이용	기존 개량물의 이용이 나지를 상정하였을 경우의 최유효이용과 일치하지 않는 이용
063	비적법이용	과거에는 적법하게 건축되어 이용되던 부동산이 현재는 적법하지 않은 이용
064	건부감가	건부지가 되면 토지가격이 낮아지는 것
065	건부증가	건부지가 되면 토지가격이 높아지는 것
066	복합적이용	하나의 부동산이 여러 용도로 할당되어 최고의 효용을 발휘하는 이용
067	특수목적이용	교회, 극장 등처럼 하나 또는 제한된 목적에만 적합하도록 건축된 이용
068	투기적이용	투기 목적에 의한 이용
069	초과토지	현존 개량물에 필요한 적정면적 이상의 토지
070	잉여토지	현존 개량물 부지와 독립적으로 분리되어 사용할 수 없는 토지
071	최유효이용의 분석	지역분석과 개별분석을 통해 대상토지가 최대의 수익을 창출할 수 있는 용도를 찾아내는 작업
072	경제재	경제적 비용을 지불해야 얻을 수 있는 재화
073	사회재	사회 구성원에게 공평하게 배분되어야 하는 재화
074	공공재	모든 사람들이 공동으로 이용할 수 있는 재화
075	중심지이론	중심지의 형태와 구조가 결정되는 과정을 설명한 이론
076	소매인력법칙	도시 규모와 거리를 통해 상권의 범위를 확정하기 위한 이론
077	분기점 모형	소매인력법칙을 응용하여 두 점포의 상권이 구분되는 분기점을 찾는 모형

078	소매지역이론	소매인력법칙과 분기점 모형을 응용하여 고객의 행동력을 분석한 이론
079	최소비용이론	운송비, 노동비, 집적이익을 통해 최적 입지를 결정하게 된다는 이론
080	입지적 상호의존설	시장수요를 최대화하기 위해 입지가 결정된다는 이론
081	최대수요이론	육각형 시장의 중심점에서 시장균형이 최대가 되는 입지가 된다는 이론
082	지대	일정한 기간 동안 토지소유자의 소득으로 귀속되는 토지서비스 수익(임대료)
083	지가	일정한 기간 동안 장래에 토지에서 매기 발생하는 지대를 이자율로 할인한 특정 시점에서의 매매가격
084	차액지대설	자본과 노동을 사용하여 획득되는 생산물량 사이의 차액이 지대라는 리카르도의 이론
085	절대지대설	토지소유자의 소유에서 지대가 발생한다는 이론
086	독점지대설	토지의 소유는 많은 데 비해 공급이 독점되어 지대가 발생한다는 이론
087	입지교차지대설	시장으로부터의 거리 차이가 생산물 수송비 절약분만큼의 지대를 발생시킨다는 이론
088	입찰지대이론	도심으로부터 거리에 따라 가장 높은 지대를 지불할 수 있는 금액이 지대라는 이론
089	마찰비용이론	토지이용자는 마찰비용으로 교통비와 지대를 지불한다는 이론
090	토페카연구	도시가 성장·발전할수록 특히 중심지의 지가가 높다는 것
091	가격조정이론	부동산가격은 매도자 요구가격과 매수자 제안가격의 상호 조정과정에서 형성된다는 이론
092	가치다원론	부동산 가치는 감정평가목적 등에 따라 다양하게 나타날 수 있다는 이론
093	가치발생요인	부동산이 경제적 가치를 갖게 하는 요인과 요인간의 상호작용
094	효용	인간의 욕구를 만족시켜 줄 수 있는 능력
095	상대적 희소성	인간의 욕구에 비해 재화의 양이 부족한 것
096	유효수요	재화를 구매하려는 구매욕구와 구매력이 있는 것
097	가치형성요인 (감칙 제2조 제4호)	대상물건의 경제적 가치에 영향을 미치는 일반요인, 지역요인 및 개별요인 등
098	일반요인	대상물건이 속한 전체 사회에서 대상물건의 이용과 가격수준 형성에 전반적으로 영향을 미치는 일반적인 요인

099	지역요인	대상물건이 속한 지역의 가격수준의 형성에 영향을 미치는 자연적 · 사회적 · 경제적 · 행정적 요인
100	개별요인	대상물건의 구체적 가치에 영향을 미치는 대상물건의 고유한 개별요인
101	부동산 가치의 원칙	부동산 가치가 시장에서 어떻게 형성되고 유지되는가에 관해 일정한 법칙성을 도출한 것
102	최유효이용의 원칙	부동산 가치는 최유효이용을 전제로 파악되는 가치를 표준으로 하여 형성된다는 원칙
103	예측의 원칙	부동산 가치가 끊임없이 변하기 때문에 요인의 추이나 동향에 대한 예측을 해야 한다는 원칙
104	변동의 원칙	부동산 현상과 활동, 가치형성과정의 요인 등은 시간에 따라 변하므로 부동산 가치도 그에 따라 변한다는 원칙
105	기여의 원칙	부동산 가치는 부동산을 구성하는 각 요소가 가치에 기여하는 공헌도의 영향을 받아 결정된다는 원칙
106	균형의 원칙	부동산 가치가 최고가 되기 위해서는 내부구성요소들이 적절한 균형을 이루고 있어야 한다는 원칙
107	수익배분의 원칙	부동산 수익은 잔여수익에 배분되어 토지 가치에 영향을 미친다는 원칙
108	수익체증 · 체감의 원칙	부동산 단위투자당 수익은 체증하다가 체감한다는 원칙
109	경쟁의 원칙	일반재화처럼 초과이윤을 얻기 위한 시장참가자들의 경쟁에 의해 가격이 형성된다는 원칙
110	대체의 원칙	부동산의 가치는 대체 · 경쟁관계에 있는 유사한 부동산 또는 다른 재화의 영향을 받아 형성된다는 원칙
111	수요 · 공급의 원칙	부동산도 일반 재화처럼 수요와 공급에 의해 가격이 결정되고, 그 가격은 다시 수요 · 공급에 영향을 미친다는 원칙
112	외부성의 원칙	부동산 가치는 외부적 요인에 의해 영향을 받는다는 원칙
113	적합의 원칙	부동산 효용이 최고로 발휘되기 위해서는 부동산 이용방법이 주위환경에 적합해야 한다는 원칙
114	기회비용의 원칙	부동산 가치는 어떤 대안을 선택함으로써 포기한 다른 대안 중 가장 큰 비용인 기회비용을 반영하여 형성된다는 원칙
115	투자	미래의 불확실한 장래 이익을 위해 현재의 확정적인 현금 소비를 희생하는 행위

116	화폐의 시간가치	현재 소유하고 있는 현금이 미래에 수취하게 될 현금보다 큰 가치를 가진 다는 것
117	위험	어떤 투자 안으로부터 얻을 결과에 대해 불확실성이 존재함으로써 발생하는 변동성
118	위험성	장래 발생될 가능성이 있는 결과에 대해 충분한 정보를 가지고 있는 상태
119	불확실성	장래 발생될 가능성이 있는 결과에 대해 정보를 가지고 있지 않은 상태
120	사업 위험	부동산 사업의 수익성을 방해하는 위험
121	평균-분산 지배원리	동일한 위험을 갖는 대안 중에서 가장 큰 기대수익률을 갖는 대안이 다른 대안을 지배하고, 동일한 기대수익률을 갖는 대안 중 가장 낮은 위험을 갖는 대안이 다른 대안을 지배한다는 원리
122	포트폴리오 이론	여러 개의 투자대상에 자금을 분산하여 투자하는 것
123	기대수익률	부동산 투자에서 기대되는 예상수입과 예상지출로 측정한 수익률
124	요구수익률	투자자 개인이 요구하는 최소한의 수익률
125	레버리지 효과	타인자본을 활용할 경우 부채비율의 증감이 자기자본 수익률에 미치는 효과
126	NPV법	현금유입의 현재가치에서 현금유출의 현재가치를 차감한 값으로 타당성을 판단하는 방법
127	IRR법	NPV가 0이 되는 수익률인 손익분기점을 찾는 방법
128	PI법	현금유입의 현재가치 합계와 현금유출의 현재가치 합계의 비를 통해 타당성을 판단하는 방법
129	간이타당성 분석법	부동산 대출을 받아 투자하는 경우 초기에 사업 가능성을 판단할 수 있도록 간이로 재무타당성을 분석하는 방법
130	전방위 접근법	프로젝트가 타당성을 갖기 위해 요구되는 임대료 또는 분양가격을 도출하는 방법
131	후방위 접근법	프로젝트에 투입할 수 있는 최대 비용을 찾는 방법
132	민감도 분석법	분석 단계별로 가정한 각 변수들에 대한 위험의 정도를 고려하여 대응하고자 하는 분석
133	부동산 금융	부동산 영역에서 발생하는 자금이 이전되는 것
134	부채감당률(DCR)	연간 부채부담액에 대한 순수익의 비율

135	총체적 상환능력 비율(DSR)	대출 원리금 연간 상환액을 연간 소득으로 나눈 비율
136	주택금융	주택의 구입이나 건설 등을 위해 금융기관으로부터 자금을 차입하는 것
137	프로젝트 금융(PF)	특정 프로젝트에서 발생할 것으로 예상되는 현금흐름을 담보로 자금을 조달하는 금융
138	BOT방식	민간 사업자가 스스로 건설하고 일정 기간 소유와 운영을 한 뒤 사업 종료 후 국가 등에게 소유권을 이전하는 방식
139	BTO방식	시설의 준공과 함께 소유권이 국가 등에게 이전되나, 사업자가 일정 기간 동안 운영을 하는 방식
140	BLT방식	시설의 준공 후 일정 기간 동안 국가 등에게 임대하여 운영하도록 한 뒤, 시설의 소유권을 이전하는 방식
141	BTL방식	시설의 준공과 함께 소유권이 국가 등에게 이전되나, 사업자는 일정 기간 동안 운영을 하고, 국가 등은 시설을 임차해서 사용하는 방식
142	BOO방식	시설의 준공과 함께 사업자가 소유권과 운영권을 갖는 방식
143	자산유동화증권(ABS)	특정 자산으로부터 발생하는 현금흐름을 기반으로 발행되는 증권
144	주택저당증권(MBS)	주택저당채권을 기초로 발행되는 증권
145	리츠	다수의 투자자로부터 자금을 모아 부동산 및 부동산 관련 증권 등에 투자·운영하고 그 수익을 투자자에게 돌려주는 부동산 간접투자기구인 주식회사
146	부동산 펀드	투자자들로부터 모집한 자금을 부동산 등에 투자하여 발생하는 수익을 배당하는 금융상품
147	부동산 개발 (부동산개발업법 제2조 제1호)	토지를 건설공사의 수행 또는 형질변경으로 조성하는 행위 또는 건축물을 건축, 대수선, 리모델링 또는 용도변경하거나 공작물을 설치하는 행위
148	지주공동사업 방식	토지소유자와 개발업자가 공동으로 시행하는 방식
149	등가교환 방식	토지소유자가 토지를 제공하고 개발업자가 공사비를 부담해 건물을 건축한 후, 기여도에 따라 개발된 부동산의 지분을 나눠 갖는 방식
150	부동산 관리	부동산을 물리적·법적·경제적 등의 측면에서 사용·수익·처분을 목적으로 총체적으로 관리하는 것
151	자산관리(AM)	부를 극대화하기 위한 모든 관리
152	부동산관리(PM)	부동산의 보유와 관리 측면에서 통상적으로 발생하는 서비스를 제공하는 관리

153	시설관리(FM)	부동산 시설을 운영 및 유지하는 관리
154	부동산 정책	부동산 문제를 해결하기 위해 공적 차원에서 수립하는 것
155	시장실패	부동산 시장의 불완전성 등으로 인해 효율적인 자원 배분이 되지 않는 등의 문제가 나타나는 것
156	개발이익	개발사업의 시행 또는 토지이용계획의 변경, 기타 사회·경제적 요인에 의해 정상지가상승분을 초과해 개발사업을 시행하는 자 또는 토지소유자에게 귀속되는 토지가액의 증가분
157	개발손실	토지이용계획의 결정이나 변경 등으로 인해 종래의 용도 또는 밀도규제가 강화됨으로 인해 발생한 손실
158	감정평가 (감정평가법 제2조 제2호)	토지등의 경제적 가치를 판정하여 그 결과를 가액으로 표시하는 것
159	컨설팅	고객이 의뢰한 부동산에 대한 정보 등의 서비스에 대해 용역을 제공하는 행위
160	평가검토	감정평가사가 작성한 감정평가서를 다른 자격 있는 감정평가사가 검토하는 것
161	감정평가심사	감정평가사가 감정평가서를 발급하기 전에 해당 감정평가의 적정성에 대하여 실시하는 것
162	감정평가사의 직업윤리	감정평가사가 감정평가 활동을 수행할 때 지켜야 할 규정과 행위규범 등
163	감정평가절차	감정평가법인등이 합리적이고 능률적인 감정평가를 위해 일련의 과정에 따라 감정평가하는 것
164	감정평가목적	의뢰인이 감정평가의뢰를 통해 달성하고자 하는 목적
165	기준시점 (감칙 제2조 제2호)	대상물건의 감정평가액을 결정하는 기준이 되는 날짜
166	감정평가조건 (감칙 제6조 제2항)	기준시점의 가치형성요인 등을 실제와 다르게 가정하거나 특수한 경우로 한정하는 조건
167	상정조건	감정평가의 대상이나 방법에 영향을 미치는 사실, 조건, 상황 등
168	기준가치 (감칙 제2조 제3호)	감정평가의 기준이 되는 가치
169	가치기준	감정평가 가치측정의 기본전제
170	처리계획의 수립	대상물건의 확인에서 감정평가액의 결정 및 표시에 이르기까지 일련의 작업과정에 대한 계획을 수립하는 절차

171	대상물건 확인	기본적 사항의 확정에서 정해진 대상물건을 조사하여 존재 여부, 동일성 여부 등을 조사하는 과정
172	사전조사	실지조사 전에 감정평가 관련 구비서류의 완비 여부 등을 확인하고, 대상물건의 공부 등을 통해 토지등의 물리적 조건, 권리상태, 위치, 면적 및 공법상의 제한 내용과 그 제한정도 등을 조사하는 절차
173	실지조사	대상물건이 있는 곳에서 대상물건의 현황 등을 직접 확인하는 절차
174	자료수집 및 정리	대상물건의 물적사항, 권리관계, 이용상황에 대한 분석 및 감정평가액 산정을 위해 필요한 확인자료, 요인자료, 사례자료 등을 수집하고 정리하는 절차
175	확인자료	대상물건과 권리관계의 확인에 필요한 자료
176	요인자료	가치형성요인 분석에 필요한 자료
177	사례자료	감정평가 방식의 적용에 필요한 자료
178	자료검토 및 가치형성요인의 분석	자료의 신뢰성, 충실성 등을 검증하고 가치형성요인을 분석하는 절차
179	감정평가방법의 선정 및 적용	감정평가 3방식 중 하나 이상의 감정평가방법을 선정하고 대상물건의 시산가액을 도출하는 과정
180	감정평가액의 결정 및 표시	감정평가방법의 적용을 통하여 산정된 시산가액을 합리적으로 조정하여 대상물건이 갖는 구체적 가치를 최종적으로 결정하고, 감정평가서에 그 가액을 표시하는 절차
181	시산가액 조정	주된 방법을 적용하여 산정한 시산가액을 다른 방법으로 산출한 시산가액과 비교한 결과, 합리성이 없다고 판단되는 경우 시산가액을 조정하여 감정평가액을 결정하는 것
182	상관조정의 원리	가치 3면성이 부동산 가치형성과정에서 상호 연결되어 있으므로 시산가액을 조정하여야 한다는 것
183	시장가치 (감칙 제2조 제1호)	감정평가의 대상이 되는 토지등이 통상적인 시장에서 충분한 기간 동안 거래를 위하여 공개된 후 그 대상물건의 내용에 정통한 당사자 사이에 신중하고 자발적인 거래가 있을 경우 성립될 가능성이 가장 높다고 인정되는 대상물건의 가액
184	적정가격 (부동산공시법 제2조 제5호)	토지, 주택 및 비주거용 부동산에 대하여 통상적인 시장에서 정상적인 거래가 이루어지는 경우 성립될 가능성이 가장 높다고 인정되는 가격
185	시장가치기준원칙 (감칙 제5조 제1항)	대상물건에 대한 감정평가액은 시장가치를 기준으로 결정한다는 것

핵심의의 암기장 | 해커스 감정평가사 최동진 감정평가이론 2차 기본서

186	시장가치 외의 가치	시장가치가 아닌 가치
187	공정가치	K-IFRS에 따라 자산 및 부채의 가치를 추정하기 위한 기본적 가치기준으로서 합리적인 판단력과 거래 의사가 있는 독립된 당사자 사이의 거래에서 자산이 교환되거나 부채가 결제될 수 있는 금액
188	청산가치	기업 자산이 청산의 대상으로 강제매각을 전제로 하는 가치
189	현황기준원칙 (감칙 제6조 제1항)	기준시점에서의 대상물건의 이용상황(불법적이거나 일시적인 이용은 제외) 및 공법상 제한을 받는 상태를 기준으로 감정평가하는 것
190	개별감정평가 (감칙 제7조 제1항)	감정평가는 대상물건마다 개별로 하여야 한다는 것
191	일괄감정평가 (감칙 제7조 제2항)	둘 이상의 대상물건이 일체로 거래되거나 대상물건 상호간에 용도상 불가분의 관계가 있는 경우에는 일괄하여 감정평가하는 것
192	구분감정평가 (감칙 제7조 제3항)	하나의 대상물건이라도 가치를 달리하는 부분은 이를 구분하여 감정평가하는 것
193	부분감정평가 (감칙 제7조 제4항)	일체로 이용되고 있는 대상물건의 일부분에 대하여 감정평가하여야 할 특수한 목적이나 합리적인 이유가 있는 경우에는 그 부분에 대하여 감정평가하는 것
194	원가방식 (감칙 제11조 제1호)	원가법 및 적산법 등 비용성의 원리에 기초한 감정평가방식
195	원가법 (감칙 제2조 제5호)	대상물건의 재조달원가에 감가수정을 하여 대상물건의 가액을 산정하는 감정평가방법
196	재조달원가	대상물건을 기준시점에 재생산하거나 재취득하는 데 필요한 적정원가의 총액
197	감가수정 (감칙 제2조 제12호)	대상물건에 대한 재조달원가를 감액하여야 할 요인이 있는 경우에 물리적 감가, 기능적 감가 또는 경제적 감가 등을 고려하여 그에 해당하는 금액을 재조달원가에서 공제하여 기준시점에 있어서의 대상물건의 가액을 적정화하는 작업
198	내용연수법	대상물건의 특성에 따라 감가액을 구하는 방법
199	정액법	감가총액을 경제적 내용연수로 나누어 매년의 감가액을 구하는 방법
200	정률법	매년 말 잔존가치에 감가율을 곱하여 매년의 감가액을 구하는 방법
201	상환기금법	내용연수 만료시 감가누계액 및 그에 따른 복리이자 상당액의 합계액이 감가총액과 같아지도록 매년의 감가액을 구하는 방법

202	유효연수법	전 내용연수에서 장래 보존연수를 차감하여 경과연수를 조정하는 방법
203	미래수명법	실제 경과연수에 장래 보존연수를 더하여 경과연수를 조정하는 방법
204	관찰감가법	대상물건의 실태를 직접 조사하여 감가액을 구하는 방법
205	분해법	대상물건에 대한 감가요인을 세분하고 치유가능 여부에 따라 감가액을 구하는 방법
206	시장추출법	대상물건과 유사한 물건의 거래사례 자료를 이용하여 구하는 방법
207	임대료손실환원법	감가로 발생한 임대료손실분을 환원하여 감가액을 구하는 방법
208	적산법 (감칙 제2조 제6호)	대상물건의 기초가액에 기대이율을 곱하여 산정된 기대수익에 대상물건을 계속하여 임대하는 데에 필요한 경비를 더하여 대상물건의 임대료를 산정하는 감정평가방법
209	기초가액	적산법을 적용하여 적산임대료를 구할 때 기초가 되는 대상물건의 원본가치
210	용익가치	대상물건을 임대차하는 동안의 사용·수익에 기초한 개념
211	기대이율	임대차에 제공되는 대상물건을 취득하는 데에 투입된 자본에 대하여 기대되는 임대수익의 비율
212	필요제경비	임차인이 사용·수익할 수 있도록 임대인이 대상물건을 적절하게 유지·관리하는 데에 필요한 비용
213	비교방식 (감칙 제11조 제2호)	거래사례비교법, 임대사례비교법 등 시장성의 원리에 기초한 감정평가방식 및 공시지가기준법
214	거래사례비교법 (감칙 제2조 제7호)	대상물건과 가치형성요인이 같거나 비슷한 물건의 거래사례와 비교하여 대상물건의 현황에 맞게 사정보정, 시점수정, 가치형성요인 비교 등의 과정을 거쳐 대상물건의 가액을 산정하는 감정평가방법
215	사정보정	거래사례에 특수한 사정이나 개별적 동기가 반영되어 있거나 거래 당사자가 시장에 정통하지 않은 등 수집된 거래사례의 가격이 적절하지 못한 경우에는 사정보정을 통해 그러한 사정이 없었을 경우의 적절한 가격수준으로 정상화하는 작업
216	시점수정	사례물건의 거래시점과 대상물건의 기준시점이 불일치할 경우 사례가격을 거래시점의 가격수준에서 기준시점의 가격수준으로 정상화하는 작업
217	가치형성요인의 비교	대상물건과 사례물건이 속한 지역의 지역적 격차를 비교하고, 개별적 요인 간 격차를 비교·보정하여 대상물건의 차원으로 정상화하는 작업
218	지역요인 비교	거래사례가 속한 지역과 대상물건이 속한 지역의 표준적인 물건의 최유효이용 상태를 비교하여 대상물건이 속한 지역의 가격수준을 구하는 것

219	개별요인 비교	거래사례와 대상물건의 가치형성에 영향을 미치는 개별적인 상태, 조건 등의 요인을 비교하여 대상물건의 최유효이용을 판정하고 대상물건의 개별적·구체적 가치에 미치는 영향의 정도를 파악하는 것
220	임대사례비교법 (감칙 제2조 제8호)	대상물건과 가치형성요인이 같거나 비슷한 물건의 임대사례와 비교하여 대상물건의 현황에 맞게 사정보정, 시점수정, 가치형성요인 비교 등의 과정을 거쳐 대상물건의 임대료를 산정하는 감정평가방법
221	수익방식 (감칙 제11조 제3호)	수익환원법 및 수익분석법 등 수익성의 원리에 기초한 감정평가방식
222	수익환원법 (감칙 제2조 제10호)	대상물건이 장래 산출할 것으로 기대되는 순수익이나 미래의 현금흐름을 환원하거나 할인하여 대상물건의 가액을 산정하는 감정평가방법
223	직접환원법	단일기간의 순수익을 적절한 환원율로 환원하여 대상물건의 가액을 산정하는 방법
224	직선법	순수익을 상각률을 고려한 환원율로 환원하는 방법
225	연금법	순수익을 감채기금계수를 고려한 환원율로 환원하는 방법
226	토지잔여법	복합부동산의 순수익에서 건물에 귀속되는 순수익을 공제하여 토지에 귀속되는 순수익을 토지환원율로 환원하는 방법
227	부동산잔여법	매기 순수익의 현가에 토지의 복귀가액을 현가하여 더하는 방법
228	지분잔여법	지분수익을 지분환원율로 환원하여 지분가치를 구하는 방법
229	저당지분환원법 (Ellwood법)	부동산으로부터 발생하는 매기 지분수익, 원금상환에 따른 지분형성분, 기말 가치증감분 등을 고려한 환원율로 환원하는 방법
230	할인현금흐름분석법	대상물건의 보유기간에 발생하는 복수기간의 순수익과 보유기간 말의 복귀가액에 적절한 할인율을 적용하여 현재가치로 할인한 후 더하여 대상물건의 가액을 산정하는 방법
231	가능총수익	100% 임대시 창출할 수 있는 잠재적 총수익
232	유효총수익	가능총수익에서 공실손실상당액과 대손충당금을 공제한 것
233	순수익	대상물건에 귀속하는 적절한 수익
234	보증금 운용수익	임대인이 임대기간 중 보증금을 운용하여 발생하는 수익
235	운영경비	수익을 유지 또는 창출하기 위해 지출하는 비용
236	공익비	공용부분에 대한 비용

237	부가사용료	임차인이 배타적으로 사용하는 부분에 대한 비용
238	대체충당금	정기적인 교체를 위해 적립할 경비
239	정상운전자금 이자상당액	임대업을 위한 정상적인 운전자금에 대한 이자
240	복귀가액	보유기간 말 대상물건의 매도를 통해 얻게 되는 순매도액
241	내부추계법	보유기간 경과 후 초년도의 순수익을 추정하여 최종환원율로 환원한 후 매도비용을 공제하는 방법
242	외부추계법	가치와 여러 변수의 관계 등을 고려하여 산정하는 방법
243	자본환원율	대상부동산의 기대수익을 현재 시점의 가치로 변환시켜주는 이율
244	환원율	대상이 창출한 단일기간의 순수익과 대상물건의 가액의 비율
245	자본수익률 (return on capital)	투자위험에 대한 보상
246	자본회수율 (return of capital)	투하자본을 회수하는 비율
247	J계수	순수익이 감채기금 형식으로 매기간 일정액씩 누적적으로 증감할 것으로 예상되는 경우의 계수
248	K계수	순수익이 매기 일정비율로 증감하는 것으로 예상되는 경우의 계수
249	시장추출법	대상물건과 유사한 최근의 거래사례 등으로부터 환원율을 추출하는 방법
250	요소구성법	무위험률에 위험할증률을 더하는 방법
251	물리적 투자결합법	토지와 건물의 구성비율에 따라 각 환원율을 곱하여 산정하는 방법
252	금융적 투자결합법	지분과 저당의 구성비율에 따라 각 환원율을 곱하여 산정하는 방법
253	할인율	미래의 수익을 현재의 가치로 변환하는 비율
254	투자자조사법	시장에 참가하고 있는 투자자 등을 대상으로 직접 조사하는 방법
255	수익분석법 (감칙 제2조 제11호)	일반기업 경영에 의하여 산출된 총수익을 분석하여 대상물건이 일정한 기간에 산출할 것으로 기대되는 순수익에 대상물건을 계속하여 임대하는 데에 필요한 경비를 더하여 대상물건의 임대료를 산정하는 감정평가방법
256	특성가격함수모형법 (HPM법)	회귀방정식을 적용하여 가치를 구하는 방법
257	회귀분석법	독립변수와 종속변수의 상호관계를 찾아 일반화시키는 방법

258	옵션	미래에 특정 자산을 약정한 가격에 매매할 수 있는 권리
259	이항옵션 가격결정모형	주가의 변동이 이항분포를 따른다고 가정하는 모형
260	블랙-숄즈 가격결정모형	주가 수익률이 정규분포를 가진다고 가정하는 모형
261	실물옵션	옵션이 실물자산이나 투자 안 등에 적용되는 것
262	금융옵션	옵션을 자금조달 측면에서 접근하는 방법
263	신주인수권부 사채	일정한 기간 내에 일정한 가격으로 일정한 주식을 매입할 수 있는 채권
264	전환사채	일정한 기간 내에 당해 회사의 주식으로 전환할 수 있는 채권
265	실물옵션가치평가법 (ROPM법)	실물자산에 대한 투자 안의 가치를 평가하는 방법
266	조건부가치측정법(CVM법)	가상적인 상황을 설정하고 그 상황에서 선택 가능한 가상 가격에 대한 설문조사를 통해 해당 재화의 가치를 구하는 방법
267	비용편익분석법(CBA법)	대상과 관련되어 발생하는 유·무형의 비용과 편익을 계량화하여 그 차액으로 가치를 구하는 방법
268	공시지가기준법 (감칙 제2조 제9호)	감정평가의 대상이 된 토지와 가치형성요인이 같거나 비슷하여 유사한 이용가치를 지닌다고 인정되는 표준지의 공시지가를 기준으로 대상토지의 현황에 맞게 시점수정, 지역요인 및 개별요인 비교, 그 밖의 요인의 보정을 거쳐 대상토지의 가액을 산정하는 감정평가방법
269	비교표준지	대상토지의 감정평가시에 비교기준으로 선정한 표준지
270	적용공시지가	대상토지의 감정평가시 비교기준으로 선택된 연도별 표준지공시지가
271	그 밖의 요인의 보정	시점수정, 지역요인 및 개별요인의 비교 외에 대상토지의 가치에 영향을 미치는 그 밖의 요인을 보정하는 작업
272	소지	택지 등 조성공사 등이 일어나기 전의 토지
273	가산방식	소지 가액에 개발비용을 더하여 대상토지의 가치를 구하는 방식
274	공제방식	예상되는 분양대금에서 개발비용을 공제하여 대상토지의 가치를 구하는 방식
275	광천지	지하에서 온수·약수·석유류 등이 용출되는 용출구와 그 유지에 사용되는 부지
276	골프장용지	체육활동에 적합한 시설과 형태를 갖춘 골프장의 토지와 부속시설물의 부지
277	공공용지	도시기반시설의 설치에 이용하는 토지 등

278	사도	도로법 제2조 제1항 제1호에 따른 도로, 도로법 준용을 받는 도로, 농어촌 도로 정비법 제2조 제1항에 따른 농어촌도로, 농어촌정비법에 따라 설치된 도로가 아닌 것으로서 그 도로에 연결되는 길
279	석산	「산지관리법」에 따른 토석채취허가를 받거나 채석단지의 지정을 받은 토지, 「국토의 계획 및 이용에 관한 법률」에 따른 토석채취, 개발행위허가를 받은 토지 또는 「골재채취법」에 따른 골재채취허가(육상골재에 한함)를 받은 토지
280	공법상 제한을 받는 토지	관계법령의 규정에 의한 토지이용 및 처분 등의 제한을 받는 토지
281	일단지	용도상 불가분의 관계에 있는 2필지 이상의 일단의 토지
282	용도상 불가분의 관계	2필지 이상의 토지가 일단으로 이용 중인 상황이 사회적·경제적·행정적 측면에서 합리적이고 해당 토지의 가치형성 측면에서 타당하다고 인정되는 관계
283	법정지상권	당사자의 설정계약에 의하지 않고 법률의 규정에 의해 당연히 인정되는 지상권
284	제시외 건물 등이 있는 토지	의뢰인이 제시하지 않은 지상 정착물이 있는 토지
285	지상권	타인의 토지에 건물 기타 공작물이나 수목을 소유하기 위해 그 토지를 사용하는 권리
286	입체이용률	토지의 지표를 기준으로 지상 또는 지하 공간의 이용가치 비율
287	입체이용저해율	토지의 지상 또는 지하 공간을 이용함으로써 해당 토지의 이용이 저해되는 정도에 따른 적정한 비율
288	공중권	지표상의 공중공간을 이용하고 지배할 수 있는 권리
289	양도가능개발권	토지소유자가 사용할 수 없는 개발권리 등을 다른 위치의 토지소유자에게 매각할 수 있는 권리
290	종물 (민법 제100조)	물건의 소유자가 그 물건(주물)의 상용에 공하기 위하여 자기 소유인 다른 물건을 이에 부속하게 한 때에, 그 다른 물건
291	부합물 (민법 제256조)	소유자를 달리하는 수 개의 물건이 결합하여 1개의 물건으로 될 때, 이러한 부합에 의해 만들어진 물건
292	공유지분토지	하나의 토지를 2인 이상이 소유하고 지분을 가지고 있는 토지
293	구분소유적 공유	1필의 토지 중 위치나 면적 등이 특정된 일부를 양수하고서도 공유지분을 가지고 있는 것

294	규모가 과대한 토지	인근지역의 표준적인 이용 규모를 훨씬 초과하는 토지
295	규모가 과소한 토지	해당 지역에 적용되는 건축법상의 최소대지면적 이하인 토지
296	맹지	지적도상 도로에 접한 부분이 없는 토지
297	송전선로부지	토지의 지상 또는 지하 공간으로 송전선로가 통과하는 토지
298	추가보정률	입체이용저해율 외에 송전선로를 설치함으로써 해당 토지의 경제적 가치가 감소되는 정도를 나타내는 비율
299	건축물 (건축법 제2조 제2호)	토지에 정착하는 공작물 중 지붕과 기둥 또는 벽이 있는 것과 이에 딸린 시설물, 지하나 고가의 공작물에 설치하는 사무소 · 공연장 · 점포 · 차고 · 창고, 그 밖에 대통령령으로 정하는 것
300	건폐율	대지면적에 대한 건축면적의 비율
301	용적률	대지면적에 대한 건축물의 연면적의 비율
302	대수선	건축물의 기둥, 보, 내력벽, 주계단 등의 구조나 외부형태를 수선 · 변경하거나 증설하는 것
303	건물의 생애주기	건물이 신축되어 철거에 이르기까지 가치가 감소하는 과정
304	녹색건축물 (녹색건축법 제2조 제1호)	「기후위기 대응을 위한 탄소중립 · 녹색성장 기본법」제31조(녹색건축물의 확대)에 따른 건축물과 환경에 미치는 영향을 최소화하고 동시에 쾌적하고 건강한 거주환경을 제공하는 건축물
305	제로에너지건축물 (녹색건축법 제2조 제4호)	건축물에 필요한 에너지 부하를 최소화하고 신에너지 및 재생에너지를 활용하여 에너지 소요량을 최소화하는 녹색건축물
306	한옥	전통 한국 건축양식을 사용하여 건축한 집 또는 건물
307	구분소유 부동산	집합건물법에 따라 구분소유권의 대상이 되는 건물부분과 그 대지사용권
308	층별 효용비율	층별 효용에 따른 가격 격차의 비율
309	위치별 효용비율	위치별 효용에 따른 가격 격차의 비율
310	지가배분율	토지의 가치를 위치적으로 파악하여 배분한 비율
311	구분소유권 (집합건물법 제2조 제1호)	구분건물 또는 구분점포를 목적으로 하는 소유권
312	구분건물	1동의 건물 중 구조상 구분된 여러 개의 부분이 독립한 건물로 사용될 수 있을 때의 각 부분

313	구분점포	1동의 건물이 법에서 정한 방식으로 여러 개의 건물부분으로 이용상 구분된 경우에 그 건물부분
314	전유부분 (집합건물법 제2조 제2호)	구분소유권의 목적인 건물부분
315	공용부분 (집합건물법 제2조 제3호)	전유부분 외의 건물부분, 전유부분에 속하지 아니하는 건물의 부속물 및 집합건물법 제3조 제2항 및 제3항에 따라 공용부분으로 된 부속의 건물
316	특정 공용부분	일부 구분소유자에게만 제공되는 공용부분
317	대지사용권 (집합건물법 제2조 제6호)	구분소유자가 전유부분을 소유하기 위하여 건물의 대지에 대하여 가지는 권리
318	산림 (산림자원법 제2조 제1호)	① 집단적으로 자라고 있는 입목·대나무와 그 토지, ② 집단적으로 자라고 있던 입목·대나무가 일시적으로 없어지게 된 토지, ③ 입목·대나무를 집단적으로 키우는 데에 사용하게 된 토지, ④ 산림의 경영 및 관리를 위하여 설치한 도로(임도), ⑤ ①, ②, ③의 토지에 있는 암석지와 소택지 중 하나에 해당하는 것
319	입목	토지에 부착된 수목의 집단으로 소유권의 등기를 받은 것
320	과수원 (공간정보관리법 시행령 제58조 제3호)	사과·배·밤·호두·귤나무 등 과수류를 집단적으로 재배하는 토지와 이에 접속된 저장고 등 부속시설물의 부지
321	정상식재	정상적으로 생육이 가능한 최상의 재배를 기준하여 정상적인 이익을 실현할 수 있는 상태
322	공장 (공장저당법 제2조 제1호)	영업을 하기 위하여 물품의 제조, 가공, 인쇄, 촬영, 방송 또는 전기나 가스의 공급 목적에 사용하는 장소
323	지식산업센터 (산업집적법 제2조 제13호)	동일 건축물에 제조업, 지식산업 및 정보통신산업을 영위하는 자와 지원시설이 복합적으로 입주할 수 있는 다층형 집합건축물로서 대통령령으로 정하는 것
324	도시형공장 (산업집적법 제28조)	시장·군수·구청장 및 관리기관이 첨단산업의 공장, 공해발생정도가 낮은 공장 및 도시민생활과 밀접한 관계가 있는 공장 등 대통령령으로 지정한 것
325	공장재단 (공장저당법 제2조 제2호)	공장에 속하는 일정한 기업용 재산으로 구성되는 일단의 기업재산으로서 공장저당법에 따라 소유권과 저당권의 목적이 되는 것
326	광산	광업활동을 영위하는 일단의 장소
327	광업 (광업법 제3조 제2호)	광물의 탐사 및 채굴과 이에 따르는 선광, 제련 또는 그 밖의 사업

328	광업재단 (공장저당법 제2조 제3호)	광업권과 광업권에 기하여 광물을 채굴·취득하기 위한 각종 설비 및 이에 부속하는 사업의 설비로 구성되는 일단의 기업재산으로서 공장저당법에 따라 소유권과 저당권의 목적이 되는 것
329	자동차 (자동차관리법 제2조 제1호)	원동기에 의하여 육상에서 이동할 목적으로 제작한 용구 또는 이에 견인되어 육상을 이동할 목적으로 제작한 용구
330	건설기계 (건설기계관리법 제2조 제1호)	건설공사에 사용할 수 있는 기계로서 대통령령으로 정하는 것
331	선박 (선박법 제1조의2 제1항)	수상 또는 수중에서 항행용으로 사용하거나 사용할 수 있는 배 종류
332	항공기 (항공안전법 제2조 제1호)	공기의 반작용으로 뜰 수 있는 기기로서 최대이륙중량, 좌석 수 등 국토교통부령으로 정하는 기준에 해당하는 비행기, 헬리콥터, 비행선, 활공기와 그 밖에 대통령령으로 정하는 기기
333	동산	상품, 원재료, 반제품, 재공품, 제품, 생산품 등 부동산 이외의 물건
334	임대료	임대차 계약에 기초한 대상물건의 사용대가로서 지급하는 금액
335	실질임대료	임대료 산정 기간 동안에 임대인에게 귀속되는 모든 경제적 대가
336	비율임대차	고정된 임대료에 임차자의 매상고나 생산에 대한 일정 비율을 더하여 지급하는 것
337	임대권	임대차에 있어 소유자가 대상 부동산에 대해 가지는 법적 권리
338	임차권	임대차에 있어 임차인이 가지는 권리
339	매후환대차	토지와 건물을 매도한 후 다시 임대차하여 이용하는 것
340	무형자산 (기업회계기준서 제1038호)	물리적 실체는 없지만 식별할 수 있는 비화폐성자산
341	식별가능성	무형자산이 다른 자산으로부터 분리될 수 있거나 법적 권리를 창출할 수 있는 경우 등
342	자원에 대한 통제	대상 자원으로부터 미래 경제적 이익을 획득할 수 있고, 미래 경제적 이익에 대해 제3자의 접근을 제한할 수 있는 것
343	미래 경제적 이익	제품의 매출, 용역수익, 원가절감, 자산의 사용에 따른 기타 이익의 형태
344	광업권 (광업법 제3조 제3호)	탐사권과 채굴권

345	탐사권 (광업법 제3조 제3의2호)	등록을 한 일정한 토지의 구역(이하 "광구")에서 등록을 한 광물과 이와 같은 광상에 묻혀 있는 다른 광물을 탐사하는 권리
346	채굴권 (광업법 제3조 제3의3호)	광구에서 등록을 한 광물과 이와 같은 광상에 묻혀 있는 다른 광물을 채굴하고 취득하는 권리
347	조광권 (광업법 제3조 제4호)	설정행위에 의하여 타인의 광구에서 채굴권의 목적이 되어 있는 광물을 채굴하고 취득하는 권리
348	어업권 (수산업법 제2조 제7호)	수산업법 제7조(면허어업)에 따라 면허를 받아 어업을 경영할 수 있는 권리
349	어업 (수산업법 제2조 제2호)	수산동식물을 포획·채취하는 사업과 염전에서 바닷물을 자연 증발시켜 소금을 생산하는 사업
350	영업권	대상 기업이 경영상의 유리한 관계 등 배타적 영리기회를 보유하여 같은 업종의 다른 기업들에 비해 초과수익을 확보할 수 있는 능력으로서 경제적 가치가 있다고 인정되는 권리
351	지식재산권	특허권·실용신안권·디자인권·상표권 등 산업재산권 또는 저작권 등 지적창작물에 부여된 재산권에 준하는 권리
352	기술기여도	기업의 경제적 이익창출에 기여한 유·무형의 자산 중에서 해당 지식재산권이 차지하는 상대적 비율
353	실시료율	사용기업의 매출액이나 영업이익 등에 대한 비율
354	주식	주식회사의 자본을 구성하는 금액적 의미와 주주의 권리와 의무의 단위로서 주주권의 의미
355	상장주식	자본시장법에서 징하는 증권상장 규정에 따라 증권 시장에 상장된 증권 중 주권
356	비상장주식	주권비상장법인의 주권
357	자기자본가치법	해당 회사의 자산·부채 및 자본 항목을 평가하여 수정재무상태표를 작성한 후 기업체의 유·무형의 자산가치에서 부채의 가치를 빼고 산정한 자기자본의 가치를 발행주식 수로 나누는 방법
358	보통주 가치법	의결권이 있는 보통주의 가치를 구하는 방법
359	증권 (자본시장법 제4조 제1항)	내국인 또는 외국인이 발행한 금융투자상품으로서 투자자가 취득과 동시에 지급한 금전 등 외에 어떠한 명목으로든지 추가로 지급의무를 부담하지 아니하는 것
360	채무증권 (자본시장법 제4조 제3항)	국채증권, 지방채증권, 특수채증권, 사채권, 기업어음증권, 그 밖에 이와 유사한 것으로서 지급청구권이 표시된 것

핵심의의 암기장 | 해커스 감정평가사 최동진 감정평가이론 2차 기본서

361	자산 기준접근법 (자산합계법)	기업가치를 투하자본 측면에서 감정평가할 때 재무상태표의 차변으로 구하는 방법
362	자본 기준접근법 (자본합계법)	기업가치를 투하자본 측면에서 감정평가할 때 재무상태표의 우변으로 구하는 방법
363	자본비용	자금 사용에 대한 대가로 부담하는 비용
364	자기자본비용	투자자가 자기자본을 투자한 대가로 요구하는 수익률
365	타인자본비용	채권자가 자본을 투자한 대가로 요구하는 수익률
366	가중평균자본비용	자본구성비율에 따라 가중평균한 자본비용
367	기업잉여현금흐름분석법	총투하자본에 대한 현금흐름을 자본투자자의 요구수익률인 할인율로 할인하는 방법
368	주주잉여현금흐름분석법	자기자본에 대한 현금흐름을 지분투자자의 요구수익률인 자기자본비용으로 할인하는 방법
369	유사기업이용법	대상 기업과 비슷한 상장기업들의 주가를 기초로 산정된 시장배수를 이용하여 대상기업의 가치를 감정평가하는 방법
370	유사거래이용법	대상기업과 비슷한 기업들의 지분이 기업인수 및 합병거래시장에서 거래된 가격을 기초로 산정된 시장배수를 이용하여 대상기업의 가치를 감정평가하는 방법
371	가치하락분	장기간 지속적으로 발생하는 소음·진동·일조침해 또는 환경오염 등(이하 "소음등")으로 대상물건에 직접적 또는 간접적인 피해가 발생하여 대상물건의 객관적 가치가 하락한 경우 소음등의 발생 전과 비교한 가치하락분
372	스티그마	무형의 또는 양을 잴 수 없는 불리한 인식
373	토양오염 (토양환경보전법 제2조 제1호)	사업 활동이나 그 밖의 사람의 활동에 의하여 토양이 오염되는 것으로서 사람의 건강·재산이나 환경에 피해를 주는 상태
374	일조권	법률상 일정한 양의 햇빛을 확보할 수 있는 권리
375	조망권	조망침해의 대상이 되는 권리
376	권리금 (상가임대차법 제10조의3 제1항)	임대차 목적물인 상가건물에서 영업을 하는 자 또는 영업을 하려는 자가 영업시설·비품, 거래처, 신용, 영업상의 노하우, 상가건물의 위치에 따른 영업상의 이점 등 유형·무형의 재산적 가치의 양도 또는 이용대가로서 임대인, 임차인에게 보증금과 차임 이외에 지급하는 금전 등의 대가

377	유형재산	영업을 하는 자 또는 영업을 하려고 하는 자가 영업활동에 사용하는 영업시설, 비품, 재고자산 등 물리적 · 구체적 형태를 갖춘 재산
378	무형재산	영업을 하는 자 또는 영업을 하려고 하는 자가 영업활동에 사용하는 거래처, 신용, 영업상의 노하우, 건물의 위치에 따른 영업상의 이점 등 물리적 · 구체적 형태를 갖추지 않은 재산
379	시설권리금	영업을 위한 건물의 구조 변경, 영업장 내부에 고착시킨 인테리어, 집기 및 비품 등 유형물에 대한 대가
380	영업권리금	영업을 영위하며 발생하는 영업이익에 대한 무형의 재산적 가치에 대한 권리금
381	바닥권리금(지역권리금)	영업장소가 위치한 장소적 이점에 관한 대가
382	허가권리금	법률이나 행정규제, 대리점권 등으로 새로운 영업자가 진입하지 못하게 됨으로써 기존의 임차인이 향유하는 초과이익에 대한 대가
383	임차권 보장권리금	상당한 존속기간 보장의 약속 및 이를 전제로 한 임대차 계약이 발생하는 특별한 사정에 한하여 발생하는 권리금
384	비율 추출방식	감정평가 대상 상가가 속한 지역의 거래 관행 등을 조사하여 전체 영업이익 중 무형재산 귀속 영업이익을 일정 비율로 추출하는 방법
385	비교사례 추출방식	감정평가 대상 상가가 속한 노변 혹은 동일수급권 내 유사지역의 권리금이 수수되지 않는 상가와 권리금이 수수되고 있는 상가의 영업이익 차이로 추출하는 방법
386	공제방식	전체 영업이익 중에서 영업이익 형성에 기여하는 권리금 외의 생산요소별 기여분을 공제하고 남은 부분을 무형재산 귀속 영업이익으로 추정하는 방법
387	월임대료 승수법(MRM법)	대상과 동일 또는 유사업종 상가의 임대료와 권리금간 표준적인 승수에 감정평가 대상 상가의 임대료를 곱하여 상가권리금을 감정평가하는 방법
388	비시장재화	시장가격이 없거나 통상적인 시장에서 거래가 드물거나 발생하지 않아 거래가격이 없는 재화
389	담보 감정평가	금융기관 등이 대출을 하거나 채무자가 대출을 받기 위하여 의뢰하는 담보물건에 대한 감정평가
390	강제경매	법원이 채무자 소유의 부동산을 압류 · 환가하여 그 매각대금을 가지고 채권자의 금전 채권의 만족을 목적으로 하는 강제집행절차
391	임의경매	담보권을 가진 채권자의 담보권 실행을 위하여 법원이 담보권이 설정된 부동산을 압류 · 환가하여 그 매각대금을 가지고 채권자의 금전채권을 만족시키는 절차

392	경매 감정평가	해당 집행법원이 경매의 대상이 되는 물건의 경매에서 최저매각가격을 결정하기 위해 의뢰하는 감정평가
393	부실채권	금융기관 대출금 중 3개월 이상 이자가 미납되어 회수가 어려운 채권
394	재무보고 감정평가	주식회사의 외부감사에 관한 법률(이하 "외감법") 제5조 제3항의 회계처리기준에 따른 재무보고를 목적으로 하는 공정가치의 추정을 위한 감정평가
395	정비구역 (도시정비법 제2조 제1호)	정비사업을 계획적으로 시행하기 위하여 제16조(정비계획의 결정 및 정비구역의 지정·고시)에 따라 지정·고시된 구역
396	정비사업 (도시정비법 제2조 제2호)	도시정비법에서 정한 절차에 따라 도시기능을 회복하기 위하여 정비구역에서 정비기반시설을 정비하거나 주택 등 건축물을 개량 또는 건설하는 주거환경개선사업, 재개발사업, 재건축사업
397	주거환경개선사업 (도시정비법 제2조 제2호 가목)	도시저소득 주민이 집단거주하는 지역으로서 정비기반시설이 극히 열악하고 노후·불량건축물이 과도하게 밀집한 지역의 주거환경을 개선하거나 단독주택 및 다세대주택이 밀집한 지역에서 정비기반시설과 공동이용시설 확충을 통하여 주거환경을 보전·정비·개량하기 위한 사업
398	재개발사업 (도시정비법 제2조 제2호 나목)	정비기반시설이 열악하고 노후·불량건축물이 밀집한 지역에서 주거환경을 개선하거나 상업지역·공업지역 등에서 도시기능의 회복 및 상권활성화 등을 위하여 도시환경을 개선하기 위한 사업
399	재건축사업 (도시정비법 제2조 제2호 다목)	정비기반시설은 양호하나 노후·불량건축물에 해당하는 공동주택이 밀집한 지역에서 주거환경을 개선하기 위한 사업
400	매도청구권	재건축에 참가하는 토지등 소유자가 재건축에 불참한 토지등소유자에 대하여 일정한 절차를 거쳐 토지·건물의 매도를 청구하는 권리

[참고문헌]

권호근 외, 부동산 경제학, 형설출판사, 2018
경응수, 감정평가론 제6판, 나무미디어, 2020
경응수, 지식재산 무형자산 평가실무, 나무미디어, 2019
경응수, 영업가치평가론, 나무미디어, 2019
경응수, 현대감정평가원론, 교육과학사, 2014
김사왕 외, 감정평가실무와 이론, 세종출판사, 2020
김지현, 부동산경제학의 이해, 이프레스, 2018
김혁구, 부동산조세론, 부연사, 2014
노용호 외, 감정평가론, 부연사, 2011
나상수 외, 감정평가실무강의, 리북스, 2010
박원석, 부동산투자론, 양현사, 2013
박준필 외, 감정평가이론, 부동산연구사, 2011
방경식 외, 부동산용어사전, 부연사, 2016
방경식 외, 부동산총론, 부연사, 2016
방경식 외, 해설 부동산감정평가기준, 부연사, 2007
서광채, 감정평가방법론, 윌비스, 2015
서광채, 감정평가학 입문, 웅지, 2012
서광채 외 3인, 부동산학개론, 이루, 2017
서광채 외, 스탠다드 감정평가실무, 헤르메스, 2016
안정근, 현대부동산학, 양현사, 2014
안정근, 부동산평가강의, 양현사, 2009
안정근, 부동산평가이론, 양현사, 2013
양영준, 부동산자산관리론, 부연사, 2016
윤영식, 부동산개발론, 교육과학사, 2016
윤영식, 부동산개발학, 다산출판사, 2010
이정전, 토지경제론, 박영사, 1988
이준구 외, 경제학원론, 문우사, 2015
이창석, 부동산학개론, 형설출판사, 2014
이창석, 부동산관리론, 신광문화사, 2010
이창석, 부동산컨설팅, 형설출판사, 2010
정희남 외, 토지정책론, 부연사, 2015
조주현, 부동산학원론, 건국대학교출판부, 2014
한국감정평가사협회, 감정평가 실무기준 해설서(1), 한국감정평가사협회, 2014
한국감정평가사협회, 감정평가 실무매뉴얼(담보 평가편), 한국감정평가사협회, 2015
한국감정평가사협회, 감정평가 실무매뉴얼(임대료 감정평가편), 한국감정평가사협회, 2016
한국감정평가사협회, 감정평가 실무기준 해설서(1) 추록, 한국감정평가사협회, 2015

MEMO

MEMO

MEMO

최동진 |

약력
서울시립대학교 국어국문학 학사

현 해커스 감정평가이론 전임교수
현 세경감정평가법인(주) 이사/감정평가사

저서
해커스 감정평가사 최동진 감정평가이론 2차 기본서
해커스 감정평가사 최동진 감정평가이론 2차 기출문제집
감정평가이론 단권화 핵심정리, 윌비스
PRIME 감정평가이론 기본서 1,2,3편, 좋은책
PRIME 감정평가이론 핵심요약, 좋은책
PRIME 감정평가이론 체계와 의의, 좋은책
PRIME 감정평가이론 기출문제, 좋은책
PRIME 감정평가이론 종합 및 심화문제, 좋은책

2025 최신판

해커스 감정평가사

최동진
감정평가이론 2차 기본서

초판 1쇄 발행 2025년 1월 2일

지은이	최동진 편저
펴낸곳	해커스패스
펴낸이	해커스 감정평가사 출판팀

주소	서울특별시 강남구 강남대로 428 해커스 감정평가사
고객센터	1588-2332
교재 관련 문의	publishing@hackers.com
	해커스 감정평가사 사이트(ca.Hackers.com) 1:1 고객센터
학원 강의 및 동영상강의	ca.Hackers.com

ISBN	979-11-7244-641-3 (13360)
Serial Number	01-01-01

한 번에 합격!
해커스 감정평가사 ca.Hackers.com

해커스 감정평가사

- 최동진 교수님의 **본 교재 인강**(교재 내 할인쿠폰 수록)
- 해커스 스타강사의 **감정평가사 무료 특강**